中国社会科学院文库
经济研究系列
The Selected Works of CASS
Economics

中国社会科学院创新工程学术出版资助项目

中国社会科学院文库·经济研究系列
The Selected Works of CASS · **Economics**

新农村建设中的金融支持

Research on the Financial Support of the Construction of New Socialist Countryside

王松奇 等 / 著

社会科学文献出版社
SOCIAL SCIENCES ACADEMIC PRESS (CHINA)

《中国社会科学院文库》
出版说明

　　《中国社会科学院文库》（全称为《中国社会科学院重点研究课题成果文库》）是中国社会科学院组织出版的系列学术丛书。组织出版《中国社会科学院文库》，是我院进一步加强课题成果管理和学术成果出版的规范化、制度化建设的重要举措。

　　建院以来，我院广大科研人员坚持以马克思主义为指导，在中国特色社会主义理论和实践的双重探索中做出了重要贡献，在推进马克思主义理论创新、为建设中国特色社会主义提供智力支持和各学科基础建设方面，推出了大量的研究成果，其中每年完成的专著类成果就有三四百种之多。从现在起，我们经过一定的鉴定、结项、评审程序，逐年从中选出一批通过各类别课题研究工作而完成的具有较高学术水平和一定代表性的著作，编入《中国社会科学院文库》集中出版。我们希望这能够从一个侧面展示我院整体科研状况和学术成就，同时为优秀学术成果的面世创造更好的条件。

　　《中国社会科学院文库》分设马克思主义研究、文学语言研究、历史考古研究、哲学宗教研究、经济研究、法学社会学研究、国际问题研究七个系列，选收范围包括专著、研究报告集、学术资料、古籍整理、译著、工具书等。

中国社会科学院科研局

2006 年 11 月

课题主持人：

王松奇　教授　中国社会科学院金融研究所党委书记、副所长

课题总顾问：

郑晖　中国农业发展银行党委书记、行长

课题组成员：

殷久勇　博士　中国农业发展银行河南省分行党委书记、行长

杜彦坤　博士　中国农业发展银行客户三部副总经理

田永强　博士　中国农业发展银行河南省分行

曾　刚　博士　中国社会科学院金融研究所

徐义国　博士　中国社会科学院金融研究所

李广子　博士　中国社会科学院金融研究所

高广春　博士　中国社会科学院财经战略研究院

王震江　博士　中国农业发展银行办公室

郭江山　博士后　河北银行、包商银行博士后工作站

徐　虔　博士　天津财经大学经济学院

黄鸿星　博士　中国民生银行

王明昊　博士　中国农业科学院农业经济与发展研究所

摘　要

　　以党的十一届三中全会为标志，中国的农村发展进入了一个崭新的时期。家庭联产承包责任制赋予了农民多年来梦寐以求的土地使用权利；尽管土地所有权利暂时还未能实现，但是 15 年承包权不变的规定，以及后来的土地使用权续延期等措施还是使广大农民吃了一颗定心丸。在农村生产力得到极大解放的同时，中国农村迎来了黄金发展时期，这一直持续到党的十六届五中全会。在农村大发展的同时，我们也要看到城市和工业的快速扩张是基于对"三农"剩余的提取。其实从新中国成立以来，中国长期奉行的就是"农村支援城市、农业支持工业"的政策。农村的剩余劳动力在改革开放后，成为城市建设和工业发展取之不尽的廉价劳动生产要素，第一代和第二代农民工对城市化和工业化的贡献就是典型案例；农村的金融资源也被各种金融机构源源不断地抽干，不论是农村信用社还是商业银行都以较低的利率吸收资金，再用于城市和工业的发展。通过比较分析，城乡差距呈显著扩大趋势，贫富分化比较明显，城乡良性互动关系始终未能形成。

　　城乡的不均衡发展无疑对 21 世纪中国全面建设小康社会目标的实现形成了巨大阻碍。如果说中国对"贫困陷阱"的摆脱是建立在"以农补工"的基础之上的，那么 21 世纪的中国对"中等收入陷阱"的跨越就需要实行"以工补农""城市反哺农村"等带有补课性质的政策。从这个角度理解"新农村"的"新"才能找到建设农村和实现经济跨越式发展的动力源泉。因此，党的十六届五中全会明确提出了"新农村"五个方面内容，即新房舍、新设施、新环境、新农民、新风尚。这五者缺一不可，共同构成了小康社会"新农村"的范畴，是弥补城乡鸿沟的具体内容和标准。建设社会主义新农村与建设和谐社会、小康社会息息相关。《国民经济和社会发展第十一个五年规划纲要》提出要按照"生产发展、生活宽裕、乡风文明、村容整洁、管理民主"的要求，扎实推进社会主义新农村建设。生产发展，是新农村建设的中心环节，是实现其他目标的物质基础。2014 年 3 月，国家出台了《国家新型城镇化规划（2014—2020 年）》，该文件对我国城镇化建设具有战略性的指导意义，它对城镇化的发展规律，城镇化的驱动力，城镇化与工业化、信息化和现代化相辅相成的关系的认识，以及通过深化制度变革促成农业人口的转移的论述，都是极具意义的。

建设社会主义新农村好比修建一幢大厦，经济就是这幢大厦的基础。如果基础不牢固，大厦就无从建起。如果经济不发展，再美好的蓝图也无法变成现实。生活宽裕，是新农村建设的目的，也是衡量我们工作的基本尺度。只有农民收入上去了，衣食住行改善了，生活水平提高了，新农村建设才能取得实实在在的成果。乡风文明，是农民素质的反映，体现了农村精神文明建设的要求。只有农民群众的思想、文化、道德水平不断提高，崇尚文明、崇尚科学，形成家庭和睦、民风淳朴、互助合作、稳定和谐的良好社会氛围，教育、文化、卫生、体育事业蓬勃发展，新农村建设才是全面的、完整的。村容整洁，是展现农村新貌的窗口，是实现人与环境和谐发展的必然要求。社会主义新农村呈现在人们眼前的，应该是脏乱差状况从根本上得到治理、人居环境明显改善、农民安居乐业的景象。这是新农村建设最直观的体现。管理民主，是新农村建设的政治保证，显示了对农民群众政治权利的尊重和维护。只有进一步扩大农村基层民主，完善村民自治制度，真正让农民群众当家做主，才能调动农民群众的积极性，真正建设好社会主义新农村。

简而言之，"新农村"不是城市对农村蜻蜓点水式的扶持和政府的表面文章，它涉及对多年来农村剩余的不合理转移的纠偏，并在此基础上，对农村进行城镇化改造、农业产业现代化提升和农民知识技能培育，这才是对农村的真正理解和解放，否则难免出现新村空闲、新房旧人、小农依旧、雷声大雨点小的运动式的农村建设。

新农村建设中的金融支持问题是一个宏大而复杂的研究课题，深入系统地研究该问题涉及经济、金融、文化等诸多方面，可以说，对这一问题的研究需要始终突出核心和把握主线，泛泛而谈的、梳理材料式的研究只会迷失研究的初衷，而无法得出有价值的建设性成果。

本书梳理了新农村建设中最需要解决的直接问题，即投融资（更多是融资）问题，并以此为中心，将"金融支持"提炼出来，作为问题研究及可能的政策探讨的落脚点。本书始终围绕着"金融支持"并将"金融支持"对新农村建设最对口、最直接、最实际的部分进一步聚焦，在综合探讨的基础上，将对当前及未来在金融支持新农村建设中最有力的政策性金融作为进一步分析的重点，充分探讨政策性金融带动商业性金融共同参与到新农村建设的综合金融支持体系的可行性。实际上，商业性金融具有参与新农村建设的诉求，但在缺乏盈利模式和综合担保的情况下，商业性金融不敢贸然参与新农村建设，而政策性金融此时的介入可以在很大程度上消除商业性金融的顾虑。对这样一种在当前某些地区已经取得成效的模式的探讨，构成了本书研究的重要内容，特别是对"建设新农村的银行"（中国农业发展银行）的分析，为构建政策性金融引领支持新农村建设的金融体系的模式提供了重要参考。除了以中国农业发展银行作为案例的探讨以外，本书还针对妨碍农村金融支持体系构建和发展的深层次问题，从发展战略、体制、政策等方面进行了深入的剖析，以此作为推动新农村建设中完善金融体系的重要力量，指出了金融资源进入新农村的"荆棘"，为"砍平"这些障碍提供了切入点。

综上所述，本书由对"新农村"问题的解读与以史为鉴的思考，引入以"金融支持"为出发点的系统性探讨，围绕政策性金融与商业性金融的关系，将中国农业发展银行作为政策性金融代表，分析构建金融支持体系的可行性，在此基础上，进一步展望可持续的金融支持农村发展的体系框架。最后，作为全书研究的延伸，新型城镇化问题也被纳入其中，以与时俱进地探寻中国农村问题解决与发展过程中的历史传承。

在章节安排上，为突出研究的主要内容，并兼顾写作形式，全书分为导论篇、新农村建设篇、金融支持篇、案例篇和展望篇，共13章。将案例部分单独成篇，是为了更客观、翔实地探讨"新农村"建设的实践，为全书内容的探讨和论述提供坚实的支撑。

Abstract

After The Third Plenary Session of the 11th Central Committee, the Chinese rural development has entered a new era. The Household – responsibility System gave farmers land use rights, what was their dream of many years. Although farmers were still unable to achieve the land use rights, fifteen years of land contract authority and later extension and renewal clause of land use rights had given mind relief to Chinese farmers. Rural productivity got the great liberation, at the same time, Chinese rural ushered golden period of development, which lasted until the Fifth Plenary Session of the Sixteen Sessions. At the time of rapid rural development, we can see that the more rapid expansion of the city and the industry was based on the extraction of tri – agriculture surplus. In fact, since the establishment of the new China, it had implemented the rural supporting city and agriculture supporting industry policies for a long time. After the reform and open policy, rural surplus labor force had become as an inexhaustible cheap labor productive factor of city construction and industrial production. And the first and second generations of migrant workers were a typical case. At the same time, Chinese rural financial resources were completely extracted by various financial institutions, and those rural credit cooperatives and commercial banks only can absorb capital at a lower rate level, then used for city and industrial development. Through comparative analysis, the writer found that the gap between urban and rural areas showed a significant widening trend, the polarization of rich and poor was obvious, and the benign interactive relationship between the urban and rural areas had failed to be established.

The unbalanced development of urban and rural areas is undoubtedly a substantial obstacle to the comprehensive construction of a well – off society in the twenty – first Century. If the bestriding of poverty trap of China was on the basis of agriculture nurturing Industry, the bestriding of the middle income trap of China in the new century would requires remedial policies such as Industry nurturing agriculture and city nurturing rural and so on. From this perspective of understanding of the new rural area that can help us to find the power source of rural construction and economic striding development. Therefore, the Fifth Plenary Session of the Sixteen Sessions put forward five aspects of contents of new rural construction clearly, which were new houses, new facilities, new environment, new farmers, and new custom. These five aspects were indispensable, and constituted the category of new rural of a well – off society, and these were the specific content and standards to make up for the urban and rural gap. The new socialist countryside is closely related to the construction of harmonious and well – off society. Recommendation Eleven Five Plan proposed that according to the requirement of production development, well – off life, rural civilization, clean and tidy village, democratic management, we should push forward the new rural construction. And the production development was the central link of new rural construction, and it was the material base to realize the other goals. In March, 2014, the Central Government promulgated the National New Urbanization Planning (2014 – 2020), and this document had strategic guiding significance for China's urbanization construction. It also had great significance for the understanding of urban development law, driving force of urbanization, and the complementary relationship among urbanization, industrialization, information and modernization, and the discussion on agricultural people transferring through the deepening of system reform.

Constructing the new socialist countryside is like constructing a building, and the economy is the foundation of this building. If the foundation is not solid, the building would not be constructed, that is to say, if the economy does not develop quickly, and the blueprint cannot become a reality. The affluent life is the objective of new rural construction, and it is also the basic measurement scale of our work. Only for the increase of farmers' income, improvement of basic necessities, and raising of living standard, that can indicate the tangible results of the new rural construction. Rural civilization is a reflection of farmers' quality, and it embodies the demands of spiritual civilization construction in rural areas. These also include the unceasingly enhancement of farmers' thought, culture, moral level, civilization and science advocating, the formation of a stable and harmonious social atmosphere which are including family harmony, simple folkway, mutual cooperation and so on, and the vigorous development of education, culture, health and sports and so on, only for this, that the new rural construction can become comprehensive and perfect. Clean and tidy village is the window of new rural, which is a necessary requirement for harmonious development of human and environment. The revelation of new socialist countryside should be the scene that includes the governance of filthy conditions, the improvement of fundamental human settlement environment, and the farmers live and work in peace. This is the most intuitive expression of new rural construction. Democratic management is the political guarantee of the new rural construction, which shows the respect and protection of the political rights of farmers. Only further expanding the rural democracy at the grassroots level, perfecting the system of villagers' autonomy, and truly letting the masses of peasants take leadership, that can mobilize the enthusiasm of the farmers, and can well construct the new socialist countryside.

In short, the new rural construction is not the specious writ of the government, it is related to the correction of long – term unreasonable rural surplus transferring, and based on this, it is related to the rural urbanization, upgrading of agricultural industry modernization, knowledge and skill cultivation of farmers and so on. These are the real understanding and liberation of the new rural. Otherwise, it is inevitable that the motion types of rural construction such as new village idle, old people in new house and smallholder would appear.

Financial support in new rural construction is a great and complicated research topic, a deep and systematic research on this issue related to economic, financial, cultural and many other aspects. Research on this issue needs the always highlight core and main line grasp, and only generally research and material combing would lose the original research intention, and cannot get the valuable and guiding constructive achievements.

The book combs the most direct problems which need to be solved in the process of new rural construction, which is the investment and financing. Setting this as the center of the research, the writer extracts the content of rural financial support, which is the foothold of problem research and possible policy discussion. In this book, the writer always focuses on the financial support, and especially on the most counterparts, direct and practical part of financial support for new rural construction. On the basis of comprehensive study, the writer proposes policy – oriented finance which will be more powerful in financial support for the new rural construction at present and in the future as the key of further analysis. The writer also fully explores the feasibility of comprehensive financial support system in which policy finance promotes the commercial finance to participate in the new rural construction. In fact, commercial finance has the demand to participate in the new rural construction. However, under the situation that lacking of profit model and comprehensive security, they are not daring to participate in the new rural construction, and the intervention of policy finance can greatly eliminate the concerns of commercial finance. Discussion on such model which has achieved some effects in some regions currently constitutes the important part of this book, and especially the research on the Agricultural Development Bank of China provides an important reference to the construction of financial systematic model that financially supports the new rural construction. For the financial support, In addition to the case model discussion of the Agricultural Development Bank of Chinas, the writer also focuses on the deep – seated problems which hinder the establishment and development of rural financial support system, and carries on the thorough analysis from the development strategy, system, policy and other aspects, as an important force to promote the financial system perfecting in new rural construction, the writer finally points out thorn of financial resources entering the new countryside, and provides the starting point to cut flat these obstacles.

Above is the main content ofthis book, which is from the interpretation of new rural problems and historical thinking, to the systematic discussion on introducing of financial support. And around the research on the relationship between policy, finance and commercial finance, and set the Agricultural Bank of China as a representative of policy oriented financial, the writer analyzes the feasibility of constructing a financial support system. On this basis, as the object of research, the writer further explores the framework of sustainable financial support for rural development. Finally, as an extension of the research, the writer does some researches on the new urbanization, and hopes to explore the solving, historical inheritance, and developing problems of Chinese rural areas.

For the content arrangement, in order to prominent the main research content and writing forms, the book is divided into the introduction and 5 parts, which respectively is the introduction, the new rural construction, financial support, case study and prospects, and this book has a total of 13 chapters. The separate part of case study tries to give readers a more objective and detailed discussion on the practice of new rural construction, and it provides the solid support for the discussion and elaboration of the contents of the book.

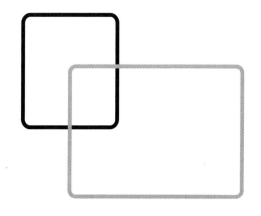

目　录

导论篇

第一篇　新农村建设篇

第二篇 金融支持篇

第三篇 案例篇

第四篇 展望篇

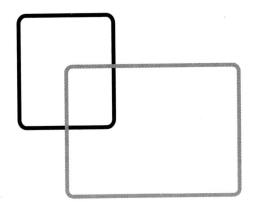

Contents

INTRODUCTION

PART ONE: NEW RURAL CONSTRUCTION

PART TWO: FINANCIAL SUPPORT

PART THREE: CASE STUDY

PART FOUR: EXPECTATION

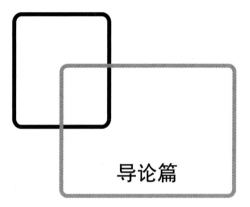

导论篇

第一章
导　论

第一节　研究背景

一　世界经济中的中国

美国克林顿政府创造的长达十年的经济增长繁荣时期，给中国经济增长注入了一股活力，中国的出口在美国强劲的需求下，保持了两位数的高速增长，摆脱了内需不足的困境。但是在美国过度消费和货币供应连年超发的重压下，始于2008年的美国次贷危机终于爆发了，并对世界经济产生了极大冲击。紧随其后，2009年欧洲出现了欧债危机，欧洲一些国家的政府长期实行高福利政策，而投资和生产相对不足，造成国家入不敷出，国家信用评级不断下调，影响其偿债和筹资能力。欧债危机中的各国处于风雨飘摇之中，紧缩财政、削减支出成为摆脱危机的不二法门。欧洲的经济下滑直接影响到中国的对外出口，通过这几年的外贸进出口数据可以清晰地看到后果。作为拉动世界经济增长最重要的引擎，在次贷危机和欧债危机下，中国经济增长开始从年均10%的速度逐渐下降到7%。作为一个人口世界第一、经济总量世界第二的国家（截至2013年年末，中国国内生产总值为568845亿元人民币，约合9.4万亿美元，仅次于美国），中国进出口贸易总额超过4.16万亿美元，如果中国经济增长过多地依赖于对外经济联系，其经济发展中的不确定性会大大增加。

中国经济可持续性和稳定性的出路在哪里？穷则变，变则通。出路就是外需疲软内需补，纠正内外失衡。而且中国要想避开"中等收入陷阱"，实现二次腾飞进入发达国家行列，就必须走自主创新和发挥内需拉动经济增长的道路。

当前，世界经济处于从失衡到均衡的进程中，在世界经济的再均衡中中国又将扮演何种角色？中国是"大"国，这从200多种工业产品的产量和许多农产品的产量居世界首位可以看出，但是中国还很弱小，因为人均GDP、人均资源还很低，再加上国际环境对中国的各种不利影响，中国要想发展，就要付出更大的努力。因此，中国首先要明确其在世界经济中的定位是发展中大国，基于此，应该摒弃"各国自扫门前雪，莫管他国瓦上霜"的思想，勇于承担恢复世界经济秩序的重任。这可以从以下几个方面着手。

首先，要改变拉动国内经济增长的三驾马车的分量。从20世纪90年代以来，中国经济增长一直依靠投资，尤其是在亚洲金融危机中，政府主导的投资承担了拯救经济增长的职责。中国在成为世贸组织成员后，开始积极主动地融入世界贸易大家庭，出口额显著增加，这有效改善了之前国内需求不足、供给严重过剩的局面，使就业率和开工率都有明显增加。但是在欧美等地区需求下降的背景下，其后遗症也很明显。观察发达国家经济增长的原因，国民消费无疑扮演了举足轻重的角色。相比之下，我国历来忽视国内消费，这可以从中国的消费率低于世界平均水平而投资率却大大高于世界水平得到印证。当然这与我国收入分配体制有很大关系，在财富集中于国家的前提下，自然而然，国家投资作为投资的主体就浮出水面，这与西方发达国家投资主体存在显著区别。中国的内需潜力巨大也是中国社会阶段特点的反映。当前中国处于中等收入阶段，城市居民和农村居民的收入较以往有了很大增加，但是城市建设和农村建设都面临着再上水平、再上台阶的局面，尤其是新农村建设将对中国的经济拉动起到至关重要的作用。可以想象，如果8亿农民有一半进城，中国经济增长二十年就将不再是一种奢求。

其次，要提升中国在国际金融方面的发言权。世界经济的失衡从虚拟经济角度来看，美元的垄断支配地位还未发生改变，美元的泛滥对世界贸易不均衡影响显著。为了解决中国国内就业问题，在人民币事实上钉住美元的背景下，不断贬值，扩大了出口，积累了巨额外汇储备。截至2013年年底，中国外汇储备已达到3.88万亿美元，远远超过其3个月进口需求的合理储备。中国拥有的长期巨额的贸易顺差，对欧美等国来说就是严重的贸易逆差，为了恢复贸易均衡，各国互打汇率战，货币超发、贬值幅度加快等问题严重影响了国际金融体系的稳定。毫无疑问，中国近4万亿美元外汇储备的去向将对世界金融市场产生巨大影响。作为负责任的大国，中国在这次国际金融危机中实现了承诺，得到世界普遍赞誉。在褒扬中，我们需要认真思考人民币的未来。当中国经济大国的地位确立时，当中国外汇储备量居世界第一时，人民币也需要拥有相应的地位。当人民币离成为世界主要货币的日子不再遥远时，中国该做些什么？中国在继续打开出口大门时，也应同步同幅度打开之前半遮半掩的进口大门。让人民币走出去，使其成为世界流通货币，这是提升人民币世界地位的主要途径。在中国国内原材料等资源和石油能源相对匮乏的今天，利用这次千载难逢的机会，未雨绸缪，进口中国未来经济发展所需的资源以及做好石油等能源的战略储备，将起到事半功倍的效果。当人民币国际化完成后，在国际货币体系中拥有一席之地的人民币可以发挥更大的作用，中国在拥有世界货币的发行权和话语权后，必然会减少经济主体在交易过程中的汇率风险，这将有利于投资和贸易发展。

二　中国的产业构成

定义各产业贡献率为第一、第二、第三产业增量与国内生产总值增量之比，即某产业产值当年增量/国内生产总值当年增量×100%；拉动百分点定义为：拉动增长＝增加值较上年的增长/上年增加值。表1－1反映了我国三大产业在GDP中的地位。

表1－1　我国三大产业在GDP中的地位

单位:%

年份	三大产业所占比例			三大产业贡献率			三大产业拉动经济增长百分点		
	第一产业	第二产业	第三产业	第一产业	第二产业	第三产业	第一产业	第二产业	第三产业
1952	50.96	20.91	28.13	——	——	——	——	——	——
1953	46.24	23.42	30.34	24.14	35.17	40.69	5.15	7.51	8.69
1954	46.10	24.68	29.22	42.86	54.29	2.86	1.82	2.31	0.12
1955	46.65	24.37	28.98	55.77	19.23	25.00	3.38	1.16	1.51
1956	43.54	27.31	29.15	19.49	50.00	30.51	2.52	6.48	3.95
1957	40.60	29.65	29.75	−35.00	90.00	45.00	1.36	3.50	1.75
1958	34.40	37.00	28.59	6.69	69.87	23.43	1.50	15.62	5.24
1959	26.88	42.78	30.35	−47.73	100.00	47.73	4.82	10.09	4.82
1960	23.61	44.47	31.91	23.59	44.47	31.94	2.99	2.22	1.94
1961	36.45	31.86	31.70	−42.80	109.75	33.05	6.93	17.78	−5.35
1962	39.70	31.19	29.11	−17.14	42.86	74.29	0.98	−2.46	−4.26

续表

年份	三大产业所占比例			三大产业贡献率			三大产业拉动经济增长百分点		
	第一产业	第二产业	第三产业	第一产业	第二产业	第三产业	第一产业	第二产业	第三产业
1963	40.61	33.01	26.38	52.94	57.65	-10.59	3.91	4.26	-0.78
1964	38.74	35.30	25.96	28.18	48.18	23.64	5.02	8.58	4.21
1965	38.26	35.06	26.67	35.63	33.72	30.65	6.39	6.04	5.49
1966	37.80	37.91	24.29	32.69	69.23	-1.92	2.97	6.29	-0.17
1967	40.51	33.88	25.62	-13.98	115.05	-1.08	0.69	-5.71	0.05
1968	42.37	31.04	26.59	-24.00	132.00	-8.00	0.67	-3.71	0.22
1969	38.18	35.41	26.41	4.63	70.37	25.00	0.58	8.79	3.12
1970	35.38	40.34	24.28	18.10	70.79	11.11	2.93	11.46	1.80
1971	34.25	42.01	23.74	19.54	63.79	16.67	1.50	4.91	1.28
1972	33.00	42.85	24.15	1.05	64.21	34.74	0.04	2.51	1.36
1973	33.52	42.92	23.56	39.90	43.84	16.26	3.20	3.52	1.30
1974	34.02	42.51	23.47	53.52	26.76	19.72	1.39	0.70	0.51
1975	32.53	45.50	21.97	12.44	85.65	1.91	0.93	6.38	0.14
1976	32.96	45.15	21.88	7.69	65.38	26.92	0.13	-1.13	-0.46
1977	29.52	46.85	23.63	-9.62	66.15	43.46	0.84	5.81	3.82
1978	28.20	47.87	23.92	18.16	55.66	26.18	2.39	7.33	3.45
1979	31.26	47.11	21.63	57.89	40.43	1.67	6.64	4.64	0.19
1980	30.18	48.22	21.60	21.12	57.56	21.33	2.51	6.84	2.54
1981	31.87	46.12	22.02	54.05	18.50	27.46	4.11	1.41	2.09
1982	33.38	44.77	21.85	50.58	29.47	19.95	4.46	2.60	1.76
1983	33.17	44.37	22.46	31.41	41.09	27.50	3.78	4.94	3.31
1984	32.13	43.09	24.78	27.15	36.95	35.90	5.67	7.71	7.50
1985	28.44	42.89	28.67	13.72	42.09	44.19	3.44	10.56	11.08
1986	27.14	43.73	29.13	17.87	49.72	32.41	2.50	6.94	4.53
1987	26.81	43.55	29.64	24.89	42.54	32.57	4.32	7.39	5.65
1988	25.69	43.79	30.52	21.18	44.74	34.08	5.24	11.07	8.43
1989	25.11	42.83	32.06	20.57	35.45	43.97	2.67	4.59	5.70
1990	27.12	41.34	31.55	47.49	26.19	26.31	4.68	2.58	2.60
1991	24.53	41.79	33.69	8.99	44.49	46.51	1.50	7.42	7.76
1992	21.79	43.46	34.75	10.21	50.53	39.26	2.41	11.93	9.27
1993	19.71	46.57	33.72	13.04	56.52	30.44	4.07	17.66	9.51

续表

年份	三大产业所占比例			三大产业贡献率			三大产业拉动经济增长百分点		
	第一产业	第二产业	第三产业	第一产业	第二产业	第三产业	第一产业	第二产业	第三产业
1994	19.86	46.57	33.57	20.28	46.57	33.15	7.38	16.96	12.07
1995	19.96	47.17	32.86	20.35	49.49	30.16	5.32	12.93	7.88
1996	19.69	47.54	32.77	18.10	49.66	32.25	3.09	8.48	5.51
1997	18.29	47.54	34.17	5.48	47.56	46.96	0.60	5.21	5.14
1998	17.56	46.21	36.23	6.93	26.91	66.16	0.48	1.85	4.55
1999	16.47	45.76	37.77	-0.91	38.48	62.43	0.06	2.41	3.90
2000	15.06	45.92	39.02	1.83	47.41	50.75	0.20	5.04	5.40
2001	14.39	45.15	40.46	8.01	37.89	54.10	0.84	3.99	5.69
2002	13.74	44.79	41.47	7.08	41.07	51.85	0.69	4.00	5.05
2003	12.80	45.97	41.23	5.46	55.13	39.42	0.70	7.10	5.07
2004	13.39	46.23	40.38	16.76	47.67	35.57	2.97	8.44	6.30
2005	12.12	47.37	40.51	4.02	54.65	41.33	0.63	8.57	6.48
2006	11.11	47.95	40.94	5.16	51.38	43.46	0.88	8.72	7.37
2007	10.77	47.34	41.89	9.27	44.67	46.06	2.12	10.22	10.54
2008	10.73	47.45	41.82	10.52	48.04	41.44	1.91	8.72	7.52
2009	10.33	46.24	43.43	5.67	32.15	62.17	0.49	2.75	5.32
2010	10.10	46.67	43.24	8.76	49.07	42.17	1.56	8.73	7.50
2011	10.12	46.78	43.10	10.25	47.41	42.35	1.79	8.27	7.39

注：数据来源于中国历年统计年鉴，经计算整理得到，在计算贡献率时仅考虑名义值。

新中国成立后的前40年，中国的产业结构一直处于"农业占比较大、轻重工业失衡、第三产业严重滞后"的不合理状态，其中农业占比一直在20%以上，而服务业占比直到1988年才超过30%。因此在20世纪80年代初期，为了纠正畸形的产业结构，中央以农村经济体制改革为突破点，大力发展农业；同时优先发展工业中的轻工业。1992年在小平同志南方谈话后，中国掀起了一股投资热潮，开发区热以及科技含量小、产能严重过剩的一般加工工业的过度投资造成经济过热。在经济增长成功实现软着陆后，第一产业比重继续下降，从1992年的21.79%一直下降到2011年的10.12%；而第三产业则得到进一步发展，从1992年的34.75%稳步增长到2011年的43.10%；同时第二产业内部结构升级取得进展，表现在科技含量高的制造业和电子通信业的比重明显上升。但是1994年国家指定的主导产业（机械电子、汽车、化工和建筑）在"九五"期间虽然得到了巨额财政资金和大量优惠政策的扶持，却未能具备国际竞争力，也没有能在国民经济中起到应有的主导作用，其原因在于政府的过度保护政策（包括关税、进入限制和高价格）使其处于垄断地位，从而使其缺乏竞争的压力和由竞争引起的提高产业集中度的动力；而服务业在政策限制下，也发展缓慢。中国加入世贸组织后，国家对农业生产给予了很大投入，"多予少取""放开搞活"等政策促进了粮食生产连年丰收，农民收入有了较大提高；工业领域的竞争程度日趋激烈，高新技术广泛应用到传统产业的优化升级和改造中。在地方政府狂热追求 GDP 的盲目冲动下，第二产业所占比例一直维持在 45% 左右，而服务业所占比重始终未能超越工业。从贡献率指标来看，自 2001 年以来，除 2001 年、2002 年和 2009 年服务业的贡献率超过 50% 以外，其他年份服务业贡献率均不到 50%。

简单来说，中国产业结构突出的问题是农业基础薄弱，主要表现在农业科技支撑有限、农业机械化应用空间小、农业规模化未成气候上。基础设施严重不足，这在农业发展中表现得尤为突出，另外，农村的路电气等公共设施建设也亏欠严重。第二产业在"国进民退"和政府投资冲动的背景下，已经取得了很大进步，表现为其行业集中度和生产率有了一定提高，但这是以压制民营企业作为代价取得的。第三产业发展相对滞后。

三 二元结构中的农村、农民与农业问题

二元结构的概念和理论最初是由荷兰社会学家 J. 伯克于 1953 年在其专著《二元社会的经济学和经济政策》中提出的。他通过调查印度尼西亚的社会经济状况，发现传统的农业社会遍布于广大乡村，而殖民地下的城市已经进入了工业化的现代社会，从前的一元同质性社会裂变为二元异质性社会。各国经济在发展过程中，都会经历从一元到二元的转变。随着经济的快速发展，资源稀缺对增长的掣肘凸显，因此城市以其空间集聚、节省交易成本、增加生产效率和提高生活品质而不断替代农村。在社会组织方式出现重大变革时，传统农业因其低效率和劳动力过剩必将被高效率的工业生产所取代，农民由"面朝黄土背朝天"转为工厂工人。工业化的生产方式促进了社会化的分工协作，也促进了传统社会向现代社会的转变。通过机器大工业的生产方式，农民转变为工人，现代工业逐步占主导地位。现代工业部门在扩张的同时，也为传统农村农业的现代化改造提供

了技术和设备上的保障，在现代化的生产组织方式和规模经济的双重作用下，传统低效率的农业生产部门迅速实现了现代化的改造和发展，缩小了同现代工业部门的生产效率差距。通过工业部门和农业部门的良性互动，二元经济结构又将转为一元结构，只不过此时一元结构较先前的效率更高，社会文明程度也不可同日而语，这实际是螺旋式上升的社会发展轨迹。美国经济学家 H. 钱纳里通过对 101 个发达国家和发展中国家或地区的二元经济结构问题进行分析，指出经济结构转型是否顺利将决定经济发展程度，而经济结构的转型意味着传统农业主导的经济结构转变为现代工业主导的经济结构。同发达国家相比，发展中国家的二元结构问题更突出，在资源转移和再配置过程中，不确定因素多，市场变化大，产业结构和经济结构的转变余地也更大。

现在的中国作为中等收入国家，正处于经济发展的十字路口。根据经济增长多重均衡点理论，此时中国的经济均衡处于一个不稳定均衡状态。一方面，以往的经济增长模式在城乡对立凸显的现实下难以为继，增长动力不足；另一方面，解决好国内城乡二元经济结构矛盾，经济就可实现二次腾飞，进入新的均衡稳定状态。追本溯源，早在 1950 年，城市建设需要和苏联对中国的大规模设备投资就促使中国农村劳动力向城市转移，待"三通一平"等基础设施建设工作完成以后，1959 年中苏关系开始恶化，苏联撤资，更为重要的是农业劳动力的减少直接造成了农业产出无法满足城市需求，这些因素的叠加，造成了城市的劳动力大规模向农村迁移。这样，基于农业剩余劳动力的农业剩余通过城乡剪刀差和国家计划调拨的方式进入城市，支撑着国家工业化发展，二元结构由此形成。在中共十二大后，中共中央连续五年的一号文件尝试破解长期困扰经济增长的城乡二元结构。不过，"开通城乡，打破城乡二元结构"虽然已经成为共识，但时至今日，城乡对立却更明显、更突出，这其中的主要原因是城市中既得利益集团为了保护自己的利益，千方百计阻挠城乡协调发展。最具代表性的就是农民工在不断为城市奉献后，又要像候鸟一样回到故土，无权享用城市中功能先进的生活服务设施和完善的社会养老保障。只有解决"三农"问题中的农民主体地位和农民利益问题，城乡二元结构困境才有可能被破解。当然由于历史欠账较多，城市还暂时无法容纳大量新增人口，农村城镇化建设可以成为破解之道，这既可拉动国内投资需求（因为农村基础设施非常薄弱），又可实现农民离土不离乡的梦想。至于传统农业发展何去何从，美国经济学家 T. 舒尔茨认为应该走传统农业的现代化之路。其中最关键的是在农业生产中引入现代生产要素，表现为掌握现代农业知识的农民以及较高的农地机械化水平。农民现代知识的掌握来自对农民的投资，这种人力资本投资会成为农业经济增长的源泉。美国农业经济的现代化主要是通过政府对农村初等教育的不断投入来实现的。在美国南部农村，对初等教育投资增长 10%，农业产出就会增加 30%。今天的美国，农民的人口比重虽不到 2%，却养活了 3 亿美国人，而且使美国成为世界最大的农产品出口国，这一切都来源于高科技。美国农民中 20% 有大学学历，其和城市居民的差别更多地表现在居住方式和从事的产业上，他们的共同点是都有知识和技能，对信息和科技具有一定程度的了解和掌握。反思中国的农业发展，最主要问题还是土地流转的复杂和艰巨使农地经营规模有限，限制了农民对学习农业科技知识的追求，同时也限制了现代化农业机械的普遍推广和应用。

四　"新农村"战略的提出

以党的十一届三中全会为标志，中国的农村发展进入了一个崭新的时期。家庭联产承包责任制赋予了农民多年来梦寐以求的土地使用权利。尽管土地所有权暂时还未能实现，但是十五年承包权不变，以及后来的土地使用权续延等政策还是给广大农民吃了一颗定心丸。在农村生产力得到极大解放的同时，中国农村迎来了黄金发展时期，这一直持续到党的十六届五中全会。在农村大发展的同时，我们也要看到城市和工业更加快速的扩张是基于对"三农"剩余的提取。其实从新中国成立以来，中国长期奉行的是农村支援城市、农业支持工业的政策。农村的剩余劳动力在改革开放后，成为城市建设和工业发展取之不尽的廉价劳动生产要素，第一代和第二代农民工的前赴后继就是典型案例；农村的金融资源也被各种金融机构源源不断地抽干，无论是信用社还是商业银行都以较低的利率吸收资金，再将其用于城市和工业发展。通过比较分析，城乡差距呈显著扩大趋势，贫富分化较为明显，城乡良性互动关系始终未能确立。

城乡的不均衡发展无疑对 21 世纪中国全面建设小康社会造成了巨大阻碍。如果说中国"贫困陷阱"的摆脱是建立在"以农补工"的基础之上的话，那么 21 世纪的中国要想避开"中等收入陷阱"，就需要实行"以工补农""城市反哺农村"的带有补课性的政策。从这个角度理解"新农村"的

"新"，才能找到建设农村和实现经济跨越式发展的动力源泉。因此，十六届五中全会明确提出的"新农村"包括 5 个方面内容，即新房舍、新设施、新环境、新农民、新风尚，这五者缺一不可，共同构成小康社会"新农村"的范畴，是弥补城乡鸿沟的具体内容和标准。社会主义"新农村"与建设和谐社会、小康社会息息相关。通过《中共中央关于制定国民经济和社会发展第十一个五年规划的建议》，中央提出要按照"生产发展、生活宽裕、乡风文明、村容整洁、管理民主"的要求，扎实推进社会主义新农村建设。生产发展，是新农村建设的中心环节，是实现其他目标的物质基础。2014年 3 月，国家出台了《国家新型城镇化规划 2014—2020 年》，该文件对于我国城镇化建设具有战略性的指导意义，其中对于城镇化的发展规律、城镇化的驱动力，以及城镇化与工业化、信息化和现代化相辅相成的关系的认识和通过深化制度变革促成农业人口的转移的论述，都是极具意义的。

建设社会主义新农村好比修建一幢大厦，经济就是这幢大厦的基础。如果基础不牢固，大厦就无从建起；如果经济不发展，再美好的蓝图也无法变成现实。生活宽裕，是新农村建设的目标，也是衡量我们工作的基本尺度。只有农民收入上去了，衣食住行改善了，生活水平提高了，新农村建设才能取得实实在在的成果。乡风文明，是农民素质的反映，体现了农村精神文明建设的要求。只有农民群众的思想、文化、道德水平不断提高，形成家庭和睦、民风淳朴、互助合作、稳定和谐的良好社会氛围，实现教育、文化、卫生、体育事业的蓬勃发展，新农村建设才是全面的、完整的。村容整洁，是展现农村新貌的窗口，是实现人与环境和谐发展的必然要求。呈现在人们眼前的社会主义新农村，应该是脏乱差状况从根本上得到治理、人居环境明显改善、农民安居乐业的景象，这是新农村建设最直观的体现。管理民主，是新农村建设的政治保证，体现了对农民群众政治权利的尊重和维护。只有进一步扩大农村基层民主，完善村民自治制度，真正让农民群众当家做主，才能调动农民群众的积极性，真正建设好社会主义新农村。

简而言之，"新农村"不是城市对农村蜻蜓点水式的扶持和政府的表面文章，它涉及多年来农村剩余的不合理转移的纠偏。在此基础上，对农村进行城镇化改造、提升农业产业现代化水平和加强对农民知识技能的培养，才是对农村的真正理解和解放，否则难免出现新村空闲、新房旧人、小农依旧、雷声大雨点小的运动式的农村建设。

第二节　研究内容

新农村建设中的金融支持问题是一个宏大而复杂的研究课题，深入系统地研究该问题涉及经济、金融、文化等诸多方面，可以说，对这一个问题的研究需要始终突出核心和把握主线，泛泛而谈地梳理材料式的研究只能会迷失研究的初衷，无法得出有价值和指引性的建设性成果。

本书梳理了新农村建设中最需要解决的问题，即投融资（更多的是融资）问题，以此为中心，将"金融支持"提炼出来，作为问题研究及政策探讨的落脚点，始终围绕"金融支持"，并进一步聚焦"金融支持"对新农村建设最对口、最直接、最实际的部分，在综合探讨基础上，提出对当前及未来在金融支持新农村建设中最有力的政策性金融作为进一步分析的重点，充分探讨政策性金融带动商业性金融共同参与新农村建设的综合金融支持体系的可行性。实际上，商业性金融具有参与新农村建设的诉求，但在缺乏赢利模式和综合担保的情况下，不敢贸然参与到新农村建设中来，而此时政策性金融的介入可以在很大程度上消除商业性金融的顾虑。对这样一种在当前某些地区已经取得成效的模式的探讨，构成了本书研究的主要内容。对"建设新农村的银行"（中国农业发展银行）的分析，为政策性金融引领支持新农村建设的金融体系的模式构建，提供了重要参考。围绕"金融支持"，除以中国农业发展银行作为案例的模式探讨外，本书针对妨碍农村金融支持体系构建和发展的深层次问题，从发展战略、体制、政策等方面进行了深入剖析，以此作为推动新农村建设中完善金融体系的重要力量，指出金融资源进入新农村的"荆棘"，为"砍平"这些障碍提供了切入点。

"金融支持"是本书研究的出发点和落脚点，也是全书研究的中心内容，但正如前文所述，"新农村"问题十分复杂，涉及社会生活的方方面面。在切入"金融支持"问题前，有必要梳理和界定本书研究内容的载体——"新农村"。只有充分理解新农村的概念、范围及未来发展情境，才能将"金融支持"与其载体"新农村"有效地结合在一起，才能不偏离本书研究的中心。针对新农村问题的研究和探讨，构成了本书内容的第二个核心。

农村问题，更普遍的提法是"三农"问题，一直是我国社会经济发展中的基础性问题。作为农业大国,中国几千年的传统和传承,使今天的"三农"问题更加沉重,对这一问题的解决也更加具有一种沉甸甸的责任和使命感。无论是"三农",还是"新农村"的提法,本质上都是为了提升农村地区发展水平、满足农村地区人民提高生活水平的要求,只不过在经过了历史上无数次农村运动试验后,到今天,金融支持方式成为解决"三农"问题的主要方式。历史上,无数仁人志士曾经为促进农村问题解决进行过多次的试验、运动,采取的方式多种多样,甚至有变革土地所有权的极端化方式(之所以说改变土地所有权的方式是极端的,是因为这种方式往往伴随着暴力,在运动过程中多偏离农村问题的中心,也无法很好地解决农村问题)。梳理农村建设的历史经验,可以发现诸多在当时看来十分超前、今天看来却极具借鉴意义的思想,而这些构成了当前"新农村"建设的重要参考和借鉴,中国农村问题数千年的博弈,使得这些经验弥足珍贵。

"新农村"建设作为当前时期中国农村问题的集中解决方案,其提出具有十分重大的意义,是截至目前解决农村问题的最全面、最深入和最根本的纲领性思路。"新农村"建设规划了中国农村的发展前景,勾勒了实现这一目标的主要途径。自2005年"新农村"建设提出以来,在宣传认识"新农村"内涵的基础上,诸多实践探索也在不同地区、不同程度地开展,在部分地区取得了一些良好的经验,并进一步形成了若干值得借鉴的有效模式。这些积极的做法虽然并不能囊括"新农村"建设所提的"二十字方针"和目标,但至少在当前水平下取得了明显的进步,对缓解农村建设难题、提升农民生活水平意义重大;更为重要的是,通过这些典型而又有意义的探索,我们似乎摸索出了一条"新农村"发展的模式。这种模式一方面促进了农民生活水平的提高;另一方面在这一过程中推动了当地的城镇化发展进程。又如上文所言,中国的农村问题延续数千年,对农村问题的认识千差万别、头绪纷杂,不仅认识上极难统一,而且存在诸多偏颇和错误,就最新的"新农村"而言,也存在大量的认识误区。本研究在探讨过程中,就目前普遍存在的认识误区进行了深入分析,以期对扭转和统一认识提供参考与借鉴。

以上两个部分——"新农村"和"金融支持"是本书研究的中心内容,是本书分析探讨的基本出发点,但这两部分并非割裂的,而是如前所述的是有机结合的整体。"金融支持"支持的是"新农村"建设,我们研究探讨的"金融支持"也是在"新农村"建设的框架和范围内,研究的重要目标之一，即是探讨两者间有机结合的"阈点"，也即找出两者统一结合的"口径"，以防止出现把小水龙头接在大水管上的问题。

"金融支持"是全书研究的主线和出发点，但研究分析的目标在于尽力构建支持"新农村"建设的良性金融发展体系。一旦涉及体系，就需要突出体系的核心以及相关制度、监管等不可或缺的因素。本书在综合研究的基础上，以"展望"的形式，就建立农村金融支持的体系目标进行了勾勒和分析，并就着重需要注意的问题进行了细致的分析，以期切实推动"金融支持成为新农村建设的关键力量"，将其内化在"新农村"建设中。

"新农村"建设是当前解决中国农村问题的纲领性思路，未来中国农村走向何方值得深入思考。种种迹象表明，中国农村问题的解决思路似乎正伴随中国经济社会发展形势的变化而出现变动，一种更为具体化和实践化的解决方案——新型城镇化——似乎抓住了工业时代中国农村问题的关键。虽然新型城镇化并未正式成为解决中国农村问题的纲领性方案，但推动新型城镇化已成为当前乃至以后助力解决农村问题的重要切口；就行动方案的全面性来说，新型城镇化无法取代"新农村"，后者包含的内容更为全面翔实，包括农村发展的方方面面，而城镇化则相对无法实现如此诸多方面的目标。新型城镇化作为更具可操作性的发展目标，其带来的综合性影响同样十分巨大。其中，中国农村问题解决方案能否通过以及如何从"新农村"建设过渡到"新型城镇化"，是极具历史传承性及强烈时代特色的重要课题。

以上是本书的主要内容，其逻辑是由对"新农村"问题的解读与以史为鉴的思考，引入以"金融支持"为出发点的系统性探讨，并围绕政策性金融与商业性金融的关系，将中国农业银行作为政策性金融的代表，分析构建农村金融支持体系的可行性。在此基础上，本书将进一步展望可持续的农村金融支持体系的发展前景。最后，作为全书研究的延伸，将新型城镇化纳入其中，以探寻中国农村问题解决与发展中的历史传承和时代要求。

在章节安排上，为突出研究的主要内容，并兼顾写作形式，全书共分为导论篇、新农村建设篇、金融支持篇、案例篇和展望篇，共13章。将案例部分单独成篇，是为了更客观、翔实地探讨"新农村"建设的实践，为全书内容的探讨和论述提供坚实的支撑。

全书具体框架结构如图1-1所示。

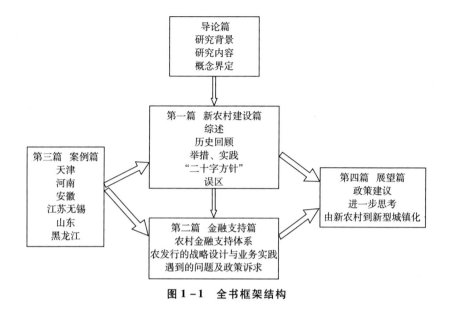

图 1-1 全书框架结构

第三节 概念界定

为了更好地展开分析和探讨，有必要对本书涉及的若干重要概念进行解释和说明。

一 新农村建设

2005 年，党的十六届五中全会审议通过了《中共中央关于制定国民经济和社会发展第十一个五年规划的建议》，把建设社会主义新农村作为我国现代化进程中的重大历史任务，当作"十一五"期间主要任务的第一条，并具体提出了生产发展、生活宽裕、乡风文明、村容整洁、管理民主"二十字"的新农村建设要求。2006 年的中央一号文件《中共中央国务院关于推进社会主义新农村建设的若干意见》，进一步明确新时期我国农村发展的方向是"建设社会主义新农村"。

实际上，"建设社会主义新农村"并不是最新的提法。早在 1956 年第一届全国人大第三次会议通过的《高级农业生产合作社示范章程》中，就曾提出过"建设社会主义新农村"的建设目标。但显而易见，党的十六届五中全会以"社会主义新农村建设"为明确目标进行的论述，在完整性、系统性和深刻性方面远远超过此前，非常清晰而具体地指出了在新的历史条件和社会背景下中国农村发展的方向、动力，以及保证目标实现的政策措施。本书探讨分析涉及的"新农村"即是采用了《中共中央关于制定国民经济和社会发展第十一个五年规划的建议》以及后来进一步拓展的《中共中央国务院关于推进社会主义新农村建设的若干意见》所提出的新农村概念，并重点突出其涉及的"二十字"要求，即生产发展、生活宽裕、乡风文明、村容整洁、管理民主。

二　金融支持

就金融的概念来说，金融就是资金的融通，是货币流通和信用活动以及与之相联系的经济活动的总称。广义的金融泛指一切与信用货币的发行、保管、兑换、结算、融通有关的经济活动，甚至包括金银的买卖；狭义的金融专指信用货币的融通。本书中所讨论的金融支持更多地偏重广义的概念，在具体分析及研究立足点上，本书所指的金融支持更多强调的是以金融机构及金融政策为主体及核心的综合性金融资源扶持体系，以解决"新农村"建设中存在的诸多由于资金问题而产生的不良症结。

由于种种原因，我国的金融发展表现出典型的城乡"二元性"特征：在发展的广度和深度上，农村金融逊色于城市金融，进而使城乡之间的收入差距日趋加大等诸多问题普遍出现。因此，需在资源优化配置和产业升级方面给予农村金融以资金和政策支持。我国农村地区金融支持仍停留在国家金融调控下，即使在农村范围内得到广度上的延伸，也无法满足农村经济发展的需求。所以建立并完善宏观金融体系，协调发展农村经济和金融支持已经显得十分迫切。

三　政策性金融

政策性金融是指为了实现产业政策等特定的政策目标而采取的金融手段，即为了培养特定的战略性产业，在利率等方面予以优惠，并有选择地提供资金。具体而言，中国的政策性金融，是指在我国政府支持下，以国家信用为基础，运用各种特殊的融资手段，严格按照国家法规限定的业务范围、经营对象，以优惠性存贷利率，直接或间接为贯彻、配合国家特定的经济和社会发展政策而进行的一种特殊性资金融通行为。它是一切规范意义上的政策性贷款，一切带有特定政策性意向的存款、投资、担保、贴现、信用保险、存款保险、利息补贴等一系列特殊性资金融通行为的总称。

四　商业性金融

中国的商业性金融是指在国家产业政策指导下，运用市场法则，为引导资源合理配置和货币资金合理流动等经济行为而产生的一系列货币商业性金融活动的总称。其主要特点有：决策主体是各商业金融机构，它们追逐利润最大化，自主决策，充当信用中介，以资金的赢利性、安全性和流动性为主要经营原则。

政策性金融和商业性金融存在显著的区别。政策性金融业务是指完全按照国家规定的数额、用途、利率而发生的业务，这种业务不能考虑自身的成本和经济效益，而应把实现规定的政治目标作为主要目的；而商业性金融业务则是指商业性金融机构按照市场法则和信贷资金"三性"原则，在遵守法则的前提下，自主经营，并以追求利润最大化为目标的业务。

五　新型城镇化

对于新型城镇化，目前国内尚无统一、权威的认定。作为国家重点推动的战略性工程，新型城镇化的意义重大，对其的认识需要随着实践不断完善。在中国这样一个新兴大国开展城镇化建设，没有任何经验可供借鉴，只能是不断摸索，以期不断修改、完善和推进城镇化进程。就目前的诸多探讨来看，新型城镇化更多的是以城乡统筹、城乡一体、产城互动、节约集约、生态宜居、和谐发展为基本特征的城镇化，是大中小城市、小城镇、新型农村社区协调发展、互促共进的城镇化。新型城镇化的核心在于不以牺牲农业和粮食、生态和环境为代价，而是要着眼于农民，涵盖农村，实现城乡基础设施一体化和公共服务均等化，促进社会经济发展，实现共同富裕。

2013年7月9日，中共中央政治局常委、国务院总理李克强在广西主持召开部分省份经济形势座谈会并发表了重要讲话。李克强指出要推进以人为核心的新型城镇化。因此，新型城镇化需要坚持以人为本，以新型工业化为动力，以统筹兼顾为原则，推动城市现代化、城市集群化、城市生态化、农村城镇化，全面提升城镇化质量和提高农民生活水平，要使发展的城镇成为具有较高品质的适宜人居之所。城镇化必然涉及广大农民群众，因此，坚持以农民为中心也就自然成为题中之义。

此外，需要说明的是，本书探讨的是"新农村"建设中的金融支持体系。正如前文所述，统筹政策性金融与商业性金融的联动是支持"新农村"建设、完善支农金融体系的重要内容，也是本书研究探讨的主线之一。为使对政策性金融的分析更为集中和深入，本书重点剖析其代表性机构——中国农业发展银行。实际上，中国农业发展银行也是我国唯一真正意义上的专门农业政策性金融机构，在支持农村建设和发展中一直发挥着不可替代的重要作用。在本书的后面章节中，将全面、深入地探讨中国农业发展银行在"新农村"建设中的使命与作用。

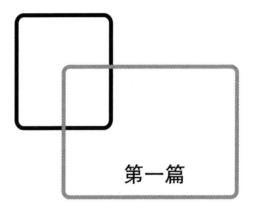

第一篇

新农村建设篇

第二章
新农村建设综述

　　新农村建设的提法引起学界的高度关注，其提法源于 2005 年 12 月 31 日《中共中央国务院关于推进社会主义新农村建设的若干意见》。实际上，"建设社会主义新农村"这个提法，不是今天才有的。新中国成立初期的 20 世纪 50 年代，党和政府就提出过"建设社会主义新农村"的任务，而这个"新农村"是相对于旧中国的"旧农村"而言的。改革开放初期，党和政府再次提出了"建设社会主义新农村"的任务，而这个"新农村"相对的是改革开放前的农村。党的十六届五中全会提出的"建设社会主义新农村"的任务，是针对在 21 世纪农村建设的新的历史任务提出来的，面对的是新形势和新要求。这个新要求或者说建设社会主义新农村的具体目标是"二十个字"："生产发展、生活富裕、乡风文明、村容整洁、管理民主。"

　　政府文件中将新农村建设视作我国实现现代化的战略任务，可见"三农"问题的严峻和国家的高度重视。对新农村建设的研究，在政府文件提出之前就已开展了较多时日。在查阅相关文献的基础上，本书认为，我国对新农村建设的研究，实际上传承自对"三农"问题的研究。可以说，新农村建设是"三农"问题研究的新领域和"大热门"。因而在原有研究的基础上，新农村建设研究也出现了不同的主张。

第一节　新农村建设的发展方向

　　新农村建设的方向究竟是什么，这是首先要回答的问题。关于新农村建设的发展方向，主要有以下四种代表性看法。

一 "拉动内需"说

"拉动内需"说以经济学家林毅夫为代表。这种观点认为，从短期来看，通过国家投资农村基础设施建设，可以拉动劳动密集型产业的发展，增加农民的就业和收入；同时又可以刺激内需，消化国内制造业的过剩生产能力，防止经济紧缩。从长期来看，要从根本上解决农民问题，就必须鼓励农村劳动力转移进入城市，也就是"农民进城"务工。

二 "户籍制度改革"说

"户籍制度改革"说以"三农"问题研究专家陆学艺为代表。这种观点认为，农村衰败的原因在于中国城乡分治的二元体制限制了城乡之间的合理流动，致使中国农村人口过多，城市化进程太慢，因此要改变不合理的社会结构，首先在于改革户籍制度，取消城乡二元结构。

三 "新乡村建设"说

"新乡村建设"说以徐勇、贺雪峰和温铁军等人为代表。这一派的观点认为，中国人口基数太大且处于增长之中，而人均占有的资源又太少，仅靠"农民进城"来解决"三农"问题既不理智，又不现实，必须寻找新的出路。这个出路就是新乡村建设，因而他们也有别于 20 世纪 20~30 年代梁漱溟、晏阳初等人推动的乡村建设运动，被称为"新乡村建设派"。

但该派别的代表人物又有各自不同的侧重点。例如，以徐勇为代表的早期农村政治学研究更注重村民自治的深化和市场化、民主化的导向。以温铁军为代表的"农民合作"说则认为，新农村建设就村庄层面上讲，是农民在经济、文化、社会、政治等领域全方位的建设和全方位的合作。"农民合作社由于本质上是弱势小农联合而成的组织，因此才应该在当前的新农村建设中被认为是一种能够兼顾公平和效率的组织创新；其主要作用是通过农民互帮互助、共沾利益、共担风险，把市场行为造成的外部性问题内部化解决。"（刘燕，张荣杰，2006）而贺雪峰等创立"转型期乡村社会性质"研究领域的新生代则更注重农村社会的组织重建和文化重建，"让村民对未来充满信心，有预期；让村庄有文化，有舆论，有道德压力，有生活感"。

四　政策部门的研究

政策部门的研究，体现了浓厚的政策性色彩。如国务院发展研究中心研究员陈锡文认为，新农村建设应包括四个方面的内容：新农村建设要以经济发展为中心；要加快完善农村经济社会管理体制；通过城乡统筹解决农民最无奈、最无法解决的问题；建设一个好的农村环境。可见政策规划主要着眼于经济与制度等宏观领域。

以上各种观点，实际上大体可以归为两类：一是以农村和农民为本位的新农村建设；二是以国家（或农村以外）为本位的新农村建设。前者的视角是农村和农民；后者的视角是农村外部的国家制度和政策安排。

第二节　新农村建设的社会基础

2000 年以来，"三农"问题越来越受到高度关注，国家也出台了一系列支农、惠农政策减轻农民负担，试图重新激发农村建设的活力。

一　取消农业税

自 2006 年全面取消农业税后，我国农村开始步入"后税费时代"。尽管全面取消农业税可能确实在一定程度上减轻了农民的负担，但有关研究并没有一味地为这一政策叫好。相反，有学者指出，新农村建设不得不直面"后税费时代"由国家公共权力退出农村引起的乡村秩序失范和组织、治理的困境。此外，急剧变迁的中国社会，也使新农村建设处于一个动态发展的过程。高度的农村人口流动、农村传统文化和道德规范的衰落、乡村组织的弱化和农民的日益原子化等问题构成了新农村建设的现实基础。

贺雪峰曾冷静地提醒说，取消农业税后农村形势依然严峻。原因在于"后税费时代"的农村基层组织大多数瘫痪，并且导致农村公共品供给的空前匮乏。李昌平则在《农业税和农村土地制度的功能》一文中完整地阐述了农业税的正面效用，认为它具有调节农业生产结构、调节乡村之间各种利益关系、增强基层政府信用、为弱势群体提供福利救济以及农民与政府博弈手段的功能。李昌平作为一个基层组织的运作者，深刻体会到如果"后税费时代"不能及时建立配套的补救制度，势必导致许多已经解决的问题重新凸显，并导致传统制度、机制和服务体系的彻底崩溃。温铁军的观点有异曲同工之妙，他认为，如果不能尽快建设良性的基层组织，黑社会、非法宗教势力就可能迅速崛起，进而控制农村。在此基础上，北京大学国际关系学院潘维博士认为，只有一个健全的、先进的、坚强的乡镇政府，才能真正建设社会主义新农村。政府必须积极作为，帮助农民进行自我组织。

这些观点显然与"转变职能派""合乡并镇派"的主张截然不同。当然，这并不是只要一个强势的基层政权，而是说"后税费时代"的基层组织不能全面退出农村社会，而是要在推动村民自治、发展农村合作组织、培育新农民等方面有所作为。中国的新农村建设，在目前来说，仍然处于国家主导的范式内。一个软弱的乡村基层组织只能导致乡村社会的灰化和边缘化，久而久之便会摧毁农村社会的信仰和文化认同感。

二 人口流动频繁

在人口流动频繁的背景下，新农村建设也必然与流动性挂钩。据有关数据显示，我国自 20 世纪 90 年代中期以来共有 1.2 亿农村人口在城乡之间流动。如何实现人口流入村与人口流出村以及人口双向流动村的良性治理，是一个具有挑战性的课题，而对流动人口本身的治理就存在一定的难度。徐勇、徐境阳在其著作《流动中的乡村治理——对农民流动的政治社会学分析》中指出，绝大多数农民未经商品化意识的培养便直接投入现代化的浪潮，而这正是中国乡村治理面临的最大挑战。徐勇从他的政治学研究出发，对农民流动给予了高度评价，认为农民流动是联结外部输入与内部发展的重要媒介。但他同时也指出了流动中的乡村治理的困境：有流动无发展——乡村发展的"空心化"；有流动无突破——乡村结构的再复制；有流动无安宁——乡村秩序的失衡性。要走出这一困境，需要实现由人口流动到土地流转的体制创新，从人口流动到人口迁移的跳跃，改革在城乡二元结构和"城市本位主义"基础上形成的治理体制。

不可否认，徐勇、徐境阳对乡村治理困境的认识是深刻的，也是独到的。但似乎由于政治学自上而下看的思维惯性，徐勇、徐境阳失去了从农村和农民的本位来构建乡村治理良性基础的可能。徐勇、徐境阳自己也曾论证过，"正式制度的引入能否成功，与非正式制度有着密切的关联。正式制度只有在社会认可，即与非正式制度相容的情况下，才能发挥作用"（徐勇、徐增阳，2003）。而城乡二元体制和土地制度的改革，能否从根本上解决城乡失调，推进城市化进程，还是值得深入论证的。

第三节　新农村建设视野中的乡村建设运动

一　以贺雪峰和温铁军为代表的乡村建设试验

在我国新农村建设的实践中，以贺雪峰和温铁军等人为代表主持的新乡村建设试验，与20世纪20~30年代梁漱溟和晏阳初等人推动的乡村建设运动有着血脉相承之缘，在某种程度上，今日的新乡村建设试验，就是当年的乡村建设试验。只不过，二者的宏观背景不可同日而语。而对于梁漱溟和晏阳初等人主持的乡村建设运动的研究，也对新农村建设及其研究具有重要价值。学界认为，乡村建设运动是一场以乡村教育为起点，以复兴乡村社会为宗旨，由知识精英推进的大规模的社会运动。它既不同于当时国民党推行的改良政策，又与中国共产党领导的农村包围城市、武装夺取政权的运动相对立。自20世纪90年代末以来，学界就此展开了多角度、多学科的深入探讨和研究，涉及梁漱溟和晏阳初等人的思想理论、性质、历史地位、具体实践及对社会变迁的影响等。如李国忠通过对中国农村社会变迁的比较研究，认为乡村建设运动和苏维埃运动这两种社会运动都体现了人类有目的地促进社会变迁的努力，它们所涉及的社会变迁的范围在许多方面是交叉的，从社会变迁的类型看，它们都是进步的社会变迁，从客观效果来看，它们在推进农业生产、改变人们的精神生活、改善人们的生活环境等方面都起了较大的作用（李国忠，2002）。

二　以张利群为代表的研究

张利群通过对梁漱溟哲学思想、乡村建设理论产生的背景和依据，乡村建设的理论与实践特色以及乡村建设的现实意义的研究，提出加快农村发展的关键在于农民，"三农"问题必须通过综合改革和建设的途径来解决，同时要加快农村民主化和社会民主化的进程。张利群还认为，"以乡村建设理论和实践作为一个试验个案，作为一种建设思路和模式，仍能给我们以启迪和进一步思考"（张利群，2005）。正如美国学者艾恺在《最后的儒家——梁漱溟与中国现代化的两难》中指出的那样："并非任何事情都宜于根据我们眼见的成败去认识和估量。多次去邹平后，我觉得，本来是他（梁漱溟）对了，他提出的确实是建设中国的长期方案……他的思想在当时不易被人们所接受。不过，一百年后回顾 20 世纪中国的思想家，或许只有他和少数几个人才经得住时间的考验，而为历史所记住。"

三 其他学者的中国本土化参与式发展理论

此外，还有学者通过对乡村建设理论的概括和再审视，提出乡村建设理论本质上是中国本土化的参与式发展理论。崔效辉（2005）认为梁漱溟与晏阳初在 20 世纪 20 ~ 30 年代领导乡村建设试验中形成的经验和理念至今仍是农村建设的一笔宝贵财富。对中国这样一个各地自然条件、文化传统差异很大的发展中国家来说，参与式发展理论提倡因地制宜，充分利用当地的各种资源（包括人力资源），在当地人民积极、主动的参与中形成一种可持续的、有效益的发展模式。

第四节　总结

一 新农村建设研究正全面发展

我国新农村建设研究正朝着多学科、多角度、多视野的方向发展。其中，民间新乡村建设派在理论建设和实践上都有所建树，尤其是他们所主张的田野调查与乡村建设试验具有较强的场域吸引力，实践了中国的参与式发展理论。但不可否认的是，目前的新农村建设仍然以政策研究为主，学理研究显著不足，现有的研究不仅局限于一般的经验性研究，且存在不少的低水平重复。如果理论研究不能建立起自身的体系，低水平生产将是不可避免的"死胡同"。这一方面，是由于新农村建设的提出还未经历长时间的论证和检验，各学科之间缺少交流与争鸣；另一方面，是由于热点问题研究容易产生"搭便车"和随波逐流效应。此外，政府的高度重视可能无意中造成了学理性研究的沉默。诚然，综观我国"三农"研究中的农村基层政权研究、村民自治研究、乡村治理研究的发展，无一不是经历了从政策性研究到学理性研究的转变。应该说，重返学理研究的专业化，才是理论研究的核心所在。为此，更加关键的是对政策实施的社会基础的研究，强调以农民的角度、从农村社会内部来研究新农村建设的意识。通过探讨新农村建设在农村社会成功运作的现实基础，才能减少外部政策被扭曲的可能，避免新农村建设中农民的集体失语。对新农村建设的社会基础的研究将有助于更加真实地反映新农村建设的实际进程，更好地反思和调整理论支农实践，构建农民在新农村建设中的主体地位，加深我们对乡村社会自身结构和特性的认识。

二 加深对不同地区经验的比较研究

通过对经验的总结和深化，可以解释不同地区新农村建设不平衡的深层原因。从研究方法上讲，这属于区域研究的范畴。从个案研究到区域研究，再到分类比较研究，是新农村建设研究应有所作为的方面。区域研究和分类比较研究的必要性，在于中国的特殊国情——农村人口基数大，且各地的现实情况差异巨大，不可能产生一个统一的模式。贺雪峰就认为，以区域性研究为基础的比较研究，是认识乡村社会性质的灵感源泉，也是理解制度安排效果的关键。

三 质疑和批判是必要和有益的

不管一种质疑是针对学术研究，还是针对政策规划，只有经过充分的论证和探讨，填补新农村建设研究的盲点，才能使历久弥新的理论不断发展，并淘汰那些缺乏生命力的理论模式，尽量减少政策的不公。作为新农村建设研究热的冷思考，可探讨以下问题——新农村建设的主体变化问题（如留守少年在参与建设新农村中的可能性）、乡土观念的演变、新农村建设的公共与私人领域、新农村建设理论的积累与传承（如新农村建设能否在一定逻辑起点上构建自身的理论、不同的研究之间如何实现交流和对话等）、广义上的新农村建设的得失（考察我国 20 世纪 20~30 年代以来的乡村建设实践）、新农村建设中的乡村传播学（媒介影响力的发挥与社会责任的履行效果如何、乡村受众的媒介素养与观念变革）等。

事实上，只要中国的"三农"问题未能得到圆满的解决，新农村建设及其研究就一日不可停止。在中国现代化发展具有战略影响意义的征途上，起主导作用的是国家，主体是农民。

参考文献

[1] 陈锡文：《深化对统筹城乡经济社会发展的认识，扎实推进社会主义新农村建设》，

《小城镇建设》2005 年第 11 期。

［2］崔效辉：《乡村建设运动：参与式发展理论的本土来源与贡献》，《南京人口管理干部学院学报》2005 年第 4 期。

［3］蓝海涛：《我国部分地区新农村建设的经验与启示》，《农业经济问题》2006 年第 3 期。

［4］李国忠：《苏维埃运动、乡村建设运动与中国农村的社会变迁比较》，《赣南师范学院学报》2002 年第 10 期。

［5］李强、姜爱林、任志儒：《韩国新村运动的主要成效、基本经验及对我国的启示》，《农业现代化研究》2006 年第 11 期。

［6］刘燕、张荣杰：《社会主义新农村建设研究综述》，《黑龙江农业工程职业学院学报》2006 年第 11 期。

［7］刘志仁：《日本新农村建设的启示》，《北京观察》2006 年第 5 期。

［8］徐勇、徐增阳：《流动中的乡村治理——对农民流动的政治社会学分析》，中国社会科学出版社，2003。

［9］张利群：《论乡村建设理论的历史作用和现实意义》，《玉林师范学院学报》2005 年第 2 期。

［10］周由强：《乡村治理与社会主义建设新农村研讨会综述》，《政工研究动态》2006 年第 5 期。

第三章
历史回顾

第一节　新农村建设——中国志士仁人的历史追求

一　晏阳初的乡村建设与平民教育活动

晏阳初（1890～1990），四川巴中城人，1920年从美国耶鲁大学毕业后回到中国。在归国前，他立志不做官、不发财，拟将终生献给劳苦大众。回国后他首先在上海基督教青年会全国协会智育部主持平民教育工作，1922年3月在长沙推行他的《全城平民教育运动计划》。1923年晏阳初来到北京，组织成立中华平民教育促进会，任总干事。1926年，晏阳初与一批志同道合的知识分子来到河北定县翟城村，推行他的乡村教育计划，在这里开始了乡村建设实践。晏阳初认为，中国农民问题的核心是"愚贫弱私"四大弊端，因而他提出了有针对性的解决方案，即："学校式、社会式、家庭式"三大方式结合并举，"以文艺教育攻愚、以生计教育治穷、以卫生教育扶弱、以公民教育克私"四大教育连环并进的农村改造方案。

晏阳初在河北定县推行的各项平民教育活动都从农村的现实情况和农民的切实需要出发，从小处着手为农民解决生活生产中的实际问题。例如，指导农民修建井盖、牲畜围圈和适时消毒灭菌以减少饮用水传染的疾病；向旧式产婆普及医学常识，训练助产士代替农村的旧式产婆；建立各区保健所，培训合格医生、村诊所的护士和公共卫生护士；普及农业技术知识，为村民引入优良棉花和蛋鸡品种；建立村民自治组织，改造乡议会，改造县、乡政府等民主政治实践。

20 世纪 30 年代初，国民政府民政部次长肯定了晏阳初在定县的教育实践，并决定将晏阳初的经验向全国推广，同时设立了乡村建设育才院，而且在全国每省都选出一个县进行乡村教育的试点，其间先后成立了定县试验县、新都试验县和华西试验区等乡村教育试验区。1940 年乡村教育育才院更名为乡村建设学院，晏阳初任院长。

当时，平民教育与乡村建设试验区每年在职人员大约有 120 人，其中包括一大批留美、留日、留德的博士、硕士。在晏阳初的感召下，中国在 80 多年前就出现了"走出象牙塔，跨进泥巴墙"的"博士下乡"现象。

1936 年，由于日本侵略的威胁，晏阳初和平民教育总会撤离定县，1937 年应湖南省政府主席何键的邀请到湖南参与抗日人才动员和政府改造工作。1945 年抗战结束后，晏阳初试图说服蒋介石为乡村教育投入更多资源，但蒋有心内战，无心乡村教育。晏阳初转而寻求美国支援，杜鲁门总统和国会被说动为中国乡村教育提供资助，最终美国国会通过了一条名为《晏阳初条款》的法案（包含在 1948 年 4 月的《援华法案》中），法案规定须将"四亿二千万美元对华经援总额中拨付不少于百分之五、不多于百分之十的额度，用于中国农村的建设和复兴"。

晏阳初的平民教育和乡村建设活动，在 20 世纪 30 年代就产生了世界性的影响。1943 年，他和爱因斯坦、哲学家杜威、汽车大王福特、卡通画家迪士尼等人被评为"现代世界最具革命性贡献的十大名人"。1950 年后，晏阳初离开中国，把自己的事业推广至亚洲、非洲、拉丁美洲，在更广阔的范围内进行国际乡村改造运动。

晏阳初致力于平民教育和乡村建设工作，30 年在国内，40 年在海外，其在海外的工作基地，亚洲有 6 个、非洲有 8 个。晏阳初在菲律宾、泰国、印度、危地马拉、哥伦比亚、加纳等国一直坚持乡村改造试验，根据 IIRR（国际乡村改造学院）最近发表的报告，2010 年全年晏阳初设立的基金会收到捐赠收入近 500 万美元，晏阳初已被公认为世界乡村改造和平民教育之父。

二 梁漱溟的乡村建设思想和邹平试验

梁漱溟（1893～1988）被公认为中国现代大儒、国学大师，曾提出

"人类文化三路向说""东西文化比较说",并自创了一套有相当大影响的乡村建设理论。

梁漱溟的父亲梁济是清末四品官内阁侍读,于1918年投河殉清,这一年,梁漱溟25岁,已在北京大学任教两年。父亲的死刺激了原本一心关注人生问题的梁漱溟,使其转而关注国家的命运和前途。经过近10年的思考,他得出结论,认为改变中国的命运,最理想的模式是英国的宪政模式,而英国的宪政之所以能成功,是因为英国人自己会争取和要求公民权、参政权和国事的参与过问权。比较起来,中华民国的《宪法》虽然也规定了一些公民权利,但广大民众特别是农民既不懂参与国事又不愿意浪费时间走几十里地去参加投票,选举权给他们,他们也不想要。所以梁漱溟认为,"要改造中国政治,必须从基础做起,从最基层开始做,搞乡村自治,一乡一村的自治。一乡一村的自治搞好了,宪政的基础也就有了"。

五四运动前后,中国流行的观念是"强国富民",而从当时世界潮流看,要强国就得走发展工商业的道路,但梁漱溟以反潮流姿态提出,中国正确的发展道路是自给自足的农业道路,在他看来,为中国的根本前途计,宁可牺牲"富裕"与"强盛"也不能违背农业传统和"村落社会"的秩序。他不主张工业化,不是全盘否定工业化,而是主张先从农业生产和农民消费两方面来制造工业需求,以农业为基础发展工业,从农业复兴着手建立新的社会结构,他认为这样对中国最有利。

"村落秩序"改造是梁漱溟乡村建设理论的基础。在他看来,村落是中国社会的基础,只有健全乡村原有的"共财"制度,把从事简拙、零碎和小规模生产的农民组织起来进行大生产,中国的社会基础才会逐渐稳固,因此他把乡村建设的主旨定为"团体组织、科学技术"。为了验证这一思想的可行性,梁漱溟多方奔走,最后获得山东军阀韩复榘的支持,开始了山东邹平长达七年的乡村建设实践。

在梁漱溟的设计下,1932年7月,邹平县改为县政建设试验区,乡、村的行政机构全部废除,只保留了县政府,梁漱溟在古代"乡约"基础上提出的"乡农学校"成为全县的基础行政机构,而邹平研究院在实际上代行了全县的行政管理职能。梁漱溟希望将邹平建成一个"政教合一"的社会,邹平县的整个行政系统实行教育机关化,以教育力量代替行政力量,县以下设乡学,几个村设一乡学,乡学下设村学。乡农学校由校董会、校长、教员和学生组成，除教员外，其他成员都是当地居民。乡学受县政府的领导，另有辅导员协助监督，乡学里设乡队部、户籍室和卫生室，村学组织功能和乡学差不多。"乡农学校"除了纠正求神拜佛、吸食毒品、女孩缠足、男孩早婚等鄙风陋俗外，一个更重要的目标是改造乡村文化，振作农民向上的志气，培养新的政治习惯，训练他们对团体生活及公共事务的注意力与活动力。

与"政教合一"的体系相对应，梁漱溟一方面与各高等院校合作，引入先进的农业生产技术；另一方面则吸取丹麦农业合作社的经验成立各种农业合作社，用以实现"科学技术"与"团体组织"这两种西方优点的有机结合。

邹平当年是棉花产区，研究院帮助农民改良棉花品种，同时又组织人员通过合作社将棉花运往上海、青岛等地销售，为方便流通交易，研究院还组织起银行性质的机构，称为"金融流通处"，承办存款、贷款业务。贷款不针对个人，只给合作社，以此奖励组织起来的农民合作社。此外，梁漱溟在开办乡村学校时还宣布，"穷人的孩子上学可以不交钱"，因此，许多农民的孩子都上了学。

1937年12月，日军全面侵华，梁漱溟的乡村建设试验被迫中断。梁漱溟七年的邹平试验虽然有完整的乡城建设理论指导，但仅在军阀一人支持之下的社会改造试验并不能解决中国农村社会的根本矛盾，而且农民也不甚关心与支持这一运动实践，因此未获成功。

三 董时进的农业经济与乡村建设思想

董时进（1900~1984）在现今的中国不太为人所知，直到年轻学者熊培云的著作《一个村庄里的中国》问世后，知道董时进名字的人才稍稍多了起来。与耶鲁毕业的晏阳初和北大教授梁漱溟相比，董时进是一位真正科班出身的农业问题专家。他于1924年毕业于康奈尔大学，获得农业经济学博士学位，1925年回国，任国立北平大学农学院教授、主任、院长以及民国政府国防设计委员会委员、江西省农业院院长等职。1947年创建中国农民党，任主席，中国农民党于1949年解散。董时进1950年赴美定居，执教于加利福尼亚州立大学，兼任美国国务院农业顾问。其著作有《农业经济学》《农民与国家》《农村合作社》《粮食与人口》等。

与晏阳初的平民教育和乡村建设实践以及梁漱溟的理想国式的邹平乡村

试验相比，董时进是以农业经济学家的身份研究中国农业经济和乡村发展道路的问题。

早在1938年，董时进就在成都创办了《现代农民》杂志，以传达有益于农民的知识、做农民的喉舌为办刊宗旨。1945年10月，董时进出席了在重庆召开的民盟第一次全国代表大会，被选为中央委员。此次大会提出将"废除封建土地所有制，实行土地国有"作为民盟政纲，董时进当时表示反对，认为中国农村经济问题不是土地所有制问题，而是改良生产技术问题。由于与民盟政纲相左，会后董时进宣布退出民盟，并于1947年5月12日在上海成立中国农民党。按照董时进的设计，中国农民党侧重于乡村建设，谋求农村同城市的平衡发展。董时进认为，造成农村贫富悬殊的主要原因不是封建地主的剥削，而是政治混乱、法纪不存、贪官污吏肆意掠夺农民。所以，一方面，要实行法治，惩处贪官污吏；另一方面，主张在保留封建地主土地所有制的前提下，依靠政府进行改良，通过扶植自耕农经济来缓和社会矛盾，促进农村经济发展。

董时进在国民党统治时期拒绝参加国民党的国大，指责国民代表大会不代表农民，随后在共产党夺取胜利搞土地改革时又反对共产党的土改政策，因而他的农民党于1949年6月25日宣布解散。对于共产党在解放区进行的土改，董时进认为，其实质内容就是贫民和无产无业分子把地主和富农的财产夺过来，贫民为了报答共产党，除了贡献生产力外还要去打仗。董时进建议政府用赎买的办法，收购大地主的土地，同时成立自耕农基金，扶持自耕农，借钱给有能力经营土地的农民购买土地或向政府租赁土地。当时，土改政策大局已定，于是董时进做出悲观的预言，说政权巩固以后，共产党会再将土地从农民手中收回，建立集体农庄，粮食会被大量交给政府，农民被整体奴役，然后会出现许多问题，会饿死人。中国农村生产关系变革及20世纪50年代前后农村经济实践的历史事实，部分地验证了董时进的预言。

董时进既反对国民党政府的"二五减租"，又反对共产党的平分土地，其理论是以"中国无封建论"和"佃农优越论"为基础的。他认为近代东欧国家是封建社会，土地属于贵族，所以要进行土地革命和农民解放。而中国在秦朝以后，土地就可以自由买卖了，有钱就可以当地主，做地主比考秀才还要平民化。他还认为，消灭佃农可以增加生产量没有事实和理论根据，"佃农耕种的田地通常并不比自耕农耕种的田地生产（率）低"。

董时进的"中国无封建论"和"佃农优越论"由于有1950年年初他给毛泽东写公开信为背景,影响较大,受批较重,但他的重农论、营利农业论、水土保持论以及节制生育论却获得普遍的认同。

董时进作为农学博士,一生以振兴农业为志向,是民国时期中国"重农论"的思想代表。他认为,中国发展农业有比较优势,中国应当通过振兴农业来振兴经济。他在留美归国前的1923年年底到1924年春天发表了《论中国不宜工业化》、《中国立国事业之讨论》及《论中国不宜以外资开发富源》三篇系列文章,提出中国应当以农立国,不宜走工业化道路。1925年回国后,他逐步认识到发展农业与工业化并不是对立的、非此即彼的关系而是具有相互促进的作用,在后来发表的《理想的东亚大农国》、《农业与国运》及《工业要跟得上人,农业要赶得过人》等一系列文章中,他进一步阐述了一国可以同时成为农业国和工业国,批评工业化论者不承认和不知道农业的重要,提出在工业化的战略中,农业不但不应被轻视,而且应特别重视,工业应帮助农业,将农业经营成国家的优势产业等重要观点。

在长期思考和实践的基础上,董时进又在《中国农业政策》一文中提出了影响巨大的营利农业论,他反对中国几千年来自给自足的种粮农业,提出面向国际国内市场,种植高价作物,增加农民收入。他认为中国农业面临两个基本问题:一方面人多地少;另一方面又受自给性束缚,以种植五谷杂粮为主。只有充分利用人力,放弃自给式农业,采用赢利式农业,才能克服上述两重限制。大量栽培经济作物必然要进口粮食,但进口粮食并不可怕,如巴西、英国等国就是榜样。1944年,董时进在《国防与农业》一文中又进一步论述了营利农业在中国的必要性问题:为保障粮食进口,中国最需要国际合作,需要自由贸易。在营利农业发展方向上,董时进认为中国应发展营养农业,特别是牛奶、水果等产业,还应当发展特产农业,发展高价产品农业,现代农业应走产业化、国际化的路子。

水土保持论是董时进受20世纪30~40年代美国水土保持运动的启发,通过扎实的国情调研,提出的系统化的有节制开发利用自然资源、退耕还林还草的水土保持建议。这些建议在国民党执政时期不可能被采纳施行,新中国成立后,直到2002年国家才出台了《退耕还林条例》,但在有节制地开发利用自然资源方面,直到现在——董时进在70多年前就已看到的问题和提出的政策建议实际上我们还没有真正做到。

在人口理论上，现代人大多知道马寅初对节制人口方面的理论贡献，而董时进早在民国时期就成了主张节制人口理论的代表人物，他发表了《食料与人口》《中国何以须节制生育》《资源保存与民族复兴》《农业经济学》等大量作品，以近乎先知的姿态系统地分析了土地问题与节制人口、资源保护与节制人口、经济社会问题与人口过多等一系列在今天看来都很前沿的问题，提出的解决办法在今天看都堪称正确。

四 国民党政府在台湾的土改政策和农村建设实践

国民党政府在败退台湾之前就在贵州、福建龙岩、四川等地进行了以"二五减租"为内容的土地改革试点，但由于大地主不合作，遂使改革失败。但国民党作为当年中国的执政党，于1946年开始就集聚了一大批农业经济人才，包括在美国学习多年获博士学位和赴美研习人员等。1947年，国共内战形势已逆转，蒋介石在焦头烂额之时，于1948年10月1日支持成立了"中国农村复兴联合委员会"（简称"农复会"），1949年到台湾后，国民党就把土地改革、农业发展和乡村建设等领导指挥权的相当一部分交给了"农复会"。对于台湾"三农"问题处理的成功，许多人看到的是蒋介石的"雅量"，即敢于大胆起用知识分子，但更多人看到的是专家治岛路线的成功。

"农复会"第一任主席为蒋梦麟，早年追随孙中山。在孙中山所著英文版《中国实业计划》序言中，曾致谢蒋梦麟代为校阅，可见年轻的蒋梦麟当年在孙中山身旁的地位虽不及蒋介石、黄兴、戴季陶、于右任等人，却已获"青年才俊"的评价。在"农复会"中还聚集了沈宗瀚、晏阳初等一批农业专家。在行政力量上，台湾由陈诚主导，陈诚早在1931年"围剿"红军时就仔细研究过共产党的土地革命，对苏区农民分得土地后迸发的生产热情有深刻印象。1941年陈诚担任湖北省主席期间，曾在湖北省14个县按照国民党的土地政策实行了"二五减租"。1949年元月担任台湾省省长后，甫上任，陈诚就提出了"人民至上，民生第一"的施政纲领，并于1949年4月以省令颁布法规实施"三七五减租"，即规定：承租土地的佃农，只向地主交纳产量的37.5%，并且是定额制，以1947年和1948年平均正产物收获总量为计算依据，而不是每年按37.5%重新计算。这样就改变了台湾许多地区地主任意夺佃五五分成甚至三七分成的剥削陋习。1951年台湾又通过"立法"程序，出台《三七五减租条例》并以"总统令"正式发布。地主和佃农签约时，换约过程极为严格，由各方代表组成21～23人的督导委员会，评定产量，主持换约。租约固定为六年一订，到期之后，地主想收回土地自耕或作他用，程序非常麻烦。地主片面中止租约须补偿给承租人地价的三分之一；耕地要出卖或典当，承租人有优先权；承租人后代还可以子承父业，其实质已接近永佃制。

"三七五减租"政策一出台，即遭到了台湾地主和省级参议院的公开反对。为了顺利推行该项政策，陈诚召集这些地主，或开会，或晚上到家促膝谈心，耐心细致地做说服工作，向他们说明，实行这一政策粮食产量会大幅提高，地主也会从中受益；另外，为解决土地收购资金问题，陈诚又在智囊的帮助下设计发行了土地债券，将政府控制的水泥、工矿、造纸、农林四大公司发行股票以实现民营化，鼓励地主投资工业。最终，地主们接受了这一"和平土改"方案，农民的生产热情空前高涨，1949 年台湾粮食总产量达到120 万吨，比上年增产了 21 万吨。

台湾的第一轮土地改革通过和平赎买手段，成功地解决了农民的土地问题，也将地主的农业资本转化为工业资本，为台湾 20 世纪 60 年代的经济起飞打下了坚实的基础。

"农复会"在台湾土地改革和乡村建设方面配合政府做了大量的工作。早在其于大陆成立时，"农复会"的工作入手点就出现了两种主张：一是晏阳初的从平民教育入手的主张；二是蒋梦麟的从生产入手的主张。蒋梦麟的主张后来在台湾居主导地位，晏阳初因意见不合遂于 1951 年离台去泰国、菲律宾等东南亚国家继续推行他的平民教育计划。"农复会"当年以技术改进推动农业生产的同时亦注意解决社会问题，在土地改革、农会与渔会改组、乡村卫生、合作运销、农村社区改良、青年创业贷款、农机贷款、培训农民等许多方面都发挥了重要的推动作用。"农复会"本质是配合政府机构指导乡村发展和建设的智囊型、技术支持型机构，"农复会"五名委员中，中方三名、外方两名，第一届外方委员是 R. T. 莫伊博士和 J. E. 贝克博士，美方代表两年一轮换，中方代表则长期稳定，"农复会"在运用美方经援、技援及在行政组织方面都对台湾的"土改"和乡村建设做出了突出贡献。

五 毛泽东的农村革命思想

毛泽东是中共党内最早认识到农民重要性的人物。他担任过早期农民运动讲习所教员并撰写了《湖南农民运动考察报告》，提出了以农村包围城市打败国民党夺取全国政权的战略蓝图。1949 年国民党败退台湾后，党内许多精英人士在回想天下得失时，几乎异口同声地说，国民党对共产党之失败，就败在土地改革比共产党晚搞了 10 年上。

早在井冈山时期，共产党就以"打土豪分田地"作为农村革命的起点。从地主手中夺产分给占人口大多数的穷苦农民，为共产党动员了千千万万的拥护者，共产党领导的红军、新四军、八路军直到后来更名为解放军的部队，每夺取一个地区，就贯彻"打土豪分田地"的农村革命路线，它的巨大作用就是使共产党获得了广大农民群众的支持，使作战部队得到了绵绵不绝的兵员补充和后勤保障支持。因而，共产党战胜国民党，农村政策优势是关键因素之一。

在新民主主义革命时期，孙中山的平均地权思想居于主导地位，国共两党均表示赞同，国民党在 1931 年由陈诚主导的"二五减租"是承认地主的土地私有权，仅将大地主的收租比例限制在年产 37.5％ 的水平上，可是在遭到地主阶级的强力抵制后，国民党的土地改革计划即告流产。中国共产党则在《共产党宣言》的指引下，以消灭私有制为理想目标，在农村用"打土豪分田地"的简单明快的办法，不顾有一部分地主是勤劳节俭致富的现实，统统将其财富剥夺，分给了广大农民。从现代经济学意义上看，它似乎有违产权原理，但从政治学角度看，这是一个快速动员民众、扩大支持队伍的最佳手段。

毛泽东本人是农民出身，对农民有天然的感情和了解。因此，他的农村改造思想是基于中国国情基础上的最能将中国革命引向胜利的农村革命思想。共产党的土地政策和乡村改造，在夺权阶段都服务于夺权胜利这一终极目标。

1949 年以后，毛泽东从给农民分地、成立互助组、初级社、高级社再到 1958 年的人民公社，毛泽东的乡村改造实践是循着一条共产主义的理想轨迹向前发展的。

第二节　中国农村的历史演变

我国农村的发展变迁波澜壮阔，是一部绝无仅有的伟大画卷。作为传统的农业之国，历史上，农民和农村一直是我国经济、社会、文化发展的核心，传统民俗、宗教信仰、礼仪气节等传承下来的中华文化精髓，多浸透着浓厚的农村传统。探究我国农村的历史演变，乃是研究我国当前经济社会文化发展诸多问题，尤其是继往开来，开辟社会主义新农村建设伟大实践道路的基石和重要本源。

新中国成立前，中华民族长期处在封建社会形式下。由于封建制度下的生产资料私有制，我国农村的历史演变主要围绕土地私有制进行。时至今日，我国农村发展中的诸多来自传统的"痕迹"，基本上都是在封建时代的农村"烙"下的。当然，封建社会形式之前是奴隶制社会形式，作为一种"遗留"，封建社会中依然可以找到奴隶社会农村的些许痕迹。

在封建社会的农村中，主要居住着农民（雇农、佃农、自耕农）或农奴、中小地主等。土地等生产资料绝大部分归封建地主阶级（或封建农奴主阶级）所有，少部分归农民所有。在封建社会末期，资本主义萌芽开始出现在生产经营领域，农村居民除包括封建社会遗留的各种成员外，开始出现小部分经营农业的小土地所有者和农业资本家。此后，随着农业经营的失败或土地的被剥夺，部分农民开始进入城市，成为工业工人，或漂泊在城市中，勉强度日。直至今天，农民进城后仍较难融入其中，甚至实现与城市人口同等水准的收入都困难很大，农民出卖更多的劳动力却无法得到等值的报偿。

鸦片战争之后，我国农村逐渐由封建经济演化为半封建、半殖民地经济，其社会经济的特点是：大部分或绝大部分的土地归地主和富农阶级所有；地主通过地租、高利贷和商业资本三种形式剥削农民；西方发达国家的工业品输入中国，并在中国直接开办工厂，动摇了耕织结合的农村经济结构；由于帝国主义势力控制了中国农产品的进出口贸易，并直接到农村收购农产品，致使中国农业商品化具有殖民地性质。在殖民色彩的冲击下，我国农村的发展变迁进入一个更为艰难和复杂的时期，突出体现在传统稳定的结构开始瓦解而新的发展结构尚无出路，占较大比例的农民遭受更多的困难，部分地主阶层也无法幸免。如果说鸦片战争之前的农村演变是缓和、渐进和有基础支撑的，鸦片战争后的农村变迁则是激进、跨越和被动"裹挟"而行的。这一阶段，中国农村变迁看不到未来，找不到方向。

新中国成立后，我国农村发展进入了一个与之前根本不同的阶段，这种不同在于作为农村制度基石的土地所有制形式发生了彻底变化，而并非指生活状况或习俗方面的扭转。土地由私有转为国家所有，在农村地区则为集体所有。农民都是农村集体的一员，理论上都是农村土地的所有者。作为一种空前的制度重设，土地公有制下的农村发展问题开始凸显，且无任何先例可供借鉴。从此开始我国进入农村建设和发展的社会主义探索时期，在摸索中前行，经历了"跃进"、曲折，但一直没有脱离发展为民的纲领。

新中国成立至今，农村社会经济关系不断发生变化。1949～1952 年，全国绝大部分农村进行了土地改革，由封建土地所有制转变为农民土地所有制，个体农民经济成为最主要的经济成分。1953～1957 年是农业合作化时期，农民加入合作社以后，土地等主要生产资料实行集体所有制和按劳分配制。供销合作、信用合作以及农村工业、商店、银行、学校、医院、文化设施等随之发展，农村面貌发生了巨大变化。1958～1978 年实行人民公社化，"左"的政策使农业生产关系和生产力都受到破坏，农村经济陷于停滞。从 1979 年开始，农村开始进行经济体制改革，在土地集体所有的基础上，实行家庭承包经营。农村的工业、商业、交通运输业都得了较快的发展，农村面貌有了很大的变化，奠定了后来提出的"新农村"建设的基础。2006 年，新农村建设的提出，则指引了新时期农村发展的方向。中国准备在经济发展具备一定积累的基础上，加速农村现代化进程，缩小城乡差距，提升农村物质与精神发展水平，扭转"以农补工"的历史留痕，标志着我国农村发展进入全新的历史阶段。

一　1949～1957 年的中国农村

从 1949 年新中国成立到 1957 年第一个"五年计划"结束，是我国的经济恢复时期与社会主义经济制度建立时期。这一时期的农村发展又可以被细分为两个阶段，分别是以土地改革为契机的农村发展（1949～1952年）和农业生产合作化过程中的农村发展（1953～1957年）。这一时期农村的发展演变，围绕土地制度的两次变革，努力实现农村生产力的恢复和初步发展。

新中国成立之初，满目疮痍的广大农村地区，生产力遭受严重损害。一方面是占全国人口绝大多数的广大农民刚刚获得解放，但仍存在大量的失地和无地人口；另一方面则是极度落后的农业生产力无法满足农村的物质需求，农村经济发展形势严峻。1949 年，全国总人口为 54167 万人，其中，按农业和非农业人口划分，农业人口有 44726 万人，农业人口占总人口数的

82.6%；按乡村和市镇人口划分，乡村人口有48402万人，乡村人口占总人口数的89.4%。1949年国内的农业总产值为326亿元，平均每个农业人口创造的农业产值仅为72.9元。另外，从农业经济结构上来看，若以1949年的农业总产值为100%，则农业各部门之间的状况是：农业占82.5%，林业占0.6%，牧业占12.4%，渔业占0.2%，副业占4.3%，中国的农业基本上为单一的种植业。

在刚刚经历战乱损害的广大农村地区，农民生活水平低下，且人口素质普遍较差。新中国成立之初，一方面，因为战乱，生产遭到了严重的破坏和摧残；另一方面，1949年中国灾情十分严重，根据华北、华中、华东、东北、西北几个地区的粗略统计，受灾耕地面积就有一亿多亩，粮食减产约71.5亿公斤，灾民达4000万人。1949年年底，全国已经断粮和将要断粮的人有700万~800万人。广大人民的体质弱，疾病多。全国人均寿命35岁，20%~40%的婴儿活不到一周岁就夭折。此外，在全国人口中，80%以上是文盲。

面对窘迫的发展形势，国家从土地制度改革入手，进行了两次大的变革：一是在1949~1952年，将封建地主的土地所有制变为农民个体所有制，极大地解放了生产力；二是在1953~1957年，进行了第一次土地集体经营的探索，由农民个体所有制变为集体所有制，极大地改善了农业基本建设条件。

新中国成立初期，从全国来看，占农村人口10%左右的地主、富农，占有70%以上的土地，而占农村人口90%的贫农、中农只占有30%的土地。为此，国家分两步开展了土地改革：首先开展了减租减息运动，以利于农村经济的恢复和农村社会的稳定；然后进行了土地改革，从制度上解决了制约农村经济发展和农民生活水平提高的根源；随后，以土地改革为契机展开了农村经济社会重建，通过生产救灾运动、农民生产互助、兴修水利与村庄重建、农村卫生环境的改善、农村社会清匪反霸、农村基层政权的重组，巩固了人民政权。随后，国家制定并实施了第一个"五年计划"，在农业领域，实行农业生产合作化，希望通过改造小农经济，加速农村生产力的解放和发展，配合国家"赶超战略"的推进。为此，从1953年到1957年在农村地区推行土地集体经营，将农民个体所有制变为集体所有制，重点建立和推广人民公社。随后，国家领导农民开展了一场持久的以全面加强农业基本建设、改变农业生产条件为目标的群众战争。

1956 年 10 月 28 日，《人民日报》报道全国多数省份实现了高级农业合作化，如京、津、沪三市与河北、山西、辽宁、吉林、黑龙江、河南、广西、青海等省份，加入高级社的农户占上述各省份总农户数的 90% ~ 95%。到 1956 年年底，除了农村一些深山老林里的住户与猎户以及某些少数民族地区外，入社农户户数已达 11783 万，占全国农户总数的 96.3%。其中，高级社增加到 54 万个，参加高级社的农户占全国农户总数的比重由 1955 年年底的 4% 猛增到 87.8%。

尽管农村合作化的初衷是好的，但由于在执行中出现的诸多问题，造成了农业合作化过程中我国农村社会的普遍紧张局面。在兴办农业合作社的过程中，一些地方干部迫于上级的压力或为了追求荣誉，盲目制订了不切实际的发展计划，攀比风和强迫命令盛行。例如，当时的山西晋城个别村未入社的农户去供销社打油，供销社的干部则称："社里没有你的名字，供应问题以后再说。"乡支部对此不但不加以纠正，反而认为供销社做得对、推动了农业互助合作。又如，晋城三区贾泉供销社规定社员加入农业社后每人一月供油 7 两，入互助组则供油 6 两，"单干"的社员只供油 5 两，群众称："不参加互助组合作社不行了，油也吃不开了。"尽管如此，1957 年的国内工农业产值较上年也增长了 10%，比计划高出 4.1%；农业产值增加 20 亿元，虽未能达到计划的 4.9% 的增长率，但仍有所增长；粮食产量达到 3700 亿斤（不含大豆），比计划低 120 亿斤，但仍比上年增加 50 亿斤。1957 年被认为是新中国成立以后经济状况最好的年份之一，农业生产状况也相对较好。

这一时期的农业合作化改造进程过急、过猛，强调集中生产，忽视了农业生产和手工业生产的特点和家庭经营的重要作用，且不允许农民经商，这就损害了农民的利益，挫伤了农民的生产积极性，这些都对农业经济发展产生了负面的影响。广大农村地区经历了第一次土地经营权的"分"和"合"。

二 1958 ~ 1978 年：人民公社时期的农村生产力

1957 年，随着第一个五年计划的完成，虽然在农村地区的合作化过程中出现了诸多问题，且未达到计划的发展目标，但农业产值和农村地区的生产力发展仍然在波折中达到了一个新的高度。可是，在随后的 20 年，由于种种复杂的原因，"大跃进"运动对国内经济，尤其是农村地区生产力造成了极大的损害，农村生产一度倒退。这一时期，"人民公社"——这一当时领导层认为的农村发展的理想模式，造成了农业生产力的倒退。

1958年8月17日至30日，中共中央政治局在北戴河召开了扩大会议。会议通过了《中共中央关于在农村建立人民公社问题的决议》，标志着人民公社化运动的大规模开展。在同年9月至10月的中共八届三中全会上，毛泽东提出"我们是不是可以把苏联走过的弯路避开，比苏联搞的速度更要快一点，比苏联的质量更要好一点？应当争取这个可能"。随后，"大跃进"运动在全国轰轰烈烈地展开了。1958年11月初，原有的74万余个农业社组成了26500多个人民公社，参加公社的农户有12690多万户，占全国农户总数的99.1%，全国农村迅速完成了人民公社化。

在当时的"大跃进"思潮下，国内对农业生产力出现了严重高估。各地农村产量频频"放卫星"，出现了"不怕做不到，就怕想不到""一天等于二十年""人有多大胆，地有多大产"的口号。当时的《人民日报》甚至在头版头条位置刊登了广西环江县红旗人民公社亩产13万多斤稻谷的惊人消息。在这种形势下，国家统计局公布的1958年粮食产量比当年实际产量（4000亿斤）高出了3000亿斤，达到7000亿斤，又在此基础上按增长50%的速度规定1959年粮食生产计划为10500亿斤。但1958年农业并没有丰收，收成只相当于平年甚至歉年。从1959年起，农业产量连续3年大幅度下降，成为国民经济衰退的基本原因。而这三年出现的自然灾害，对广大农民造成了严重损害，让他们经历了异常的苦难。

除了大规模开展农业生产外，这一时期，全国还开展了声势浩大的农田水利建设、兴办农村工业、大办公共食堂等集中性、公共性活动，力图实现社会主义水平的人民福利。当时的公共食堂是"敞开肚皮吃饭""流水席""干不干，都吃饭；干不干，都吃一样的饭"等。当时兴办的文化教育事业、卫生医疗事业，对农村地区发展的确起到了积极的作用。但盲目建设共产主义新农村运动，则造成了很大的迫破坏，造成很多农民无房可住。

1966年以后，出于国家安全的战略考虑，国内发展战略从"解决'吃穿用'"转变为"三线建设"。在此期间，在国家基本建设投资中，重工业、国防工业、交通运输业共耗资628亿元，占总投资的74%；农业投资为120亿元，由原来的20%下降到14%；轻工业投资37.5亿元，占总投资的4.4%。原定的4.5亿亩稳产高产农田目标被留置在"四五"计划（1971~

1975）里，这再一次反映了农业在国家发展战略中的次要地位。实际上，改革开放以前，我国农村的发展始终处于次要的地位。

这一时期，我国农村发展的典型模式为"农业学大寨"，即通过依靠集体的力量，发扬自力更生、艰苦奋斗的精神，"劈山造田"改造自然面貌，实现农业生产发展。这种模式迅速成为当时国内农业生产战线的"政治典型"，它的基本经验被总结为：在政治上狠抓阶级斗争，大批资本主义，大促社会主义；拔高生产关系，搞"穷过渡"；推行平均主义，取消按劳分配。"农业学大寨"对农业生产造成了诸多不利影响。一是片面强调"以粮为纲"，影响了林、牧、副、渔业的发展，最终结果是农村"吃返销粮"的帽子没摘掉，还严重影响了工业城市的蔬菜副食供应和林区的长期培育。1967～1969年的三年中，不仅全国粮食产量低于1966年的水平，而且其他经济作物与1966年相比下降更多，棉花减产11%，糖产量下降8.2%，烤烟下降22.7%，黄红麻下降10.1%。二是片面推行"大寨"管理方式，违背了自然和经济规律。在农业生产管理方面，自上而下地、不加区别地规定播种、插秧、收割时间；对当地山、水、林、田、路的情况不做调查研究，不顾经济效益，一律要求学大寨开山造梯田。在这种情况下，"早起四点半，一日两送饭，晚上加班干"的努力变成了盲目之举。

1967～1977年，我国农业总产值年均递增速度仅为2%，在1968年、1972年、1977年农业生产还出现了负增长的情况。1968年农业总产值比上年减少2.45%，粮食减产4%；1972年农业总产值比上年减少1%；1977年农业总产值比上年减少0.4%。"大跃进"的盲目探索不仅损害了农村生产力、打击了农民积极性，而且不断强化了"以农补工"的导向，更进一步造成了城乡收入差距扩大，成为时至今日仍难以解决的问题。

三　1979～2005年：改革中的农村（新农村建设的初始条件）

1978年之前的发展实践证明，农民集体生产模式不仅无法实现农业生产力的有效提高，而且会造成农村在农业生产、住房饮食和教育医疗等多方面的落后。1978年，随着我国农村土地制度发展的第二次"分"，农民开始长期拥有土地经营权，这为农民架起了由"脱贫"到"致富"的关键桥梁，是我国农业真正走上高效发展之路和农村实现良性发展的转折点。从此以后，农业得到了良性、稳健和健康发展，农村真正能够"积累"发展成果，

"以农补工"的程度逐步减弱，并逐步为后来的转折性发展变革打下了基础。

这一时期的探索和实践主要分为两个阶段：一是农村改革与市场化探索时期的农村发展（1979~1991），该时期的发展奠定了农业生产力发展的基础；二是全面向市场经济过渡时期的农村发展（1992~2005），该时期进一步将顺了市场经济条件下农村发展的相关问题，协调了工农业发展关系，推动了农业发展的全面转型。

第一阶段的有益实践和探索主要包括以下几个方面。一是农村微观组织形式改革。1983年10月12日，中共中央、国务院发出《关于实行政社分开建立乡政府的通知》，恢复了乡人民政府体制，规定公社为集体经济组织。二是农产品流通体系改革。1985年的中央一号文件《关于进一步活跃农村经济的十项政策》，规定以合同定购制度代替统购派购制度，意味着"以农补工"体制开始发生松动。三是乡镇企业异军突起。1985年5月，国家科委提出和实施了"星火计划"，推动乡镇企业的技术进步，随后乡镇企业步入发展的"黄金时期"。乡镇企业的发展为国家整体经济发展、税收增长、财政收入增加、农民收入提高和农村社会安定与精神文明建设都做出了不可忽视的贡献。

第二阶段的农村发展则是全面向市场经济的过渡时期。这一时期，农村社会矛盾有所凸显。从经济因素来看，原因在于：一是农业生产情况出现波动，而市场化改革因素又致使农民的收入增长缓慢；二是农民的负担逐年增加，除了农业税和"三提五统"的征收外，农村基层组织还存在着乱收费的现象。为此，出现了增加农民收入、减轻农民负担及加快农村发展变革的要求。为此，国家开始进行针对农村的减负与税费改革，突破了过往"以农补工"的发展模式，并调整了国家的经济社会发展战略，使之成为我国农村全面、系统、可持续发展的重要保障。

这种调整和变革以2001年4月国家决定在安徽全省和其他省份少数县（市）进行农村税费改革试点为标志。随后，2003年3月27日，国务院发出了《关于全面推进农村税费改革试点工作的意见》，在全国范围内推进此项改革。2005年12月29日，第十届全国人民代表大会常务委员会第十九次会议决定自2006年1月1日起，废止《中华人民共和国农业税条例》。农业税的取消，被认为是现代社会与封建社会告别的历史分野，是我国现代化最为强劲的动力支点。换句话说，取消农业税是最积极的政治决策，是解决

"三农"问题的重大利民决策。值得补充的一点是,农业税的取消还从根本上启动了我国社会的公平发展。

至此,我国"以农补工"的时代终于宣告完结。在这一阶段,农村发展也经历了市场经济新形势的冲击,虽然出现了一些波折,但这种波折是为更好地适应新的生产力结构而必然出现的调整,与"大跃进"时期的曲折截然不同。农业税的取消,捋顺了新时期农村发展脉络,为未来农村的全面建设与发展奠定了基础,一个全新的农村发展时代来临了。

四 2006 年:中共中央一号文件——新农村建设的新起点

2006 年的中央一号文件《中共中央国务院关于推进社会主义新农村建设的若干意见》,正式提出新时期我国农村发展的方向是"社会主义新农村",提出要推动我国广大农村向"生产发展、生活宽裕、乡风文明、村容整洁、管理民主"的社会主义新农村转变。这一战略的提出,意义重大。这是党中央统揽全局、着眼长远、与时俱进而做出的重大决策,是一项不但惠及亿万农民,而且关系国家长治久安的战略举措,也是我国当前社会主义现代化建设的关键时期必须担负和完成的重要使命。社会主义新农村战略实施至今,已经取得了一些令人瞩目的成就,大部分地区农村发展形势良好。但作为一项崭新的战略探索,社会主义新农村建设仍然处在摸索阶段,尚无具有普遍适用性的成功范例和发展模式,未来探索和发展之路依然任重道远。

新农村建设战略的提出,是党和国家正确研判我国"三农"问题、准确评估我国生产力发展现状和新时期农村发展诉求的正确战略选择,是一次正确的农村发展战略转变。实际上,自 2002 年"全面小康"目标提出之后,党中央的战略转变指导思想即日益清晰起来。2003 年 1 月,党中央提出"三农"问题是发展的重中之重,明显表现出中央调整战略方向的意图,即把重点放在最大的弱势群体——农民的发展上。由于 2003 年国内农业发展出现了一些问题,尤其是建设占地"变本加厉",耕地一年减少了 3000 多万亩。这是改革开放以来征占土地规模最大的年份,失地农民超过 3000 万人,造成了社会矛盾的进一步激化。故此,2003 年 1 月中央农村工作会议提出"'三农'问题是全党工作的重中之重"。同年的十六届三中全会比较集中地讨论了政策问题和改革问题,明确提出了放弃单纯追求 GDP 的目标导向,转向综合发展,并提出了"五项统筹",其中城乡统筹放在首位，针对性很强。此后，这些提法被进一步明确为"科学发展观"。在这种发展理念指导下，党中央的系列惠农政策进一步形成并得到落实。随后，2004年召开的党的十六届四中全会，把科学发展观强调到政治高度——关系到执政党执政能力的建设，构建和谐社会的执政理念开始形成。由此，社会主义新农村建设提出的大背景，在于党中央推进战略转变，提出新的执政理念和新的发展思路。但是，将原有思想统一到"科学发展观"与"和谐社会"这样一个新的战略转变时期的指导思想上来，仍然存在较大的困难，因此农村领域中的诸多问题才会反复被提出来，到党的十六届五中全会召开，已经有五次强调"'三农'问题是重中之重"。这次全会全面提出了建设社会主义新农村的伟大构想。此后，2007年《关于积极发展现代农业扎实推进社会主义新农村建设的若干意见》、2008年《关于切实加强农业基础设施建设的若干意见》、2009年《关于促进农业稳定发展农民持续增收的若干意见》和2010年《关于加大统筹城乡发展力度进一步夯实农业农村发展基础的若干意见》等一系列纲领性文件的颁布，将社会主义新农村建设不断向前推进。

由此，社会主义新农村建设是新时期党和国家构架社会主义和谐社会和落实科学发展观的核心要义，是党和国家发展战略的伟大转变，必将在未来的实践中取得重大的进步和产生深远的影响。

未来，要进一步深入理解"社会主义新农村"的本质和内涵，不断探索"工业反哺农业"、城乡统筹发展的有益模式，形成全社会合力共建新农村的良好势头，尤其是要真正建立推进新农村建设的具体机制；建立"工业反哺农业、城市支持农村"的长效投入机制；建立党和政府各工作部门合力、协调促进农村社会经济全面发展的工作机制；建立引导农民在国家政策扶持下发扬自力更生、艰苦奋斗精神，依靠自己的辛勤劳动建设幸福家园的激励机制；建立引导全社会力量支持新农村建设的机制；建立逐步改变城乡二元经济的社会管理体制。唯有如此，社会主义新农村建设才能真正取得伟大的成就。

第三节　新农村建设：五年来的实践

社会主义新农村建设是我国现代化进程中的重大历史任务，促进农村经济社会的全面进步是新农村建设的目标。为此，我国在支持新农村建设方面出台了一整套政策体系，涉及农村经济社会的各个方面，以期经过一段时间的建设改善农村的整个面貌，实现农村发展、农民安居、农业稳定增长的目标。

2006年的中央一号文件《中共中央国务院关于推进社会主义新农村建设的若干意见》对这一整套政策措施进行了比较宏观的描述，涵盖现代农业建设、农民收入、农村基础设施、农村社会事业、农村民主政治等农村经济社会生活的方方面面。

随着新农村建设的开展和深入，与中央宏观政策配套的各项具体措施相继出台并付诸实践，在此过程中，中央政府、地方政府、村集体和农民各自发挥了应有的作用，为新农村建设做出了相应的贡献。

一　中央政府的行为

为进一步贯彻党的十七大精神，落实科学发展观，按照党中央、国务院关于社会主义新农村、创新型国家建设的指示和中央经济工作会议精神，以及《关于"十一五"农村科技工作的指导意见》和《新农村建设科技促进行动》的要求，根据《新农村建设科技示范（试点）实施方案》（以下简称《方案》）的部署，科技部组织了首批新农村建设科技示范（试点）（以下简称示范（试点））的申报和论证工作。

根据专家论证意见，经认真研究，科技部启动了首批73个新农村建设科技示范乡镇（试点）、120个新农村建设科技示范村（试点）工作。首批示范（试点）具有较好的发展基础，总体上包括以现代农业为重点的综合示范（试点）、以特色经济为重点的综合示范（试点）、以生态经济为重点的综合示范（试点）、以民生为重点的综合示范（试点）四种类型。示范（试点）的特点是：①根据本地实际，在有所侧重的同时，坚持综合示范，统筹考虑"富民、惠民"，统筹科技推进产业发展和促进民生改善。②突出科技特色，有效落实示范（试点）与技术依托单位之间的技术合作方案，充分发挥技术依托单位的作用，不断优化技术依托力量的结构，不断完善产学研结合机制；充分发挥农民的主体作用，尊重农民意愿，不断增强农民应用科技的能动性。③严格遵守国家土地和环保等政策。

为推进新农村建设这样一个系统工程，中央政府作为制度供给者，全方位提供了一整套政策体系，包括组织保障、资源保障和政策保障。

（一）组织保障

成立国务院农村综合改革工作小组办公室。其前身是国务院农村税费改革工作小组办公室，随着农业税的取消，为了适应农业、农村发展的新形势和推进社会主义新农村建设的新要求，进一步加强对农村综合改革的组织领导，2006年8月国务院同意将国务院农村税费改革工作小组更名为国务院农村综合改革工作小组，国务院农村税费改革工作小组办公室相应更名为国务院农村综合改革工作小组办公室，作为工作小组的办事机构。其职责包括：以转变政府职能为重点，推进乡镇机构改革；以落实教育经费保障机制为重点，推进农村义务教育改革；以增强基层财政保障能力为重点，推进县乡财政管理体制改革；以优先化解与农民利益直接相关、基层矛盾比较集中的农村教育，基础设施和社会公益事业发展等方面的债务为突破口，妥善解决和处理乡村债务问题，以此带动和促进其他农村改革和农村工作。

与中央对应，县级以上各级地方政府也分别成立了对应机构，负责各地的农村综合改革事宜，从而为地方的社会主义新农村建设提供组织保障。新农村建设开展以来，各地实施的农村基础设施建设财政奖补、乡村债务化解等促进农村发展的各项措施均在此机构的主导下进行，并且取得了令人满意的效果。

（二）资源保障

资源保障包括为新农村建设特别是农村基础设施建设和农村社会事业发展提供必要的和足够的资金、技术和物资，其中比较显著的是财政资金对新农村建设各个领域的倾斜。

（三）政策保障

为配合新农村建设，中央各部委纷纷在各自的专业领域和职能范围内推出了相应的专项行动，为新农村建设的各领域提供政策优惠或政策倾斜。

二　地方政府的行为

在新农村建设进程中地方政府规范其行为，是扎实贯彻落实中央政策的需要，是解决市场失灵问题的需要，是规范市场竞争的需要，是规避政府行为负外部性的需要，是防范宏观调控中政府失灵的需要。各级政府只有按照"有所为，有所不为"的原则合理地规范和约束自身行为，才能正确引领广大农民群众顺利推进新农村建设进程。但通过调查我们发现，目前不少地方的政府的行为仍然存在许多不规范的地方，还远远没有达到规范化的程度。

通过调查我们发现，当前不少地方政府的行为存在着不同程度的问题。概括起来，就是"四浮""三位""三失"。

（一）"四浮"

"四浮"主要表现就是暴露出的"急"、"偏"、"虚"、"冒"等苗头性、倾向性问题。①急。即有的地方政府对建成新农村的心情很急切，急急忙忙甚至急不可待地采取一些急功近利的政策措施，结果想急于求成却劳而无功。②偏。即有的地方政府为早日建成新农村不惜采取一些偏激的政策措施，制定的目标偏高，导致了一定的行为偏差，结果偏离了正确方向。③虚。即有的地方政府为贪图虚名，满足自身的虚荣心，竟然采取一些虚夸或虚报的不妥做法，结果是虚张声势，"雷声大雨点小"。④冒。即有的地方政府为了在新农村建设中赶快"冒尖"，采取了急躁冒进的轻率做法，不惜冒险，结果是冒充先进。

（二）"三位"

"三位"包括以下几个方面。①缺位。即本该由政府管理、协调、服务的事情政府没有办，或者办得不够得力，甚至以放权为借口不管不问，当甩手政府。进一步讲，就是在某些方面有缺欠，没有做到或根本没有想到；在某些领域该"出马"但缺勤了，有些不作为；在某些环节留有缺憾，甚至使人民群众颇有微词。譬如说，政府对于社会管理、公共服务等许多方面都还没有关心到、关照到。②越位。即政府干了不少不需要政府干的事，管了相当一部分不该管的、也管不了或管不好的事。进一步讲，就是在某些方面越轨，手伸得太长了；在某些领域越界，甚至拿审批作为"挡箭牌"；在某些环节越权，过高地估计了政府的职能。例如，订单农业本该由农民与对方签订合同，而有些地方政府却加以包办。③错位。即本该由市场承担的职能、由企业自主决定的事情或由社会中介组织管理的职能，政府采用行政手段直接干预，甚至"乐此不疲"。进一步讲，就是在某些方面错乱了，想赶快出成绩匆忙决策而出错；在某些领域产生了错觉，接着采取了一些不妥的做法；在某些环节错待了农民，使农民丧失了对政府的信任。比如说，有些不该政府做的事而政府却在做，政府本应当裁判员，现在是既当裁判员又当运动员。

（三）"三失"

"三失"包括以下几个方面。①失范。即规范不得力、不存在或者彼此相互矛盾，以及人们对现存的规范缺乏广泛的认同，从而使规范丧失了控制人们行为的权威和效力。具体而言，就是有些地方政府行为有时失常，让广大农民群众难以接受；有时失策，让广大农民群众跟着遭受损失；有时失措，让广大农民群众"摸不着头脑"。②失调。即主次关系颠倒，丧失了应有的合理结构。具体而言，就是有些地方政府行为失灵，因为广大农民群众自觉或不自觉地吃过"听从"的亏；有些地方政府行为失信了，因为广大农民群众觉得政府纯粹是在说空话、说大话；有些地方政府行为失实了，因为广大农民群众觉得一些政策实在是太离谱了。③失衡。即失去了应有的平衡状态，产生了许多经济和社会问题。具体而言，就是有些地方政府行为显得太过激、太超前，有失当之处；有些地方政府行为太脱离实际、太脱离群众，有失误之处；有些地方政府行为太激进、太花哨，有失算之处。

三　村庄空心化与农民的行为

（一）村庄空心化

村庄空心化包括两个方面，一是建设的空心化；二是人口的空心化。

在国家政策的支持下，有些农村地区的发展明显加速，农民生活得到显著改善，甚至借此迈向城镇化的发展之路。但在建设过程中，由于缺少合理规划，一些农村出现了建设用地利用率低下、土地浪费严重等问题，成为"空心村"。

长期以来，大量的农村青壮劳动力外出从事非农产业，农村地区常住人口的青壮劳动力数量不足、素质不高。在新农村建设中，在我国这样一个农业人口大国，有些农村地区竟然面临合格劳动力不足的局面。

（二）农民的行为

很高比例的农民认为新农村建设应该以国家出资、农民出工、村委会组织的方式进行。在国家分工方面，农民认为应该主要靠政府建设新农村，其中社会保障和孩子学费负担是最亟须政府解决的问题。在村委会分工方面，有的地区村委会的职能没有很好地发挥，缺乏村民的参与和认同；有的地区村委会能够发挥作用，但是农民也表示出对村委会贪污腐败、挥霍村集体财产的担忧。在农民分工方面，大部分农民认为只能出工建设新农村。

农村不同利益群体看待新农村建设的角度不同。农民在对待新农村建设时，多从自家生计考虑。农民和村干部虽然是不同的利益群体，但同是农村社区的成员，他们对新农村建设的方式及中央政府的职能运作方面的观点很一致。村干部在新农村建设中能发挥非常重要的作用，一方面他们更了解社区；另一方面他们有分配资源的权力。

同时，不同地区和不同类型的农民对新农村建设中相关主体的分工也存在不同认识。从地区来看，湖南的受访农民最清楚国家、村委会和农民的角色定位，甘肃的受访农民提出需要政府加强宣传，江苏的受访农民提出了更多建设性的意见。从性别来看，受访的男性更能够意识到新农村建设是一个系统工程，必须制定相关政策来保证资金的用途和到位。从不同年龄段来看，受访的年轻人和中年人比老年人更了解政府在新农村建设中应该起到的作用。中年农民对新农村建设有更多认识，如关于新农村的含义、话语权、能力建设等；青年人和中年人更多地表达了对村委会"自律"的要求和"沟通"职能的期望。从文化程度来看，文化程度较低的农民常常受到家庭条件的限制只能出工；文化程度较高的农民更多地表示新农村建设是要执行国家的政策，而不仅仅是出工。文化程度越高的农民越强调需要村委会正确履行政府制定的政策，做到上下沟通。从是否试点村来看，试点村的农民更注重村委会的组织功能，农民对村委会的认识和评价是根据其在村级事务中发挥的作用和做出的成绩。

关于对政府分工的认识，村干部普遍认为政府需要通过资金投入、政策扶持的方式进行新农村建设。关于对农民分工的认识，村干部认为首先要让农民理解国家对建设新农村的具体政策和内涵，只有农民意识到能够从新农村建设中分享利益，才能响应国家号召来出资、出力。

四　金融体系中的分工

目前，我国农村金融组织体系包括：农村信用合作社、中国农业银行、中国农业发展银行、村镇银行、小额贷款公司、中国邮政储蓄银行、中国经济开发信托投资公司农村金融部分，以及其他有关农业投资公司、国家开发银行农业信贷部分。其中，农村信用合作社、中国农业银行、中国农业发展银行是农村正规金融的主体。此外还有非正规金融组织。

（一）农村信用合作社

农村信用合作社处于农村金融的最基层，是分支机构最多的农村正规金融机构。其分支机构几乎遍及所有乡镇及村庄，也是农村正规金融机构中唯一与农户有直接业务往来的金融机构。因此，农村正规金融机构是向农村和农业经济提供金融服务的核心力量。

（二）中国农业银行

中国农业银行于1979年重建，是中国四大国有商业银行之一。中国农业银行重建的初衷是为了支持农产品的生产和销售，但事实上农行的业务基本与农业、农户无直接关系，其贷款的绝大部分都投入了国有农业经营机构和乡镇工业企业。1997年后，农行政策性业务剥离速度加快，农行的经营理念日益强调以利润为核心。但迄今为止，农行仍然有部分贷款具有政策性贷款的性质（如对供销社的贷款、一部分扶贫贷款等），农行的日常经营也无法完全避免地方当局的干预。中国农业银行已逐步从农村转向城市，对于农村经济的促进作用越来越小。

（三）中国农业发展银行

中国农业发展银行是农村金融体制改革中为实现农村政策性金融与商业性金融相分离而成立的一家政策性银行，以代表国家支持农业和农村发展。作为我国的农业政策性银行，农业发展银行在完成政策性与商业性金融业务相分离、深化金融体制改革、调控金融资源配置、贯彻政府农业发展政策、引导资金流向农业、支持和保护农业发展、促进农业综合开发和扶贫等方面，特别是在实现专司的粮棉油收购资金供应和管理、支持粮棉流通体制改革、增强农业发展后劲等方面发挥了不可替代的作用。农发行的业务不直接涉及农业农户，它的主要任务是承担国家规定的政策性金融业务并代理财政性支农资金的拨付。

（四）国家开发银行

国家开发银行在支持新农村建设方面也是一支重要的力量。国家开发银行通过开发性金融助力新农村建设，其开发性资金主要是跟踪政策性资金走向，通过体制建设和市场培育，实现现金流的平衡。开发性金融支持新农村建设贷款的领域主要包括：农村道路、小城镇建设、农村能源开发、农业产业化、农村教育培训、农村医疗和开发扶贫（整村推进、搬迁移民、产业化扶贫、农民工转移培训）等。国家开发银行积极与国务院相关部委、省市县政府、社会团体等合作，同时按照国家相关规定，推进新农村规划建设，全面开展新农村建设贷款工作。

（五）非银行金融体系

除正规金融主体外，在农村金融市场中，民间借贷的地位和影响也是不容忽视的。我国农村民间金融的主要表现形式为资金供求者之间直接完成或通过民间金融中介机构间接完成的债权融资，主要以金融服务社、基金会、私人钱庄等民间金融机构形式存在，农村正规金融的制度供给与制度需求之间的缺口是农村民间金融产生的根源。

参考文献

[1] 鲁奇：《论我国社会主义新农村建设理念与实践的统一》，《中国人口·资源与环境》2009年第1期。
[2] 李洁：《城市郊区新农村建设评价方法研究——以南京市为例》，《农村经济》2007年第12期。
[3] 陆益龙：《社会主义新农村建设的背景、模式及误区——一种社会学的理解》，《北京大学学报》（哲学社会科学版），2007年第5期。
[4] 顾益康、黄冲平：《社会主义新农村建设的实践与理论思考》，《农业经济问题》2006年第10期。
[5] 贺聪志、李玉勤：《社会主义新农村建设研究综述》，《农业经济问题》2006年第

10 期。

［6］ 吴海峰：《建设社会主义新农村的十个结合》,《中国农村经济》2006 年第 1 期。

［7］ 叶敬忠、杨照：《农民如何看待新农村建设中政府、村委会和农民的分工》,《农业经济问题》2007 年第 11 期。

第四章
举措、实践

第一节　推进农村综合改革，提供体制保障

这一节主要讨论农村综合改革的定义、内容、意义、执行机构、重要举措、执行效果。

农村税费改革之后，全面免除农业税，使农村地区财政收入锐减，造成农村建设与发展缺乏资金来源。同时，不少地区的基层政府运转也受到了影响，为了保证农村税费改革的成果，保障农民负担不反弹，在新时期加快农村发展，我国适时推出了农村综合改革，这是对农村税费改革的继承与发展。

一　农村综合改革要点

2006年，国务院召开了全国农村综合改革工作会议。随后，国务院下发了《关于做好农村综合改革工作有关问题的通知》，对农村综合改革工作做出了全面部署。

第一，以转变政府职能为重点，推进乡镇机构改革。乡镇机构改革的总体要求是，坚持因地制宜、精简效能、权责一致的原则，转变政府职能，精简机构人员，提高行政效率，建立行政规范。

第二，以落实教育经费保障机制为重点，推进农村义务教育改革。通过改革农村义务教育体制，保障办学经费、提高教学质量、促进教育公平、加快农村义务教育发展，实现让每一个农村孩子都有学上、上得起学的目标。

第三，以增强基层财政保障能力为重点，推进县、乡财政管理体制改革。县、乡财政管理体制的着眼点，一是解决财政分配的公平性和有效性问题，在城乡之间逐步实现公平财政分配支出；二是解决县、乡财政困难，保证基层运转，防止基层通过乱收费弥补财政不足。改革的主要内容有：不断增加对农业和农村的投入，进一步加大支农资金整合力度；进一步完善转移支付制度，确保基层政权组织正常运转；继续进行"省直管县"财政管理体制和"乡财县管乡用"财政管理方式的改革试点。

二　农村综合改革成果

从 2006 年至 2012 年，全国农村综合改革工作进展顺利、逐步深化，取得了重要的阶段性成效。乡镇机构改革基本完成，农村实现了真正意义上的免费义务教育，县、乡财政管理体制改革不断深化，集体林权制度改革全面展开，村级公益事业建设新机制初步形成，清理化解公益性乡村债务工作取得积极进展，区域性、行业性农民负担问题逐步规范。

农村税费改革和农村综合改革是中国农村改革发展史上的重大事件。它打破了长期以来农村事务农民办的传统理念和制度安排，加快了公共财政向农村覆盖、公共服务向农村延伸的步伐，开启了统筹城乡发展的新纪元。各级财政在农村税费改革，规范国家、集体与农民分配关系，实现对农民少取甚至不取的基础上，加大多予力度，做好"放活"文章，积极主动作为，调整支出结构，完善政策措施，创新体制机制，加大对农村改革发展的支持力度，有力地促进了农村经济社会的全面发展。建立健全的农业和农民补贴制度，促进了农民增产增收；大力支持农业生产，促进了现代农业发展；大幅度增加农村教育投入，夯实了义务教育均衡发展基础；支持农村医疗卫生事业发展，有效解决了农民看病难、看病贵问题；完善了农村社会保障制度，让广大农民共享改革发展成果。中央财政安排的"三农"投入资金，从 2006 年的 3517.2 亿元增加到 2012 年的 1.2 万亿元，七年累计投入资金 4.47 万亿元，年均增长 24%。

三　农村综合改革改进方向

在当前我国已进入全面建设小康社会的关键时期和深化改革开放、加快转变经济发展方式的攻坚阶段，农村改革发展的任务更加繁重。要进一步加大农村综合改革工作力度，围绕创新农村体制机制、加强农村社会管理和公共服务、促进农村公益事业发展、保障农村公共利益等方面积极探索，力争在促进城乡经济社会发展一体化的重点领域和关键环节上取得重大进展。一是要着力推动农村体制机制创新。开展农村综合改革示范试点，探索解决农村改革发展中的一些深层次矛盾和问题，寻找破除城乡二元体制障碍的有效途径，促进城乡经济社会发展一体化。二是着力加快公共财政覆盖农村的步伐。发挥农村综合改革平台作用，加大资源投入和整合力度，不断加大财政投入力度，促进城乡基本公共服务均等化。三是着力加强对农民权益的保护。探索农村综合改革与完善农村基本经营制度的有效结合方式，维护农民合法权益，建立农民减负增收的长效机制。四是要着力抓基层强基础。加强乡镇财政机构队伍建设，完善乡镇财政职能，强化财政资金监管，提高财政科学化、精细化管理水平。五是要着力解决农村遗留问题。妥善处理乡村债务和国有农场办社会等问题，巩固发展既有改革成果。

第二节　化解乡村债务，解除后顾之忧

一　乡村债务产生的原因

乡、村两级债务的产生有特殊的历史背景，其形成有市场机制发育不健全的原因，也有管理体制制约的原因；从政府职能的角度看，既有政府越位的因素，又有政府缺位的因素。乡村债务产生的具体原因是多方面的，既有与体制相关的国家政策因素，又有乡村领导班子决策失误、管理不善等主观原因。

第一，国家公共产品供给的不足，是乡村债务形成的首要因素。多年来，由于国家财力不足，财政对于农村公共产品如道路、学校、农田水利等农村基本公共服务的支持力度有限，大多采取"谁受益、谁负担"的原则，由农民出资兴建，在这个过程中乡村财力不足导致负债的产生，典型表现是拖欠工程款。

第二，超前建设和"达标"活动过多是村级债务增长的又一诱因。很多基层政府领导及相关部门因高估当地农村经济发展水平或出于政绩考虑，而建设各种农民出钱、出物、出工的形象工程和开展各项"达标"活动。改革开放以来的几次财政体制改革，刺激了乡村基层组织在现代化目标的导向下追求资本原始积累的欲望，迫使乡村（尤其是落后地区的乡村）不得不依靠占用农业剩余和借款去实现不切实际的发展目标，在缺乏抑制手段的

情况下，乡村的举债行为难以控制，从而使负债越积越多。

第三，不规范的民间借贷行为，使村级债务加大。一些村庄的历史债务较多，贷款到期后难以还本付息，银行拒绝贷款给村集体，村里为应付正常的业务开支和支付贷款利息，转向民间高息借贷。这部分贷款利息高于同期同档银行贷款利率数倍，村级组织背负了沉重的债务负担。

第四，投资决策失误。改革开放以来，基层组织抓经济、办企业的热情很高，但多数企业经营不善，导致村集体债务负担沉重。一些村组织出于各种原因对企业提供贷款担保，而企业经营不善或村办企业的经营者挥霍浪费往往导致贷款到期后无法偿还，根据《担保法》的规定，这部分债务被转嫁给村集体，形成不良债务负担。

第五，垫交税费形成大量债务。由于前些年农民负担过重和农民对涉农税费的抵触情绪，涉农税费征缴困难，有些乡村为了完成任务而通过借款垫交税费，逐渐积累了大量债务。

乡村债务的负债主体主要有四类：乡镇政府、村级组织、乡镇事业机构、乡镇企业。其中乡镇事业机构和乡镇企业的负债因大多由乡镇政府担保而成为乡镇政府的准债务；此外，以个人名义负债而用于乡村建设或运转的负债也属于乡村债务。乡村债务之所以成为农村发展的一个巨大障碍，缘于以下原因：负债规模巨大、负债涉及面广、负债比率高。在农村税费改革之后，特别是取消农业税后，乡村两级组织收入能力近乎为零，由于缺乏资金，乡村两级已经没有偿债能力，有些地方出现了乡村组织借新债还旧债的现象，乡村债务已经成为影响农村发展的重要因素。

二　化解乡村债务的实践

我国将化解乡村债务作为保障农村税费改革的重要工作，于 2005 年和 2006 年连续出台了两个关于防范新债务产生和化解既有债务的文件，即《国务院办公厅关于坚决制止发生新的乡村债务有关问题的通知》（国办发〔2005〕39 号）和《国务院办公厅关于做好清理化解乡村债务工作的意见》（国办发〔2006〕86 号）。

2005 年的文件提出，农村税费改革试点工作开展以来，按照党中央、国务院的要求，各地化解乡村债务的工作取得了一定成效，但一些地方旧债尚未化解，新的乡村债务又大量增加，这已成为影响当前农村稳定的重要因素。该文件提出要求，要充分认识制止发生新的乡村债务的重要性、纠正乡镇经济管理中的不规范行为、加强和完善村务管理、切实减轻基层负担、改革基层干部考核体系。

2006年的文件指出，农村税费改革以来，各地按照国务院关于"制止新债、摸清旧债、明确责任、分类处理、逐步化解"的要求，积极稳妥地开展化解乡村债务工作，取得了一定成效；但乡村债务涉及面广，情况复杂，化解工作进展缓慢，已成为当前农村工作中的一个难点问题。一些地方债务底数不清，责任不明确；一些地方新债不断发生，屡禁不止；一些地方化解债务主动性不够，存在"等、靠、要"思想，缺乏有效解决乡村债务的办法；一些地方债权人与债务人双方矛盾尖锐，成为影响农村社会稳定的重要因素。沉重的乡村债务影响了基层政权组织的正常运转，制约了农村经济社会事业的健康发展，并成为诱发农民负担反弹的严重隐患。该文件明确表示清理乡村债务是推进农村综合改革，巩固农村税费改革成果，防止农民负担反弹，促进社会主义新农村建设的必需工作，并提出具体要求：全面清理核实，锁定债务数额；严格执行政策，坚决制止发生新的乡村债务；突出重点，因地制宜地确定化解乡村债务的试点范围和顺序；完善地方财政管理体制，增收节支以偿还政府债务；加强村级财务管理，规范村级收支行为；推进乡镇政府职能转变，为化解乡村债务创造良好环境；明确责任，加强对清理化解乡村债务工作的领导。

全国层面的乡村债务化解工作于2007年展开，具体工作由国务院农村综合改革工作小组办公室负责，到2013年年底，已经取得了巨大的成绩。第一阶段主要是化解农村义务教育债务，2007年12月乡村债务化解试点工作启动，到2013年12月，全国31个省份（不含港、澳、台）以及新疆生产建设兵团、中央直属垦区和林区已基本化解了2005年以前发生的农村义务教育债务，共惠及280多万农村债权人，按时完成了国务院提出的农村义务教育的目标任务。农村义务教育债务化解工作的开展一举解决了长期困扰农村学校和乡村稳定发展的难题，促进了农村的和谐稳定，推动了农村义务教育的健康发展，增加了农村消费和投资需求，也为清理化解其他乡村债务积累了经验。

第二阶段的乡村债务化解重点是乡村垫交税费等其他公益性乡村债务。2009年12月，国务院农村综合改革工作小组选择重庆等3个省份启动了清理化解乡村垫交税费等其他公益性乡村债务试点工作，2012年3月试点省份已增至12个。财政部提出明确要求，按照中央农村工作会议、全国农村综合改革工作座谈会议和全国财政工作会议的精神，从 2012 年起要加快推进清理化解乡村垫交税费等公益性乡村债务的试点工作，2012 年年底前清理化解乡村垫交税费债务，从完成的情况来看，基本上达到了要求。

第三节　实施新型农村养老保险制度，维护农村稳定

一　农村养老制度的局限

长期以来，我国社会保障制度改革一直把重点放在城市，将农村放在次要位置，甚至有相当部分的社会保障内容将整个农村人口排斥在外，从而导致我国农村社会保障事业发展严重落后于城镇，并与农村经济改革相脱节。

完善农村社会保障体系的首要工作是全面推进农村最低生活保障制度建设。农村最低生活保障制度的前身是以"五保"供养和灾民临时救济为主的农村社会救济制度。这一制度在解决农民贫困、促进社会稳定等方面曾经发挥过较大作用。但改革开放以来，随着我国经济和社会环境的变化，传统社会救济制度的局限性开始显现出来，具体表现在以下几个方面：一是实施范围窄、覆盖面小，相当一部分的贫困居民得不到救济和补助；二是标准偏低，难以保障救助对象的基本生活；三是民政部门经办的社会救济经费不足，满足不了贫困人口的实际生活需要；四是救济工作随意性大，缺少科学性和一贯性。

二　新型农村养老保险制度

针对上述情况，党的十六大报告提出了"有条件的地方，探索建立农村养老、医疗保险和最低生活保障制度"的指导原则，党的十七大报告指出要探索建立农村养老保险制度，一方面明确了农村社会保障制度建设的重要性；另一方面也指明了制度建设的重点。

2009 年，我国开始进行新型农村社会养老保险的试点工作，发布《国务院关于开展新型农村社会养老保险试点的指导意见》（国发〔2009〕32号）。新型农村社会养老保险是继取消农业税、实行农业直补和新型农村合作医疗等政策之后的又一项重大惠农政策。试点采取个人缴费、集体补助和政府补贴相结合的筹资模式，其中中央财政将对地方进行补助，并且会直接补贴到农民头上。不同于老农保主要建立农民个人账户的模式，新农保借鉴

目前城镇职工统账结合的模式，在支付结构上分两部分：基础养老金和个人账户养老金，基础养老金由国家财政全部保证支付。根据规划，我国将于 2020 年前全部实现所有农民享有新农保的目标。

新型农村社会养老保险制度采取社会统筹与个人账户相结合的基本模式和个人缴费、集体补助、政府补贴相结合的筹资方式。年满 16 周岁、不是在校学生、未参加城镇职工基本养老保险的农村居民均可参加新型农村社会养老保险。年满 60 周岁以上的农村居民个人不再缴费，直接享受中央财政补助的基础养老金，但其符合参保条件的子女应当参保缴费。也就是说，只有 60 周岁以上的农村老年人，并且其符合条件的子女参保缴费，才可享受政府发放的基础养老金。

第四节　施行"一事一议"财政奖补，促进农村基础设施建设

一　"一事一议"提出背景

农村税费改革之后，农村地区公益事业建设的资金来源只有一个，即通过"一事一议"筹集。"一事一议"解决了农村地区的乱收费和乱集资问题，消除了搭车收费的问题，有利于控制农民负担。但是客观上"一事一议"政策给农村地区公益事业建设资金的筹集造成了一定的困难，主要表现为其筹集资金数额过小，对解决建设资金的作用不大；同时"一事一议"存在"通过难"和"执行难"的问题。

为破解村级公益事业建设难题，加快社会主义新农村建设，我国政府推出了"一事一议"财政奖补政策。其程序为，村级通过乡镇级农业、财政所向县级农业、财政部门申报"一事一议"村级公益事业建设项目，上级通过审核后批准立项，对这个项目拨付部分财政奖补资金。"一事一议"项目资金来源于上级奖补资金、村民筹资筹劳、社会捐助等，一般上级奖补资金可以占项目投资总额的 75% 以上。建设项目针对的是村内道路、小型水利设施、村容村貌、环境卫生、饮水安全、村内活动场所等。2008 年中央首批选取黑龙江、云南、河北三省开展"一事一议"财政奖补试点，2009 年扩大到 17 个省份，2010 年扩大到 27 个省份，2011 年在全国全面推开。

"一事一议"财政奖补作为农村税费改革后中央出台的一项新的强农惠农政策，着眼于户外村内、拾遗补阙，将公共财政的"阳光"直接洒向全

国 60 万个村落，打通了农村公益事业建设的"最后一百米"，实施了农民需求最迫切、受益最直接的村内民生项目，有效改善了农民生产生活条件。2008～2011 年，各级财政共投入"一事一议"财政奖补资金 1050 亿元，带动村级公益事业建设总投入 2800 多亿元，共建成 98.5 万个项目，亿万农民从中受益。

二 "一事一议"的深远意义

"一事一议"财政奖补不仅具有重要的经济意义，而且具有深远的政治影响。这项政策创新了财政支农的体制机制，推动了农村基层民主建设，完善了乡村治理结构，促进了农村社会的和谐稳定。这些开创性的工作和创新性的成效，需要认真总结，深刻体会。

一是创新了民办公助、以奖代补机制，形成了村级公益事业建设多元化的投入格局。"一事一议"财政奖补坚持农民先议后筹、先筹后补，所有项目必须经农民民主议定后，方可按省级政府确定的标准筹资筹劳，并在农民筹资筹劳到位后给予相应的财政奖补，充分体现了民办公助的性质，发挥了财政以奖代补的引导带动作用，构建了"农民筹资筹劳、政府财政奖补、社会捐资赞助"的村级公益事业多元化投入格局，扩大了村级公益事业建设投入来源，形成了村级公益事业发展的长效机制。目前，由农民自主议定项目、办群众真正关心的事，已成为基层干部群众的共识。县乡政府因势利导，顺势而为，发挥"一事一议"机制灵活的作用，将"一事一议"作为整合涉农资金的重要平台，集中财力办多数农民想办的公益事业，确保干一件、成一件、管长远。

二是构建了农村公共服务自下而上的民主决策机制，调动了农民参与公益事业建设的积极性。"一事一议"财政奖补打破上级说了算、政府主导项目建设的传统模式，实行"议"字当先、让农民说了算，构建了农村公共服务自下而上的民主决策机制。这是一项重大而有意义的制度创新，把项目建设的知情权、参与权、决策权、监督权和评判权，通过民主议事、公开公示等形式直接交给农民，把工作做到了农民的心坎上，让农民共享发展成果，得到了农民的衷心拥护。广大农民从过去的"要我干"变成现在的"我要干"，从办"公家"的事变成干自己的事。"一事一议"激发了农民参与公益事业建设的热情，掀起了多年来少有的村级公益事业建设高潮。

三是搭建了基层党委政府为农服务的平台，探索了新形势下乡村治理的有效形式。基层同志普遍反映，"一事一议"财政奖补让基层干部找到了新形势下联系群众的抓手和服务"三农"的平台。基层干部在组织动员农民议事中了解群众，在项目实施中联系群众，在为农民办实事中服务群众，在为农民解难中赢得群众，起到了办民事、凝民心、聚民力的作用。在一些地方的财政奖补项目建设中，村民自行协商解决项目建设占地、换工帮工等问题，有的甚至无偿拆除自家房屋和牲畜圈舍等，主动为公益事业让路，一些积淀多年的矛盾和纠纷因此得到化解，邻里和谐、互帮互助蔚然成风。

四是促进了农村基层党组织建设，巩固了党在农村的执政基础。随着"一事一议"财政奖补工作的深入开展和奖补政策的深入人心，一些地方将能否组织农民议事、能否带领农民办实事作为衡量村两委班子是否得力的一项重要指标。很多地方村两委干部和党员群众不计得失、无私奉献、积极作为，用实际行动赢得了民心、树立了威信，基层党组织的凝聚力、号召力和战斗力进一步增强。在村级换届选举中，一些缺乏组织能力、不能为农民办实事的村两委班子落选就是例证。据浙江省一些市县组织部门调查，2011年村级组织换届选举中，当地没有开展"一事一议"财政奖补的村，村干部连任率只有50%，开展过的村连任率高达80%。一些青年农民在投身村级公益事业建设过程中，提高了对党的认识和理解，积极向党组织靠拢，为农村基层党组织增添了有生力量。

几年来取得的成绩令人鼓舞，积累的经验值得总结。一是坚持农民自愿，规范操作程序，严格控制筹资筹劳标准，努力防止加重农民负担。二是坚持因地制宜，贴近农业农村发展实际，重点解决多数群众受益的公益事业，务求给老百姓带来看得见、摸得着的实惠。三是坚持制度创新，充分发挥民办公助和财政资金"四两拨千斤"的作用，调动社会各方面投入村级公益事业的积极性。四是坚持强基层打基础，促进村民自治和基层党组织建设，改善农村社会管理和公共服务。

第五节　促进农业科技创新，增强农业综合生产能力

一　2012 年中央一号文件对农业科技创新的重视

我国已经进入由传统农业向现代农业转变的关键时期，从未来较长一个时期来看，我国农业发展将面临粮食安全与农民增收的双重挑战：主要受到

农业资源环境、农业基础设施、农业生产成本、农业科技创新四大约束，而前三个约束在短期内难以得到有效的消除，只有促进农业科技创新是增强我国农业综合生产能力的根本途径，是确保国家粮食安全的基础支撑、突破资源环境约束的必然选择，也是加快现代农业建设的决定力量。

近年来，我国不断加强对农业科技创新的支持力度。财政资金对农业科技创新的投入力度一直没有减弱，为促进农业科研技术的推广与应用、提高农业科技成果的转化水平、加大科技对农业产业化的推动作用和增强科技对农村发展的支撑能力提供了有力保障。

2012 年中央一号文件《关于加快推进农业科技创新持续增强农产品供给保障能力的若干意见》明确提出："加大投入强度和工作力度，持续推动农业稳定发展；依靠科技创新驱动，引领支撑现代农业建设；提升农业技术推广能力，大力发展农业社会化服务；加强教育科技培训，全面造就新型农业农村人才队伍；改善设施装备条件，不断夯实农业发展物质基础；提高市场流通效率，切实保障农产品稳定均衡供给。"

文件指出，要着眼长远发展，超前部署农业前沿技术和基础研究，力争在世界农业科技前沿领域占有重要位置；要面向产业需求，着力突破农业重大关键技术和共性技术，切实解决科技与经济脱节问题；要打破部门、区域、学科界限，有效整合科技资源，建立协同创新机制，推动产学研、农科教紧密结合；要按照事业单位分类改革的要求，深化农业科研院所改革，健全现代院所制度，扩大院所自主权，努力营造科研人员潜心研究的政策环境。

文件强调，要大力推进现代农业产业技术体系建设，完善以产业需求为导向、以农产品为单元、以产业链为主线、以综合试验站为基点的新型农业科技资源组合模式，及时发现和解决生产中的技术难题，充分发挥技术创新、试验示范、辐射带动的积极作用。

文件确定，要持续加大财政用于"三农"的支出，持续加大国家固定资产投资对农业农村的投入，持续加大农业科技投入，确保增量和比例均有提高；要发挥政府在农业科技投入中的主导作用，保证财政农业科技投入增幅明显高于财政经常性收入增幅，逐步提高农业研发投入占农业增加值的比重，建立投入稳定增长的长效机制。

二　农业科技创新成效

国家对农业科技创新的重视取得了明显成效。以广西为例，2009～

2012 年，广西安排 1200 万元支持实施自治区农业科技成果转化项目。项目实施后，目前已建立中试线 12 条、生产线 12 条、农业示范基地 108 个；开发农业新产品新品种 22 个、工业新产品 10 个；转化农业新技术（新工艺、新方法）25 项、专利技术 19 件，制定标准 12 件；新增就业人员 3.53 万人，带动农民 8.72 万人；举办培训班 570 期，培训科技人员 62 万人，培训农民 4.74 万人次。2011 年，区级财政继续安排农业科技成果转化资金 750 万元，用于支持 31 个项目的实施。其中：种植业 20 项、农产品加工 1 项、水产业 1 项、畜牧业 3 项、林业 1 项、植物保护 2 项、农业装备 2 项、现代物流 1 项。预计项目实施后，将转化 31 项科技成果，开发 33 项农业新品种（新技术），形成 4 条农产品加工生产线，生产农作物种子 2117.9 吨，示范种植 1.3 万亩；建立种畜种禽核心群 10 万只（头、匹），生产商品畜禽 1200 万只（头、匹）；生产水产苗种 6000 万尾；生产农业装备 7000 台（套）；申请专利 1 项，建立基地 71 个。在自治区财政资金的带动下，2012 年全区获得了国家农业科技成果转化资金立项支持的项目共 16 项，共计 1240 万元。

第六节　加强农民培训，提高农民劳动技能

一　全面施行义务教育，减轻农民负担

新农村建设以来，农村义务教育的推行可分为以下三个阶段。

（一）西部地区试行

2006 年，我国将"国家将义务教育全面纳入财政保障范围"，写进了新修订的《义务教育法》，为在西部农村率先实施的农村义务教育经费保障机制改革提供了法律保障。这项改革建立了中央和地方分项目、按比例分担的农村义务教育保障机制。实施改革的地区，义务教育不仅免除学杂费，还补助学校公用经费、维修改造校舍、免费提供教科书、补助寄宿生生活费等。为了保障新机制的顺利实施，中央财政投入资金 133 亿元，各地同时落实资金 77 亿元，所有西部农村中小学都拿到了财政拨付的公用经费，多数省份的农村义务教育投入水平有了较大程度的提高，"乱收费"现象得到了有效遏制，辍学率大大降低，西部地区义务教育普及水平

上了一个新台阶。

（二）全国实施"两免一补"

2007 年，全国农村地区开始实施"两免一补"政策：免杂费、免书本费、逐步补助寄宿生生活费。这项政策实现了对全国 40 万所农村中小学的近 1.5 亿名学生的全面覆盖。

2007 年 11 月，教育部、财政部进一步调整完善了农村义务教育经费保障机制改革的有关政策，明确了中西部地区农村义务教育阶段家庭经济困难寄宿生生活费的基本补助标准，规定全国农村义务教育阶段学生全部享受免费教科书，提前落实生均公用经费基准定额，提高中西部地区中小学校舍维修改造测算单价标准。

（三）全面施行义务教育

从 2008 年 9 月起，全国免除城市义务教育阶段学杂费。

二　提高农民技能

提高农民劳动技能是保障农民收入稳定和增长的重要手段。农民收入的四个组成部分是：农民家庭经营纯收入、工资性收入、财产性收入、转移性收入，前两者是主体，而且受到劳动技能的明显影响。

2004 年国家统计局对 31 个省份（不含港、澳、台）的 6.8 万个农户和 7100 多个行政村进行了抽样调查，2006 年 9 月国家统计局在全国范围内对 2.94 万人城市流动人口的生活质量状况进行了专项调查。两次调查均涉及了外出务工农民工的劳动技能培训状况，调查表明：多数流动人口没有接受过任何形式的技能培训。在 2004 年的外出流动人口中，文盲的占 2%，小学文化程度的占 16.4%，初中文化程度的占 65.5%，高中文化程度的占 11.5%，中专及以上文化程度的占 4.6%。总体上看，外出流动人口的文化程度要高于农村劳动力平均水平。外出流动人口中，初中及以上文化程度的占 81.6%，比全国农村劳动力的平均受教育水平高 18.3 个百分点。接受技能培训的流动人口比例较低，但逐年增加。2004 年外出流动人口中，掌握了一定的专业技能、接受过技能培训的流动人口占 28.2%，2001 年这一比例为 17.1%，2002 年为 17.4%，2003 年为 20.7%。从参加培训的方式来看，通过政府组织参加培训的流动人口占 10.7％，参加企业组织培训的占 30％，自己去参加培训的占 59.3％。

第七节　加快农村医疗体制改革，提升农民受益水平

一　农村医疗存在的问题

农村人口的健康问题是我国人口健康问题中的薄弱环节，目前我国农村公共卫生状况恶化，农村人口总体健康状况不容乐观，城乡之间健康水平差异仍然较大。根据《2005 年中国人类发展报告》，城镇居民和农村居民的人均期望寿命分别为 75.2 岁和 69.6 岁，二者相差近 6 岁。越落后的省份，城乡之间的期望寿命差距越大。10 个东部发达省份城乡之间的期望寿命差距的平均值不到 3.5 岁；在 10 个西部欠发达省份，这一平均值达到 8.2 岁。城市婴儿死亡率为 13.6‰，农村为 33.8‰；每十万人中城市孕产妇死亡人数为 33.1，而农村为 61.9，农村比城市高出近一倍。我国农村人口不但健康水平低，而且卫生服务利用水平也低。2003 年第三次国家卫生服务调查结果显示，在农村地区，患者应就诊而未就诊的比例为 45.8％，医生诊断应该住院治疗的患者而没有住院的比例为 30.3％。影响农民卫生服务利用的主要原因是缺乏医疗保险，农民的经济条件差。此外，近年来由于农村人口老龄化、医疗服务及药品价格的上涨等原因，农民医疗费用的攀升幅度超过了农民实际平均收入的增长幅度。1998 ~ 2003 年，农村居民年均收入水平增长了 2.4％，而年均医疗卫生支出增长了 11.8％。"看病贵"成为百姓关注的话题。越来越多的农民无力承担日益增长的医疗费用，成为当今农村医疗卫生保障的突出矛盾。

二　新农村合作医疗制度

农村医疗体制改革的核心是新农村合作医疗制度，辅以基本药物零差率政策，构成了目前农村地区医疗体制的框架。在解决农民看病就医的难题中，以合作医疗为主的农村医疗保障制度曾发挥了积极作用。我国农村正式出现合作医疗制度是在 1955 年农业合作化运动的高潮时期，到 1980 年全国农村约有 90％ 的行政村实行了合作医疗制度。与低收入水平相适应，这一时期农民医疗卫生保障水平是非常低下的，但却有效减轻了农民看病的经济

负担。1982 年后，由于农村经济体制改革、农业生产责任制的推行和集体经济的衰退，农村合作医疗走向衰落（Zhu，1989）。1985 年的一项调查表明，全国实行合作医疗的行政村由过去的 90% 迅速下降至 5%。由于合作医疗制度在解决农民健康问题上曾经发挥了很重要的作用，因此政府一直希望恢复合作医疗，但 20 世纪 90 年代中国的农村合作医疗制度经历了几起几落，合作医疗计划的实际覆盖面仍然较低，1999 年覆盖面以行政村为单位也只达到 6.5%。世界银行 1998 年 6 月的《卫生保健筹资报告》显示，至 20 世纪 80 年代末，中国农村人口中有 90% 的人要为自己看病全额埋单，农民成为中国最大的自费医疗群体。在农民收入水平增长趋缓而医疗费用迅速上涨的情况下，农村医疗保障制度的空白使多数地区的农民要自费承担疾病带来的一切损失。医疗保障制度的不公平已经影响到农村经济的可持续发展（杨慧芳，2004）。

我国政府充分认识到建立农村医疗保障制度的必要性和紧迫性。2003 年 1 月，国务院发布了《关于建立新型农村合作医疗制度的意见》，要求从 2003 年起，各省、自治区、直辖市至少要选择两到三个县（市）先行试点，取得经验后逐步推开，到 2010 年，实现在全国建立基本覆盖农村居民的新型合作医疗制度的目标，减轻农民因疾病带来的经济负担。目前我国政府正在努力为没有保险的近八亿农村人口提供医疗保障，中共中央关于"十一五"规划的建议中提出了建设社会主义新农村的重大历史任务，表示要积极推进新型农村合作医疗制度试点工作。可以说，新型农村合作医疗体系的试点是一个大胆的历史性开端，中国的农村医疗保障制度进入了一个新的制度变迁阶段。

自 2003 年新型农村合作医疗制度试点推开以来，首批启动的试点县（市、区）有 304 个，2004 年增加到 333 个。至 2006 年 9 月底，全国已有 1433 个县（市、区）开展了试点工作，4.06 亿农民参加了新型农村合作医疗，参合农民占全国农业人口的比重达到 45%。随着覆盖面的扩大和财政补助标准的大幅度提高，农民受益面和受益水平也普遍提高。2006 年 1 月至 9 月，新型农村合作医疗基金累计支出 95.81 亿元，有 1.4 亿人次受益。随着试点工作的顺利开展，中央决策层进一步显露出加速开展这项试点政策的果敢决心。2005 年 9 月召开的"全国新型农村合作医疗试点工作会议"决定：到 2008 年建立基本覆盖全国农村居民的新型农村合作医疗制度，比原定的 2010 年提前两年。中央财政对参加合作医疗农民的补助标准在原有每人每年 10 元的基础上再增加 10 元，提高到 20 元，同时将中西部地区农业人口占多数的市辖区和东部地区部分参加试点的困难县（市）纳入中央财政补助范围。

基本药物零差率政策（以下简称"药品零差率政策"）指医疗卫生机构将基本用药目录内的药品以配送价格销售给患者、取消药品加成的政策。实施这一政策的主要目的在于降低基本药物价格、减轻患者费用负担。自 2005 年起，该项政策在银川、北京、上海、杭州、成都等地开始试点。2009 年 8 月，卫生部等 9 部委印发了《关于建立国家基本药物制度的实施意见》，要求 2009 年每个省（自治区、直辖市）在 30% 的政府办基层医疗卫生机构（指农村乡镇卫生院与城市社区卫生服务机构，以下同）实行基本药物零差率销售，到 2020 年建立全面实施的、覆盖城乡的国家基本药物制度。在政策执行过程中，各地进展有所不同。江西省自 2009 年 12 月起在全省 491 所乡镇中心卫生院和萍乡、新余、鹰潭三市所有政府办社区卫生服务机构开展了试点工作。同年，宁夏银川市 84% 的社区卫生服务机构实施了药品零差率政策。安徽省自 2010 年 1 月起在 32 个县（市、区）实施了以基本药物零差率销售为突破口的基层医药卫生体制综合改革试点。截至 2012 年年底，全国 68.7% 的政府办基层医疗卫生机构进行了药品零差率政策试点。

新型农村合作医疗保证了农民就医的资金来源，而基本药物零差率政策则保证了医疗机构提供低价有效的药品，两个方面的配合使农村的医疗局面得到很大的改善，极大地减轻了农民的医疗负担。

第八节　加强水利设施建设，改善农业基本生产条件

水利在我国国民经济和社会发展中有特别重要的地位和作用。由于我国特殊的气候和地理条件，洪涝灾害历来是中华民族的心腹大患，治水关系到社会稳定和人民的生命财产安全。在传统的农业社会中，"兴水利，而后有农功；有农功，而后裕国"的规律，使得水利成为国家的头等大事。进入现代社会后，水资源已经成为关系到国民经济和社会发展的战略因素。从"水利是农业的命脉"到"水利是人类生存的生命线，也是农业和整个经济建设的生命线"，水利已成为经济与社会发展的重要基础。

我国历来重视水利建设，在各发展阶段为促进水利建设事业的发展出台了多种措施。近年来我国对水利建设尤为重视。2011 年一号文件《中共中

央国务院关于加快水利改革发展的决定》强调"突出加强农田水利等薄弱环节建设"，具体涉及五点：大兴农田水利建设、加快中小河流治理和小型水库除险加固、抓紧解决工程性缺水问题、提高防汛抗旱应急能力、继续推进农村饮水安全建设。

"十一五"时期我国水利事业的发展取得了巨大成就，这是水利投资规模最大、规划目标实现最好、人民群众直接受益最多、行业能力提升最快的五年。五年间，全国共落实水利建设投资约7000亿元，是规划投资的135%，与"十五"相比翻了近一番。五年间，解决1.6亿农村人口饮水不安全问题以及万元工业增加值用水量从173立方米降低到120立方米两个约束性指标全部超额完成，洪涝灾害年均损失率、净增农田有效灌溉面积、农业灌溉用水有效利用系数、新增水土流失综合治理面积等9个预期性指标基本完成。五年间，防洪建设、城乡饮水安全、农村水利、节水型社会建设、水资源开发和配置、水资源节约保护、水土保持生态建设、水利信息化建设8个方面的水利建设任务得到落实，区域水利协调发展格局逐步形成，水利基础保障能力大幅提高，涉及民生的水利问题得以加快解决。五年间，水资源管理体制改革、水利投融资体制改革、水利工程管理体制改革、农村水利改革和水价改革迈出重要步伐，科学治水和依法治水加快推进，水利事业焕发出勃勃生机。

一 中央和地方建设投资情况

(一) 中央水利建设投资规模再创新高

"十一五"时期，中央水利建设投资2934亿元，是"十五"时期投资额的1.73倍。其中，预算内固定资产投资2315亿元，占78.9%；财政专项资金545亿元，占18.6%；水利建设基金74亿元，占2.5%。中央水利投资向中西部地区倾斜，中西部地区中央水利投资占79%。2008年第四季度以来，中央实施了积极的财政政策，出台了扩大内需、促进经济平稳较快发展的一揽子计划，按照保增长、扩内需、调结构、惠民生的要求，加大了水利等基础设施建设投入，水利投资逐年增长，特别是2013年中央水利投资达到4397亿元，是2009年的6倍，再创历史新高。

(二) 地方水利建设投资规模快速增长

"十一五"时期，地方水利建设投资4000多亿元，其中省级2947亿元，呈现快速增长的趋势。省级水利投资中，财政资金占 70%，银行贷款、企业投资占 24%，外资及其他资金占 6%。东部、西南等地区省级水利投资规模较大，北京、山西、辽宁、上海、江苏、浙江、广东、广西、重庆、贵州、云南 11 个省（自治区、直辖市）的水利建设投资超过 100 亿元，其中云南超过 200 亿元、广东超过 300 亿元。

二　多渠道水利投入机制初步建成

（一）财政支持农田水利建设的机制不断完善

为了适应农田水利建设的新形势和新要求，中央财政从 2005 年起设立了小型农田水利（简称"小农水"）补助资金，并采取"民办公助"方式支持农田水利建设。这一举措取得了明显成效。2005～2007 年，中央财政共投入小农水补助资金 19 亿元，带动地方各级财政投入 18.27 亿元，带动农民群众和社会投入 39.52 亿元，极大地加快了农田水利建设的步伐。在不断加大投入的同时，财政支持农田水利建设机制创新方面也取得了重要进展。首先，建立了"民办公助"的机制。所谓"民办公助"，就是以统一规划、尊重民意为前提，以财政补助为引导，以农民、农民用水合作组织、村组和基层水管单位为载体，变政府主导为政府引导，变农民"被动建"为农民"自主建"，一手抓增加投入，一手抓机制创新，建设与管理并重，投资与投劳并举，从而推动建立小型农田水利设施建设与管理的长效机制。其次，下放项目审批权限。通过改革资金的管理方式，将项目的审批权限下放到省一级。即对各地项目资金实行指标总额控制管理，项目由地方审定，具体项目内容和支持额度也由地方自主确定，中央只进行合规性审查，凡是符合项目管理办法和项目编报指南的项目就可以核准。下放项目审批权限实施两年多来，取得了初步成效。一是增加了项目安排的合理性与科学性，避免了盲目性和随意性；二是调动了地方的积极性；最后，进一步拓宽了支农资金的整合空间，使地方在资金统筹安排上具有更大的灵活度。三是推行以奖代补。即在正常的项目补助之外，对建设成效显著的地方实行资金奖励。2006 年，财政部配合水利部评选表彰了 100 个全国农田水利建设先进县（市、区），每个县以"以奖代补"的形式获得奖励资金 100 万元。

（二）对金融支持水利建设的有效模式进行了探索

2008 年 12 月，中国人民银行发布了《关于进一步做好农田水利基本建设金融服务工作的意见》，要求金融机构将支持加强农田水利基本建设作为信贷投放重点。两年多来，各银行业金融机构纷纷把加大对农田水利的金融支持作为一项重要任务，针对农田水利建设项目的信贷需求特点，充分结合各地的实际情况，培育和发展农田水利信贷的有效切入点，取得了显著成效。比如，作为支持我国基础设施建设的中长期主力银行，国家开发银行在过去的几年中积极参与水利项目规划，通过市场建设、信用建设，依托融资平台开创了具有自身特色的水利项目融资模式。

（三）多渠道水利投入机制初步建立

在加大财政性资金投入的同时，各地积极探索多元化、多渠道的水利投融资机制。重庆、广东等17个省（自治区、直辖市）已成立省级水利（水务）投资公司，搭建市场融资平台，保证了地方水利建设的投资需求。重庆市水利投资集团在深圳证券交易所成功发行了15亿元企业债券用于水利建设；广东省以水利规费收益权为质押，将银行贷款用于水利建设，并出台了《水利建设工程试行 BT 模式的指导意见》；山西省政府颁布了《山西省社会资金建设新水源工程办法》，全面开放了水利建设市场；云南省将烟草行业筹集资金专项用于水源工程建设；贵州省对水能资源开发权实行有偿转让，将收取的水利费和出让金专项用于水利建设。

三 民生水利建设取得积极进展

近年来，我国水利建设坚持以人为本，把解决民生问题放在更加突出的位置，提出了"民生水利"的发展理念：防灾减灾突出民生，始终把保障人民群众的生命财产安全放在防汛抗旱工作的首位；水利建设突出民生，把人民群众直接受益的饮水安全作为水利建设的优先领域；水利管理突出民生，把维护群众的基本需求与合法权益放在水利管理中的突出位置；水利改革突出民生，让水利改革成果惠及广大人民群众。在民生水利发展理念的指导下，"十一五"期间，我国成功抵御了 2006 年川渝百年未遇的旱情、2009 年北方冬麦区大范围的干旱、2010 年西南特大干旱，有效应对了超强台风的袭击，最大限度地保障了人民群众生命安全、减轻了灾害损失。我国新建和加固堤防 17080 公里，完成专项规划内 6240 座大中型水库及重点小库的除险加固任务，提前完成了"十一五"规划确定的万元 GDP 用水量降低 20％和万元工业增加值用水量降低 30％的目标。"十一五"期间，国家大幅度增加了对农村饮水安全的投入,累计解决了 2.1 亿农村人口的饮水安全问题,提前 1 年完成了"十一五"规划任务,提前 6 年实现联合国千年宣言目标。

参考文献

［1］宋洪远:《"十五"时期农业和农村政策回顾与评价》,中国农业出版社,2006。

［2］《2012 中国农村经济论坛文集》,中国农业出版社,2012。

［3］苏明:《财政现实问题研究》,经济科学出版社,2007 年第 12 期。

［4］李国英:《中国水利发展报告》,中国水利水电出版社,2011。

［5］陈锡文:《中国农村公共财政制度》,中国发展出版社,2005。

［6］梁鸿:《现行农村社会保障制度评价与剖析》,《人口学刊》2000 年第 6 期。

［7］卫生部统计信息中心:《中国新型农村合作医疗进展及其效果研究》,中国协和医科大学出版社,2007。

［8］张少春:《全面推开村级公益事业建设一事一议财政奖补工作》,《农村财政与财务》2011 年第 6 期。

［9］城乡经济社会一体化与农村综合配套改革研究课题组:《城乡经济社会一体化与农村综合配套改革研究》,《江苏农村经济》2011 年第 3 期。

［10］金东海:《新机制以来中国农村义务教育财政体制的研究综述》,《社科纵横》2012 年第 3 期。

第五章
"二十字方针"

　　"建设社会主义新农村"并不是最近的提法。在 1956 年第一届全国人大第三次会议通过的《高级农业生产合作社示范章程》中就曾提出过"建设社会主义新农村"的目标。但是显而易见,十六届五中全会以"社会主义新农村建设"为明确目标进行的论述,在完整性、系统性和深刻性方面远远超过此前,非常清晰而具体地指出了在新的历史条件和社会背景下中国农村发展的方向、动力以及保证目标实现的政策措施。

第一节　意义

　　党的十六届五中全会审议通过的《中共中央关于制定国民经济和社会发展第十一个五年规划的建议》(以下简称《建议》),站在新的历史起点上,描绘了我国今后五年经济社会发展的宏伟蓝图。《建议》把建设社会主义新农村作为我国现代化进程中的重大历史任务,摆在"十一五"时期主要任务的第一条,并具体提出了生产发展、生活宽裕、乡风文明、村容整洁、管理民主的新农村建设要求,为我们指明了今后一个时期农村工作的努力方向。这一重大举措,是党的十六大提出的统筹城乡经济社会发展战略思想的进一步深化和具体化,体现了坚持把解决"三农"问题作为全党工作重中之重的要求,体现了贯彻"工业反哺农业、城市支持农村"这一方针的要求,对于促进城乡协调发展、全面建设小康社会具有重大意义。

一 推进新农村建设是全面建设小康社会的必然要求

党的十六大在肯定我国人民生活总体上达到小康水平的同时，进一步指出当时达到的小康是低水平的、不平衡的、不全面的。所谓不平衡、不全面，主要是科教文卫发展和环境建设等没有达到小康社会的要求，多数农村地区没有达到小康水平。因此，解决"三农"问题是全面建设小康社会的难点和关键，加快农村社会经济事业发展是全面建设小康社会的重大任务。按照五中全会的部署，加快社会主义新农村建设，包括推进现代农业建设、全面深化农村改革、发展农村公共事业、增加农民就业和收入，必将有力地推动农村小康社会的建设进程。

二 推进新农村建设是促进城镇化健康发展的重要途径

由于我国长期实行城乡分割的二元体制，城镇化明显滞后于工业化，城市人口比例偏低，大量农业人口和剩余劳动力滞留在农村。因此，伴随改革开放和工业化进程，我们必须积极推进城镇化。但是，人口多，特别是农民多的基本国情，又决定了我国必须走符合国情的城镇化道路，必须坚持大中小城市和小城镇协调发展。农民不进城不行，都进城也不行。这就需要一方面引导一部分农业人口和农村劳动力向城镇有序转移；另一方面要加强对传统农村的改造，加快新农村建设，改善农民的生产生活条件和居住环境，从而使一部分农民愿意留在农村。德国是城市化、工业化水平很高的国家，农业就业劳动力只有4%，但在小城镇和农村居住的人口却有近40%。

三 推进新农村建设是扩大内需、保持国民经济平稳较快发展的现实需要

扩大内需是我国经济发展的一个长期的战略方针。我国有一个13亿人口的大市场，特别是农村市场的潜力巨大。但由于农民收入不高，农村购买力偏低，农村市场还没有真正打开。前两年，我国宏观经济出现的不稳定、不健康因素，一个重要表现就是投资规模尤其是钢铁、水泥、电解铝等投资规模过大，投资结构不合理，部分行业产能过剩。因此，需要通过宏观调控抑制某些行业过度盲目投资。一方面，投资仍然是扩大国内需求、拉动经济增长的重要方面；另一方面，又要防止投资过热、出现反弹。这是一个两难的问题。解决这个问题，出路在于调整投资结构。推进新农村建设，就是一

个一举两得的办法。通过扩大农村的投资，加快农村的建设，可以增加农民的收入，从而提高农村购买力；可以改变农村的基础设施条件，从而改善农村的消费环境。可以说，推进新农村建设，是处理好投资与消费的关系，通过投资促进消费，进而促进经济良性循环的一个很好的方法。

四　推进新农村建设是构建社会主义和谐社会的重要方面

当前我国社会存在一些不和谐现象的问题，一个重要原因是自然历史条件和体制政策带来的发展不平衡。收入差距拉大已经成为影响社会和谐的一个重要因素，在地区差距、城乡差距和群体差距中，最大的是城乡差距。城镇居民和农民收入差距之比已经超过了 3∶1。近两年由于中央实行向农村倾斜的政策，这种状况有所缓解，但要根本解决这个问题还需不断努力。推进新农村建设，加快农业农村发展，增加农民收入，改善农民生活，缩小城乡差距，对于建设和谐社会具有十分现实的意义。

第二节　理论综述

社会主义新农村建设"新"在哪里？这个问题也可以表述为社会主义新农村建设为什么是"新"的，即这种"新"的质的规定性体现在哪些方面。关于这个问题，学术界有几种代表性的观点。

（1）温铁军认为，新农村建设的"新"主要体现在以下三个方面。其一，城乡之间的良性互动。要改变以往简单化地加快城市化的倾向，全社会都来关注并致力于农村的综合发展。其二，农村社会制度的完善和农村和谐社会的构建。应逐步建立起比较符合农村实际的社会保障体制，逐渐把在城市中已经相对过剩的社会文化资源引向农村，适当地引入外来志愿者帮助农民把各种社会文化组织发展起来，比如成立老年协会、妇女协会。这些工作到位了，就能率先在农村达到构建和谐社会的目标。其三，农村人文传统和自然环境的全面恢复。应该重新恢复农村本来就拥有的田园风光，农民应该生活在一种相对和缓、比较和谐的社会人文环境之中；让一些精神紧张、不堪污染的城里人被田园诗般的农村所吸引。

（2）林毅夫认为，推动社会主义新农村建设，就是加强农村公共基础设施建设，改善农民生活消费环境，启动农村巨大的存量需求，消化掉过剩的生产能力，使农村劳动力向非农产业转移，以及增加农民收入的渠道。因此，公共基础设施建设是社会主义新农村建设的着力点，社会主义新农村建设的对象应是自然村，社会主义新农村建设的资金应以公共财政为主。

（3）贺雪峰认为，建设社会主义新农村的核心，就是要建设一个让农民出得去、回得来的，可以容纳9亿农民在其中完成劳动力再生产，在其中过上体面而有尊严生活的社区共同体；新农村建设的战略任务，就是要通过建设社会主义新农村，使农民安居乐业，至少可以温饱有余，有生存得下去的环境，从而使城乡之间良性互动：在城市经济发展、就业机会增多、务工经商收益增加的时候，农民可以进城务工经商；而当城市经济不景气、就业机会减少时，进城农民可以选择回到农村。有了稳定的农村，中国现代化就有了回旋余地，就可以立于不败之地。

（4）政策部门的观点。陈锡文认为，新农村建设包括四个方面的内容：①新农村建设要坚持发展农村生产力，要以经济发展为中心，经济不发展，农民收入不提高，新农村建设就搞不下去。②新农村建设要加快完善农村经济社会管理体制，乡镇机构设置、职能设置必须与农民的要求和承受能力相适应。③通过城乡统筹解决农民最无奈、最无法解决的问题。④要建设一个好的农村环境。郑新立则更加注重村庄建设，他认为，当前和今后的一个时期，新农村建设的重点内容包括三类。一是农村区域性的基础设施和公共服务设施项目，该类项目覆盖乡镇和有一定规模的中心村，与城市基础设施共同构成比较完整的国家基础设施和公共设施网络。二是直接面向村庄的公益类建设项目，如村庄整治规划、村庄道路、供水设施、村庄排水沟、公用水塘建设、公共厕所、垃圾场、村民活动室等。三是农户自主参与、农民直接受益的项目。也有其他关于社会主义新农村建设的诸多观点，但是基本上没有超出以上所述观点的框架。

可以看出，林毅夫和政策部门的观点更多地倾向于从典型的经济学视角做出判断，事实上没有把农村作为社会整体来看待，而只是强调了物质领域这一个方面。温铁军所持的观点是他一贯坚持的"解构现代化"或"无法复制的现代化"观念在新农村建设方面的集中体现；贺雪峰的观点与温铁军的说法有相近之处，要点在于不但要在基础设施方面下功夫，而且要重构村庄内部的精神世界与和谐关系，这是对中国快速城市化进程、世界经济周期性波动以及中国经济持续增长持谨慎态度的人所得出的结论。比较而言，后两种观点更加契合社会主义新农村建设的本质含义，但是在新农村建设的空间单位方面仍然存在严重问题，这一点下文另述。

总而言之，社会主义新农村建设的"新"，本质上不是体现于农村地区修路盖房等物质方面，村容村貌的变化和基础设施建设的加强是新农村建设的实践结果，而不是其运作机制；社会主义新农村建设是具有深刻社会变迁含义的战略性构想和举措，就"生产发展、生活宽裕、乡风文明、村容整洁、管理民主"五方面目标而言，其中每一方面都在各个历史时期反复强调过，关键在于需要一种新的建设方法和方法体系，使中国农村社会重新具备内生的可持续发展能力。从这个意义上看，建设社会主义新农村便可以理解为中国农村社会基础再造的过程，是针对当前的社会理想、国家目标或现代化导向，有目的、有意识地对农民之间的连接关系以及由此形成的农民与国家、市场之间的关系结构进行调整和改造。同时，也可以将社会主义新农村建设理解为农民与国家力量相配合实现国家目标并获取自身福利的实践过程。这是社会主义新农村建设之所以"新"的本质所在。

第三节　需要强调的内容

一　建设新农村首先要保证生产有所发展，农民收入有所增加，同时要保证农村民主、安乐祥和

分析我国近期的经济运行情况，1979～2002年，第一产业的增长率平均为4.65%，第二产业的平均增长率为11.2%，第三产业的平均增长率为10.1%。以农业为主的第一产业增长速度慢，加之农村人口多，农民所依赖的生产资源有限，农民就业不充分，导致农民的收入水平低。2005年农民人均纯收入为3255元，与城市居民的人均可支配收入10493元相差7238元，农村社会基础设施和公共服务业发展相对滞后。所以，社会主义新农村建设首先要发展农村生产，促进农民增收。针对我国农业的现行经营体制、面临的国际国内经济环境和所拥有的资源禀赋条件，在新农村建设中，一是要优化农村的产业结构和农业生产结构，做到人尽其才、地尽其力、物尽其用，在有限的资源条件下，通过结构优化和调整，达到因地制宜和因需制宜，最大限度地提高农业生产效益。二是要推进农业产业化经营，拉长农业的产业链，最大限度地实现规模经营和产业化经营，使农业生产效率得到提高，使农民在分享农业生产利润的同时有条件分享第二、第三产业的增长成果，保证其生产经营收入增加。三是要推进现代市场农业，积极发展订单农业、合同农业，让农业生产经营尽可能地免受市场风险的冲击。

农民收入水平低，除受制于农业生产本身的弱质性外，就业不充分、劳动力闲置是一个很重要的制约因素。使农民充分就业应该成为新农村建设的重要内容：一要优化农村产业结构，推动农产品加工业等农村第二、第三产业的发展，创造更多的就业岗位；二要提高农民的文化素质和职业技能，支持农村教育事业的发展，重视对农民的职业技能培训，提高农民的就业、择业能力；三要逐步建立农民异地就业、农民工权益保障的有效机制，让农村的劳动力过剩和隐性失业问题逐步得到解决，真正建立起农民收入增长的长效机制。

另外，在新农村建设中，一定要保证物质文明和精神文明、政治文明、社会文明建设的协调。长期以来，我国农民以耕地为生，以勤俭为荣，乡亲邻里之间尊老爱幼、互助协作、祥和共存，形成了真挚淳朴的乡风民俗。而改革开放和发展市场经济以后，农村社会与外界联系广泛了，农村的封闭和宁静被打破了，一些不良风气也随之渗透到农村，加之村民自治放松了政府对农村的监督和管理，致使农村社会成为被遗忘的角落，难言祥和康乐，所以，一定要加强农村的法制建设，重视农村的社会治安，要进行农村普法教育，注意对农民的宣传引导，真正树立文明新风，建立纯朴的乡风民俗，使农村成为安居乐业的康乐社会。

二　建设新农村要完备农村社会公共服务设施，提高文化、教育、医疗卫生等社会福利保障水平

20 世纪 70 年代全国大办农村合作医疗缓解了农村的看病难问题；20 世纪 90 年代在农村推行的九年义务教育制度使农村的教育设施有了很大的改善。但是社会经济发展到今天，农村在文化、医疗设施方面出现了空白和盲区，加上交通不便、通信不便，极大地阻碍了农民社会福利水平的提高。所以，社会主义新农村建设一定要注意增加农民的整体福利。一要针对农村"十户五户空、青壮去打工、留守老少妇、难拒八面风"的实际情况，建立方便、快捷的公共服务设施系统，让留守居住在农村的人称心、在外打工的人放心。二要建立相对完备配套的公共服务设施系统。发达国家的农村是一个田园风光秀美、人们生活有明显的舒适感和幸福感的地方，其中一个重要的原因是农村的公共服务基础设施相当完备配套。三要建立具有地方特色的文化娱乐设施，注意对农村的历史文明、风土民情、地理环境的保持和传承。要用先进的文化引导人、鼓舞人、教育人，就得进行文化投资，加强文

化基础设施建设。农村社会公共服务设施增加了、配套了，才能真正体现城乡二元结构的改变和城乡差距的缩小。

三 建设新农村要注意国情、区情和农情，一切从实际出发

分析我国的国情，一是从整体上讲我国刚进入工业化的中期阶段，初步具备了工业反哺农业、城市支持农村的条件和经济实力，但是，农村的公共事业建设（教育、卫生、医疗、社保等）资金不可能由政府全部包揽。新农村是农民自己的家园，农民要在其中发挥作用。要研究建立能够使各方力量发挥出来的新机制，比较好的办法是国家和农民共同分担，国家出钱引导、农民出钱配套、社会资金赞助补偿。二是农村人口多、基数大，短期内不可能全部转移到城市去，建设新农村实际上倡导的是农村"就地城市化"。农村如果发展了，农民是不愿意背井离乡的，因为这要付出巨大的感情、家庭、社会保障等多方面的社会成本，所以，一方面我们要从农村人口众多的因素考虑，积极推进新农村建设；另一方面要从农民的社会成本因素考虑，从长远打算建设好新农村。三是我国农村区域之间、同一区域内的村镇之间差别较大，2004年东部地区浙江省的农民收入大致相当于西部地区贵州省和甘肃省农民收入的4.5倍。这些差别既有自然地理因素导致的平原、山区差别，又有社会经济因素导致的贫富程度不一致，新农村建设一定要具体村镇具体对待，切不可搞同一模式、同一速度。四是我国农村人口结构现在已经发生了很大的变化，终年居住在农村的大部分是老人、儿童和妇女，以及无法在外就业的弱质劳动力，所以，新农村建设一定要针对这种人口结构的实际状况，创建便捷的生活服务设施，创建良好的社会治安条件，创建有利于少年儿童培养和健康成长的环境氛围。五是我国农村社会长期以来一直靠血缘、亲缘、情缘维系，农村中的传统在一定程度上起着管理、治理农村的作用，新农村建设一定要注意乡风民俗，注意农村的风俗习惯。

四 建设新农村特别要注意新农村建设与国家粮食安全的关系

对一个十几亿人口的农业大国而言，粮食安全问题始终不可轻视，永远不能完全依靠市场来调节农业，农业及粮食作为国家经济安全的战略产业地位绝不可动摇。新农村建设一定要切记农业发展的两大目标，即保证农产品及粮食的安全有效供给和农民收入的稳定持续增长。为此，进行社会主义新农村建设，一是要严格保护耕地，控制建设用地指标，为农业生产发展留下

最宝贵的耕地资源；二是要调整农业生产结构，抓好生产，特别要注意生产组织结构的调整，组织新型农业生产经营体系，发展合作经济、股份制经济、产业化经营等，推动农民收入的增长和粮食安全供给能力的提高；三是搞好基本农田和农业基础设施建设，只有生产发展了，收入增加了，农村的面貌才有可能从根本上得到改变；四是要推进农业科技进步，建立健全农业技术推广体系，加大农业的科技投入，让粮食依靠科技增产，农业依靠科技发展；五是要转变农业增长方式，搞好土地整理工作，推行节水灌溉方法，科学投入化肥、农药和机械，建立农业循环体系，保证农民增产增收。

五 新农村建设的资金投入问题

据国家发改委有关专家研究，要建设社会主义新农村，使农村的道路、饮水、沼气、用电、通信、广播电视等基础设施达到一定的标准，全国大约需要投入 4 万亿元的资金，如果要完成农村的教育、医疗、卫生、文化设施建设，需要的资金更多。即使按 4 万亿元计，到 2020 年实现小康社会目标时完成新农村建设，从 2006 年到 2020 年每年需要投入 2700 亿元的资金，如此巨量的资金需求，钱从哪里来，有了钱如何管理、如何使用，应该事先认真研究。关于资金来源，一是要改变农村在资源配置和国民收入分配中的不利地位，实现由剥夺农业向保护农业的政策转变，进一步提高财政支农支出占财政支出的比重；二是要在法律或政策上明确从集体土地出让金中提取一定比例用于农村发展；三是要继续完善农业信贷体系，逐步扩大农业信贷规模；四是完善政府财政支农的方式，通过政府财政补助、财政贴息、税收和贷款优惠等方式，引导各种经济成分投资农业，共同进行新农村建设。关于支农资金的使用和管理，要积极探索资金整合使用的有效途径，加强资金管理；要统筹安排来自各种渠道的资金，突出重点，集中使用。总之，要实现国家投资支持引导、农民投资配套、社会投资补充的新农村建设资金筹措新格局。

六 新农村建设的重点和步骤选择问题

笔者认为，对于贫穷落后的广大农村，特别是中西部农村，近期的建设重点应放在改变农村基础设施条件方面，建设的步骤应是先易后难，先解决那些与农民生活最贴近、最相关的问题。一是搞好乡村交通道路建设。若使到村到户的道路硬化，交通面貌就可以大大改善。例如，江西赣州农民人均收入 2800 多元，并不高，但在政府的支持下，硬化路面已经到户了。采取的办法是农民自己修路基，只有路基修好并通过验收，政府才给每户发几袋水泥补助。政府的水泥是招标采购，花不了多少钱。二是搞好饮水安全建设。全国农村还有 2 亿多人口的饮水质量不合格。农民有了自来水以后，可以买洗衣机、建冲水厕所、建淋浴设施，既能改善卫生条件，又可以拉动农村需求。江西赣州的经验是每户出资 50 元，100 户挖一口井，井上花 2000元安装一个变频泵，再加上 300 元的 PVC 管子就解决了人畜饮水问题，花钱不多，只要乡村组织一下就可以办好。三是搞好清洁能源建设，主要是修建沼气池。现在农业部一年推广沼气的资金有 10 亿元，建一个沼气池需2000 元，国家补助 800 元、地方补助 200 元、农民自己出 1000 元就能建成，这样不但节省了商品能源的购买费，而且防止了人畜共患病的传播，获得了优质的肥料，是一个一举多得的好项目。四是搞好环境卫生建设，防止面源污染。江西赣州的经验是清淤泥、清垃圾、清污水、清路障。村容整洁了，环境优美了，还可以开发旅游业，吸引城市人到农村居住，既能改变农村的人群知识结构，又能改变农村的收入结构。

参考文献

[1] 王伟光：《建设新农村是中国特色社会主义现代化的必然要求》，《学习时报》2006年第 12 期。

[2] 温铁军：《如何建设新农村》，《北方经济》2005 年第 12 期。

[3] 叶兴庆：《扎实推进社会主义新农村建设》，《经济日报》2006 年 2 月 13 日。

[4] 郑新立：《建设社会主义新农村具有重大深远意义》，《中国经济时报》2005 年 11月 28 日。

[5] 周占华：《大力培育和造就新型农民》，《经济日报》2005 年 12 月 5 日。

[6] 黄祖辉：《新农村建设需正确处理五大关系》，《中国经济时报》2006 年 1 月 23日。

第六章
误 区

第一节 新圈地运动

一 含义

2010年下半年，农民"被上楼"几乎成为震动全中国的社会现象。在这场二十多个省份都在进行的拆村运动中，强拆民房、农民"被上楼"事件屡见不鲜，而新农村建设、旧村改造也成为被扭曲的政策在执行中所倚仗的旗号。比如，河北、山东、安徽等试点"城乡建设用地增减挂钩"的省份，出现了将农民宅基地复垦，用增加的耕地换取城镇建设用地指标的现象；在天津等地，出现了以宅基地换房，建设示范小城镇的现象，以及通过村镇撤并、农转非等途径，整合、侵吞农民宅基地的现象。农民住进陌生的高楼，熟悉的田园被征用、变卖，而地方官员坐收商业化增值之利。可以说，这场和平时期大规模的村庄撤并运动"古今中外，史无前例"，我们称这项"运动"为"新圈地运动"。

二 缘由

中国新一轮经济增长的主线是城市化，而城市化的核心是重新发现土地的价值并加以开发和利用。当城区容量达到极限时，城市外延就会不断扩大，郊县变城区，农村变城市，农业用地也变成了城市用地。在城市化的过程中，城区和周边的土地价值得到了极大的提升。例如，城郊的一块农田，原来农民用来种庄稼，没有多少商业价值，但是一旦被政府征用，经过

"七通一平"，生地变为熟地，价值就会十几倍甚至几十倍地上升。这些土地的使用权被出售给开发商，用于招商引资建工厂或者房地产开发，从而使政府获得了大量的收入，然后政府又将这些钱用于城市建设和改造，不断提升城市功能，扩大城市规模。如此循环，这就是"城市经营"的主要内容。

上述圈地做法，如能获得乡村人民的支持，符合其利益要求，不失为社会进步的一种模式。例如，农民失去耕地但进入工厂，住进高楼但有充分保障作补偿。但是假设通常仅仅是一种美好的愿望，农民合法权益被非法掠夺的现象常常发生。可怕的是，它还会成为吞噬集体土地的样板形式，进而在更大范围内被效仿，地方官员正是借助城镇化、新农村建设和城乡一体化的政策漏洞，形成了将农民集体土地绑架到城市轮轨下的集体行动。

三 "增减挂钩"政策

2004 年，《国务院关于深化改革严格土地管理的决定》提出"增减挂钩"政策，"鼓励农村建设用地整理，城镇建设用地增加要与农村建设用地减少相挂钩"。通过整理农村土地来改善农村和农民境况，这是国土部下达城乡建设用地增减挂钩办法的理由之一。可是在地方政府的实际操作中，过度征用土地的情况非常普遍，"增减挂钩"政策成了支持土地财政畸形扩张的有力工具，成千上万的村庄被合并，农村的面貌发生了令人心痛的改变。而这项直接催发了圈地运动的土地试点政策还在朝失控的方向发展。除去现有的 24 个试点省份外，剩余省份要求加入试点的呼声很高。而且，现在的土地增减挂钩指标开始由省里审核，这加深了政策被滥用的无序性。试点地区经常擅自扩大土地指标，比如河北省就曾超标数十倍。不良政策会衍生非法交易行为，如市际间交换土地指标，更加重了圈地运动的危害程度。

四 政府行为

政府无疑是"城市经营"这出大戏的主角。但是，就在这出大戏刚刚开锣时，人们就发现了其中的危险性。在各级政府财力普遍吃紧的情况下，"圈地开发""以地生财"成了大多数政府聚财的首选方式。现在，从特大城市到小县城都在走这条路子，就连地处青藏高原的那曲县都在拍卖土地。政府是有任期的，而土地是有限的，不论价格高低，在有限的时间内把宝贵的土地转让出去，赚取真金白银，既有实惠，又有政绩。在这种利益驱动下，盲目圈地、盲目开发，有可能演变成一种灾难。寸土寸金的杭州余杭区就有大量的土地转让后处于闲置状态，开发商在低价取得土地后不是进行开发，而是等待土地价格上涨后再转手出让。研究结果表明，我国基层政府财政收入的30%~40%是从土地出让金中获取的，而土地出让金中的80%是通过征收农地后获取的。

五　商业银行行为

在"城市经营"的大潮中，商业银行最早心领神会，发现了其中的商机。从政府征地、收储土地到开发，再到按揭贷款，商业银行投入了大量的信贷资金，环环相扣，进而推动城市"圈地运动"和土地开发高潮不断。例如，全国664个建制市的城区规模扩大了一倍。2011年11月，杭州市把萧山、余杭划入市区，市区面积从683平方公里扩大到3068平方公里，扩大了近4倍。

在政府炒卖土地时，商业银行一定要保持清醒的头脑。地产业是高收益、高风险的行业，地产作为投资品可以炒买炒卖。特别是在政府控制和垄断土地资源的情况下，土地市场是不完全的，地产的定价会遭到扭曲，给人很多虚幻的感觉。地产业周期较长，进去容易出来困难。在地产业的各个环节，开发商可以通过各种合同把风险转移出去，银行介入得越深，承担的风险就会越大。地产泡沫破裂导致经济金融出现动荡的例子已经屡见不鲜，20世纪80年代在日本出现过，90年代在东南亚出现过，中国也曾深受其害。我们无意给发展势头良好的地产业贷款浇"冷水"，也不主张商业银行对地产业的贷款就此"打住"，只是觉得这个行当实在险恶，务必高度警惕。

不论是城市居民还是农村居民，土地权益都是他们的最高权益，是一切物质财富和精神活动赖以存在的根本，没有土地将无以安身立命。亿万人民固有的家园，绝不应在宏大的政绩工程、非法的利益追逐以及工业生产线下的污水、废气中被淹没。

第二节　无"农"村

一　含义及表象

目前，农村一些地方面临着"无农愿耕"的局面，许多农民一家人到县城租房打工，"有村无农"的现象越来越普遍。

近几年来，随着我国改革开放的深入发展和社会主义市场经济制度的进一步完善，广大农村青壮年劳动力为求得发展，纷纷外出打工，曾出现 30 万民工"闯天下"的壮观场面。特别是在全国经济好转、城市对农民工需求增大的情况下，农村青壮年人口和劳动力向外转移加快，留守农村的多为妇女、儿童、老人，被戏称为"38 - 61 - 99"部队，农村地区"家庭空巢化"的现象明显。例如，湖南省政协委员唐像在南县某镇调研时发现，该镇 28 个行政村有农民 10310 户共 39183 人，土地 62408 亩，全镇农民有近一半外出打工，留在农村种地的大多是老弱妇孺。有数据显示，2012 年湖南全省土地抛荒面积约有 1100 万亩，占全省耕地面积的 20% 以上。

二　缘由及危害

农村地区的"家庭空巢化"给农村社会治安带来了一系列不良影响，农村社会治安出现的新情况、新问题也不断增多。

首先，一些农民的厌农弃农思想抬头。当农民工清楚地意识到外出务工收入高于种地时，他们自然的反应便是把地租出去，而不必自己受累远道回家耕种。但是，不少租给他人耕种的田地往往租金很低，有的甚至是因为怕人指责弃地撂荒才不得不租给他人耕种。这些把地租给他人耕种的人，厌农弃农思想抬头并滋长，有的甚至比较严重，进而蔓延以至影响他人务农种田的积极性。

其次，不注意土壤保护，致使土地愈益贫瘠。由于租金很低，土地资源不被珍惜，且因为租地本身是一种短期行为，故租地者采用掠夺式经营，不注重可持续发展。其中一些租地耕种的农民，惜地意识淡薄，低租金使其不愿意对土地进行较多投入。一些租地农民，因为不是自己的地，思想上不够重视，总是抱着种一年算一年的打算，根本不注意保护土壤，种地而不养地，日子久了，土地将越来越贫瘠。

最后，这引发了一些社会矛盾。农民外出务工，为了挣钱或创业，大多只是寄点钱回家，很难顾及家里的事务。这种情况给子女教育、老人赡养、乡村社会关系乃至乡村民主政治生活等带来一系列的问题。

第三节　城中村

一　含义及表象

所谓"城中村"，是指在城市高速发展的进程中，农村土地全部被征用、农村集体成员由农民身份转变为居民身份后，仍居住在由原村改造而演变成的居民区，或是指在农村村落城市化进程中，农村土地大部分被征用，滞后于时代发展步伐、游离于现代城市管理之外的农民仍在原村居住而形成的村落，亦被称为"都市里的村庄"。通常所说的"城中村"，仅指在经济快速发展、城市化不断推进的过程中，位于城区边缘的农村被划入城区，在区域上已经成为城市的一部分，但在土地权属、户籍、行政管理体制上仍然保留着农村模式的村落。

都市里的这种"城中村"，既像是古老历史的遗物，又像是快速城市化过程中新生的活体。发生在"城中村"里的种种故事，也遭到一些媒体和学者的非议。一位学者写道，"城中村"的"规划、建设、管理极其混乱，外来人口膨胀，里面的出租屋成为黄赌毒的温床、'超生游击队'的藏身之穴……这些和现代城市的生态、整洁与舒适是大相径庭的"。

"城中村"是中国大陆地区城市化进程中出现的一种特有的现象。在改革开放后的30多年里，一些经济发达地区（如珠三角、长三角、环渤海地区）的城市，包括直辖市、省会城市等迅速扩张，原先分布在城市周边的农村被纳入城市的版图，被鳞次栉比的高楼大厦所包围，成了"都市里的村庄"。"城中村"问题在北京、天津、重庆、上海、武汉、广州、深圳等大城市中较为突出。

二 引发的社会问题

"城中村"是城市的一块"夹缝地"，这种独特的地位和现象，必然会带来一系列的社会问题。①人口杂乱。"城中村"由村民、市民和流动人口混合构成，可能成为滋生犯罪群体的温床，导致治安形势严峻。②城市规划滞后，导致违法违章建筑相当集中，往往出现"一线天""握手楼""贴面楼"等独特景象。房屋密度高、采光通风条件差，致使村民居住环境差。③基础设施不完善，卫生条件差。各种管线杂乱无章，排水排污不畅，垃圾成灾。街巷狭窄、拥挤，存在严重消防隐患。④土地使用存在诸多问题。宅基地、工业用地、商业用地相互交织，非法出租、转让、倒卖现象频发，管理混乱，等等。"城中村"不仅影响城市的美观，也阻碍城市化进程，制约城市的发展，成为困扰许多城市发展的"痼疾"。

三 缘由

从"城中村"的历史变迁中不难发现"城中村"形成的主要原因。从客观上来说，是我国城市化进程快速发展的结果。在改革开放的 30 多年中，城市化的进程加速使我国的城市数目从 1978 年的 320 个发展到 2001 年的 662 个，城市建成区面积也由 3.6 万平方公里扩大到 9 万多平方公里。城市的快速发展，需要通过征收周边农村的耕地获得扩展空间。耕地被征收后，当地的农民却仍然留在原居住地，并且保有一部分供他们建房居住的宅基地。一场"城市包围农村"的运动发生了。村庄被淹没在城市中，形成了"城中村"。从主观上来说，"城中村"是由我国城乡二元管理体制及土地的二元所有制结构造成的，这也是深层次的制度原因。所谓城乡二元管理体制，是指"城市"和"农村"分属不同的管理模式，二元所有制结构是指城市的土地属于国家所有，而农村的土地属于农村集体所有的制度。这使"城中村"出现了城市与农村"二元所有制结构"并行存在、共同发挥作用的"边缘社区"特征。从个体理性选择的角度看，"城中村"这种特殊的建筑群体和村落体制的形成，是农民在土地快速增值和房屋租金快速上涨的情况下，追求土地和房屋租金收益最大化的结果。因此，从"城中村"的历史变迁可以发现，土地的二元所有制结构是导致"城中村"形成的根本原因。二元所有制结构使村民可以低价甚至无偿地取得土地的使用权，集体将宅基地按户划拨，由各户村民自行建房后租出以获得尽可能高的租金，土地和房屋租金收益最大化的结果使"城中村"问题进一步加剧。因此，我国"城中村"的改造也应从调整根本的土地制度及权益着手。

第四节　空壳农村

一　含义及特征

"空壳村"指村集体缺乏积累，债务接近甚至远远超出债权，使村级经济成为空架子。其危害性是不言而喻的，它不但使广大农村干群多年辛勤劳动积聚的财富化为乌有，而且阻碍了农村经济和社会事业的进一步发展，抵消了农民收入的增长，冲淡了农民奔小康的信念，甚至在相当程度上削弱了农村改革开放的效果。这个问题令人沉思，更使人意识到解决这一问题的紧迫性和重要性。

"空壳村"一般具有以下特征：①相对于周围村落来说，"空壳村"在经济上显得更为衰落，新建住房很少或几乎没有变化，村容萧条，倒塌的住房很多，老房子十分扎眼，人口大量流失，人才外流严重，只剩下那些没有办法离开的老弱病残。②基础设施年久失修，道路坑坑洼洼，农田大量荒芜，田埂坍塌，池塘淤塞，水渠崩塌，野草滋生蔓延，树木被过度砍伐，生态遭到严重破坏，白色垃圾遍地，村民没有长远打算，赌博盛行。③基层政府权威尽失，陷入瘫痪，各种公共设施匮乏，公共工程难以组织，集体欠债严重，贪污腐败盛行，同时村民自治难以实行，或村霸把持村政，或各小宗族明争暗斗，普遍陷入无政府状态。④村民道德意识退化，人际关系疏远，小农意识膨胀，恃强凌弱、遗弃老人现象普遍，社会风气恶化，村社间普遍缺乏互助意识。⑤村民普遍具有外迁心理，不愿置办产业，也缺乏为后代着想的长远打算，声誉机制失灵，诚信意识淡薄，治安普遍较差，缺乏约束机制。

二　缘由

"空壳村"之所以陷入如此衰败的境地，是诸多问题长期积累的结果。总的来说，"空壳村"的形成大致有如下原因。

第一，村办企业经济效益较差。村办集体项目是农村村级集体积累的重要来源，村办集体项目由于存在以下几个弱点和不足，应有的效益难以发挥。①投资规模小，市场竞争力有限；②项目论证不充分，存在盲目上马的现象；③经营管理人才缺乏，村办企业专业技术人员数量很少；④经营管理机制不健全，有的企业财务管理混乱、滥支乱用现象比较严重，缺乏一整套科学合理的经营管理体制，成为影响农村村级集体积累的一个重要因素。

第二，村级支出名目繁多，数额较大。一些村非生产性支出大，滥支乱用，铺张浪费，违反群众意愿、超出群众承受能力的公益事业和社会事业支出时有发生，成为农村广大人民群众反映强烈的热点问题。支出较大的项目主要有村办集体项目投资、村级招待费、村组干部工资等。以村组干部工资为例，一般村的村组干部人数在 20 名左右，按 20 名村组干部每人每月 150 元计算，每年支出就达 3.6 万元。有个"空壳村"一年的招待费支出就高达 10 万元，这对一个贫困村而言，是一个不小的负担。

第三，村级集体固定资产管理不到位。农村实行家庭联产承包责任制后，相当一部分干部群众对村级集体的观念淡薄，缺乏发展集体经济的意识，集体资产管护措施跟不上，加之村级集体经济实力有限、投入不足，村级集体固定资产如村办公室、水利电力设施等无法及时得到维修，遭到不同程度的损坏，甚至无法使用。

三 引发的问题

"空壳村"存在以下一些问题。

第一，乡村之间不平衡。江苏某县提供的"全县小康村建设情况调查汇总表"显示，约有30%的乡镇人均积累低于200元，某乡人均积累为 −4628元，令人震惊和困惑。村与村之间的不平衡性也较严重，最高的村人均积累为615元，最低的村人均积累为 −12964元，全县人均积累低于100元的共有9个村。

第二，村办集体项目亏损较大。某县级市农村集体资产管理办公室提供的数字显示，1997年年底，全市村级集体总负债高达4550万元，其中经营性负债2400万元，占52.7%。

第三，部分村赤字累积，导致一些村干部拿不到或拿不全工资。

第四，村级集体固定资产破损现象较为普遍。一些农村的村部、校舍、水利电力设施年久失修、陈旧老化，使用寿命大为缩短。

第五节　各类样板村、示范镇

一 含义及表象

近年来，很多地方采取"试点先行，以点带面"的办法推进新农村建设，取得了一定的收效。以河南省为例，从2006年开始，安排了100个乡镇、1202个村（简称"百乡千村"）进行试点，除了财政安排部分专项资金以外，又动员205个机关及事业单位进行帮建。到2007年年底，1000多个试点村中，90%的村通了水泥路或沥青路；91%的村建成了自来水工程；平均有线电视入户率达60%；农民人均纯收入达4400元，比上年增长23%，比全省平均增幅高10个百分点。

但是，据观察，多数地方的试点工作都带有浓厚的形式主义色彩。首先，试点的出发点带有急功近利的成分。虽然文件或会议上宣称开展试点是为了探索经验，推动面上工作，但从具体措施上可以看出，其主要目的往往是为了尽快"扶持"出一批"看不漏""叫得响"的典型，为上级检查、外地考察、本地参观准备"样板"，从而彰显新农村建设工作的业绩。其次，试点的主要方法是通过项目和资金倾斜来培育典型，成果来得快，"经验"却很难推广。最后，总结试点经验时常出现人为拔高、以偏概全、夸大成绩、回避矛盾的现象，使试点应该起到的作用大打折扣。下面重点分析一下"吃偏饭"，即在资金项目上过度向试点单位倾斜的问题。

仍以河南省为例，省财政为 1202 个试点村安排补助资金 47950 万元，村均 40 万元；其中，用于村内基础设施建设的资金达 34000 万元，村均 28 万元。省级帮建单位两年来已筹集资金 12000 万元投入到试点村，村均受益 10 万元。省级扶贫开发、农业综合开发、以工代赈等专项资金投向 340 个试点村 21000 万元，村均 62 万元。仅以上三大渠道，一个试点村就可以吃到"偏饭"68 万~140 万元。此外，省级领导每人包一个村，省财政安排资金 20 万元；市县两级财政和帮扶单位还筹集了部分资金投向试点村；用于面上的各类支农资金也都向试点村做了很大程度的倾斜。据某市主管农业的副市长说，农业开发和以工代赈等专项资金，60% 左右被投向了试点村。

二　弊端

如此"吃偏饭"，当然可以快速"灌溉"出鲜艳夺目的新村样板花朵。但用科学发展观审视，其弊端很多。

第一，这背离了公共财政的"公平公正"原则，人为扩大了村际差别。公平和公正，应该是财政支出的重要原则。尽管出于目前我国的财政支出体制和诸多非体制因素，还不能保证这一原则的充分实现，但不应该无视这一原则，更不应该在同一地区、同一投入领域内向少数单位倾斜。近年来，虽然各级财政支农资金大幅度增加，但村级公共设施的投入极其有限。一般情况下，一个村要争取到十万元或八万元资金，都很不容易。而有幸跻身于"试点村"行列的，则可以轻而易举地获得百八十万元甚至更多的"偏饭"，河南省财政厅帮扶一个村，仅两年就安排了 16 个建设项目，投入 400 多万元，使这个普通小村一跃而成为全国文明村、全省"十佳魅力村"、新农村建设"样板村"。众所周知，我国不同区域的经济和社会发展水平差距很大，即使在同一个省、同一个县，甚至同一个乡镇中，村与村之间也有很大的差距。逐步缩小村际差距，促进区域协调发展，是构建和谐社会、实现科学发展的一个重大课题。"吃偏饭"的试点，显然与此背道而驰。另外，通常情况下，各类试点都选择基础比较好的先进单位。河南省虽然宣称按

"好""中""差"三种类型确定试点单位，但是，从基层反映看，绝大多数是交通便利、经济基础比较好的乡或村。所谓"差"的单位，其实是中等或中等偏下的单位。所以，"吃偏饭"的试点基本上是"锦上添花"，其后果是村与村之间的差距越来越大。这也可能是决策者在设计试点方案的时候，参照了我国"允许一部分人先富起来，逐步实现共同富裕"的思路，准备以"试点"为名，分批推进新农村建设，但不论是文件、会议，还是总结汇报，都没有体现"时间虽有先后，待遇基本相同"的内容。从试点时间和数量看，这1202个村占该省行政村总数的13.4%，如果全部进行试点，需要7.5批次、22年半才能完成，这显然是不可能的。可能有人要说，单位帮扶所筹资金，不是财政的钱。实际上，80%以上的帮扶单位是党政部门。这些单位的财力，有些是来自国家专项资金，有些是靠行政收费或罚没获得的，也有的是直接从同级财政"争取"来的，尽管具体渠道千差万别，但本质上都属于利用公共权力获得的政府资金。这类资金投向少数试点单位，同样有悖于公平原则。

第二，这容易引发不合理摊派，侵犯农民利益。按现行政策和实际情况，农村有些基础设施建设项目可以动员村民集资或出工，但应量力而行，并履行"一事一议"程序。有的地方为了"大干快上"，吃了试点的"偏饭"后又搞超越群众承受能力的、额度过大的摊派。据国务院纠风办调查，中部H市规定，新农村建设示范村群众集资要达到出资额的60%。经测算，如此实行的话，一般的村每户农民需要出资7000余元。河北省某试点村的一个自然屯，要求每家农户统一安装铁篱网和豪华铁门，引起群众的不满。中部某省W县，为调动乡村积极性，制定了"看花浇水，谁先行动谁列入示范点，给予资金倾斜"的办法，结果有一个村为了跻身示范行列，在未征得村民同意的情况下，动用推土机，将妨碍新村规划的民房强行拆除，使一些村民面临无处安身的困境。有些地方，筹资未成但项目已经开工，只得欠下新的债务，造成农民的隐性负担。

第三，助长重"面貌"轻"内涵"、重建设轻管理的错误倾向，不利于"二十字方针"的全面落实。各地尽管在部署工作的时候都强调要把发展生产放在首位，全面推进新农村建设，但实际上，在政绩和资金的双重需求引导下，领导者往往热衷于修马路、建广场、盖新房、刷墙壁、增路灯、立标牌、搞卫生等立竿见影的事项，忽略发展生产、移风易俗、民主建设等艰苦细致的工作；农民群众也为了获得政府超额补贴而肯于接受某些"超前"

的建设项目。有的地方，路修上了，文化广场建成了，但更急需的水利设施整修资金却没有着落；有的农户按统一要求花上千元把破草房前的篱笆换成了漂亮的铁栅栏，却因资金不足而减少了对粮食生产的投入；在有的示范村，农民住进了豪华别墅，但因负担不起物业和取暖费用，纷纷搬走；有的农民负债住上了小洋楼，却为一日三餐发愁；有的村庄新修的路面布满了垃圾、污泥和畜禽粪便；有的地方建起了漂亮的文化活动室，但因无钱买煤取暖而半年锁门、半年堆放杂物。

第四，纵容"跑""要"项目资金的不良风气，为权力寻租大开方便之门。几十万元甚至几百万元的"偏饭"，对一个村来说，具有极大的诱惑力。县、乡、村三级干部，都心照不宣地把争取试点村指标和具体项目、资金作为一项举足轻重的工作去抓。尽管试点单位的确定和项目资金的安排都有一些书面规定，但实际上，"长官意志"和"照顾关系"的因素是很重要的"砝码"；下级"跑""要"，上级"恩赐"，是司空见惯的现象。虽然不可能人人、事事都搞"权钱交换"，但吃喝请送之类的"人之常情"是难以避免的，少数行贿受贿的违法行为也必然发生。试点村的"吃偏饭"，虽然在整个支农资金投放中属于"冰山一角"，但是，与其他不健全、不健康的项目资金审批制度一样，具有很大的危害性。

第五，致使典型经验"失真"，降低了政府的公信力和新农村建设活动的吸引力。试点的目的是要取得经验，推广到面。但是，"吃偏饭"的做法是摆不到台面上的，所以，在总结试点经验时，往往需要"真事隐""假语存"。也就是说，管用的"真经"只能意会，不能言传；经过加工处理的"书面经验"又只能说，不管用；"偏饭"养育的样板，只好看，学不来。从农民群众的心理来看，一方面，他们热烈拥护党和国家开展新农村建设的决策，愿意参与其中；另一方面，他们又担心形式主义坑农害农，对政府宣传的典型认同度不高，出资出力搞建设的积极性也比较低。很多基层干部和农民认为："和上级对着干肯定倒霉，听上级话可能吃亏，最好的办法是自己打自己的算盘……这经验，那经验，都是做出花样给人看。"有的地方，村民们本来对整修道路很热心，通过"一事一议"程序达成了集资协议，但得知邻村靠疏通关系争得了"试点单位"的名额，并由此获得了政府高额补贴以后，便很快反悔。村民一边议论政府做事不公，一边议论村干部"攻关无能"。这说明，靠"吹"和"喂"培育典型，不但难以起到以点带面的效果，而且会减弱政府的号召力，造成农民游离观望的心态，难以形成政府引导、群众参与的新农村建设合力。

总之，给试点村吃"偏饭"的做法，弊多利少。如何纠正这一偏误？从大的方面可以考虑三种思路。一是干脆不搞试点，只搞分批和分类推进。新农村建设是一项经济和社会发展的大战略，也是一项没有确定时限的长期任务。其中，某些改革措施或具体政策，比如税费改革、乡镇机构改革、建立新的投融资体制、新型合作医疗等，需要经过试点，然后在面上实施，但是这类试点可以单项进行，而且主要是对政策性问题进行试验和探索，不需要多吃"偏饭"。至于发展生产、修路改水、移风易俗、民主管理等多方面的建设工作，属于常规性任务，政府按现行政策和能力，做好引导、调控、投入、服务工作就可以了。哪里有经验，就到哪里去总结，没必要搞大吹大擂的"试点"。二是进行名副其实、求真务实的试点。要选择不同类型的乡村，进行各类改革的试验，同时，要总结和发现群众的创新经验，用以指导面上的工作。这样的试点，不能在成果上急于求成，而应在做法上积极探索；不应对典型进行拔高粉饰，而应对其成败得失的经验和教训进行实事求是的全面总结。除了试点可能带来的某些损失和直接费用可以由组织试点的政府承担以外，不应该给试点单位吃任何"偏饭"。三是以"试点"的名义，分批帮建。为防止资金投入上的过度分散，可以按一定周期（比如五年），把辖区内的所有乡村都列入试点范围，分批进行。时间可以有先有后，但优惠和支持力度应大体相同；县以上政府投入和部门帮建的资金额度不一定绝对平均，但差别大小应有合理依据（如经济基础、地理位置、人口分布等），而且不能让后进入试点范围的单位或偏远落后地区明显吃亏。无论采取哪种办法，都必须建立透明的项目资金分配制度，做到公平、公正、公开，堵塞权力寻租黑洞。社会力量帮建工作，应按中央要求，采取"引导"的办法，不搞强制摊派；应号召人民团体、企事业单位和社会知名人士、志愿者对乡村进行结对帮扶，不应只限于党政机关和国有企业之类的官方单位去帮扶。对机关"出资"的问题，应避免其负面效应。同一地区，同一行政级别，同样由财政供养，有的单位可以轻松地拿出上百万元甚至几百万元，有的单位则为几十万元资金而发愁。这是财政资金分配不公的一个具体表现，也是容易滋生腐败的一个体制性病灶，必须在深化改革过程中逐步解决，不应该为了新农村建设快出成果而顾此失彼，默认甚至鼓励这类现象。

参考文献

[1] 《北京唐家岭近百村民不满拆迁补偿集体上访》,《京华时报》2010年5月15日。

[2] 《湖南株洲农民为抗强拆自焚重伤》,《新京报》2011年4月24日。

[3] 李怀:《城市拆迁的利益冲突:一个社会学解析》,《西北民族研究》2005年第3期。

[4] 李周:《目标具体举措完备的社会主义新农村建设》,《中央社会主义学院学报》2006年第3期。

[5] 鲁钊阳:《浅谈政府在城市房屋拆迁中的角色定位——基于公共管理的视角》,《华东科技管理》2007年第11期。

[6] 《南方日报》评论员:《"司法强拆"取代"行政强拆"需要前提》,《南方日报》2011年11月9日。

[7] 彭小兵:《城市拆迁的制度性问题及政策设计》,《求索》2007年第4期。

[8] 沈原:《"强干预"与"弱干预":社会学干预的两条途径》,《社会学研究》2006年第5期。

[9] 宋全成:《中国城市化进程中的失地农民问题及对策——非自愿移民与社会学研究的双重视角》,《社会科学辑刊》2011年第2期。

[10] 孙立平:《中国亟需一场社会进步运动》,《南方都市报》2010年3月7日。

[11] 孙自铎:《对以新农村运动解决制造业供给过剩的主张说"不"》,《中国农村经济》2012年第8期。

[12] 王春光:《当前中国社会阶层变迁中的不平衡问题》,《中国党政干部论坛》2012年第11期。

[13] 《因强拆遭警告处分官员引咎辞职三个月后仍在原职》,《南方都市报》2011年12月7日。

[14] 岳文海:《启民智谋民富保民安》,《求是》2006年第14期。

[15] 张孝德:《新农村建设需要避免以下三个方面的认识和做法上的误区》,《经济学家》2012年第3期。

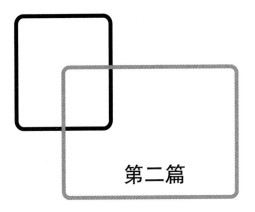

第二篇

金融支持篇

第七章
农村金融支持体系

　　从金融体系的机构组成来看，我国现行的农村金融机构体系比较完备，经过几十年的探索和建设，在机构设置上形成了相对齐全的农村金融服务体系，这种体系基本上满足了农村金融服务要求。农村金融支持体系包括金融中介与金融市场两部分（见图7-1）。其中，金融中介占主体地位，金融市场中除民间借贷较为活跃外，其他各部分在农村经济发展中所起的作用很小，对"新农村"建设的支持远远不够。金融中介又以合作金融机构（农村信用合作社）为基础、政策性金融机构（中国农业发展银行）和商业性金融机构（主要是中国农业银行）分工合作为主。但涉及"三农"、扶持"新农村"建设的金融中介还有其他多种类型，尤其是随着金融服务发展和金融创新不断增加，越来越多的金融中介将参与到波澜壮阔的中国农村问题探索实践中。

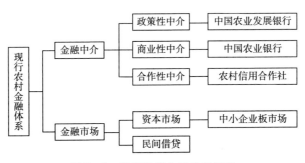

图7-1　现行农村金融体系概略

第一节　资金需求

金融需求是指人们在金融市场上获得所需要金融产品并具有购买能力的"欲望"。随着居民收入的增长和金融市场的发展，越来越多的金融需求被激发和培育出来。但在农村地区，受制于经济发展阶段、收入水平较低和金融市场建设不完善等问题，农村地区的金融需求仍处在较为初级阶段，甚至没有所谓的金融需求（当然也不排除在东部沿海城市富裕乡村，居民对金融产品可能存在较多认识和需求），农村地区对金融体系的需求更多体现在资金方面，即希望获得支持自身生活和发展所需的足够资金。

与"三农"问题相对应，可以把农村地区的资金需求分为三方面：生活需求，指农民日常消费、临时性消费和大项消费（婚丧嫁娶、建房、子女教育、医疗等）对资金的需求；生产需求，指农民在农业生产经营过程中对资金的需求；农村发展需求，指农村公共基础设施建设对资金的需求，包括道路、水电、通信、娱乐、卫生保健、社会保障和学校等方面的建设需求。

农村经济主体对资金的需求主要分为三个层次：一是货币需求，由收入水平决定；二是信用需求，取决于可支配收入在储蓄和消费之间的分配；三是在前两者基础上发展起来的金融服务需求。可见，收入水平对金融需求影响极大。

农户对资金的需求主要分为融入和融出资金两方面。农村地区企业虽然普遍面临资金稀缺问题，但这些企业主要立足于当地资源并多由集体经济主体发起，经营活动风险大，因此农村金融机构对其发放贷款的风险也相对较高。农村地区企业的资金融入需求比较大。农村企业（即乡镇企业）受规模小、生产不规范、技术含量低、产权不规范和高负债因素制约，对其进行财政补助仅是杯水车薪，而正规金融机构利率高、手续烦琐，无法满足企业的金融需求，从而使企业把"目光"转向非制度金融组织和民间金融市场，这刺激了非制度金融和民间金融的发展，为农村金融市场增添了活力。

2008年以来，我国农村经济发展显现出两个新的特点：一是以党的十七届三中全会通过的《中共中央关于推进农村改革发展若干重大问题的决定》为标志，国家加大了对农村发展的重视和投资力度，农村政策的调整和大量惠农政策的实施，极大地激发了农民的生产积极性；二是2008年全球金融危机对我国经济造成了深刻的影响，实体经济受到强烈的冲击，这导致大量农民工返乡经营农业，很多地区农产品出现降价、售卖难等问题。与农村经济发展的新特点相适应，农村资金需求呈现如下新态势。

一是农民消费信贷需求意愿变强。"家电下乡"、"汽车下乡"和"小型农机具下乡"等活动，提高了农民对消费信贷的需求。近年来，许多农户积极扩大种植面积，提高劳动效率，降低劳动强度，对各种农具及家电的需求不断增加，而在此时，国家推出了一系列"下乡活动"，双方需求正好互相吻合。如果金融机构在这一时期配合国家政策，提供相应的信贷产品并给予优惠，则既能丰富农村金融市场，又能刺激农村消费市场，促进农村经济增长。

二是农地生产经营贷款的需求增加。我国土地流转政策措施出台后，土地流转速度加快，出现了越来越多的大规模农业种植户，而大规模农地经营必然要求农户将更多的资本投入生产经营，随之而来的是生产经营的信贷需求不断增长。这就对农村金融机构提出了更高的要求，推动了"龙头企业＋基地＋农户"模式的推广，并引导新的模式（"业主＋农户""订单＋农户"）不断涌现，促进农村经济向集约化、规模化和多元化方向发展。

三是专业合作社贷款需求明显。各部门对农民专业合作社的大力支持，自然引致合作社对金融服务的需要，成立专业合作社成为农村经济发展的新趋势。

四是农民创业贷款需求增加。国家出台了农民工创业优惠政策鼓励创业，而土地流转、林权制度改革也为创业提供了机遇，这促成了农村创业高峰期的到来。农民工的自主创业提高了其对金融服务尤其是资金融入的需求。

五是农村基础设施信贷需求呈上升趋势。政府对标准化农田、打井、修路、修渠等公益性基础设施的投资力度不断增强，尤其是"新农村"建设以及城镇化的推动，使得对此方面的投资数额大、期限长，因此，除农民集资、农业补助外，还需要农村金融部门的大力支持。

此外，结合我国农村金融活动的特殊性，我国农村金融需求还具有以下特征。

一是季节性，但该特征有减弱的趋势。农作物生长季节性强，但由于现代农业技术不断发展，以及农村地区对子女教育、医疗等金融需求旺盛，农村金融需求的季节性特征有所减弱。

二是以小额贷款为主，但需求额度有增大的趋势，且伴随风险。随着农业生产和产业结构调整，农村贷款需求量不断增加，但限于当前的技术条件，农业市场受自然气候影响大而难以有效规避风险，加上农产品的自身特点，导致对其贷款投资的风险较大。

三是贷款用途多样化，生活性贷款仍占据主导地位，生产性贷款则富有弹性。

四是民间借贷额高于正规金融机构的借贷额，借款期限以短期为主。

五是地区性和差异性明显。不同收入等级的农户对贷款的需求迥异，各地区的农村也呈现各自的特色需求。

第二节　资金供给

"新农村"建设资金的缺口十分巨大，但更严重的问题是，在面临巨大资金缺口的同时，农村地区的资金却在不断流出，从而进一步加剧了农村地区的资金缺乏。我国当前金融体系对农村地区的资金供给严重不足。而农村金融体制落后、改革滞后及政策支持不足，是造成我国农村资金供给长期不足的重要原因。

首先，原有金融体制无法为农村经济发展提供充足的资金供给。1993年开始的我国金融体制改革明确了四大国有银行的改革方向，即建立现代企业制度下的国有商业银行，以利润最大化为经营目标，由此，各国有商业银行纷纷调整经营战略，大量撤并农村地区和欠发达地区的分支机构与营业网点，同时逐步向城市收缩并上收贷款权限。作为长期以来农村地区最重要金融机构的农业银行，也"紧随其后"地收缩农村金融业务。农村信用合作社则由于先天的不足与缺陷，如经济规模小、资金筹集难、电子化程度低和员工素质较差等，无力满足农村日益增长的多样化信贷需求。不少地方的农村信用合作社逐渐向商业银行转变，出现了对农户"惜贷"的现象，不愿将资金投入期限长、见效慢和风险高的农业项目，直接导致了农村资金非农化现象的恶化。另外，中国农业发展银行作为我国唯一的农业政策性金融机构，其功能相对较为单一，政策性效能受到制约。随着国家粮油流通体制改革的深入，粮、棉、油等农产品购销主体日益多元化，中国农业发展银行也开始试水商业性业务，这实际上是与商业银行争利，并限制了其对农村地区的资金投入。

其次，当前农村金融体制改革的滞后无法适应农村经济发展的要求。虽然我国目前农村金融体制改革取得了重大进展，但这些改革是滞后的，跟不上农村经济发展的需求。目前，我国农村金融体制改革还处于"形似而神不似"的阶段，如多元化产权模式和公司治理结构还多停留在表面，真正发挥作用尚需时日。此外，村镇银行、贷款公司和农村资金互助社三类新型农村金融机构虽然理论上能解决农村地区网点覆盖率低、服务供给不足等问题，但在资金来源持续性上仍然存在问题，即这些新型农村金融机构的可持续发展前景不甚明朗，且提供的资金远不能满足农村经济发展所需。据调研推算，目前仅约25%的农户能够从正规农村金融机构获得信贷支持，且农村信用合作社的贷款以短期为主，短期贷款占当年贷款余额的比重在60%以上；对农户和乡村企业的调查也反映出大部分农产品和企业贷款都是短期贷款，贷款期限在 10~12 个月。由此可知，我国农村金融改革滞后导致的金融投入不足问题依然十分严重。

再次，对民间借贷缺少引导和规范，影响了民间金融健康发展。在我国正规金融安排未能有效提供金融供给的情况下，传统的民间非正规金融供给却异常活跃，规模不断扩大，在农村借贷市场已占绝对优势。由于法律制度缺失、农村民间借贷抗风险能力弱和借贷利率高等缺陷，非正规金融一直游离于现行金融体制外，处于"地下状态"，并屡屡遭到金融监管部门的取缔。如果对民间金融正规化或阳光化的改革不是如此滞后，而是及时赋予其合法地位，完善其运行机制并对其加强监管，则这部分社会资金将是我国农村金融供给的有效来源。

最后，政府政策支持不足，影响了农村的资金供给。世界各国和地区的农村金融都有一定的政策性，政府从各方面予以支持，如德国、美国和加拿大等是免除部分税收。虽然目前我国也有相关政策，但仍然不够，没有把相关的财税资源更多地向农村金融倾斜。例如，农村商业银行完全按照股份制商业银行的标准监管，没有按照农村金融特点来对其调控；在所得税、宏观调控力度上，也完全按照股份制商业银行对象实施。有些地方政府对农村信用环境不重视，在具体工作政策措施的出台和资源整合等方面，对农村金融机构没有相应的税收支持，也没有在其他金融机构发放的涉农贷款利息收入方面，给予营业税和所得税的一定优惠。这些都直接影响了农村资金的供给。

第三节　目前的运行情况

相比财政，金融涵盖的领域更为多样化。按照不同的标准和口径，支持"新农村"建设的金融服务可以被划分为不同的类型。从性质来看，可将新农村建设的金融支持划分为政策性金融与商业性金融；从金融服务类别来看，可将新农村建设的金融服务划分为信贷、保险与基金等；从金融服务提供的主体来看，又可划分为银行类金融服务、保险类金融服务、投资基金类金融服务等；从金融服务工具来看，则可将新农村建设中的金融支持划分为贷款、债券、期货等。提升新农村建设的金融服务水平，需要最大化地发挥各金融服务主体的职能，充分运用各项金融工具，构建参与主体多、覆盖范围广、合力发展的新农村建设金融服务体系。

目前，我国支持新农村建设的金融服务体系构成如表7-1所示。

表7-1　支持新农村建设的金融服务体系

类别	名　称	新农村建设涉及部门	新农村建设中的职能定位	典型金融服务产品与实践
农业政策性银行	中国农业发展银行	全行（主要是客户三部）	"建设新农村的银行"，全力提供新农村建设中的政策性金融服务，充分发挥政策性金融引导商业性金融投入新农村建设的核心任务，致力于加快整体新农村建设的发展	新农村建设贷款、水利建设政策性贷款、农业产业化龙头企业贷款、农业、农村基础设施建设贷款等
商业性金融机构	国家开发银行	评审三局	贯彻国家宏观经济政策，筹集和引导社会资金，以融资推动市场建设，促进区域协调发展，支持城镇化、"三农"等瓶颈领域的发展，以市场化方式支持新农村建设	新农村建设贷款、县域贷款
	中国农业银行	三农金融事业部	面向"三农"的战略定位，服务于"三农"和县域经济发展，发挥金融强农、惠农、富农的政策，探索"三农"建设新模式，以商业化方式大力推进新农村建设	六项核心计划（扶贫、丰收、六好、龙腾、千城、虎跃）

类别	名称		新农村建设涉及部门	新农村建设中的职能定位	典型金融服务产品与实践
商业性金融机构	邮政储蓄银行		农村服务部	发挥沟通和连接城乡经济社会的最大金融网络功能，借助覆盖所有市、县和主要乡镇及大部分设置在县及县以下地区的分支机构，完善农村金融服务，支持新农村建设	新农村专项融资业务、存单质押小额贷款、小额信用贷款试点业务等
	其他股份制商业银行		基本无单独部门，分散在信贷部等部门	根据各自定位与区域分布，以市场化原则为指导，关注新农村建设。在符合自身经营发展原则的基础上，参与新农村建设	围绕城乡统筹、县域经济发展、小微金融项目和农业龙头企业等发放贷款
	农村合作金融机构	农村信用社	全社	承担农村、农户和农业信贷支持的主要任务，发挥新农村建设的主力军作用，突出对农民提供金融支持的基础性地位	农村小额信用贷款、联户联保贷款、农户住房贷款、农村基础设施贷款等
		农村合作银行	全行	以合作制为原则，吸引辖区内农民、农村工商户、企业法人和其他经济组织入股，为农民、农业和农村经济发展提供金融服务	个人综合消费贷款、个人经营性贷款、个人工程机械按揭贷款、生源地助学贷款等
		农村商业银行	基本全行	以股份制为原则，是未来农村信用合作社改革的方向，应主要为农民、农业和农村经济发展提供金融服务	农户小额信用贷款、林权抵押贷款、农户扶贫贷款、妇女创业贷款等
	新型农村金融机构	村镇银行	全行	在农村地区设立，为当地农民、农业和农村经济发展提供金融服务，发挥信贷措施灵活、决策快的特点，支持新农村建设	微小贷款、种养殖贷款、自建房贷款、农业合作社贷款等
		贷款公司	全公司	专门为县域农民、农业和农村经济发展提供贷款服务，贷款主要用于支持农民、农业和农村经济发展	担保贷款、信用贷款等

类别	名称		新农村建设涉及部门	新农村建设中的职能定位	典型金融服务产品与实践
商业性金融机构	新型农村金融机构	农村资金互助社	全社	由乡镇、行政村农民和农村小企业自愿入股组成，为社员提供存款、贷款、结算等社区互助性银行业金融业务	全部产品
		小额贷款公司	基本全品种	优化农村金融市场，解决"三农"和中小企业融资困境，支持新农村建设	小额担保贷款、商业助业贷款、小额信用贷款、联保贷款等
金融市场／金融工具	农村保险（含农业保险）		全险种	发挥在非银行类金融机构中的主导地位，健全和完善农村保险服务体系，为农村地区金融业务的创新活动提供技术支撑和保险保障，支持新农村建设	种植业险、养殖业险、病虫害险、自然灾害损失险、疾病死亡保险等
	农业期货		全品种	保护农产品生产、稳定农产品价格、保证农产品质量，促进新农村建设发展	天然橡胶、玉米、黄大豆一号、黄大豆二号、豆粕、豆油等
	农业证券市场		全品种	通过农产品证券化促进解决农业生产中的融资难问题，转移农业生产风险，促进农业龙头企业的发展	农业板块上市公司
	农业投资基金		全品种	为产业链比较完善的中期农业企业投入权益性资金，支持发展生态农业、科技农业、循环农业以及休闲农业等具有较高经济收益的农业产业	中国农业产业发展基金

　　表7-1详细列示和分析了目前国内支持新农村建设的金融服务提供情况，不同类型的金融机构、金融市场以及多种形式的金融工具，共同构成了新农村建设的金融服务支持网络。

　　从金融机构涉农信贷投放总量来看，自2011年开始，银监会即要求各银行业金融机构涉农信贷投放增速不低于其他各项贷款的平均增速。截至2013年年末，银行业金融机构涉农贷款余额达到20.9万亿元，比年初增长

3.4 万亿元，比上年同期增长 18.5%，高出其他各项贷款平均增速 4.0 个百分点（见图 7 - 2）。其中，农村中小金融机构继续发挥着支农服务主力军的作用，占涉农贷款增量的 30%。

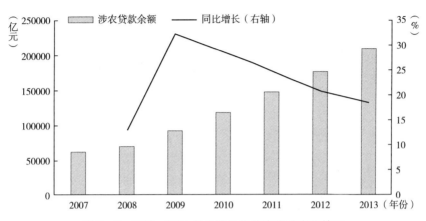

图 7 - 2　2007 ~ 2013 年金融机构涉农贷款变化情况

资料来源：2007 ~ 2013 年《中国银行业运行报告》。

从金融机构及服务类别来看，农发行作为国内唯一的农业政策性银行，定位于"建设新农村的银行"，是目前国内对新农村建设金融支持力度最大的金融机构，也是引领其他性质的金融服务进入新农村建设领域的关键力量。围绕新农村建设，紧跟国家规划和发展步伐，农发行不断创新金融产品和提升金融服务水平，有力地支持了新农村建设的不断推进（见表 7 - 2）。

表 7 - 2　2007 年以来农业发展银行业务拓展情况

银监会批复时间	新增业务种类	新增业务用途
2007 年 1 月 21 日	农村基础设施建设贷款业务	农村路网、电网、水网（包括饮水工程）、信息网（邮政、电信）建设，农村能源和环境设施建设
2007 年 1 月 21 日	农业综合开发贷款业务	农田水利基本建设和改造、农业生产基地开发与建设、农业生态环境建设、农业技术服务体系建设、农村流通体系建设
2007 年 1 月 21 日	农业生产资料贷款业务	农业生产资料的流通和销售环节
2007 年 4 月 6 日	农业小企业贷款业务	农、林、牧、副、渔业从事种植、养殖、加工和流通的小企业

银监会批复时间	新增业务种类	新增业务用途
2009 年 6 月 11 日	县域存款业务	县域（包括县级市、城市郊区郊县）地区开办吸收除居民储蓄存款之外的公众存款业务
2009 年 6 月 11 日	县域城镇建设贷款业务	城镇基础设施、文化教育卫生和环境设施、便民商业设施和农民集中住房（包括农村集中居住区、棚户区、泥草房等）改造工程建设
2010 年 6 月 11 日	咨询顾问业务	农业发展银行业务范围内的存贷款客户和关联企业
2010 年 9 月 10 日（农业发展银行开办时间）	新农村建设贷款业务	解决借款人在农村土地整治、农民集中住房建设等方面的资金需求
2012 年 10 月	水利建设中长期政策性贷款	支持国家水利建设

除农发行外，其他商业性金融机构在推进和支持新农村建设金融服务提升中也不同程度地发挥着积极作用。对于商业性金融机构的新农村建设金融服务，可按照其各自的发展体制沿革、贡献程度和存在的问题，从多个角度考察。其中，需着重关注的是以下几个方面。

（1）国家开发银行。国家开发银行作为国家发挥宏观调控职能的代表，积极支持经济发展和经济结构战略性调整，在关系国家经济发展命脉的基础设施、基础产业和支柱产业重大项目及配套工程建设中，发挥了长期融资领域主力银行应起的作用。它作为国家政策性银行，承担着为国家重大建设提供投融资的使命，虽然 2008 年国开行改制成为股份制机构，"政策性"的"帽子"被摘除，但从其业务开展实践和投融资模式来看，国开行仍然具有一定的政策性色彩，在支持新农村建设方面发挥着极大的作用。

2012 年，国开行发行新农村建设贷款 1350 亿元，其中，为促进农业现代化，发放农业产业贷款 216 亿元。截至 2012 年年末，国开行新农村建设贷款余额达 6767 亿元（见图 7 - 3）。新农村建设贷款的发放，有力地支持了新农村及县域基础设施建设、产业化龙头企业、农村医疗卫生和教育的发展。

（2）中国农业银行。从名称来看，中国农业银行最适合作为新农村建设的主力支持银行且似应被赋予"政策性"内涵。长期以来，农业银行依托其分支网点多的优势，在支持"三农"问题解决中发挥了积极的作用。

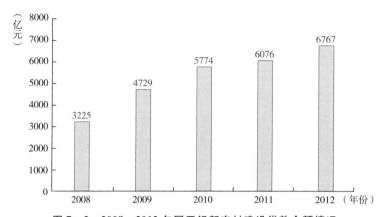

图 7 - 3　2008 ~ 2012 年国开行新农村建设贷款余额情况

资料来源：《国家开发银行 2012 年度报告》。

但 2009 年农业银行改制上市，成为国际公众持股的股份制银行，作为市场化运营的股份制银行，农业银行在金融服务提升中的"三农"倾向将由股东决定。但在长期支持我国"三农"问题解决的传统及监管层（中国人民银行、银监会）的政策引导下，农业银行支持新农村建设的力度近几年不断加强，专门成立了支持新农村建设的部门——三农金融事业部。

2010 年，农业银行在四川等 8 个省首批开展深化"三农金融事业部"改革试点，中国人民银行专门制定了针对农业银行"三农金融事业部"改革试点的差别化存款准备金率实施办法，对涉农贷款投放较多的县支行实行比农业银行低 2 个百分点的优惠存款准备金率（2012 年差别化存款准备金率政策的覆盖范围由原来的 8 个省份增至 12 个省份）。2013 年年末，农业银行发放涉农贷款余额为 21996 亿元，增速达 13.28%，占其全部贷款余额的 30.47%，其面向"三农"的战略定位更加明晰，金融强农、惠农、富农的政策支持力度不断加大（见图 7 - 4）。

（3）中国邮政储蓄银行。邮政储蓄银行的成立继承了原有国内的邮政储蓄业务。由于历史和传统等原因，邮政储蓄业务在我国具有广泛的覆盖性，尤其是能涵盖到广大农村地区，长期以来都是农民储蓄借贷的重要途径。早在 2008 年 4 月，邮政储蓄银行网点即达 36000 个，成为国内营业网点最多的金融机构。邮储银行分支机构坚持"面向'三农'，服务社区"的零售银行市场定位，成为沟通和连接我国城乡社会经济的最大金融网络，其分支机构覆盖我国所有的市、县和主要乡镇，大部分设置在县及县以下地区，对深化农村金融体制改革、完善农村金融服务体系具有重大而深远的意义。

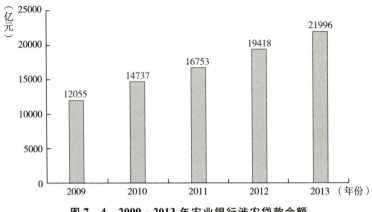

图 7 - 4   2009 ~ 2013 年农业银行涉农贷款余额

邮储银行在支持新农村建设中具有独特优势。自 2007 年 3 月 20 日成立至今，邮储银行已设立 3.9 万多个网点，其中 2/3 的网点分布在县及县以下地区；拥有 6 亿多庞大的客户群，这些客户多是农民、小微企业主、在外务工人员、大学生。以湖南省为例，邮储银行湖南省分行于 2007 年 12 月 18 日挂牌成立，截至 2013 年年底，该行累计向湖南投放资金 2892 亿元，其中，直接面向"三农"和"小微企业"客户发放贷款 873 亿多元，累计服务"三农"客户 43.75 万户，服务小微企业 5.78 万户，有力地缓解了小微企业"融资难"的困境，支持了社会主义新农村建设。

（4）农村中小金融机构。农村中小金融机构包括农村合作金融机构和新型农村金融机构，其中，农村合作金融机构包括农村信用合作社、农村合作银行和农村商业银行，新型农村金融机构包括村镇银行、贷款公司、农村资金互助社和小额贷款公司等。农村中小金融机构的发展和推广，是政策层面长期以来致力推进的结果，其肇始于 2006 年 12 月银监会发布的《关于调整放宽农村地区银行业金融机构准入政策，更好支持社会主义新农村建设的若干意见》，由此确立了农村金融市场的准入政策，标志着我国社会主义新型农村金融机构发展的开始。此后的几年，银监会、中国人民银行等部门多次发布相关扶持政策、调整监管要求，并通过制定具体数量性指标的"三年规划"等方式（如《新型农村金融机构 2009 年至 2011 年工作安排》《新型农村金融机构发展计划表》），努力推进新型农村金融机构发展，为解决农村地区的"金融贫血"问题，推进社会主义新农村建设贡献了力量。

农村中小金融机构，尤其是新型农村金融机构的推进和发展，在实践中

取得了一定的成绩，相关金融机构的数量和信贷额度都有较快的增长。截至
2013年年初，全国共发起设立863家新型农村金融机构，其中村镇银行800
家，贷款公司14家，农村资金互助社49家。以村镇银行为例，经过多年发
展，目前国内村镇银行机构数量粗具规模，地域分布较为合理，经营管理日
趋完善，服务创新渐具特色，逐渐发展成为服务"三农"和小微企业的新
生力量。截至2013年年初，全国共有800家村镇银行开业，另有76家处于
筹建状态，总计数量比2012年增加150家，其中，中西部地区占到61.2%。
已开业村镇银行的资产总额为4343亿元，贷款余额为2330亿元，其中农户
和小微企业贷款余额合计占84%。

　　表7-3和图7-5分别是我国主要涉农金融机构网点和从业人员情况、
部分农村金融机构总资产变化情况。

　　农村中小金融机构综合采取市场化和地方政府支持等手段化解不良贷款和
历年亏损挂账，进一步增强了资本实力，切实提高了服务"三农"的内在能力。

表7-3　主要涉农金融机构网点和从业人员情况（截至2013年年初）

机构名称	法人机构数（个）	从业人员数（人）
农村信用合作社	1927	502829
农村商业银行	337	220042
农村合作银行	147	55822
村镇银行	800	30508
贷款公司	14	111
农村资金互助社	49	421
合　计	3274	809733

资料来源：中国银监会。

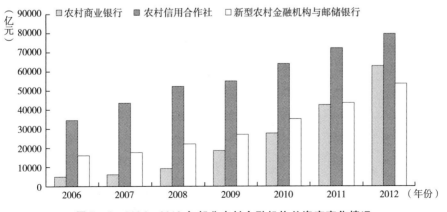

图7-5　2006～2012年部分农村金融机构总资产变化情况

但作为完善农村地区金融服务体系的探索，农村中小金融机构的发展在实践中仍存在一些不容忽视的问题。综合分析农村中小金融机构探索实践的成果和存在的问题，其突出特征表现在以下几个方面。

一是农村信用合作社改革取得突破，支持新农村建设的力量得到增强。不论是从资产规模、信贷投放规模还是从机构分布来看，农村信用合作社一直承担着对农村、农户和农业信贷进行支持的主要任务，发挥着新农村建设的主力军作用，在对农民提供金融支持方面具有基础性地位。农村信用合作社也在不断探索完善管理体制，经历了农行管理、行社脱钩、人行代管、交由省级人民政府管理等重大体制变迁。截至2013年年初，农村信用合作社共有机构网点近8万个，提供了全国近80%的农户贷款，承担了77%的金融机构空白乡镇覆盖任务，以及种粮直补、农资综合补贴等面向广大农户的国家政策补助资金发放工作。

二是金融机构空白乡镇数量大幅减少，偏远农村地区的金融服务得到显著改善。实现金融机构的乡镇全覆盖，对满足偏远农村地区的金融服务需求、切实提高农民生活水平意义重大。截至2012年年初，全国金融机构空白乡镇从2009年10月的2945个减少到1696个，实现乡镇机构和服务双覆盖的省份（含计划单列市）从工作启动时的9个增加到24个。实现了空白乡镇基础金融服务全覆盖和金融机构空白乡镇数量的大幅减少，这标志着我国农村金融服务均等化建设取得了重大突破。

三是农村地区金融机构改革探索"有喜有忧"，改革经验弥足珍贵。一方面，通过农村中小金融机构的改革探索，找到了适合我国国情的发展道路，主要体现在农村商业银行成为农信社进一步深化改革的方向，农信社改制为农村商业银行既能节约改制成本，又坚持了服务"三农"、支持新农村建设的战略定位，相比改制为农村合作银行等形式更为稳妥。另一方面，农村资金互助社、贷款公司等探索形式由于种种原因，遇到挫折，因此应进一步反思农户合作金融模式的利弊和问题。按照银监会《新型农村金融机构2009年~2011年总体工作安排》，2009~2011年全国要设立农村资金互助社161家，但截至2011年年末，全国共有46家农村资金互助社获得银监会颁发的金融许可证。三年蹉跎，农村资金互助社不仅被逐渐"边缘化"，而且也正被"山寨化"，即正规资金互助社发展举步维艰，体制外的资金互助社"转正难"，部分农民自发的资金互助社走向流动性陷阱。资金互助社在实践中出现"高利贷"，因资金不足而暂停贷款的现象较为普遍。类似地，贷款公司在实践中的发展和表现也并不理想。农村资金互助社发展中暴露的问题，折射出农村金融改革和提升的复杂和难度。农户互助合作性质的金融服务模式为何履行不通？政策层面应如何调整？推进中小农村金融机构发展的步骤和进度安排是否合适？这些诸多实践中的问题，成为农村金融改革进一步探索和发展中不容忽视的重要警示。

此外，从整个新农村建设的金融支持体系来看，最近几年在财政补贴刺激下的涉农贷款出现了高速增长——其隐忧渐现，也暴露出涉农贷款发放的难度。最近几年，一向被银行视为高风险、低利润的"烫手山芋"的涉农贷款，以年均30%左右的速度高速增长。这一方面是由于银监会要求银行全年涉农贷款投放增速要高于或不低于其他贷款的平均增速；另一方面财政增量奖励也是重要推手。这种模式下的涉农贷款增长不仅给地方政府带来了财政压力，而且造成了银行贷款不良率上升的隐患。2009年，全国新型农村金融机构获得财政补贴资金2.19亿元，是其利润总额的1.2倍。这使更多的县级以下农商行、农信社、村镇行寄希望于纳入政策照顾范畴，不少政府和银行在实施涉农贷款增量奖励政策时，也要求各金融机构千方百计地发放涉农贷款，争取财政奖励。但是，这种模式下的涉农贷款正不断面临财政补贴支出压力，尤其是县域金融的压力更大。实际上，抛开财政补贴，农商行、农信社等金融机构对涉农贷款放贷的主观意愿并不强烈，因为涉农贷款风险高等老大难问题并没有得到根本解决，如涉农贷款贷款面广、量小，造成人力成本支出大、管理风险高，并进一步造成资金利用率低和流动性的不可控。截至2010年年末，农信社涉农贷款的不良贷款率为11.53%，远高于金融机构涉农贷款不良率4.09%的平均水平，农村商业银行的不良率相对较低，为2.47%，不过也逼近财政部规定的不良率超过3%不予补贴的底线。直到2013年年初，国内金融机构涉农贷款不良率才整体降至2.4%，农村信用合作社涉农贷款不良率也降至5.4%，比上年同期下降了1.1个百分点。

涉农贷款发放中的困难集中体现在邮储银行上。虽然邮储银行发放的涉农贷款增速较快，但仍不能满足"三农"和小微企业快速发展的需要。同时，大量金融资源由农业大省流向工业大省、从农村地区流向城市地区的趋势不断加剧，资金外流现象严重。各农村金融机构涉农贷款的真实发放积极性、实际作用和未来增速如何？仍待进一步考察。

第四节　政策性金融支持

　　基于上文分析，推进"三农"问题解决，加快社会主义新农村建设，需要政策层面的战略创新与设计，更需要实践层面的财政与金融服务支持。自国家新农村建设战略正式提出以来，围绕推进新农村建设与发展的诸多方面，国家通过各种形式制定并颁布了支持新农村建设的各项政策、措施，并在财政层面制定并推出了频率高、力度大的财政扶持政策和具体实施路径，涵盖税收、收费及转移性支付等多方面，在有力地促进新农村建设发展的同时，展示了来自政府决策和政策层面的发展决心与支持力度。但单纯的政策与财政支持，无法满足新农村建设中的巨量资金需求。切实促进新农村建设发展，主要还需要依赖金融体系的大力支持。而市场经济条件下的金融体系，其金融服务供给以赢利为基本出发点，虽然有农业发展银行等政策性金融机构可在政策允许范围内减少对盈利的"关注"，但体量较小的政策性资金远无法满足新农村建设的需要，新农村建设仍需要商业性金融的大力支持。也正是基于此，如何引导商业性金融服务于新农村建设就成为决定新农村建设进程与力度的关键因素之一。

　　解决商业性金融支持新农村建设"积极性不高"问题、全面提升新农村建设中金融服务水平的重要且可行模式是：地方政府参与，借助政策性金融的"引导"和"示范"作用，吸引商业性金融"配比"或自主投入，保障资金偿还水平，增强金融服务的支持力度。当然，要实现政策性金融对商业性金融的"引导"和"撬动"，仍需要政策和财政层面的大力支持（如图7-6所示。）

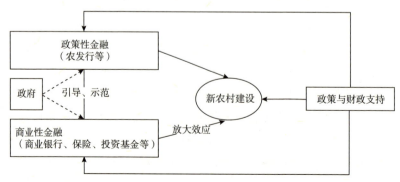

图7-6　政策性金融引导商业性金融进入新农村建设的模式

　　实际上，这种模式在当前的新农村建设试点中已经取得了成功，并积累了相当多的发展经验。未来，充分发挥政策性金融在新农村建设整体金融服务体系中的核心和带动作用，加快商业性金融服务的变革与创新，形成政策性金融带动商业性金融扩大投入的良好模式，全面推进新农村建设，具有广阔的发展前景。在下面的章节中，我们将以中国农业发展银行为例，探讨政策性金融在当前新农村建设中的作用及存在的问题。

参考文献

［1］田霖：《基于统筹联通的农村金融体系重构》，《财经研究》2008 年第 5 期。
［2］周立：《中国农村金融体系发展逻辑》，《银行家》2005 年第 8 期。

第八章
农发行的战略设计与业务实践

中国农业发展银行（简称农发行）是国内唯一一家以支持新农村建设为历史使命的全国性银行。自1994年成立以来，尤其是自2004年国务院第57次常务会议以来，农发行按照党中央、国务院的要求，积极拓展支农领域，不断强化政策性银行的职能，在农村金融中的骨干和支柱作用日益增强，对新农村建设的支持力度越来越大。由于外部配套改革不到位，农发行在支持新农村建设中还面临不少困难和制约，农发行的作用还未充分发挥出来。党的十八大对农发行提出了更高的要求，也为加快农发行的改革带来了希望、指明了方向。

第一节　农发行的发展历程及产品服务体系

一　发展历程

中国农业发展银行是直属国务院的我国唯一的一家农业政策性银行，注册资本金有200亿元，主要职责是按照国家的法律、法规和方针、政策，以国家信用为基础，筹集资金，承担国家规定的农业政策性金融业务，代理财政支农资金的拨付，为农业和农村经济发展提供服务。目前农发行全系统共有31个省级分行、300多个二级分行和1800多个营业机构，服务网络遍布中国大陆各地。2013年年末全行总资产有26220亿元，所有者权益有640亿元，贷款余额有25026.8亿元。

农发行是我国建立社会主义市场经济体制、深化金融体制改革的产物。

党的十一届三中全会以后，随着城乡经济的迅速发展和社会主义市场经济体制的确立，国有银行同时承担政策性和商业性两种金融业务的弊端日益显现。1993 年 12 月，《国务院关于金融体制改革的决定》提出要组建中国农业发展银行，把中国农业银行尽快转变为国有商业银行。1994 年 4 月 19 日，国务院发出《关于组建中国农业发展银行的通知》，决定由中国农业发展银行承办农业政策性金融业务，解决长期以来存在的政策性信贷资金不能专款专用，尤其是粮棉油收购资金不能及时足额供应、收购中给农民打"白条"和收购资金被大量挤占挪用的问题，以保护农民利益，支持国家农业产业政策和区域发展政策的实施，促进农业和农村经济持续稳定健康发展。按照通知要求，中国农业银行、中国工商银行于 1994 年 6 月 30 日正式向中国农业发展银行划转农业政策性信贷业务。农发行总行于 1994 年 8 月基本组建完毕，并于 1994 年 11 月 18 日在北京正式挂牌成立。从成立至今，农发行的发展大致经历了三个阶段。

第一，组建起步阶段（1994 年 4 月～1998 年 3 月）。农发行接收了由中国人民银行、中国工商银行、中国农业银行、中国建设银行划转的贷款 2592 亿元，使中国人民银行摆脱了与企业和个人的信贷业务联系，真正成为从事金融宏观决策和调控的中央银行。这解决了国有专业银行"一身二任"的问题，促进国有专业银行向商业银行转轨。1995 年 4 月底，农发行完成了省级分行的组建；1996 年年底，农发行完成了省以下分支机构的组建，从而建立了总、省、地、县四个层级比较完善的机构体系，业务实现了基本自营，为农发行进一步改革发展奠定了重要的组织基础。按照国务院确定的业务范围，农发行初步建立了粮棉油收购资金供应管理工作机制，主要信贷业务除粮棉油购销储贷款外，还承担农业开发、扶贫等专项贷款及粮棉企业加工贷款，平均每年投放信贷资金 1500 亿元左右，为促进农业和农村经济的发展发挥了积极作用。

第二，推进和实现收购资金封闭管理阶段（1998 年 3 月～2004 年 7 月）。1998 年，国务院决定推进粮食流通体制改革。1999 年，国务院决定推进棉花流通体制改革。为使农发行集中精力做好粮棉收购资金的封闭管理工作，国务院对农发行的业务范围进行了调整，将农业开发、扶贫等专项贷款以及粮棉企业加工和附营业务贷款划转到有关商业银行。农发行围绕收购资金的封闭管理这一中心任务，适应粮棉流通体制市场化改革的新形势，全面加强信贷管理，基本实现了粮棉油收购资金的封闭运行，从根本上解决了粮棉收购"打白条"的问题,保护了种粮(棉)农民的利益,确保了国家宏观调控目标的实现和粮食安全,促进了粮棉流通体制改革的顺利进行。同时,农发行大力推进内部规范化管理,向中央银行借款和受国家财政补贴的额度逐年减少,初步实现了保本经营。

第三,建设现代农业政策性银行阶段(2004年7月至今)。2004年7月7日,国务院召开了第57次常务会议,对农发行的改革发展提出了明确要求,"农发行要坚持做好粮棉油储备贷款的供应和封闭运行管理","严格区分政策性业务与商业性业务。两类业务要分类管理,分别考核,不能将商业性业务亏损混入政策性业务挂账,也不能以政策性业务亏损掩盖商业性业务亏损。农发行要深化改革,精简机构,减少行政色彩,按照现代银行要求加强内部管理,建立严格的内控机制,降低财务成本,提高效益,防范化解风险"。农发行深入贯彻落实国务院常务会议精神,确定了按现代银行要求打造农发行的基本思路,明确了建设现代农业政策性银行的战略目标。按照打造现代银行的要求,农发行先后制定了2005~2007年内部综合改革纲要和2006~2010年、2011~2015年连续两个五年发展规划纲要,全面推进内部综合改革,先后出台了数十项改革创新举措,建章立制300多项,初步建立了现代银行的体制机制,其内生性发展动力、可持续发展能力不断增强。

二 支农金融产品及服务体系

新农村建设包括现代农业建设、农村基础设施建设、农村社会事业建设、民主政治建设等内容,农发行的业务范围几乎涵盖了新农村建设中除民主政治建设以外的各项主要内容。在支持现代农业建设方面,农发行在农产品生产环节有种子贷款、化肥储备贷款、生产资料贷款,在流通环节有粮棉油收购、储备、调销贷款,肉类、食糖、烟叶、羊毛等非粮棉油专项储备贷款,粮食仓储设施及棉花企业技术设备改造贷款,在加工环节有农业产业化龙头企业和粮棉油加工企业贷款。在支持农村基础设施建设方面,农发行有农村基础设施建设贷款、农业综合开发贷款、县域城镇建设贷款(用于城市郊区郊县基础设施建设,环境设施、便民商业设施和农民集中住房改造工程建设部分)。在支持文教卫生等社会事业方面,农发行有县域城镇建设贷款(用于文化教育卫生部分)。除以上信贷业务外,农发行还可以为涉农企业提供结算、管理咨询等中间业务、国际业务、投资业务等服务。农发行的具体业务包括以下几个方面。

（1）办理粮食、棉花、油料的收购、储备、调销贷款。

（2）办理肉类、食糖、烟叶、羊毛、化肥等专项储备贷款。

（3）办理农、林、牧、副、渔业产业化龙头企业和粮棉油加工企业的贷款。

（4）办理粮食、棉花、油料种子的贷款。

（5）办理粮食仓储设施及棉花企业技术设备改造贷款。

（6）办理农业小企业贷款和农业科技贷款。

（7）办理农村基础设施建设贷款，支持范围包括农村路网、电网、水网（含饮水工程）、信息网（邮政、电信）建设，农村能源和环境设施建设。

（8）办理农业综合开发贷款，支持范围包括农田水利基本建设和改造、农业生产基地开发与建设、农业生态环境建设、农业技术服务体系和农村流通体系建设。

（9）办理县域城镇建设贷款，贷款使用范围为县域（包括县级市、城市的郊区郊县）内的城镇化建设，贷款用途为城镇基础设施、文化教育卫生和环境设施、便民商业设施和农民集中住房（包括农村集中居住区、棚户区、泥草房等）改造工程建设。

（10）办理农业生产资料贷款，支持范围包括农业生产资料的流通和销售环节。

（11）在已批准业务范围内开展外汇贷款业务，为已批准业务范围内的客户办理资本、贸易和非贸易项下的国际结算业务，以及与国际结算业务相配套的外汇存款、外汇汇款、同业外汇拆借、代客外汇买卖等业务。

（12）在设有分支机构的县域（包括县级市、城市的郊区郊县）内地区办理除居民储蓄存款之外的公众存款业务，办理业务范围内企事业单位的存款及协议存款等业务。

（13）发行金融债券。

（14）代理财政支农资金的拨付。

（15）办理开户企事业单位的结算。

（16）办理代理保险、代理资金结算、代收代付等中间业务。

（17）办理同业拆借、票据转贴现、债券回购和现券交易、同业存款存出等业务。

（18）办理投资业务。

（19）办理经国务院或中国银行业监督管理委员会批准的其他业务。

第二节　农发行支持新农村建设的战略

一　农发行支农战略的演进

农发行的支农战略与国家发展战略、中央对农发行的政策要求是紧密相关的。党中央、国务院历来高度重视发挥农发行的职能作用。近十年来，连续 10 个中央一号文件都对农发行提出了明确要求："农业发展银行等政策性银行要调整职能，合理分工，扩大对农业、农村的服务范围"（2004 年）；"加大政策性金融支农力度，增加支持农业和农村发展的中长期贷款，在完善运行机制基础上强化农业发展银行的支农作用，拓宽业务范围。农业发展银行对符合条件的以粮棉油生产、流通或加工转化为主业的龙头企业，可以提供贷款"（2005 年）；"调整农业发展银行职能定位，拓宽业务范围和资金来源"（2006 年）；"进一步发挥中国农业发展银行在农村金融中的骨干和支柱作用"（2007 年）；"加大农业发展银行支持'三农'的力度"（2008 年）；"抓紧出台对涉农贷款定向实行税收减免和费用补贴、政策性金融对农业中长期信贷支持、农民专业合作社开展信用合作试点的具体办法"（2009 年）；"加大政策性金融对农村改革发展重点领域和薄弱环节支持力度，拓展农业发展银行支农领域，大力开展农业开发和农村基础设施建设中长期政策性信贷业务"（2010 年）；"在风险可控的前提下，支持农业发展银行积极开展水利建设中长期政策性贷款业务"（2011 年）；"支持农业发展银行加大对农业科技的贷款力度"（2012 年）；"充分发挥政策性金融和合作性金融作用，确保持续加大涉农信贷投放……强化农业发展银行政策性职能定位"（2013 年）。

农发行始终坚持政策性银行方向，把落实国家政策要求与实现自身可持续发展紧密结合起来，及时根据中央"三农"有关政策要求调整业务发展战略。"十一五"期间，农发行牢牢抓住中央强农、惠农、富农和建设新农村的重大历史机遇，积极拓展支农领域，确定了"一体两翼"的业务发展战略，由过去单一支持粮棉油收储业务，转变为以粮棉油收储信贷业务为主体，以农业产业化经营和农业农村中长期信贷业务为两翼，以中间业务为补充的多方位、宽领域的支农格局。在"十二五"规划中，农发行结合农村金融服务形势的新变化、党和国家对"三农"工作的新要求，将业务发展战略适时调整为"两轮驱动"：一个轮子是指着力发展以粮棉油收储、加工、流通为重点的全产业链信贷业务，在确保支持收储不出大问题的基础上，使信贷支持贯穿粮棉油产前、产中、产后全过程，打造支持粮棉油全产业链发展的主导银行品牌；另一个轮子是指着力发展以支持新农村建设和水利建设为重点的农业农村基础设施建设中长期信贷业务，重点围绕农村改革发展的重点领域和薄弱环节加大支持力度，打造支持社会主义新农村建设的主导银行品牌。实施"两轮驱动"业务发展战略两年多来，农发行的信贷结构、客户结构持续优化，资源配置效率进一步提高，有力地支持了实体经济，促进了新农村建设。

二　下一步战略投向

2012 年 11 月党的十八大报告明确指出，要加快发展现代农业，增强农业综合生产能力，确保国家粮食安全和重要农产品的有效供给；强调要加大投入、理顺价格、增加补贴，继续实行最低收购价和临储等政策，促进农业持续稳定发展；明确指出要"促进工业化、信息化、城镇化、农业现代化同步发展"，"城乡发展一体化是解决'三农'问题的根本途径"；指出"坚持把国家基础设施建设和社会事业发展重点放在农村，全面改善农村生产生活条件"。

在新形势下，为全面支持新农村建设，农发行在八个方面进一步明确和强化了相关职能，加大了资金扶持力度，具体是：支持国家粮食安全、支持国家食品安全、支持农业产业化经营、支持农业农村基础设施建设、支持农村土地综合整治、支持碳排放交易、支持国家区域发展战略、支持国家农村金融创新。其中，支持农业产业化经营、支持农业农村基础设施建设、支持农村土地综合整治和支持国家农村金融创新，与新农村建设的推进联系最为紧密，也是农发行在实践中探索发现的重要突破口。在此四方面的全面业务实践，奠定了农发行新农村建设"主力军"的核心地位。

（一）支持农业产业化经营

农业产业化经营既是建设现代农业、增强农业竞争力的客观要求，又是促进农业增效、农民增收的有效载体和重要途径。通过农业产业化龙头企业带动农民就业和农民增收，具有非常重要的现实意义。农发行将根据"公司＋农户"订单型、"公司＋基地＋农户"联结型、"公司＋合作社（协会）＋农户"带动型和"公司＋养殖小区"辐射型等不同的产业化经营方式，选择不同的贷款对象，设立差别化贷款条件，开发具备不同特点的信贷产品；对于龙头企业与农户之间的联系纽带，包括专业合作社、养殖小区、生产基地建设、订单农业等环节的资金需求，在龙头企业或专业担保公司提供担保前提下给予积极支持。同时，农发行积极创新担保方式，扩大贷款抵押物范围。依据《物权法》，对以流动资产、山林使用权、矿产资源使用权、海域资源使用权，以及以大型超市进场权、网络无形资产等新的物权质押方式，农发行进行积极探索，从而成为政策性银行农村信贷担保方式创新的典范。此外，农发行还积极为企业提供信息咨询、政策指导、行业分析等服务。在支持产业化经营过程中，农发行以全局眼光，整合信贷、期货、保险、担保等金融市场工具，以转化和规避自然风险和市场风险。

（二）支持农业农村基础设施建设

国内外经验表明，加强农业农村基础设施建设，是促进城乡公共服务均等化、加快农村经济社会振兴步伐的有效途径。党中央、国务院对此高度重视，多次提出明确要求。但长期以来，我国财政对农业农村基础设施的欠账较多，基础设施建设资金集中投入与财政资金分年预算、分批拨付的矛盾比较突出，已经成为制约农业农村社会经济发展和新农村建设的重要瓶颈因素。农业农村基础设施建设项目具有公共性和外部性，投资大、回收期长，社会资金和商业性信贷资金一般不愿涉足，客观上也确实需要政策性银行给予支持，并最大化引导社会资金和商业性信贷资金参与进来。2010年，中央一号文件明确要求"加大政策性金融对农村改革发展重点领域和薄弱环节支持力度，拓展农业发展银行支农领域，大力开展农业开发和农村基础设施建设中长期政策性信贷业务"。作为国有农业政策性银行和建设新农村的银行，农发行大力支持农业农村基础设施建设，将其作为新农村建设突破的战略重点之一。目前有关部门在规范政府融资平台公司贷款管理的过程中，对涉农项目和非农项目、政策性银行和商业银行实行了区别对待；对各级政府有加大建设力度的愿望，而支农预算短期内又难以启动的项目，可由农发行评估后先行投入，政府逐年还本付息。由于涉农项目很多都具有明显的季节性、时效性，对地方政府列入债券发行计划但资金一时不能到位的项目，也可由农发行先行支持。

（三）　支持农村土地综合整治

随着新农村建设的不断推进，以土地整理复垦开发为主要内容的农村土地整治，已成为统筹城乡发展、构建城乡社会经济一体化发展新格局的重要途径。各地实践表明，以城乡建设用地增减挂钩政策为平台，积极开展农村土地综合整治，可以有效解决工业化城镇缺地、新农村建设缺钱、耕地保护缺动力、统筹城乡缺抓手的问题，是当前和今后一个时期农发行进一步发挥新农村建设金融扶持职能的战略着力点之一。

农发行支持农村土地综合整治，坚持保护耕地、促进城镇化和推进新农村建设"三位一体"，进行田、水、路、林、房综合整治，努力增加有效耕地面积，提高农田产出效力；努力优化农村人居环境，改善农村生产生活条件；努力促进城乡土地集约利用，优化用地结构，满足城镇化、工业化用地需求；努力探索城乡统筹发展的长效机制，促进城乡发展良性互动。农村土地综合整治政策性强，相关利益方多。农发行坚持政府主导、统筹规划、依法合规、防控风险的原则，严格贷款投向，恪守国家土地政策、保护农民利益，确保耕地质量，充分体现了政策性银行的支农作用。

（四）　支持国家农村金融创新

我国现行法律禁止银行从事信托投资和股票业务，禁止银行向非银行金融机构和企业投资。基于我国农村金融的贫血现状，应充分发挥政策性金融的扶持和"领头"作用，加快推进农村金融创新。例如，农发行可通过获得国家特别许可的方式，开办投资类业务，实现混业经营。可投资方向具体包括：投资农业政策性保险公司，防范农业生产经营自然风险，并利用较高层次的农业保险产品转移市场风险；投资中小企业担保公司，对农户和涉农企业向其他金融机构融资提供担保，搭建商业性资金回流农村的通道；投资金融租赁公司，采购农业生产急需的大型农机具并用于出租，或将中小企业生产设备售后回租，盘活企业资产，增加流动资金；投资于其他农村中小型和微型金融机构，延长支农"链条"；投资于农业产业投资基金，向产业链比较完善的中期农业企业投入权益性资金，以支持发展生态农业、科技农业、循环农业以及休闲农业等具有较高经济收益的农业产业；投资农业信息咨询公司，为涉农企业提供及时、完善的信息辅导和咨询服务，实现银企良性互动、共同发展。

2011年6月，国务院批准由农发行参与发起设立了我国第一支农村产业投资基金"中国农业产业发展基金"。该农发基金是由财政部牵头、由农发行等3家金融机构参与发起设立的面向农业领域的产业投资基金。基金首发规模为40亿元人民币，重点投资于成长型农业产业化龙头企业、农业流通等重点农村服务业企业、农业和农村配套建设项目以及农业保险公司、涉农担保机构等，投资重点为资金需求量中等的企业，股权投资标的包括普通股、优先股、可转换优先股、可转换债券等。2012年3月，中国农业产业发展基金（以下简称农发基金）正式启动。该基金的诞生，是农发行长期以来进行金融创新探索的重要成果，也标志着农发行投资业务的正式"起航"。

对农发行来说，参股农发基金是改革其基金业务的破冰之举，为后续发起设立粮食、水利、新农村建设等产业投资基金树立了典范。同时，随着农发行涉农担保、金融租赁等业务的开办，农发基金可以与农发行其他投资业务相配合，共同构筑"投、贷、债、租、期险、担保"支农金融服务与产品体系，为客户提供全方位的金融服务。除该产业基金外，目前农发行还发起设立了现代种业发展基金等多只农村产业投资基金。

农发基金的设立是我国财政金融支农方式的新探索，具有以下几方面的意义。一是通过资本投入的方式投资农业农村领域，可以发挥财政资金的示范和引导作用，吸引更多社会资金流向"三农"。财政资金通过参股基金的方式对农业进行投资，可以把对农业的直接补贴转为中长期投资，形成财政支农资金的良性循环。二是通过发挥专业与人才优势，帮助农业企业提高经营管理水平，推动农业企业做大做强，加快传统农业向现代农业的转型。三是通过设立农发基金，加大对重点农业领域的投资，防止部分农业领域被外资控制，维护国家农业产业安全。

实际上，自2011年年初，农发行即从探索多元化经营、实现长期可持续发展的战略角度考虑，决定开展投资业务，成立投资部筹备组，并将投资业务定位为农业政策性的投资业务。2012年9月，农发行正式成立投资部，该部门致力于开展直接投资和资产证券化等业务，此举不仅意味着农发行商业化程度的进一步提升，而且标志着其在综合金融的道路上大步迈进。早在筹备阶段，农发行投资部就提出了"投、贷、租、债、期、险、担保"全面推进的发展战略，目标是构建"直接投资、银团贷款、金融租赁、资产证券化、农产品期货、农业保险、融资担保"协同发展的模式。未来，在支持农村金融创新和引导更多资金形式参与新农村建设方面，农发行必将取得更多的有益成果和宝贵经验。

第三节　农发行支持新农村建设取得的成就

一　农发行新农村建设贷款项目的推出过程

2006 年党的十六届五中全会做出推进社会主义新农村建设的重大战略决策，2008 年党的十七届三中全会全面研究了新形势下推进农村改革发展的若干重大问题，做出了进一步推进新农村建设的若干重要决定，提出新农村建设的重要方向和方式之一是"大力推动城乡统筹发展"，提出了"统筹工业化、城镇化、农业现代化建设"的重大发展原则，并针对如何建立现代农村金融制度，明确提出了农发行作为唯一的农村政策性银行的定位和任务是"拓展农业发展银行支农领域，加大政策性金融对农业开发和农村基础设施建设的中长期信贷支持"。围绕此次会议针对新农村建设的若干重要决断，农发行根据自身特点提出了一系列新农村建设金融扶持的原则和方式，在河南等省份试点探索金融支持"三化"协调发展的模式（如河南中鹤模式等）。2010 年中央一号文件《国务院关于加大统筹城乡发展力度，进一步夯实农业农村发展基础的若干意见》，进一步布局城乡统筹发展，再次强调农发行要"加大对农村改革发展重点领域和薄弱环节支持力度，拓展农业发展银行支农领域，大力开展农业开发和农村基础设施建设中长期政策性信贷业务"。顺应新的形势、政策要求，农发行研发出新农村建设贷款这一新品种，致力于将农村土地整治、农民集中住房建设作为统筹城乡发展、推进城镇化进程和开拓农村市场的重要途径，并希望借此主打产品彰显"建设新农村银行"的品牌效应，有效发挥农业政策性银行引导其他形式资金共同参与新农村建设的作用，缓解新农村建设融资难问题。2010 年 9 月，农发行颁布了《中国农业发展银行新农村建设贷款办法（试行）》，2011 年根据国家对房地产市场和土地管理政策的调整，进一步修订和完善了对新农村建设贷款的发放和管理。农发行新农村建设贷款项目的推出，为农发行在新的历史条件下加大支农力度、实现有效发展开辟了广阔的空间，在接下来的几年中，新农村建设贷款业务发展迅速，成为农发行农村基础设施建设信贷业务的一大亮点。到 2013 年年末，该项贷款余额达 5225 亿元，支持复垦土地面积 4.35 万亩，新增有效耕地面积 6.9 万亩，置换出建设用地 13.11

万亩，整治村庄 671 个，新增农民住房面积 2007 万平方米，支持农村危房改造面积 356 万平方米，新建农民集中住房区 198 个，惠及 19.3 万农户。

二 农发行近年来支持新农村建设的成效

农发行通过支持现代农业发展和农业农村基础设施建设等，有力的推动了新农村建设。

一是全力支持粮棉油收储，促进了国家粮食安全和重要农产品有效供给。坚持在不"打白条"的前提下防控风险的指导思想，确保粮棉油收储信贷资金供应和管理不出大的问题。同时，农发行积极参与国家粮棉油收储和调控政策制定，大力支持托市收购、中央和地方储备轮换收购，保证了国家粮棉油收储和调控政策的顺利实施；积极支持国家肉、糖、化肥等专项储备，促进保供稳价；紧紧围绕粮棉油收储，支持全产业链发展。2004～2013年，累计投放粮棉油收储贷款 3.7 万亿元，每年支持收购的粮食占商品量的60% 左右、棉花占生产量的 50% 左右；大力支持农村流通体系建设，2007年开办此类贷款业务以来，累放贷款 502 亿元，贷款余额 222.6 亿元，共支持农副产品批发市场、农产品物流中心、农业生产资料仓储配送、农村再生资源回收利用等建设项目 500 多个，进一步活跃了农村市场。

二是积极支持农业产业化经营和农业科技创新，促进了农业发展、农民增收。自 2004 年开办产业化龙头企业贷款业务到 2013 年年末，农发行累计发放贷款 1.2 万亿元，年末贷款余额达 2100 亿元，企业客户 4672个。农发行支持的粮油龙头加工企业收购粮食量占到市场性收购量的46% 左右，支持的棉纺企业纺纱能力占全国纺纱总规模的 33% 左右；近几年所支持的龙头企业年均辐射和带动农户 900 多万户，户均增收 2000元以上，新增就业机会约 200 万个。自 2006 年开办农业科技贷款业务到2013 年年末，农发行累计发放农业科技类贷款 1700 多亿元，年末贷款余额达 111 亿元、企业客户 276 个，贷款主要投向种业、农机具、农药化肥、节水灌溉等农业科技关键行业和优先发展领域，取得了良好的经济和社会效益。例如，农发行在甘肃大力支持玉米制种产业，截至 2013 年年末累计发放贷款 34.5 亿元，重点支持了敦煌种业、德农种业、奥瑞金种业等 29 家企业，形成了以河西走廊为主的全国最大的杂交玉米种子生产基地，近 3 年年均产种量达 5.8 亿公斤，占全国玉米用种量的 50% 以上，主产区农民人均玉米制种年收入达 4000 元。

三是以水利和新农村建设为重点，大力支持农业农村基础设施建设。自 2007 年开办农业农村基础设施建设贷款业务以来，农发行积极支持城乡一体化发展，主要支持农业生产基地建设、农业生态环境建设、农村公共设施建设、农村土地整治、农民集中住房建设、水利建设、农村交通建设、农村科教文卫建设和农村能源建设等。累计投放农业农村基础设施贷款 1 万多亿元，支持项目 8000 多个，全部投向以水利和新农村建设为重点的农村改革发展重点领域和薄弱环节，有力地促进了农业发展和农村生活条件的改善。2013 年年末农发行投放的农业农村基础设施类贷款余额达 9907 亿元，支持项目 1780 个，全年累计支持 91 座病险水库除险加固，增加蓄水 23.56 亿立方米，增加或改善灌溉面积 268.4 万亩，修缮疏浚河道沟渠 1657 公里，解决了 126.6 万农民的饮水问题，复垦土地面积 4.35 万亩，新增有效耕地面积 6.9 万亩，置换出建设用地 13.1 万亩，整治村庄 671 个，新增农民住房面积 2007 万平方米，完成农村危房改造面积 356.45 万平方米，新建农民集中住房区 198 个，改善 19.3 万户农民的住房，支持中低田改造 34 万亩，新增林地 5.65 万亩，新建或改扩建公路 1.49 万公里。

四是不断推动产品和服务创新，持续提升服务水平。农发行参与了中国农业产业发展基金、现代种业发展基金的发起设立和运营管理，其资产证券化试点工作也已启动；开办了保险代理、融资顾问等中间业务，满足了"三农"多元化金融服务需求；其国际业务得到快速发展，2012 年国际结算量突破 100 亿美元。

五是开辟市场化筹资渠道，成为引导社会资金回流农业农村的重要载体。2004～2013 年农发行累计发行政策性金融债券 2.9 万亿元，2012 年两次赴香港共发行 6 只人民币债券，筹资 60 亿元。2013 年年末农发行资金自给率达 88.4%，比 2004 年提高了 72.4 个百分点。农发行坚持让利于农，贷款执行基准利率和下浮利率的比例基本保持在 99%。

第四节　农发行支持新农村建设的经验及当前面临的问题

农发行恪守农业政策性银行方向，将建设新农村的银行作为自身使命，近年来在支持新农村建设，促进工业化、信息化、城镇化、农业现代化协调发展方面做了很多积极的探索，积累了不少好的经验，但由于受政策制度环境等方面的制约，农发行也面临一些困难和问题。

一 农发行支持新农村建设的经验

一是坚持政策性方向，服从国家战略。农发行是国家政策性银行，其性质决定了它必须服从国家大局，服务于国家战略。国家战略具有全局性、长期性、导向性的特点，代表了未来相当长一段时间内的发展趋势。农发行按照国家战略谋划部署自己的信贷支持策略，也就是顺应时代潮流、顺应社会经济发展趋势和国家政策导向，从而更容易有所作为，更能为社会做出较大贡献。2006 年以来，农发行紧密围绕新农村建设，着力促进城乡统筹发展，先后获批开办产业化龙头企业贷款、农业科技贷款、农村基础设施建设和农村综合开发贷款等业务，路子越走越宽，支农力度不断加大，经营效益不断提高，在农村金融中的骨干和支柱作用不断增强，企业知名度和社会美誉度不断提升。

二是因地制宜，结合各地特点、资源优势和地方发展规划拓展业务。中国地域辽阔，区域间、城乡间差距都比较大。各地农发行能够结合当地特点，将自身发展与地方政府社会经济发展规划紧密结合，制定出切实可行的支持策略。天津和安徽是国家耕地占补平衡政策的试点省份，农发行天津分行、安徽分行充分利用这一地方政策优势，大力发展以支持土地收储和农民集中建设为主的新农村建设贷款业务，在有效促进自身发展的同时，有力地推动了所在省份的新农村建设进程。山东省是经济发达的农业大省，农发行山东分行结合省内各地区的优势特色，探索出了寿光模式、诸城模式、希森模式等。河南是一个农业大省、人口大省，加快工业化进程，为农民提供更多就业机会增加收入，转移农村劳动力，促进人口城镇化、农业现代化是现实的选择。农业产业化龙头企业是实现上述目标的有效抓手，农发行河南分行通过全面支持中鹤集团发展，实现了工业化、城镇化和农业现代化同步发展，有效促进了当地新农村建设，为传统农区的新农村建设进行了非常有益的探索。江苏无锡属于沿海发达地区，由于工业化程度比较高，吸纳农民就业、推动新农村建设的实力比较强，发展模式也不同于中西部地区。农发行无锡市分行抓住当地水利工程众多、政府财政实力较强等特点，通过支持有政府背景、资金实力较强的平台公司，大力支持当地水利建设，取得了明显的成效。

三是坚持金融产品和服务创新。新农村建设是一项长期、复杂的工程，需要各方面的金融支持。2006 年以来，农发行相继推出了农业科技贷款等 6

个贷款品种，保函、咨询顾问、资产证券化等6项新业务，参与发起设立了农业产业发展基金、现代种业发展基金，大大拓宽了支农渠道，丰富了支农手段。与此同时，农发行积极探索信贷支农新模式和信贷管理新模式，依托规范的政府融资平台，采取土地出让收益等资产抵质押、政府增信等方法，大力支持水利和新农村建设；农发行根据国家政策要求、结合自身实际制定完善了《新农村建设贷款管理办法》《水利建设贷款管理办法》，确保信贷风险可控。此外，农发行不断创新担保方式，积极探索林权、采矿权、特许物权、应收账款等抵质押方式。

四是突出重点领域，找准抓手，有效发挥政策性金融的引领导向作用。相对于新农村建设巨大的资金需求，银行的信贷资源毕竟是有限的。如何优化信贷资源配置，使其发挥最大的支农效应，是农发行需要考虑的重要问题。建设新农村，扶持地方特色优势产业、发展经济、富裕农民是关键，促进富余农民转变为产业工人是有效途径，进行农村集中规划建设是应有内容；发展现代农业，产业化经营是必由之路，农业科技是有力支撑，农村基础设施建设是重要保障。农发行在支持新农村建设过程中，突出现代农业和农村基础设施两大重点，以促进农业产业化经营和农村土地整治为切入点，以农业产业化龙头企业和政府融资平台为抓手，加大信贷支农力度，有效发挥了政策性银行的引领导向作用，取得了明显成效。农发行河南分行对中鹤集团的支持、安徽分行对芜湖东源新农村开发股份公司的支持，就是以农业产业化龙头企业为抓手，带动城乡统筹发展的典范；天津分行支持当地小城镇建设，安徽分行、山东分行支持地方土地综合整治，江苏无锡市分行支持地方水利建设，都是以政府融资平台为抓手、金融支持农村基础设施建设的典型。

五是加强银政合作，充分发挥政府与市场的协同作用。新农村建设是一个系统工程，离不开政府的支持和统筹规划，同时要充分发挥市场作用，促进资源优化配置，不断提高金融支持的效率、效益。金融机构要加强与地方政府的合作，积极参与地方新农村建设的规划设计，以赢得工作上的主动；同时要遵守市场规律和现代银行的办行规律，不断开拓创新，丰富金融支持工具，拓展金融支持渠道，全方位多层次满足新农村建设的融资需求。农发行安徽分行在支持芜湖大浦试验区建设过程中，将新农村社区和服务中心建设、特色农业产业园、农户拆迁和土地复垦三大项目组合打包，以创新模式申报农业综合开发贷款，引入了芜湖市建设投资有限公司作为债务的连带责任担保方，使得贷款得到顺利审批，并吸引社会工商资本1亿多元参与项目工程建设，加快了大浦试验区的建设进程。河南分行在支持中鹤集团过程中，为企业制定了个性化金融服务方案，通过短期贷款、收购贷款和中长期贷款的组合，满足了企业发展中多方面的资金需求，为企业快速发展提供了有力的保障。

六是充分尊重农民意愿，了解农民诉求，切实维护好农民的利益。新农村建设要赢得农民的支持拥护，关键是要把农民的利益维护好、实现好。在加快新农村建设、促进城乡统筹发展过程中，农民最关注的有三个方面：①获得充分就业机会，取得工资性收入；②拥有基本生活保障，解除后顾之忧；③拥有永久性可让渡的住房。河南中鹤模式在解决农民问题上取得了重大的突破：①借助工业化为农民提供了充分就业机会；②经过平等协商，企业以超出农民自营收益数倍的价格获取承包经营权的让渡，把承包耕地的使用权能转化为农民长期稳定的保障性或资产性收入；③以新城区永久物业对等交换农民宅基地和房屋，把农民宅基地用益物权转变并兑现为城区永久物业。在此过程中，农民成为直接和最大的受益者，同时土地流转和撤村进城也为推进农业现代化和城镇化提供了必要的条件。天津在推进小城镇建设中，通过"三化一改"，使传统农民变成"四金农民"，也很好地解决了农民关心的就业、社保、住房等问题，得到农民的衷心拥护和支持。

七是强化风险防控，确保信贷资产安全。农发行坚持有所为有所不为，充分发挥其政策性金融导向功能和"四两拨千斤"的作用，把有限的信贷资源用在刀刃上，重点支持农村水利、交通、能源、生态保护等农村关键领域和薄弱环节；完善细化不同行业、不同区域的准入标准，做好尽职调查，对政府投融资客户实行"三率一额度"（负债率、债务率、偿债率、区域最高融资额度）控制，严把贷款准入关。农发行加强贷中环节的监督控制，切实加强贷前条件落实、合同签订和贷款办理手续的规范性，加强资金支付管理，确保信贷资金合规支付并按约定用途使用。农发行强化贷后管理，认真执行贷后检查和尽职管理制度，强化对项目贷款企业的账户和资金流监管，确保专款专用、到期收回。农发行有针对性地做好贷款客户风险排查工作，加强对重点区域、客户、项目的信贷监测；深入开展贷后评价工作，利用好贷后评价成果，提高了办贷管贷质量。农发行充分发挥信息科技在信贷管理中的巨大作用，完善制度流程、加快信贷管理系统的研发和升级换代，推进无纸化办贷管贷。此外，农发行在长年农业信贷管理中还总结出一些独具特色、卓有成效的信贷管理经验，如对粮棉油收购信贷所实施的"钱随粮走、购贷销还、库贷挂钩、封闭运行"的封闭管理措施，对土地集中整治项目实施的"盯住土地、卖地还贷、储贷挂钩"的管理措施等。2013 年年末，农发行不良贷款率仅为 0.71%，比 2004 年下降了 18.1 个百分点。

二　面临的问题及建议

一是承贷主体单一。目前农发行支持农村基础设施建设时主要是依托政府融资平台或有政府背景的企业进行信贷支持，承贷主体比较单一。近几年国家相继出台政策加大对政府融资平台的清理规范，并进一步严格土地储备管理，合规的平台公司数量减少。因此，建议适时调整完善新农村建设贷款对象，如由目前的政府控股公司承贷扩大到政府与其他市场主体联合承贷、其他市场主体单独承贷，实现在信用基础稳固、贷款风险可控前提下的承贷主体多元化，进一步拓宽政策性金融支持新农村建设的载体。此外，在新农村建设和城镇化过程中伴生出土地整治挖潜收益、农村建设用地归并置换收益、土地指标置换溢价收益等派生权益，可以以此为对象或标的物，协同政府及各类市场主体，发育和打造新的金融载体，以扩大金融的承载能力。

二是缺乏足额有效的担保物。这是各类银行机构支持农业农村发展时面临的共同问题。解决的途径之一是完善有关法律法规，使农村某些可成为担保物的权益合法化。例如，可以加快建立耕地流转制度，为农民实现承包土地使用权能提供制度依据；明确农民宅基地的用益物权，使之成为合法有效的抵质押物。解决途径之二是进行金融创新，扩大抵质押物的范围或进行担保方式创新，如近年出现的林场经营权、农业订单、鱼塘承包权等抵质押、产业链担保都是一种创新尝试。

三是风险补偿机制不完善。根据国家有关文件和决策机制、风险承担原则等，农发行各项信贷业务从性质上看分为两大类：政策性业务和商业性业务。政策性业务又分为政策指令性和政策指导性两种，政策指令性业务指经特定程序由国家有关部门批准、风险补偿机制和服务对象明确的业务，政策指导性业务指按国家政策要求所经办、服务对象可择优选择的业务。商业性业务是农发行开展的与政策性业务相关并自主决策、自担风险的业务。目前在农发行的各项支农业务中，绝大部分是政策性业务，但属于政策指令性、有国家财政或地方财政兜底的，仅占全行贷款的 40% 左右，主要是粮棉油政策性收储贷款，其余大部分属于没有风险补偿的政策指导性业务。中央一号文件虽然明确农村基础设施建设和水利建设中长期贷款为政策性业务，但并未明确项目建设资金来源及风险分担机制。良种研发、繁育基地建设投入大、时间长、社会公益性强，2012 年中央一号文件要求农发行加大对农业科技的支持力度，但国家没有相应的信贷风险补偿。包括水利建设在内的农业开发和农村基础设施建设、农业科技对农业农村发展有至关重要的作用，但在贷款性质上都属于政策指导性贷款，建议国家尽快建立上述领域贷款的风险补偿机制，并在监管政策上实行有别于商业银行的差别化监管，在财税政策上对农发行的涉农贷款给予倾斜扶持。

四是业务范围限制。目前农发行的业务范围较建立初期虽已拓宽不少，但要达到中央的要求，完成党中央、国务院赋予的重任，还存在不少制约。由于监管部门对农发行拓展新业务极为审慎，逐项审批，而农发行在发展过程中往往也是根据中央的政策要求逐渐提出新的业务需求，这使得农发行的贷款品种比较零散，缺乏体系性、完整性，很难对涉农企业的金融需求实现全覆盖。另外，农发行的贷款品种相对单一，金融服务种类尚不健全，在国内企业现代化、国际化程度不断增强的背景下，实现与企业需求的无缝对接有时显得力不从心。建议对农发行的贷款品种进行整合，扩大政策性业务范围；适应金融业综合经营的大趋势，允许农发行通过直接设立或参股的方式从事股权投资、金融租赁、农业保险、担保等业务，进一步发展完善国际业务，支持农业企业"走出去"，从而为现代农业企业提供立体式、全方位的金融服务。

五是信贷规模限制。近年来，国家连续实施小麦、早籼稻最低价收购和玉米、大豆、油菜籽临储，以及棉花、食糖临时存储收购，政策性指令性贷款占用信贷规模较大；与此同时，由于新农村建设、城镇化建设加快推进，各地农村基础设施建设资金需求旺盛，而中国人民银行每年给农发行核定的信贷规模是有限的，农发行资金供需矛盾突出。建议中国人民银行根据新农村建设和城镇化建设进程，逐步提高农发行的信贷规模上限，或者根据当年实际情况，及时追加农发行的信贷规模。

六是监管政策限制。农业农村基础设施建设项目，尤其是高标准农田、水利、公路等项目多为基础性、公益性项目，直接收益不多甚至没有直接收益，往往需要财政垫付性贷款的支持。但现有的监管政策规定，财政性资金不能超过偿债资金总量的30%。建议对上述政策性贷款项目，允许农发行在信贷风险可控基础上灵活掌握这一比例，不做刚性限制；对已经列入政府规划并有明确资金来源的农业农村基础设施建设政策性贷款项目，以及国家重大扶贫开发项目，允许农发行根据项目自身特点和地方财政状况等做好风险评估的前提下，先发放垫付性贷款以保障项目建设的启动，之后由财政资金逐年列支偿还农发行贷款。

七是建设用地限制。目前各地在城乡建设中普遍面临建设用地指标紧缺的问题。目前国家城乡建设用地增减挂钩试点政策要求对腾空复垦的土地指标在本县区内落地使用。但实际情况往往是，不发达县域的农民宅基地占用面积大，形成的复垦指标较多，当地消化不了。若将挂钩指标在全省或全市范围内调剂使用，则既能满足城市中心城区扩容对土地的需求，又能带来更大的土地级差收益。但这种操作模式与国务院"严禁项目跨县级行政区域设置"的要求相悖。建议国家在城乡建设用地增减挂钩方面出台针对性措施，因地制宜，起码允许结余挂钩指标在地市级范围内流动，发挥土地的级差效益，更好地支持不发达区域的新农村建设。

第九章
遇到的问题及政策诉求

新农村建设任重而道远。由于我国"三农"问题的复杂性和艰巨性，统筹城乡发展、建设社会主义新农村只能依靠不断的摸索和实践。目前，虽然国内各地建设新农村的方式和方法很多，但其核心出发点基本都是农业产业化、特色化发展和农村土地综合整治与土地流转。在各地新农村建设中，普遍存在融资困难、技术支持不足等问题和围绕土地流转而产生的各种矛盾。本部分以"中鹤模式"为例，以其在目前良性发展中仍然面临和可能产生的问题为例，分析了目前我国新农村建设探索中存在的普遍性困难，以及具有代表性的政策诉求。

第一节　困难和问题

由中鹤集团主导的当地王庄镇"三化"协调发展是一种新的探索，在实践中也面临着诸多困难和问题。

一　资金问题是影响企业发展的最大障碍

一是资金需求量大。中鹤集团新建和在建的 8 个项目计划总投资额达25.6 亿元，中鹤新城规划建设投资额达 60 亿元，规划的企业铁路专用线项目总投资额达 3 亿多元，未来流转土地 12 万亩（按现有每亩年补偿农户1200 斤小麦）每年需要 1.5 亿元，一期搬迁住户拆迁补偿费需要 2.6 亿元，企业规划到 2015 年向产业园区投资 25 亿元，但资金筹措压力很大。

二是融资难度较大。企业贷款，尤其是从大型商业银行融资，最基本的条件是企业财务制度、财务报表公开透明和有足够的不动产作抵押，但中鹤集团目前尚不具备这些条件，融资仍将是企业今后面临的最大难题。

三是通过民间融资存在潜在风险。据当地群众反映，农民每年流转土地或征用土地获得的补偿收入，因不急用，多数存到了中鹤集团，利息高于银行利率。这种方式虽然有助于缓解企业资金压力，但长期运作则可能产生较大风险。

二 建设用地指标不能满足项目建设需要

目前，中鹤集团自身及规划的新农村社区发展建设都仍处于初期阶段，部分农村还未实现搬迁，无法置换出相应土地，当地建设用地指标比较紧缺。

三 工业化主导作用还需进一步强化

经过十几年的发展，中鹤集团的工业生产规模由小到大，产业链条由短到长，在主导当地王庄镇"三化"协调发展中发挥了带动作用。但中鹤集团的工业化程度尤其是支撑城镇化和农业现代化发展的经济实力还不够强。一是企业的硬实力不足。目前，企业年税后利润仅有 5000 万元，对于企业自身项目建设和再生产、建设社区、规模化经营土地的资金需求来说，显然是杯水车薪，"小马拉大车"，还不足以支撑这些项目的建设。二是企业吸纳劳动力的能力需要增强。目前，中鹤集团员工总数为 3500 人，仍缺口各类生产人员 3000 人，而本地因土地流转和建设征地脱离土地的劳动力有 8917 人，其中，只有 2000 多人在中鹤集团工作。这说明，一方面企业的工资水平对部分失地农民缺少吸引力；另一方面反映了本地劳动力素质偏低，不符合企业的用工要求。三是产业层次有待进一步提升。目前企业多生产初级产品和普通类产品，知名品牌少，尤其是高附加值的产品少。因此，要强化龙头企业带动"三化"协调发展的主导作用，还需进一步使企业扩展规模、提升层次、增强实力。

四 交通瓶颈制约企业发展

调研中发现，中鹤集团地处三县交界的位置，由于行政区划问题，到汤阴、内黄的部分公路都是"断头路"，现有的善大线部分路段已损毁，浚五线因是"断头路",需绕道县城,而大吨位的运输车辆限制通行,进出产业园区的道路承载力已不能满足企业需求。铁路专用线虽然已经申报,但距山西中南部铁路建好并投入使用的时间还比较长。善大线升级改造虽已列入鹤壁市"十二五"发展规划,但施工建设也需要较长周期。综上所述,交通已成为制约园区发展的不利因素。据该集团反映,因交通问题,目前企业对前来购货的客户每吨让利50元左右,仅此项每年即减少收入近千万元。随着集团的快速发展,进出其园区的原料和产品也会不断增加,这种制约就会更加明显。

五 政府职能部门服务"三化"协调发展仍需完善

中鹤新城的建设在很大程度上属公益性项目,是惠及群众的民生工程,中鹤集团只有投入而无收益。但调研中发现,部分政府职能部门对中鹤新城建设的行政性收费项目,仍是按照经营性房地产开发项目的收费标准进行征收的,企业享受不到减免照顾,相应增加了社区建设成本。此外,在其他多个方面,政府职能部门仍未做出针对性的政策调整和落实。

六 舆论宣传和群众思想工作还需要加强

调研中发现,当地新农村建设的舆论宣传工作仍不十分到位,对群众的思想宣传工作还需继续深入。例如,部分群众对该集团的相关行为不太理解。例如,在土地流转价格问题上,由于企业自身及政府部门的宣传和公告力度不足,仍有部分村民对土地价格存在异议而无协商路径。另外,土地流转也触及一些种粮大户、农机大户和农资经营者等的利益,他们对流转土地存在不同意见。对于即将搬入社区的居民,一些原有住房较好的村民、年龄较大的老人,以及与企业或村两委存在矛盾的群众对搬迁存在抵触情绪,部分村民担心社区房价无法达到同房同价。这些涉及群众切身利益的矛盾和问题如果处理不好,极易成为新农村建设发展的隐患。

第二节 政策诉求

依靠中鹤集团带动的王庄镇"三化"协调发展,需要壮大产业规模,提高经济效益,增强支撑能力。在产业园区、新型农民社区和土地规模化经营等项目建设上,应做到量力而行、稳步发展、稳中求好、好中求快,积极稳妥地推进"三化"的协调发展。针对在实践中遇到的具体问题，应在如下方面加大政策扶持力度。

一　拓展融资渠道，突破资金瓶颈

一是鼓励企业加快自身发展，快速提升企业实力，增强企业主导和投资项目建设的能力。二是加大招商引资力度，积极寻求战略合作伙伴，吸纳有实力的大型企业集团、行业龙头企业参股经营。三是积极创造融资条件，尤其是企业要按照大型商业银行放贷标准，完善财务制度和财务报表，提高信用度；完善建设用地手续，提高资产抵押能力，争取获得大型商业银行的信贷支持。同时，建议市政府帮助企业协调金融机构，争取更多的融资信贷服务。四是积极支持企业上市融资。鉴于集团下属的河南中鹤纯净粉业有限公司正在运作上市，市、县有关职能部门可对中鹤集团上市给予人才和金融方面的支持，协助企业做好上市工作。五是积极争取上级部门的专项扶持资金或政策性补贴，以缓解企业的资金筹措压力。

二　积极推进产业园区升级，提升园区层次

以中鹤集团为主体的浚县粮食精深加工园区，是推进农区工业化的载体。鹤壁市第八次党代会提出要依托中鹤集团推进"三化"协调发展试点，为鹤壁市乃至河南省"三化"协调发展探索出一条好的路径。同时，这种发展模式对中原农区工业化也确实有典型示范作用。为扶持中鹤集团发展，使其本身的作用发挥得更充分，相关职能部门可抓住国家支持中原经济区建设的有利时机，将浚县粮食精深加工园区申报为省级甚至国家级产业园区，以争取省或国家在建设用地、融资信贷等方面的政策倾斜和支持，加快产业园区建设，为依托中鹤集团推进王庄镇"三化"协调发展积累经验创造有利条件。

三　加快工业化进程，增强企业经济实力

一是加快企业项目建设，明确责任领导和目标任务，使建成的项目尽快投产，在建的项目加快进度，争取的项目尽快到位，为扩大生产规模和增强企业发展后劲打好基础。二是引导和鼓励企业加强自主创新和现有生产手段的技术改造，把握自主知识产权和自有品牌，使企业有更加厚实的创新基础以占领产业技术前沿和市场，并增强抗风险能力和未来发展的竞争能力。同

时，要重视和加强对企业员工的培训，积极引进企业所需的各类专业技术人才，为企业发展提供有力的人才支撑。三是坚持不懈地实施精品名牌战略，强化企业的商标、品牌和质量意识，立足现实需求，不断开发适销对路的新产品和高附加值产品，提升产业层次，增强企业发展实力。

四　协助解决建设用地，保证重点项目建设

一是要提高节约和集约用地水平，鼓励企业建设多层厂房，有效提高土地利用率，减少建设用地压力。二是市、县有关部门要加强沟通协调，加大对用地指标的争取力度，并积极谋划从市外购买一批补充耕地指标，以弥补建设用地指标的不足。三是切实做好农村土地整治工作，要积极呼吁省相关部门，参照山东省等地区出台的相应政策，对拆旧复垦项目实行新增耕地奖励制度，即每新增一亩耕地就给予一定数额的现金奖励，以提高乡镇、村对土地开发整理项目的积极性，为项目建设拓展用地空间。四是建议市、县政府积极为企业争取或调剂更多的用地指标，并协调相关部门办理有关土地手续，确保农村新城和企业重点项目的建设用地。

五　加快交通基础设施建设，畅通产业园区进出通道

鉴于河南粮食深加工产业园区地处三县交界，中鹤集团进出原料和产品运量逐年增大的现实，有关部门要加快实施善大公路和浚五公路的升级改造，积极帮助企业协调铁路专用线的建设工作。同时，要协调高速公路管理部门在濮鹤高速与浚五公路交叉处增设道路进出口（该集团已经做了一些前期工作），由企业出资建设，以畅通进出园区道路，改善园区交通条件。

六　完善政策措施，加大扶持力度

一是制定和完善有利于促进"三化"协调发展的政策措施，尤其是在企业非生产性投入的社区和产业园区的基础设施建设方面给予政策优惠，同时，对国家和河南省用于支持农产品加工企业发展的财税政策要落实到位。二是加大扶持力度。政府职能部门特别是农业、交通、电力、水利、环保、土地、建设以及教育、卫生、社保等部门要对中鹤新城的基础设施和公共服务设施建设给予积极支持。一些保障房项目和新型农民社区的政策性补贴要向企业倾斜，积极争取一些水利、土地整理等农业项目和农机购置补贴资金，用于支持土地流转区内的生产道路、电力、水利、机械配套等设施建

设。三是优化服务环境，以真情、真做、真效服务企业。对中鹤新城建设所需的"三证一书"等问题，有关部门要简化审批手续和办事程序，加快办理。鉴于中鹤新城建设属于改善农民居住环境的福利性项目，政府职能部门有义务在职责范围内加大支持力度，为企业考虑，降低社区建设费用等成本。

七　加强舆论宣传引导，争取群众理解和支持

推进"三化"协调发展，尤其是推动土地流转和新城建设，涉及农民切身利益。因此，县、乡有关部门要进一步加强舆论宣传引导，深入做好群众工作，让群众认识到城镇化和农业现代化发展的大趋势，感受到"三化"协调发展带来的利益和好处。同时，要积极研究措施，解决好涉及群众利益的问题，如对土地流转中农民的既得利益，要做出合理补偿；对搬迁工作，要广泛征求群众意见，吸纳群众的合理诉求，制定科学、严谨、公平的搬迁方案，最大限度地维护农民的利益，使他们能够自觉自愿地配合和支持土地流转工作及新城建设。

第三节　中央政府、地方政府及金融体系的配合

以中鹤模式为代表的推动传统农区"三化"协调发展的新路子，是农发行支持新农村建设探索的典型范例。该模式在实践中显示出了自身的生命力和推广的借鉴意义，应该说该模式具有可操作性、可持续性和可复制性。但也正如前文提到的，该模式的进一步持续发展和做大做强，中鹤集团在实践中还需要解决多方面的问题。其中，多种问题聚焦的核心，一是在于政府的政策导向和扶持；二是在于多管齐下地缓和、解决土地整治、流转及新城建设中的资金问题。在这两个方面，需要各级政府和以政策性金融为核心的金融资源的大力支持。

一　政府及金融体系的综合支持

（一）对以中鹤模式为代表的新农村建设有益探索要加强跟踪研究并在实践中不断完善

中央政府应从战略高度引导各地积极探索新农村建设的有益模式，坚持

谨慎全面、量力而行的指导方针，重视和关注新农村建设模式探索问题。省、市各级政府应从加快当地整体经济发展的高度着眼，将学习、借鉴先进新农村建设模式和探索适合当地的发展模式，作为战略性课题；要组织相关部门、金融机构和研究团体，并吸收有关专家、企业家和农民代表参与，进行系统研究，总结经验和规律，在关键环节改进优化方案，并指导新农村建设模式发展的核心环节在实践中不断完善。

（二）理顺和完善运作框架，充分发挥政府和市场的协同作用，组织和动员更多的社会力量参与"三化"建设

处理好政府与市场的关系，是我国 30 多年改革发展积累的宝贵经验，也是中鹤模式等新农村建设模式的一条重要启示。推进"三化"协调发展，应分清哪些必须由政府主导，哪些应交给市场。通过政府与市场两种作用分工协作，才能解决好缺位、错位和越位的问题，并发挥市场对社会资源配置的基础作用和利益驱动机制生成的催生作用。

（三）针对新农村建设推进中遇到的难点和障碍实行重点突破，完善制度设计和政策安排

从中鹤模式的发展实践来看，目前新农村建设中最迫切、最急需的有以下五点。一是落实好中央关于土地流转的政策措施，尽快建立耕地流转制度，加强对耕地流转的引导和规范，为农民承包土地使用权的实现提供制度依据，把土地的使用权能转化为农民的资产性收入，一次解决农民长期稳定的基本生活保障来源，解除对流转的后顾之忧。二是为农村宅基地及原有住房和城镇住房挂钩安置做出制度设计，兑现宅基地用益物权，使农民得到离村进城的第一桶金，为撤村进程提供必要条件。三是尽快调整国家对农业和粮食生产的补贴对象，实现鼓励粮食生产与促进土地流转之间的政策协同。四是为通过开发挖潜新增的土地制定明确奖励政策，加大奖励力度，尤其对转作中心城市使用的建设用地指标，应把土地溢价部分更多地用于返回，变成"三化"建设的重要资金来源。五是按照"普惠、均等"原则，及时向小城镇（农民新城）提供公共产品，并将普惠政策具体化、明晰化。

（四）要贴近"三化"协调发展的客观实际和现实需要，拓展信贷资金流入通道，创新定制信贷产品、扩大金融覆盖

按照近三年中央一号文件的要求和"在农村金融中发挥骨干和支柱作

用"的战略定位，农发行确立了"两轮驱动"的业务战略，明确了"建设新农村的银行"和"粮棉产区住到银行"的目标定向，并在服务"三化"发展上进行了大量的实践和探索。根据中鹤模式的推进实践，当前还需要在三个方面完善和跟进。一是定制信贷品种。农发行要配合政府在引导、规范土地流转和促进撤村进城做出的制度设计和政策安排，针对土地整治、土地流转、小城镇建设定制信贷品种，完善金融服务功能。二是发育金融载体。在"三化"建设过程中出现了土地整治挖潜收益、农村建设用地置换收益、土地指标置换溢价收益等派生收益。可以以此为对象或标的物，协同政府及各类市场主体，发育和打造新的金融载体，以扩大金融承载能力。三是拓宽承贷主体。要适时调整完善城镇化建设贷款对象，可由目前的政府控股公司承贷扩大到政府与其他市场主体联合承贷、其他市场主体独立承贷，实现在信用基础稳固、贷款风险可控前提下的承贷主体多元化。

二　农发行的自身改革与新农村建设

对农发行的改革，国务院曾几次做出重要批示。2004 年以来，农发行一直认真落实国务院第 57 次常务会议精神，加快有效发展，深化内部改革，不断推进打造现代农业政策性银行。改革工作自 2011 年启动以来，中国人民银行牵头成立了改革领导小组，做了大量工作；农发行也组织完成了六大专题研究，并形成了书面建议报告。改革领导小组成员普遍认为，农发行外部改革（区别于内部改革）的条件已经具备，并且改革的难度不大，农发行应抓住有利时机，加快改革，更好、更快地建设"新农村建设的银行"。

一是关于建立资本金补充机制。农发行 2012 年年末所有者权益有近 500 亿元，距资本充足率的监管要求尚有一定缺口。可以通过两条渠道补充农发行的资本金，不用国家现金出资。其一可以通过所得税先征后返、一定几年的方式向农发行注资；其二可以将税后净利润转增资本（2012 年为 142.9 亿元）。按此方式，农发行的非国家"兜底"的信贷业务完全可以达到资本约束的要求。

二是关于建立外部激励约束机制。目前，农发行工资总额等实行指令性计划管理，员工收入水平与商业银行差距越拉越大，人才流失日趋严重，也很难引进急需的高端人才。同时，每年的增量工资总额，因担心摊薄在岗员工的收入，而不敢用于增人，以致员工队伍老化、部分机构人员短缺，制约了银行的可持续发展，队伍管理的压力也越来越大。目前，农发行的人均毛盈利水平已较大幅度超过国有商业银行，经过考核，基本拉平了与商业银行之间的收入差距，不存在财务上的问题，应当在改革中较好地加以解决人才引进问题。

此外，农发行在农村金融体系完善中还可以进一步通过金融创新方式，发挥"四两拨千斤"的骨干和支柱作用。例如，与省级政府联手开展担保业务，以解决涉农中小微企业和农户贷款难问题；通过开展金融租赁业务，解决黑龙江垦区全程农业机械化和新疆机采棉等问题。故此，国家批准农发行开展此类业务，在依法合规经营和风险可控的前提下，可以更好地破解农村金融难题，体现政府的支农意志。而农发行致力发展农村产业发展基金和成立投资部，开拓资本市场业务，更是体现出农发行适应时代发展需要，以改革促创新，推进以现代化金融手段扶持新农村建设的努力。

总结成绩，反思不足，未来农发行在支持新农村建设中，还应着重注意以下几个方面的关键问题。

一是提高政策性信贷的影响力。政策性金融机构的社会地位和社会形象来自政策性信贷的影响力。新农村建设涉及领域广阔，资金需求量大，农业政策性金融不可能"包打天下"。作为政府支持"三农"发展、调控农村政策的金融工具，农发行的职能作用具有多重性，不能单纯评价直接投放贷款的数量，更重要的是要看其引导功能和支柱骨干作用的成效如何，能否体现政府的支农意图。要始终把握"稳中求进"的原则，贷款数量的增加是"进"，发展质量的提升、支农效果的放大也是"进"，而且是更重要的"进"。

二是把握好与地方政府的合作。农业农村基础设施建设具有很强的公益性，加强农业农村基础设施建设从本质上讲是各级政府的应尽职责，发展农业农村基础设施建设贷款业务离不开政府的支持与合作。我国城市化进程和欧美西方国家相比，最重要的区别就在于后者是"自下而上"的自发型城市化，而我国则是政府"自上而下"的主导型城市化，政府在城市化过程中具有极其重要的作用。这主要是因为中国政府控制着巨大的公共资源，具有通过政策来调动和整合资源的巨大能力。从1994年分税制改革以来，一些地方政府已经逐步发展成具有经济人格的主体，成为具有独立经济利益目标的经济组织，地方政府与中央政府、政府官员自身绩效考核和社会公共目标之间都存在多重博弈。因此，必须按照政策性银行独立办贷的原则，优选支农项目，把握好与地方政府的合作方式，防范地方债务风险转化为信贷风险。

三是优化信贷业务的重点区域布局。国内外城市的发展过程表明，城市规模越大，产业效率越高，经济收入越高，抗风险能力就越强。一般县域、小城镇往往缺乏强有力的产业支持，城市发展的内生动力不足，项目往往难以达到预期的收益，信贷资金容易出现安全问题。农发行围绕大中城市周边和经济发展具有较大潜力的县域开展业务，正是基于我国社会经济发展实际而做出的考虑。因此，必须准确把握城市化发展的特征和趋势，不断优化信贷业务区域布局。

四是把握信贷业务客户群的发展方向。农发行的信贷实践已经证明，通过地方政府融资平台支持农业农村基础设施建设，是符合农业农村社会经济发展现状的一种方式，有利于调动地方政府积极性，引导社会资金投向"三农"。从长远来看，地方政府融资平台是在特定时期，为解决特定问题而出现的特定产物，其使命和运作形式具有阶段性。随着我国财税体制改革的完成，地方政府的财权、事权逐步走向一致，地方政府的融资平台有可能逐步转化和退出经济舞台。因此，要坚持依靠平台而不依赖平台，必须探索支持规范的、具有较高经营管理水平和抗风险能力的政府投融资客户群。

五是不断强化贷款管理和风险防控。政策性贷款要加强管理和防控风险，才能完成和落实好政策使命，实现可持续发展。要严把贷款准入关，严防超范围经营，防止"坏项目"蒙混进来。各级行的信贷人员应有较高的敬业意识、风险意识和诚信意识，不断提高其自身的调查评估水平。要认真做好贷款条件落实工作，逐一落实贷款条件，特别是土地指标、行政审批手续等。要借鉴世界银行等国际金融机构的项目资金支付要求，全面加强信贷资金的支付管理。要坚持做好土地类贷款的封闭运行工作，落实好"盯住土地、卖地还贷"的管理要求。在继续支持平台客户做大做强的同时，应积极培育一批国有及国有控股、特许经营的政府投融资客户，统一办贷管贷条件和准入标准。对大型支农项目，要配备专职大客户经理，提供全方位、一站式服务，定期开展项目后评价和压力测试。

参考文献

[1] 刘蕾：《继续发挥农发行在农村金融中的骨干和支柱作用——访全国政协委员、中

国农业发展银行行长郑晖》，《中国金融家》2009 年第 3 期。

［2］胡天禄：《农发行在农村金融中发挥骨干和支柱作用的思考》，《农业发展与金融》
2008 年第 3 期。

［3］田永强：《农发行支持城乡统筹发展问题研究》，《农业发展与金融》2011 年第
3 期。

［4］杜彦坤、张伟平：《农发行新业务运作模式选择与对策建议》，《农业发展与金融》
2007 年第 5 期。

［5］中国农业发展银行客户三部专题研究组：《新形势下农发行全面支持新农村建设战
略研究》，《农业发展与金融》2010 年第 10 期。

［6］吴德轩：《农发行支持土地综合整治探讨》，《农业发展与金融》2010 年第 11 期。

［7］蔺秦生：《农发行信贷资金与财政资金配套问题研究》，《农业发展与金融》2012 年
第 3 期。

［8］唐邦勤：《我国农业产业化金融支持的研究进展及趋势》，《生产力研究》2009 年第
9 期。

［9］邓晓龙、吴霄：《推进农发行产业投资基金业务》，《农业发展与金融》2011 年第
10 期。

［10］范天森：《农业产业化经营的融资瓶颈与金融支持》，《农业经济》2008 年第 8 期。

［11］李季刚：《农业产业化金融支持的国际比较与借鉴》，《新疆财经》2007 年第 4 期。

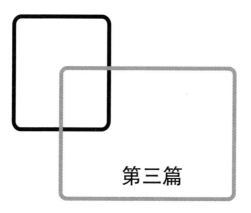

第三篇

案例篇

第十章
地方案例对比

党的十八大明确提出走中国特色新型工业化、信息化、城镇化、农业现代化道路，推动城镇化和农业现代化相互协调，促进工业化、信息化、城镇化、农业现代化同步发展；强调城乡发展一体化是解决"三农"问题的根本途径，要加快发展现代农业，深入推进新农村建设，着力促进农民增收，形成以工促农、以城带乡、工农互惠、城乡一体的新型工农、城乡关系。近年来，天津、安徽、山东等地结合自身实际，积极推动城乡统筹发展，在新型城镇化、新农村建设方面做了很多有益的尝试。

第一节　天津

2005 年下半年以来，天津市通过以宅基地换房建设示范小城镇、农村"三区"建设、"三改一化"、农村金融创新四步走的城乡统筹发展实践，探索出了一条"政府主导、市场运作、以工带农、区县联动、城乡统筹、质量并举"的城镇化建设新路子，实现了城镇化的有序健康快速发展，并为金融与城镇化的互动发展提供了空间和契机。本节以东丽区华明镇为例，介绍天津城镇化的具体做法，并通过对农发行天津分行支持城镇化的介绍，探索金融支持新农村建设的方式方法。

一　天津城镇化的建设过程——以东丽区华明镇为例

东丽区华明镇位于天津中心城区和滨海新区之间，由 12 个村庄组成。

由于缺乏规划，村庄居住空间杂乱，群众的生活环境很差。又因为空港物流加工区征地等原因，社会矛盾非常突出。因此，选择华明镇进行试点，具有典型示范意义。

在建设新型小城镇、统筹城乡发展方面，华明镇自2006年以来共走了四步：第一步，以宅基地换房，建设示范小城镇；第二步，推动农民居住社区、示范工业园区、农业产业园区"三区"联动发展；第三步，实施"三改一化"改革，通过"集改股""农改非""村改居"，消除"二元"体制，实现城乡发展一体化；第四步，农村金融改革创新。这四步，层层递进、环环相扣、相辅相成，形成了大城市周边农村城乡一体化发展的新思路、新途径。

（一）华明镇城镇化建设的"四步走"

第一步：以宅基地换房，建设示范小城镇

1. 设计一套切合实际的政策

华明镇提出了"26字方针"：承包责任制不变，可耕种土地不减，尊重农民意愿，以宅基地换房。以宅基地换房是天津推进城镇化建设的核心。天津市在现行法律和国家政策框架内，以不减少耕地为前提，高标准规划建设现代化、有特色、适合产业聚集和生态宜居的小城镇。农民以其宅基地，按照规定的置换标准无偿换取小城镇中的新住宅，迁入小城镇居住。农民原有的宅基地进行统一复耕，实现耕地总量不变、质量不减、占补平衡。新的小城镇除了农民住宅外，还规划出一块可供市场开发的土地，以土地出让收入平衡小城镇建设资金。

华明镇通过宅基地换房，实现了土地和资金两个平衡，将全镇原来12个村的12071亩宅基地全部复垦为耕地，新的小城镇建设只占用土地8427亩，实现了耕地的占补平衡。小城镇建设中农民回迁住宅占地3476亩，建设资金需要40亿元，另外4951亩土地出让收益达到50亿元，用于农民住宅和配套设施建设、农民搬迁补贴、农民社会保障支出，做到了资金平衡有余。小城镇建设向国家开发银行贷款25亿元，已用土地出让收益全部还清。

为解决新建小城镇土地指标问题，华明镇实行了土地增减挂钩的办法，就是将农村建设用地减少与城镇建设用地增加挂起钩来，实现动态平衡。国土资源部把华明镇列为全国第一批挂钩试点，专门安排了427公顷的建设用地周转指标。目前华明镇通过宅基地复垦，已将土地指标全部归还。

2. 高水平搞好规划

华明镇的规划突出了布局特色、生态特色、文化特色、服务特色和管理特色。

在空间布局上，华明镇选址在空港物流加工区对面，并预留了足够的产业发展空间，以满足小城镇的长远发展需求。在生态环境上，结合原有的湿地特色，规划了小城镇湿地公园，保留了原来田埂上的数千株旱柳、果树，大面积选植适合本地生长的树种和花草，规划各种小区公园和花坛绿地。在节能环保上，180万平方米的农民住宅和公共建筑，全部按照"三步节能"标准设计，节能效率达到65%；为农民一次性安装太阳能热水器9000套。天然气使用率达到100%。在文化传承上，规划建设华明博物馆，保留乡土文化记忆，让每个农民都留下原来居住的资料。在公共服务上，规划建设九年一贯制学校、幼儿园、医院、老年公寓、文化广场、农民职业技能培训学校、超市、邮电局、储蓄所以及社区图书室、文化室等设施。在城镇管理上，规划时提前考虑管理需求，为未来的小城镇管理提供条件，如设计了带地下室的房屋和农用车停车场，为老年人规划建设带电梯的楼房，并配备完善的安防措施。

3. 政府成立运作主体

东丽区政府组建了滨丽建设公司，作为小城镇的投融资和建设主体，以小城镇的经营性出让土地及未来收益作质押，向银行融资，最后以土地收益归还贷款，并负责组织小城镇的建设施工。

4. 为了农民、依靠农民

坚持一切为了农民、依靠农民，充分调动广大农民参与的积极性。规划编制、政策制定请农民参与讨论，房型设计反复征求农民意见，项目建设请农民代表参与监督，拆迁还迁、房屋丈量、评估认定、选房分房等全部公开透明。

华明镇自2006年4月开始建设，共建设农民安置住宅和配套公建180万平方米，于2007年年底建成，12个村的4.6万农民告别老屋，迁入新居，过上了新生活。

第二步："三区"联动，实现小城镇可持续发展

城镇化不是简单地迁村并点，盖一批房子让农民居住，必须有经济活动，有就业、有财政收入，才能可持续。在解决了农民安居问题的基础上，华明镇利用宅基地换房节约出来的土地指标和复垦的土地，建设了示范工业

园区和农业产业园区，使农民居住社区、示范工业园区、农业产业园区"三区"联动发展，促进了农业增效、农民增收、农村增实力。

1. 建设示范工业园区

华明示范工业园区规划占地10平方公里，已吸引1400多家企业，国家电网、中国北车、霍尼韦尔、包头稀土研究院等大型央企和世界500强企业纷纷在此落户。目前，园区实现了"九通一平"，基础设施和项目投资超过200亿元，安置就业8500人。

2. 建设农业产业园区

在宅基地复垦的土地上，不再种植一般的大田作物，而是发展附加值高的现代农业，搞大棚蔬菜、花卉种植等。园区已建大棚8176亩，投入资金26亿元。比如，在胡张庄、永和村复垦土地上建设了节能温室542栋，解决农民就业1500人，每年提供有机蔬菜120万公斤，瓜果400万公斤；在赤土村复垦土地上建设了滨海花卉基地，总规模120万平方米，是亚洲最大的集中花卉温室，一期30万平方米智能温室已经建成。

3. 加强社区管理和服务

农民搬进新的小城镇后，生活方式发生了很大变化，因此必须加强社会管理和公共服务，增强农民的归属感和幸福感。

在管理体制上，改变传统村庄管理模式，以3000户为一个社区、300户为一个邻里，组建新型社区管理体制。在管理方式上，实行市容环卫、园林绿化的管干分离，通过招投标方式选定养管队伍。在行政执法上，借鉴香港一顶"大壳帽"管到底的做法，实行一支队伍管全部的安排。在公共服务上，建立社区居民活动室、图书室，成立戏曲、书画等方面的民间组织。对农民开展各种类型的职业技能培训，成立了建筑农民工学校。在农民转为市民后，建立劳动保障服务站，为农民提供职业技能培训和劳动就业信息。

实施"三区"联动，就地就近转移就业，提高了农民收入，增加了财政来源，实现了小城镇的可持续发展。2012年，华明镇地区生产总值达64亿元，是2006年的3.2倍；固定资产投资达98亿元，是2006年的11倍；三级财政收入达6.64亿元，是2006年的7倍。预计到2015年，华明镇工业总产值可达700亿元，地区生产总值可达200亿元，三级财政收入可达30亿元。

第三步："三改一化"，保证农民待遇加市民待遇

实施"三区"联动发展，使农民的生产生活方式和农村经济社会形态发生了根本性变化，在此基础上，就有条件改变农村集体经济组织形态和管

理模式、村委会管理体制和农民户籍身份了。2011 年华明镇开始探索"三改一化"改革。

1. 基本内容

"集改股",就是实施集体经济组织股份制改革,主要是以明晰产权主体、理顺分配关系、规范经营管理行为为核心,以清产核资、明晰产权、确定股权、量化股份、股权分配、股权管理、资产运营、收益分配、监督管理等为主要内容,建立起新的集体资产管理体制和运行机制,提高经营效益,促进集体经济发展和农民持续增收。

"农改非",就是将农业户口改变为非农户口,主要是改革户籍登记制度。凡是在小城镇有合法固定住所、有稳定职业或生活来源、已完成集体经济组织股份制改革的农民,均可申请办理"农转非"手续。

"村改居",就是撤销原有的村委会,组建社区居委会,主要是在完成村集体经济组织股份制改革和村民户籍"农转非"之后,依照法定程序撤销村民委员会,组建社区居民委员会,并相应建立社区党组织和群众社团组织。

2. 双重待遇

"三改一化"保证农民享有农民待遇加市民待遇。

农民保留的待遇主要包括:农村集体经济组织成员待遇;土地承包权;农村计划生育政策和奖励扶助政策;农村五保供养人员救助待遇。

市民待遇主要包括:居民在医疗保险、养老保险、就业保障、优抚、伤残、退伍安置等方面享有城市居民待遇;农村低保人员和特困家庭享受城市救助标准。

3. "四金"农民

"三改一化"之后,华明镇居民拥有了"四金":薪金、股金、租金、保障金。城里人有的,他们都有;城里人没有的,他们也有。用农民的话说,就是"一样的土地,不一样的生活"。

农民的财产性收入大幅增加,原居住的一套老宅价值 4 万 ~ 5 万元,置换小城镇 1 ~ 2 套大产权住房,平均每套价值 50 万 ~ 60 万元。

目前,华明镇实际就业率达到 92%。全镇实现医疗保险全覆盖,男 60 岁、女 55 岁以上的居民每月领取养老金 575 元。2012 年农民人均纯收入达 1.82 万元(全市平均水平为 1.37 万元)。预计到 2015 年,人均纯收入将达到 3.5 万元。

第四步：农村金融改革创新

随着城镇化步伐不断加快，深化金融改革面临新的要求。建设村镇银行，是统筹城乡发展、深化农村改革的又一项重要举措，这虽是一个小题目，却是一个大战略。

1. "草根银行"服务"草根经济"

面广量大的中小企业是草根经济。草根经济对于就业保障、社会稳定具有非常重要的意义。我国现有的企业构成和金融服务体系是两个不同的"金字塔"，一个是正"金字塔"，一个是倒"金字塔"。大银行很难覆盖量大面广的农村小微企业，小微企业普遍存在融资难问题。同时，由于金融服务的触角向农村、向基层延伸得不够，地下钱庄、高利贷等违规违法现象普遍存在，形成了金融风险和社会风险。

2. 设立村镇银行，解决两个核心问题

一是要让农民有较多的金融话语权。村镇银行扎根在农村，对小微企业知根知底，可以高效服务、有效管理，使农村社会经济如虎添翼。二是要支持村镇银行做强做大。在政策上给予优惠，使其具有良好的发展环境。

2012 年 5 月 28 日，华明村镇银行成立，注册资本 5 亿元，其中东丽区农村集体经济组织持股 51%，山东寿光农商行持股 40%，其他股东持股 9%。该行成立 1 年就实现净利润 2188 万元。

（二）"四步走"的效果

华明镇城镇化建设使农民得到了实实在在的好处，农民打心眼里感到高兴，他们说，以前叫活着，现在才叫生活；过去的土坷垃，现在变成金疙瘩。现在华明镇干群关系非常和谐，连续多年零上访。2008 年，华明镇入选上海世博会城市最佳实践区。华明展馆入门处有一幅"万张笑脸"的电子屏，笑脸全部来自华明镇的普通农民，其笑容真实、纯朴、发自内心，成为世博会的亮点。

目前，华明镇以宅基地换房办法建设小城镇、"三区"联动、"三改一化"、农村金融改革等做法，已经在天津全市推广。市政府已累计批准了四批43 个镇（共 799 个村）开展示范小城镇试点，共规划建设农民安置住宅 5400万平方米，总投资 3000 亿元。到 2014 年 43 个镇全部建成后，将有 100 万农民受益。预计四批试点建设小城镇居住社区、工业园区、农业园区的总投入将达到 8750 亿元，形成巨大内需，有力地促进农村经济社会的发展。

一是集约节约利用土地。通过宅基地换房，华明镇的村庄占地面积减少了 2/3。如果全市农村都按照这个办法实行，就可以节约用地 362 平方公里。

二是有效节约能源资源。与同样规模的小城镇相比，华明镇每年节约标准煤近 2 万吨，减少二氧化碳排放 5 万吨、二氧化硫排放 478 吨，节水 50 万吨。

三是增加就业岗位，提高农民收入。华明镇通过"三区"联动，使有就业愿望和能力的人基本上都能实现就业，2011 年全镇人均纯收入是 2006 年的 1.7 倍。

四是使农民普遍享受到城市生活。华明镇农民在小城镇安居乐业有保障，各种公共服务设施齐全，生活方便，过上了城市生活。

五是有效纾解市交通和公共服务压力。农民在小城镇工作生活，减少了人口向城市的流动，减轻了城市的交通和公共服务压力。

六是对中心城区房价产生平抑作用。小城镇建设满足了农民的住房需求，避免了农民涌入中心城区买房，同时又吸引了中心城区居民到这里来居住，缓解了住房供需矛盾，起到了平抑房价的作用。

七是扩大内需，明显拉动经济发展。华明镇建设投入（包括农民搬迁费用）约 50 亿元，带动了冶金、建材、建筑、装备、家电、家具、家政等相关产业的发展。华明示范工业园区预计投资 300 亿元。一个小城镇就投入 350 亿元，对内需的拉动非常明显。

（三）天津城镇化建设的经验体会

几年来，天津市通过宅基地换房等"四步走"的做法，加快了农村城镇化进程，走活了城乡统筹这盘棋。他们的体会是，城镇化是一个系统工程，需要用心把握、精心组织，注重顶层设计，坚持科学规划，尊重农民意愿，确保达到高质量、好效果。

1. 尊重农民意愿，带着深厚感情为农民办事

回顾新中国成立以来的历史，农民为国家发展做出了重大贡献，但他们同时也面临着许多难题。在新的发展时期，我们应当怀着一颗感恩的心，带着深厚感情，设身处地为他们着想，为他们办事。天津市在建设示范小城镇，实施城乡统筹发展的过程中，对"三农"给予了强有力的政策支持。

一是示范小城镇建设。对规划范围内的农民居住社区土地实行划拨；经营性土地出让金的政府收益部分，全部返还小城镇，用于建设和管理；农民住宅纳入经济适用房计划，减免配套费；小城镇建成后新建企业交纳的各种税费，五年之内市、区的分享部分全部返还，用于民生补贴和管理支出；市财政还对小城镇基础设施、公益设施建设给予资助。

二是示范工业园区建设。土地指标优先安排；园区新办企业 5 年内税收返还；对园区基础设施建设贷款给予贴息。

三是农业产业园区建设。对不同规模和档次的大棚给予资金补贴，每亩最高 7000 元。

四是"三改一化"。给予企业或个人贷款贴息、免征个人所得税、免征相关契税等支持。

五是村镇银行建设。给予税收返还和转贷款额度支持。

推进城镇化必须做到有法可依，规范运作。宅基地换房的核心法律关系是一种新型置换关系，应建立在平等自愿的基础上。华明镇在宅基地换房中，农民、村委会、滨丽公司、镇政府之间要签署六份具有法律效力的文书和协议，严格遵循了不强求、不强制、不强拆的原则。区、县人大常委会围绕宅基地换房建设示范小城镇形成决议，颁布相关规范性文件，做到了有法可依。

没有广大农民的理解和支持，推进城镇化就会欲速则不达。而要得到群众拥护，一是要给他们带来实惠，二是要让他们发扬民主，即使农民经济上有实惠，政治上有民主。天津市在推进城镇化过程中规定了"95%与5%"的标准，即农民要 100%参与讨论，达到 95%表示拥护，5%表示不反对。凡是达不到这一标准的，一律不能开展示范小城镇建设。虽然"不反对"就是同意开展宅基地换房这项工作，但农民也提出了各种各样需要解决的问题。比如华明镇部分农民提出了 11 类问题，政府逐一加以解决。第一，由农民自愿申请换房，对征地补偿分配、置换标准制定、房屋测量、房型选择等方案，让农民自主选择；第二，农民自愿整理好自己的宅基地，并签署换房协议；第三，充分发挥农村基层组织作用，以村民代表大会形式听取意见和建议，对人员界定、房屋测量、评估认定、新房分配等，都要张榜公布；第四，算好土地和资金的平衡账，让农民住得起，防止小城镇建起来了，农民却背上沉重的债务包袱，交不起各种税费。

2. 坚持政府主导、精心组织实施

天津市城镇化建设，由政府主导来完善顶层设计，通过市场化运作实现。政府发挥的职能作用主要体现在：科学编制规划、制定政策措施、确定标准规范、做好群众工作。在政府主导下，充分发挥市场配置资源的作用。比如，土地置换通过市场来完成，土地出让"招拍挂"，挖掘土地的最大价值，解决小城镇建设资金问题；成立投融资平台，向金融机构融资贷款，通过出让土地的运作，偿还银行贷款；通过招投标，择优选定小城镇建设施工和后期养管队伍。

示范小城镇建设，要求各级主要领导必须高度重视，并建立强有力的决策指挥体系。在市级层面，天津成立全市示范小城镇试点建设领导小组，加强领导；在部门层面，发改委、农委、建委、规划、国土、财政和环保等部门建立联动工作机制，形成工作合力；在区、县层面，成立领导小组，由一把手担任组长亲自来抓；在乡镇层面，成立专门工作班子，做好群众工作；在施工现场，成立工程指挥部，协调解决工程建设中的各种问题。

3. 坚持高起点、科学规划

加快推进城镇化，最重要的是搞好顶层设计，突出"一个中心""两个重点"。"一个中心"就是搞好城镇化的规划体系，形成以城市群为主导、大中小城市相匹配的城镇体系，重塑经济地理版图；"两个重点"，一是产业发展就业功能的提升，二是公共服务功能的完善，这两点是提升城镇化质量水平的关键。

天津城镇化规划坚持"三高、三先三后"，即坚持高起点规划、高水平建设、高效能管理，先规划后建设、先设计后施工、先地下后地上。他们创建了小城镇建设总规划师制度，由总规划师全权负责把握小城镇的规划指导工作，用一年多时间制定了"双城双港、相向拓展、一轴两带、南北生态"的空间发展战略规划。战略规划明确后，全市编制了由城市主中心和副中心、郊区县 11 个新城、30 个中心镇和 70 个一般镇组成的四级城镇体系。

重视生态文明。按照建设资源节约型、环境友好型社会的要求，做到节地、节水、节能、节材，实现绿色发展、低碳发展、循环发展。比如，在节能方面，华明镇的建筑全部采取"三步节能"法建造，农民大规模使用太阳能，广泛使用清洁能源，节约了大量能源资源；在生态环境方面，规划贯彻了"生态张扬，建筑低调"的理念，使华明镇成为一座树木绿荫下的新城，到处郁郁葱葱，成为名副其实的田园小镇。

注重产业发展，以保障农民就业、政府税收，支撑小城镇可持续发展。

华明镇规划时就预留了足够的产业发展空间，为"三区"联动发展奠定了基础。现在，华明镇的示范工业园区生机勃勃，很多高水平企业纷纷落户，发展前景十分广阔，已经成为小城镇发展的重要支撑。

完善社会服务。现在的华明镇，水电气热全部配套，各种文化、教育、医疗、体育、购物、娱乐等公共服务设施应有尽有，管理有序，服务完善，环境优美，文明祥和。

形成特色。华明镇城镇化建设规划中强调深入挖掘不同小城镇的历史文化，根据地域风貌形成各自特色。华明镇的建筑风格就体现了北方农村的特点，色调沉稳，错落有致；津南区小站镇在规划中突出了"小站练兵"特色和水稻种植传统，建筑体现了徽派民居风格，被誉为"北方徽城"。

4. 因地制宜，改革创新

天津是大城市，区位优势比较明显。随着滨海新区纳入国家发展战略，其经济得到快速发展，农村土地的级差效应更加明显。近郊农村的农民人均占有耕地少，就业渠道广，特别是这几年从事工业、服务业的越来越多，对土地的依附性日趋减弱，传统的村庄功能正在逐步消失。同时，广大农村基础设施薄弱，农民生产生活条件相对较差，对城镇化的要求非常强烈。搞宅基地换房，恰恰是针对这一实际情况，适应了当时天津发展的要求。

在推进城镇化过程中，天津在很多方面实现了创新发展。比如：农村土地流转制度创新、农村集体经济组织形式创新、小城镇建设投融资方式创新、小城镇管理体制创新、小城镇综合执法体制创新、农村社会保障制度创新等。这些都是从天津实际出发进行的探索。

二 农发行对天津城镇化的支持情况

天津农发行立足政策性银行职能，深入研究政策，结合本地实际，积极对接天津市城乡发展一体化，探索出一条政策性金融支持城镇化建设的有效途径。

一是立足政策性金融职能作用，明确三项业务发展重点。天津农发行把以"宅基地换房"为主要内容的示范小城镇建设作为支持城镇化建设的切入点，根据地区发展水平，先近郊后远县顺次发展；结合"三区"联动政策，逐步加大对工业园区、现代农业产业园区的支持力度；集中部分资金，向区域经济发展势头良好、城乡统筹步伐较快、效果较好的区县倾斜，以达到示范引导作用。

二是制定行之有效的信贷管理模式。天津农发行采取"政府主导、实体承贷、对应项目、足额担保"的项目准入原则，确立了"储贷销还、封闭运行，双向监管、全程监控"的贷款管理模式；加强银政合作，放大财政资金和信贷资金支农效应，形成支农合力；合力打造政府"借用管还"、银行资金安全有效的共赢局面；促使政府建立偿债基金，打造安全的信用环境。

三是对接天津市城镇化建设信贷需求，大力发展新农村建设贷款业务。天津农发行先后支持了以葛沽、咸水沽、蓟县新城等为代表的第二、第三、第四批示范小城镇建设项目12个，授信金额398.5亿元；支持农民集中住房项目2个，授信金额4.6亿元；支持农村土地整治项目20个，授信金额108.9亿元；上述项目共计授信512亿元，截至2014年2月末已累计发放新农村建设贷款371亿元，贷款余额达205亿元。

四是着力强化基础管理，努力防控信贷风险。天津农发行制定了《天津市分行贷后管理实施细则》，并定期开展调查研究，不断充实和完善贷后管理的制度办法，为有效防控信贷风险提供了制度保证；切实抓好贷前条件落实和贷后管理工作，规范了项目资本金管理；针对城乡统筹支农项目特点，建立了以资金使用合规性为监管重点的"三查三审三台六账一保险"的贷后监管模式，确保支农资金专款专用；定期组织开展风险排查和中长期贷款项目专项检查，将贷款条件落实、信贷资金支付、项目贷后管理作为检查重点，并将三项重点内容细化为12个重点检查环节，坚持做到检查与业务辅导相结合、与调研学习相结合、与整改规范相结合，有效防控了风险，实现全行无不良贷款。

近年来，天津农发行集中优势资源，优先发展农业农村基础设施建设贷款业务，支农作用日益突出，成效显著。天津农发行的贷款规模及占比强势增长，农业农村基础设施建设贷款余额由2007年的4.02亿元发展到2013年的277亿元，在该行全部贷款余额中的比重由7.1%大幅提升至81.5%。支农领域不断延伸。截至目前天津农发行已累计支持天津市农业农村基础设施建设项目78个，内容涉及农村路网、水网建设改造，农业生态环境治理，农民集中住房建设，农村土地整治等农业农村重点领域和薄弱环节，形成了宽领域、多方位、深介入的良好布局；支持病险水库加固2个，新建给排水设施4座，修缮疏浚河道26条，增加或改善灌溉面积4.7万亩，有效改善了天津市水资源环境，解决了饮水安全问题；支持土地整治项目 20 个，整治村庄 68 个，收储土地 8 万余亩，有效整合了土地资源，提高了土地集约利用效率；支持农民集中住房项目 14 个，新增农民住房面积 972 万平方米，农村危房改造面积 312 万平方米，涉及农户 7 万余户，有效改善了农民居住环境；新建校舍 1 座；新建改建农村道路 90 公里，有效改善了农民交通出行条件。

典型案例：咸水沽示范小城镇建设贷款项目

咸水沽示范小城镇建设贷款项目是天津市第三批示范小城镇试点项目，是天津市 2010 年重点项目，也是天津农发行支持的城乡统筹示范区津南区的重点示范项目，共涉及津南区咸水沽镇吴稻地、池稻地、刘家码头、新兴等 15 个村 8191 户 21427 人。项目总占地面积 407.9 公顷。其中建新区 299.94 公顷（安置区 76.69 公顷、出让区 223.25 公顷），拆旧复垦区 107.96 公顷。项目总投资 97.25 亿元，建设内容主要包括：面积为 175.1 万平方米的农民还迁安置房及配套公建、区内基础设施、土地整理复垦及失地农民保险保障安置等。

由津南区政府出资设立的津南城市建设投资有限公司作为借款主体，向农发行申请贷款 68 亿元、期限 7 年。截至 2014 年 2 月末天津农发行已对该项目累计发放新农村建设中长期贷款 62.69 亿元，有效支持了项目建设，其中 114.3 万平方米还迁房已竣工入住，其余 60.8 万平方米主体已竣工，1.9 万被拆迁村民已缴纳社会保险，1.8 万人已还迁入住，107.96 公顷土地已完成复垦，新增耕地 100.46 公顷，新增耕地率 93.05%，实现了耕地总量不减、质量不降，取得了良好的经济效益和突出的社会效益。

三　农发行支持天津市城镇化建设中存在的问题及建议

（一）项目建设风险大，建议研究建立由政府主导的项目风险分担机制

城镇化建设项目具有社会效益大、资金需求规模大、建设周期长等特点，但是长期以来我国农业农村经济发展相对比较薄弱，致使项目主体资金实力不强，有效资产不足。因此，为有效防范风险，增强政策性金融支持城镇化建设的可持续发展能力，应探索建立覆盖各层级政府的项目风险分担机

制，强化项目风险防控能力。

（二）承贷主体单一，建议拓宽政策性信贷承载主体

长期以来，农村资金逆向流动，发展资金严重匮乏，资金问题是城镇化建设的重要瓶颈。政策性信贷资金的介入在一定程度上增加了城镇化建设的资金有效供给，对城镇化建设至关重要。可考虑适时调整完善城镇化建设贷款对象，如由目前的政府控股公司承贷扩大到政府与其他市场主体联合承贷、其他市场主体单独承贷，实现在信用基础稳固、贷款风险可控前提下的承贷主体多元化，进一步拓宽政策性金融支持城镇化的载体。

（三）担保资源匮乏，建议完善农村土地流转相关政策措施

可供抵质押的有效资产严重不足是目前城镇化建设项目乃至所有农业项目所面临的共同难题。建议有关部门尽快完善农村土地确权及流转的相关政策配套措施，盘活农村土地类资产，增强农业农村项目的自身偿债和风险防控能力。与此同时，农发行也要根据改革中新出台的政策制度，及时完善贷款管理制度。例如，近期国务院《关于加强地方政府融资平台公司管理有关问题的通知》明确提出，"要按照要求将符合抵质押条件的项目资产或项目预期收益等权利作为贷款担保"。天津市银监局《关于做好小城镇建设贷款工作的指导意见》明确"建设主体和政府之间的小城镇建设协议项下的应收账款，可以用于质押"。这些制度规定的出台，为银行进一步扩大质押或担保物范围提供了政策依据。

第二节　河南

一　河南省城镇化与新农村建设概况

河南省是全国第一人口大省、农业大省、粮食大省和农产品加工转化大省，是全国重要的粮棉油生产、加工基地和纺织工业基地。全省总面积有16.7万平方公里，其中耕地面积有792.6万公顷；总人口有1.03亿人，其中农业人口占69%。至2013年年底，河南省城镇化率为43.8%，低于全国53.6%的平均水平。

2011年9月，国务院下发了《关于支持河南省加快建设中原经济区的指导意见》（国发〔2011〕32 号），明确提出：河南省是人口大省、粮食和农业生产大省、新兴工业大省，解决好工业化、城镇化和农业现代化协调发展问题具有典型性和代表性。同时，在对中原经济区的战略定位上，强调要将其建成"全国工业化、城镇化和农业现代化协调发展示范区"。河南省委、省政府抓住这一机遇，及时提出了"两不""三新"的发展思路，即走不以牺牲农业和粮食为代价，不以生态和环境为代价的新型工业化、新型城镇化、新型农业现代化协调发展之路，在农业大省开展了一系列"三化"协调发展的积极探索。在《河南省建设中原经济区纲要》中，提出了构建统筹城乡的新型城镇化支撑体系、新型工业化支撑体系、新型农业现代化支撑体系等具体措施。其中包括提升中原城市群支撑能力、增强中心城市辐射带动作用、增强县域城镇承载承接作用、增强新型农村社区战略基点作用和城乡一体化发展新格局。

全面实施城乡建设三年大提升计划。按照该计划，2013～2015 年，河南省城镇化率应年均提高 1.7 个百分点；2015 年郑汴一体化区域城镇人口力争超过 600 万人，2020 年达到 800 万～1000 万人。一是提升城乡规划建设水平。按照三次产业复合与经济、生态、人居功能复合的理念，加快推进城市新区规划建设，郑州、洛阳、新乡、许昌等城市新区建设要先行一步。指导中心城区与周边县、功能区组团式发展，促进城市布局和形态优化。加快推进郑汴一体化发展，打造郑州至洛阳工业走廊。加快推进城中村、旧城区和棚户区改造，使城市道路、环境卫生、城市河道等综合治理取得成效；新型农村社区建设应有序推进。二是加快基础设施建设。积极推进高速公路网络化建设，县城 20 分钟上高速通道工程要全面展开；加快航空港国家级综合试验区建设，郑州机场客运吞吐量要突破 1000 万人次大关，进入国家一类机场行列。加快推进水利基础设施建设，包括燕山水库应通过国家竣工验收，河口村水库等项目抓紧建设，完成大型水库除险加固工作；加快推进南水北调中线工程河南段建设，如期完成丹江口库区 16.2 万移民目标，与此同时，完成造林面积 418 万亩；全省行政村全部通宽带。三是促进人口向城镇转移。积极探索城乡户籍、社会保障等改革，着力解决进城务工人员就业、住房、子女入学等突出问题，促进农村人口有序转移。

二 农发行支持情况

近年来，农发行河南省分行坚持"两轮驱动"业务发展战略，在做好粮棉油收储、加工、流通等全产业链信贷业务的同时，加速推进以水利建设和新农村建设为重点的农业农村中长期信贷业务发展。至 2013 年年末，各项贷款余额达 1441.2 亿元，本年累放贷款达 790 亿元，其中，累放农业农村基础设施建设贷款 100 亿元，贷款余额 293.8 亿元，累计支持各类中长期建设项目 174 个。一批国家、省级骨干重点建设项目，如南水北调中线配套工程（农发行贷款 64.38 亿元）、南阳农运会场馆建设（农发行贷款 10.8 亿元）得以顺利实施。

（一）大力支持水利建设和农业农村基础设施建设

农发行河南省分行认真落实近年中央一号文件精神，以增强农业综合生产能力为目标，以支持水利建设和新农村建设为重点，先后与河南省南水北调中线工程办公室、省水利厅、省财政厅等部门及重点市协调，以河南省水利投资发展有限公司和郑州、洛阳、新乡等 10 个市级平台公司为切入点，加大信贷投入力度。至 2013 年年末，共支持农业开发、农村基础设施建设项目 55 个，发放贷款 80.49 亿元；支持水利项目 26 个，发放贷款 57.85 亿元，支持病险水库除险加固 4 座，增加蓄水 8783 万立方米，增加或改造灌溉面积 1450 万亩，修缮疏浚河渠 34.13 万米，解决农民饮水 97 万人，增加复垦土地面积 7.91 万亩。

（二）大力支持城乡发展一体化和新型城镇化体系建设

认真贯彻落实十八大精神，按照省委、省政府提出的"两不""三新"总体目标，大力支持城乡一体化发展。以河南省豫资城乡发展有限公司为平台，支持政府"百亿融资计划"的实施，推进产业集聚区建设。河南农发行共审批新农村建设、县域城镇建设、农村土地整治、农民集中住房、产业集聚区建设等贷款 146.84 亿元，支持项目 89 个，其中，通过省豫资城乡发展有限公司发放贷款 68.7 亿元，支持项目 23 个；共支持整治村庄 1300 个，土地收储面积 7.11 万亩，新增农民住房面积 454.43 万平方米，新建农民集中住房区 75 个，改善住房涉及 3.27 万户。

（三）大力支持现代农业产业体系建设

河南农发行充分发挥河南农业大省、粮食大省的资源优势，围绕农业产业集群发展规划，加大对骨干农产品加工重点项目的信贷支持力度。据统计，至2013年年末，全省农发行累计投放农业产业化龙头及加工企业贷款399亿元，涉及农业产业化骨干企业450家。其中，支持粮油食品加工企业277家，贷款222亿元；支持畜牧行业龙头加工企业110家，使全省骨干畜牧养殖及加工企业得到快速发展；支持万锭规模以上纺织企业65家，这些企业的生产规模占全省纱锭规模的50%。同时，河南农发行还紧紧围绕农产品批发市场、连锁配送中心、农产品仓储和冷链物流项目等农村流通体系基础设施建设，对农业生产资料连锁配送、家电下乡等重点项目和农业小企业进行信贷支持。河南农发行共放贷76.7亿元，支持了23个农村流通体系建设项目和200家农业小企业的发展。

（四）大力支持生态环境建设

河南农发行共发放生态环境贷款36.2亿元，支持项目26个，重点对农村饮水安全、林业重点工程、县域污水处理、现代观光农业等项目进行支持。

三 农发行支持新农村建设案例："中鹤模式"

（一）基本情况

河南中鹤现代农业开发集团（简称中鹤集团）于1995年成立，注册资本为10.28亿元，是从事农业产业化全产业链经营的集团公司，涉及农业开发、集约化种植、粮食收储与粮油贸易、农产品（小麦、玉米、大豆）精深加工、终端零售、环保与能源等相关产业，下辖淇雪淀粉公司等10多家子公司，是国家财政参股企业、国家"十一五"食品安全科技攻关示范基地、国家级农业产业化重点龙头企业、河南省农业产业化优秀龙头企业、全国食品工业优秀龙头企业，先后获得30多项国家级和省级荣誉称号。2013年，集团实现总产值29.86亿元，利税2亿元。截至2013年年底，该公司总资产达34.88亿元，年粮食收储能力100万吨，加工小麦30万吨（在建60万吨）、玉米45万吨、大豆3万吨。

中鹤集团所在地浚县是全国优质小麦基地、著名的产粮大县。依托这一资源优势，该集团积极发展粮食精深加工业，并逐步向农产品仓储、物流贸易拓展；同时，基于当地农民进厂务工、食品安全及原料供应、农村生活条件改善的需要，及时引导农民有序流转土地，为务工农民建造新型社区，实现了规模生产经营，推进了小城镇建设，形成了传统农区推动"三化同步"发展的中鹤模式。其主要做法包括以下内容。

1. 向后延伸，拉长、完善产业链条，推动农区工业化

近年来，中鹤集团不断拓展农产品加工领域，其规模迅速壮大，推进了当地工业化发展。

一是立足浚县粮食资源优势，拓展农产品加工领域，提高产业加工度和产品附加值。从 2005 年起，中鹤集团由玉米深加工拓展到小麦、大豆的精深加工，由淇雪淀粉一家加工企业发展到中鹤纯净粉业、中鹤营养面业、淇淇食品公司、中鹤谷朊粉公司、军威食用油公司等六家加工企业，形成了年加工玉米 45 万吨、小麦 30 万吨、挂面 10 万吨、大豆 3 万吨的生产能力；产品种类由玉米淀粉拓展到麦芽糊精、饴糖、玉米蛋白粉、糖果、小麦专用粉、小麦淀粉、谷朊粉、营养调理挂面、速冻食品、腐竹等七大类 20 多个品种。同时，中鹤集团成立了中鹤粮油贸易公司，形成了 70 万吨仓储能力。

二是发展农业产业化全产业链经营。中鹤集团在发展农产品精深加工的同时，积极向农业开发、集约化种养、粮食收储与粮油贸易、农产品连锁超市、环保与能源等相关产业拓展，已壮大为从事农业产业化全产业链经营的集团公司。

三是规划建设工业园区。为更好地发挥龙头企业的示范带动作用，政府依托中鹤集团规划了 5.8 平方公里的市级特色工业园区——浚县粮食精深加工园区。目前，园内建成区面积 2 平方公里，中鹤集团 18 家全资子公司全部布局在园区，初步形成了粮食精深加工产业集群。按照规划，到 2015 年，园区年加工原粮 145 万吨、大豆 20 万吨，入驻企业 25 家，员工 2 万人，年产值 100 亿元，利税 10 亿元，成为中原地区最大的粮食周转物流港和精深加工基地。

2. 向前延伸，促进土地有序流转，推动农业现代化

在当地政府的支持引导下，中鹤集团按照依法、有偿、自愿的原则，有效开展土地流转，促进农业规模化、集约化经营，把产业链延伸到田间，把农业大田建成"第一车间"，在集团附近区域规划建设 12 万亩清洁安全粮源基地，既保证了原材料的有效供应，又带动了农民的持续增收。

一是发展专业合作社。2010 年年初，中鹤集团联合企业所在地部分农户建立了河南省规模最大的农机合作社——浚县鹤飞农机服务专业合作社，累计购置大型拖拉机 95 台，小麦玉米收获机 164 台，深松机、免耕机、新型播种机、施肥机等 300 多台（套），植保机械 150 部，可满足 4 万亩机耕、5 万亩机播、8 万亩秸秆还田、13 万亩机收作业的需要，基本实现了从种到收的统一耕作、统一供种、统一灌溉、统一施肥、统一植保、统一收割的"六统一"作业。合作社培训发展农机手社员 230 名，带动入社农户 2300 余户，引导 300 多名农民成为农业型工人，农机作业量达到 15 万亩/次，辐射浚县、滑县、内黄、汤阴、淇县等周边县区。

二是积极探索土地规模经营。中鹤集团以专业合作社为纽带，积极探索"龙头企业 + 合作社 + 社员 + 农户"的经营模式，本着"依法、自愿、有偿"的原则，采取承包、代种、统一服务等方法，合理有效地将一家一户拥有的耕地集中起来，初步形成了土地由公司经营、农户由合作社管理、产品由公司销售的格局。中鹤集团所规划的 12 万亩清洁安全粮源基地一期将流转土地 3 万亩，目前已经完成流转耕地 1.52 万亩，流转的 2300 户农民中有 1200 人进入中鹤集团成为企业工人，初步形成了"公司 + 基地"的生产体系，并通过严格控制原材料的生产，发展高效优质生态农业，推广清洁环保生产方式，以保证稳定、可靠、安全、可控的原材料供应。

三是综合运用现代农业技术，建设粮食高产试验区。鹤壁市政府依托中鹤集团在浚县王庄镇规划建设了粮食高产示范区，注意完善配套田间基础设施、加强技术培训与推广，增强农业抵御自然灾害的能力，更大程度地提高土地产出率，用先进设施装备农业和用现代科技"武装"农业同步推进，使粮食产量显著提高。2010 年夏秋两季，创全国 3 万亩以上连片小麦、玉米平均亩产高产纪录，平均亩产分别达 611.6 公斤、782 公斤，2012 年 5 万亩小麦示范区又创同面积全国纪录。

3. 横向衔接，建设新型社区，推动农村城镇化

中鹤集团大量的工人特别是流转土地的农民在进厂务工后需要就近居住，加之周边农民也有改善居住条件的迫切愿望，当地政府因势利导，以中鹤集团为主导，并村建设了大型新型社区，吸纳周边农民和务工人员向社区集聚，共享基础设施和公共服务设施以及就业、就学、就医、社会保障等社会服务，实现了农民生产及生活方式的根本转变，让农民既有工作又改善了居住条件，使农民真正转化为市民，加快了城镇化进程。

一是科学规划。按照"以产兴城、以城促产、产城一体"的理念，在粮食精深加工园区南部靠近镇区的地方，规划建设了面积为 11 平方公里的中鹤新城，将企业扩张与社区建设捆绑发展，计划在 10 年内建成可容纳 8

万～10 万人集中居住的大型社区，实现农民的就地转移，推进农村城镇化。

二是完善设施。中鹤新城涵盖居住、综合服务、产业发展、种植示范、畜牧养殖等 13 个功能区，建成后城内居民将拥有城市户籍和与城市居民一样的基础设施和公共服务设施，享受更加健全的就业、就学、就医等社会保障。同时，中鹤新城十分注重绿色和生态理念，规划建设了中水循环利用系统、太阳能设施等，在实现节能环保目的的同时，也有效降低了农民的居住成本。

三是有序推进。中鹤新城分三期建设，其中一期占地 3000 亩、涉及农户 2.8 万人，二期占地 4000 亩、涉及农户 1.8 万人，三期占地 5000 亩，涉及农户 2.8 万人。一期工程于 2010 年 8 月开工建设，目前 60 栋楼房已建成交工，群众现已搬入居住。第二期 105 栋楼房已基本完工，正在进行配套绿化和美化工作。社区服务中心、医院、学校、水电等配套设施建设正在有序向前推进。

4. 政府引导，科学规划，多方位支持，为企业发展提供坚强保障

推进工业化、农业现代化和新型城镇化，是一场重大的社会变革，离不开政府引导、推动和政策支持。"中鹤模式"中，对土地流转中农民与企业利益的协调、对粮食高产示范区的扶持、对中鹤新城及粮食深精加工工业园的规划以及小城镇公共设施建设等，都是在各级政府的引导推动和政策支持下实现的。近三年来，中鹤集团在产业化经营和现代农业建设中，得到政府的各类补贴扶持资金 3515 万元；除政府参股投资 3.14 亿元以支持中鹤新城建设之外，新城的学校、医院、养老院、文体设施和行政服务中心等也列入了鹤壁市和浚县政府支持计划。

（二）农发行支持中鹤集团的情况

企业的快速发展，离不开银行强有力的信贷支持。2006 年，中鹤集团的前身——淇雪淀粉公司快速发展，产品供不应求。受资金规模限制，公司无法达到满负荷生产，急需资金投入以提高生产能力。当地农发行组成了专项小组以深入了解企业情况及其资金需求，通过绿色通道使 3600 万元贷款迅速到位，企业得以及时扩大生产，为以后的发展奠定了坚实的基础。

伴随企业发展，农发行为企业量身定制了专门的金融服务方案，成立了客户维护小组常驻企业，以进行零距离和全方位贴身服务。根据企业的需求特点，农发行优化了贷款品种，提供了个性化、特色化服务。农发行通过对淇雪淀粉实行公开授信，提高了办贷效率；通过短期贷款和收购贷款的结合，满足了淇雪淀粉、中鹤纯净粉、中鹤粮贸等各方面的资金需求。农发行自 2006 年与中鹤公司建立信贷关系以来累计向其发放短期贷款 91870 万元，收购贷款 197930 万元。农发行积极支持企业进行设备更新和产品升级，提升企业的产品附加值和市场竞争力。农发行为中鹤纯净粉的 10 万吨营养挂面生产线项目提供贷款 4500 万元，提升了企业效益；为淇雪淀粉的麦芽糖生产线节能改造提供贷款 3000 万元，明显增加了企业产能。2009 年以来，企业进入快速发展期，资金需求旺盛，农发行贷款从最初的 3600 万元增加到 2012 年年底的 79100 万元，保证了企业 30 万吨面粉生产线、45 万吨淀粉生产线和 10 万吨营养挂面生产线的正常生产。

随着"三聚氰胺牛奶""染色馒头""瘦肉精猪肉"等食品安全事件的频频曝光，中鹤集团深刻意识到要从根本上解决食品安全问题，必须尽快着手建立从农场到餐桌全过程的全产业链控制体系。2010 年企业开始参与新农村建设，通过实施村庄迁并集中居住，改善农民居住条件；通过土地流转，租赁农民土地，建设清洁能源基地，从源头保证食品安全。2011 年农发行批复发放 4 亿元新农村建设贷款，促进了该项目的顺利实施。

2006～2013 年，农发行累计向该集团投放各项贷款 45.96 亿元。在农发行的大力支持下，中鹤集团不断推进产业升级，延伸产业链条，由最初单一加工玉米的小企业，发展成为现在的集粮食购销、面粉加工、豆制品加工和新农村建设等全方位服务于农业农村的国家级产业化龙头公司。农发行还大力支持中鹤集团加大科研投入，提升产品质量，增加产品品种，提高产品附加值，有效地提高了企业核心竞争力和企业对新农村建设的带动能力。

（三）中鹤模式的成效

中鹤集团为传统农区推进"三化同步"发展做出了新的尝试，它所建立的全产业链经营体系不仅拓展了企业本身的发展空间，而且也有利于全程控制食品质量，确保食品安全；它所探索的以产业带动新农村建设的模式可在一定程度上加快当地城镇化的速度，同时也能帮助企业获得发展所需的土地及劳动力等资源。

1. 农业综合生产能力得到显著提高

推进"三化同步"发展不能削弱农业，更不能以牺牲农业和粮食为代价。中鹤集团通过土地整治，大幅度增加了耕地面积，同时通过土地流转将分散耕种的土地集中到企业统一经营，实现了规模化种植、机械化作业、科学化管理、产业化经营，土地产出率、劳动生产率、资源利用率这"三率"都得到了大幅提升，农业的综合生产能力有了显著提高。2013 年，已实现土地流转的高产示范区创造了小麦亩产 615 公斤、玉米亩产 750 公斤的高产纪录，分别比 2012 年增产 1.5% 和 1.3%，比周边农民自己耕作至少增产10%。农业不仅没有被削弱，反而得到了加强。

2. 农民长期稳定的收入来源得到有效保障

一是增加了农民农业经营收入。对进城务工的周边村民，凡出让土地承包权的，中鹤集团按每年每亩 1200 斤小麦给予补偿，并将补偿额以契约形式固定下来。这比农民自我耕种的收益高出 1 倍以上，确保了农民土地流转后在不用进行任何投入的情况下其耕地收入不会减少。

二是增加了务工收入。通过土地流转从土地束缚中解脱出来的农民，可自愿到中鹤集团就业或外出务工。以中鹤集团所在地小齐村和大齐村为例，大部分的农村富余劳动力都在中鹤集团打工，其中小齐村在中鹤集团打工的约有 400 人，最低年工资为 1.8 万元；预计到 2015 年该集团用工将达到 1万人，到 2020 年可带动农民直接就业 2 万人，相关产业发展将提供 2 万人的间接就业岗位。同时，中鹤集团还为农民提供职业培训和介绍，有效地保障了农民权益和长期稳定的收入来源，解除了农民的后顾之忧，使土地流转变为自愿，从而奠定了在不触及农村基本制度的前提下发展现代农业的基础。

3. 农村生活条件得到有效改善

规划建设中的中鹤新城，城市功能完善。公共产品如学校、医院、文体设施、交通道路等由政府出资兴建，居民住宅、商业设施等由公司承担，其中居民住宅房屋按人均不低于 30 平方米的标准与农民宅基地和现有住房置换。农民搬进社区集中居住后，农业户籍转为城镇非农户籍、农村社会保障转为城市社会保障，按城市标准落实就业、就医、就学等方面的政策，农民实现了由村民向城镇居民的自然转换，其生活质量、居住环境、服务保障等都将发生质的跨越，农村民生问题有望得到根本解决。

4. 工业化、城市化与耕地保护的矛盾得到有效化解

在中鹤集团首批实现土地流转、统一耕作的 3 万亩高产示范田中，通过对沟壑、坑塘、农忙道路等土地进行整治和统一规划，新增耕地 1500 亩。第一批撤村进城的 9 个行政村搬迁完成后，可腾出宅基地 3112 亩，"四旁"

拓荒 1747 亩。规划第二、第三批撤村进城的共涉及 51 个行政村、9.2 万亩耕地，完成搬迁和流转后，测算可开发新增耕地 4500 亩，腾出宅基地 2.13 万亩，"四旁"拓荒 1.24 万亩。这样算来，在 60 个行政村、8.5 万农村人口、12.2 万亩耕地的区域内，通过撤村进城和土地整治，可腾出宅基地 2.43 万亩，开发新增土地资源 2.01 万亩。扣除未来 10 年工业用地（工业园规划 5.8 平方公里，已建成 2 平方公里）和城镇化用地（中鹤新城规划面积 11 平方公里）后，仍有 14.8 平方公里的土地资源盈余。在充分保证工业化和城镇化用地的同时，耕地面积不仅没有减少，反而有较大规模的增加，较好地解决了耕地保护问题。

5. 企业长远发展的基础得到有效保证

一是企业高品质原料需求得以满足。土地流转促进了规模化经营，有利于企业控制粮食种植、产量以及推广播种、灌溉、施肥、施药、收割等先进农业技术，有效地提高了农业集约化水平和农产品品种质量，降低了农业生产成本，为企业打造从大田到餐桌的食品安全链条把好了第一道关口，同时也提升了企业的质量价值、品牌价值和信誉价值。

二是企业用地需求得以满足。随着企业规模的不断扩大，企业对建设用地的需求也越来越大。中鹤集团通过建设中鹤新城，将分散的农村进行整合，促进农村集中居住后可以节约大量的农村宅基地，用于企业的建设用地，解决了企业发展的建设用地需求问题。

三是企业用工需求得以满足。中鹤集团和整个工业园区的发展需要大量稳定的劳动力供给。通过土地流转可以将农民从土地束缚中解放出来，并使农民在集中的社区中统一接受教育培训，有利于促进农村富余劳动力就地转移就业，为企业用工提供可靠保障。

6. "三化同步"发展格局初步形成

中鹤集团所探索的以农业产业化龙头企业为依托推进新型工业化、城镇化和农业现代化协调发展的格局初步形成，"三化"之间实现了内在的统一。工业化的发展为推动农业现代化和城镇化建设奠定了资金、技术和人才基础，同时可以吸纳广大农民就地转移就业，提高农民收入水平；农业现代化的推进提高了粮食综合生产能力，为工业化和城镇化奠定了基础，同时也把广大劳动力从落后的农业生产中解放出来；城镇化的建设改善了农村基础设施和农民生活环境，提高了百姓的生活水平和幸福指数。

目前来看，该模式在传统农区实现了不以牺牲粮食以及农业、生态和环境为代价的城乡统筹和"三化"（新型农业化、新型城镇化和新型农业现代化）协调发展。该模式以当地现代化农业企业为核心，引入市场机制，通过企业运作的方式进行新农村建设的尝试与实践，创出了一个新的发展范例。

该模式包括三条演进路径的协同推进：中鹤集团依托当地粮食集中产区的资源优势发展粮食精深加工，并逐步向农产品仓储、物流贸易拓展；基于当地农民进厂务工和确保粮食安全及满足原料供应需求，及时引导农民土地有序流转，实现规模经营；适时推进小城镇建设，为务工农民（家庭）建造新型社区。

（四）中鹤模式的经验体会

中鹤模式在化解传统农区推进"三化"同步发展面临的"人往哪里去，钱从哪里来，粮食怎么保，民生怎么办"等难题方面做出了积极的探索，并提供了许多有益借鉴。

1. 必须以维护好农民的合法权益为前提

统筹城乡发展，难点在农村，关键在农民，即在于农民的合法权益是否得到维护，农民长远利益和根本利益是否得到有效保障。中鹤模式在解决农民问题上取得了积极进展：一是工业化为农民提供了充分就业机会；二是经过平等协商，企业以超出农民自营收益数倍的价格获取了承包经营权的让渡，把承包耕地的使用权能转化为农民长期稳定的保障性或资产性收入；三是以新城区永久物业对等交换农民宅基地和房屋，把农民宅基地用益物权转变并兑现为城区永久物业。农民三大基本问题的解决，不仅使农民成为"三化同步"最大的受益者，而且为土地流转和撤村进城，进而推进农业现代化和城镇化提供了必要的条件。

2. 必须以切实强化农业基础为根本

我国人均耕地少、农业资源稀缺、人口不断增加的现实决定了我国必须始终高度重视农业的基础地位。尤其是担负着为国家生产更多更好粮食责任的传统农区，更不能以削弱农业、牺牲粮食生产能力为代价去发展多种经营。河南省在加快工业化、城镇化进程中明确提出了要走出一条不以牺牲农业和粮食、生态和环境为代价的以新型城镇化为引领的"三化"协调科学发展的路子。在此背景下，中鹤集团通过以企业为依托推动耕地流转、开展土地整治，在扩大耕地面积、提高粮食生产能力的同时，解决了企业发展、城市化建设的用地问题，有效化解了工业化、城市化与耕地保护的矛盾。

3. 必须以建立互利共赢机制为基础

中鹤模式初步形成了农民、企业、政府和银行四方共赢的利益机制，孕育了"三化"同步发展的内生性动力。一是通过引入市场机制，在土地流转、宅基地与新城区物业交换上形成农民满意、企业接受的条件，农民获得了土地使用权的超值收益，企业也能够在土地集约利用和综合开发上得到合理回报或补偿，从而实现了农民和企业的互利共赢。二是通过企业运作，在三次产业之间形成了内在调节补偿机制；在"三化"之间形成了相互依存、相互促进的格局和协调发展机制。三是通过产业发育和土地承包权及宅基地用益物权的价值实现，形成了"三化"建设融资平台和金融载体，突破了信贷资金流向农村的瓶颈制约，银行在加大信贷资金投入的同时，也实现了自身的可持续发展。

4. 必须以坚持因地制宜为原则

选择"三化"同步发展的切入点，应因地而异。工业化引领是中鹤模式的逻辑起点。靠工业化对农业现代化的带动作用、对城镇化的催生作用，中鹤模式最终形成了"工业引领、产业支撑、工农一体、产城联动"的"三化"协调发展格局。这是基于传统农区城市化水平低、城镇化严重滞后，而农业产业化龙头加工企业发展迅猛，工业聚集区布局逐渐成形的实际，在这种前提下，工业引领、产城联动的中鹤发展路径方具推广价值和示范意义。

5. 必须以政府支持为保障

"三化同步"发展，涉及土地流转、新城区建设、产业规划布局等方方面面的工作，离不开政府的引导和支持。各级政府应因地制宜，在具备条件的地方，适时引导农民进行土地流转，以推进农业现代化。对小城镇建设要统筹规划，提供公共产品，尤其在教育资源、文化资源、医疗卫生资源、社会保障资源等方面重点向小城镇倾斜，实现公共服务的有效覆盖。

6. 必须以银行信贷资金投入为助推

长期以来，农村资金逆向流动，发展资金严重匮乏。资金问题是统筹城乡发展必须破解的一道难题。农发行大量政策性信贷资金的支持，为中鹤集团推进"三化"同步发展提供了另一个必要条件。由此，推进"三化"同步发展，除了财政资金的必要投入和吸引社会资金外，还必须通过培育农村金融市场、创新融资平台和载体，来突破"三化"建设融资瓶颈。

第三节　安徽

城镇化与新农村建设作为推动经济社会发展的"双轮"，正在带动后发地区加快发展。安徽城镇化与新农村建设具有典型意义，其现状值得观察。

一　安徽省城镇化与新农村建设概况

历史上安徽长期是农业大省、农村人口大省，城镇化率基数很低。近几十年来虽然安徽城镇化水平提高比较快，但与发达地区、全国平均水平和中部地区一些省份相比，其城镇化水平不仅滞后，而且"半城镇化"现象比较严重。2011年安徽城镇常住人口城镇化率为44.8%，在中部地区倒数第二，低于全国平均水平，更低于江浙地区。如果按户籍人口计算城镇化率，则2011年安徽户籍人口城镇化率仅为22.93%，只有常住人口城镇化率的一半，这意味着一半常年进城打工的农民"一脚在城里，一脚在城外"，甚至年老还要回到农村，可称之为"半城镇化"。这一现状表明，安徽加快新型城镇化进程势所必然，并且富有巨大潜力和广阔空间。

根据世界各国的城镇化经验，城镇化与经济发展水平、工业化关系密切，工业化带动城镇化，城镇化也要与工业化协调发展；在城镇化前期阶段要优先发展大中城市，特别要大力发展城市群。

为扎实稳步推进社会主义新农村建设，安徽省委、省政府从2006年开始，在全省开展实施新农村建设"千村百镇示范工程"。"十一五"以来，安徽省大力实施中心城市带动和城乡统筹战略，推动工业化、城镇化、农业现代化协调发展，加快发展中心城市，积极构建大中小城市和小城镇协调发展的城镇格局；加强城市规划建设管理，开展城乡一体化综合配套改革试点，城镇化水平持续快速提升，新农村建设步伐大大加快。2006年以来，安徽省抓住国家"中部崛起"战略，以皖江城市群为突破口，通过五年建设，初步形成了皖江城市带、合肥经济圈和皖北城市群竞相发展的城镇化战略格局。2005～2010年，全省城镇化率年均提高1.54个百分点，是新中国成立以来发展最快的时期。2013年，安徽省城镇化率达到了47.86%。

一是城镇综合承载能力显著提升。2010年全省城市建成区面积达到1491平方公里，比2005年增加了231平方公里。2006～2010年累计进行的城市建设、小城镇建设和房地产开发等投资超过万亿元，年均增长36%，城市人均道路面积、人均住房建筑面积、城市用水普及率、城市建成区绿化覆盖率等指标大幅增加和提高，人居环境不断改善。城镇环境保护进一步加强，城镇污水处理厂加快建设，成为全国第五个所有县建成污水处理厂的省份，城市污水处理率达到88.46%，城市生活垃圾无害化处理率达到70%。社会保障覆盖面不断扩大，水平逐步提高。就业、教育、卫生、文化、体育、养老等公共服务设施不断完善，公共服务能力显著增强。

二是管理方式不断创新。户籍制度改革得到积极推进，农业转移人口落户门槛进一步降低，人才户口迁移管理政策逐步放宽；城乡建设用地增减挂钩试点工作深入推进，征地制度改革进一步深化，城市建设用地管理更加规范，城市建设融资体系不断完善；文明城市创建深入开展，社区建设进一步加强，以市容卫生、交通秩序、社会治安和流动人口管理等为重点的城市综合治理工作有序推进；数字化城市管理试点顺利启动。

三是城乡一体化试点稳步推进。芜湖、马鞍山、铜陵、淮北、合肥、淮南6个市先后被确定为城乡一体化综合配套改革试点市，在城乡规划、产业发展、基础设施、公共服务、生态建设等方面稳步推进一体化。芜湖市实行了"一元化"户籍制度，马鞍山市率先建立了城乡统一的居民基本医疗保险制度，实现了公办中小学向农民工子女开放。

安徽省城镇化发展中也存在一些突出问题：城镇化进程相对滞后，不仅低于全国平均水平，而且明显滞后于全省工业化进程；人口分布与区域资源环境承载力不相适应，承载力较弱的地区人口分布过于集中，资源环境压力过大，承载力强的地区吸纳人口能力较弱；中心城市辐射带动力不强，区、市数量多但竞争力总体较弱，集聚要素能力亟待增强；城镇化发展方式粗放，资源集约水平较低，土地投资产出效益不高，基础设施和公共服务设施配套不足，功能不健全，管理水平亟待提升；城镇的规划建设水平不高，特别是县以下城镇特色不鲜明，建设标准较低，文化建设滞后。

二 农发行支持情况

近年来，农发行安徽分行在全力做好粮棉油购销储信贷业务、发挥好收购资金供应主渠道作用的前提下，把握城乡统筹发展机遇期，围绕省委、省政府重大决策部署，突出政策性金融特点，以"土地整治""四化同步""产业支撑""安居工程"为重点加大信贷投放力度，有力推动了全省城镇化建设步伐。至2013年年末，农发行安徽分行累计发放农业农村基础设施建设贷款

908 亿元，贷款余额 706 亿元，累计支持农业农村基础设施建设项目 481 个，覆盖了全省 16 个市、98 个县（区），覆盖率分别达 100%、92%。

（1）支持"水土整治"，提升粮食生产能力。作为位于粮食主产区的分行，农发行安徽分行以抓好"水土整治"为突破口，通过支持农村土地复垦整理以及农田水利、农业生态环境建设，扩大高标准农田面积，促进农地集约化经营。2010 年以来累计投放土地整治贷款 191 亿元，支持农村宅基地整合、复垦新增耕地、改造中低产标准田。同时农发行安徽分行加大水利建设信贷投入，累计投放水利建设贷款 200 亿元，重点支持了六安淠河综合治理、黄山新安江综合治理、安徽青弋江分洪道改造等 83 个防洪抗旱减灾体系的建设工程，消除了水险隐患，为安徽连续九年粮食丰收提供了有力支撑，有效增加粮食供给 3.1 亿斤。

（2）支持"四化同步"，推进城乡发展一体化。促进"四化同步"协调发展是破解城乡二元结构的有力推手。近年来，安徽农发行不断创新和丰富信贷产品，把"四化同步"作为支持新农村建设和城乡发展一体化的重要抓手，实现了政策性金融与实体经济的共生共荣。一是大力推进城镇化进程，累计投放城镇化建设贷款 239 亿元，整治村庄 948 个，建设新型农民社区 151 个，新增住房总面积 2296 万平方米，并配套修建了便民商业设施、卫生院、学校以及生活污水处理等场所 600 多处；支持城乡道路建设，新建、改建农民道路 2597 公里，实现了水、电、路、网"四联通"。二是加大对农业现代化发展的信贷支持。农业现代化是城镇化发展的重要基础，农发行安徽分行重点选择现代化水平较高、具有突出后发优势的地区，作为推动城镇化、支持城乡统筹发展的突破口，积极对接国家级、省级现代农业示范区建设，推进农业现代产业集群发展，如贷款 3 亿元支持的芜湖大浦新农村建设示范区项目，实现了新农村建设和农业现代化的共同发展，得到时任全国人大常委会委员长吴邦国的充分肯定和高度评价；贷款 11 亿元支持的埇桥区国家级现代农业示范区已成为构建现代农业产业体系、推进现代农业建设的重要平台。三是突出增强工业化承载能力。为有效解决工业化"缺地"问题，农发行安徽分行通过支持农村土地整治和城乡建设用地增减挂钩等项目，累计置换出建设用地 47 万亩，如贷款 27 亿元支持的亳州市南部新区城镇基础设施项目，整理可供出让的土地达 9896.5 亩，重点发展了现代农业、工业以及现代物流、商贸等服务产业。

（3）支持"安居工程"，改善和保障民生。在推进安居工程建设方面，农发行安徽分行重点以棚户区改造、保障房建设为突破口，帮助政府解决融资难题。农发行安徽分行共投放农民安置房建设、棚户区改造等民生贷款501亿元，特别是在铜陵、淮南、六安等资源性城市投放贷款大力支持棚户区改造，使大量居住在城市边缘、矿区、厂区甚至采煤沉陷区的居民从低矮危房搬入新居。在保障房及新型农民社区建设方面，农发行安徽分行贷款4.2亿元支持了合肥新站综合开发试验区淮合花园一期工程，共拆迁13个自然村、居民组，拆迁总面积40.43万平方米，建设安置房面积32.13万平方米，并支持新建了幼儿园、小学、商业社区、卫生服务站等配套公共设施，使进城农民不仅住上了高质量、高标准的住房，还享受到良好的教育、便利的医疗服务和便捷的出行环境。

三 典型案例

案例 1：农发行 18 亿元支持淠河流域综合治理工程

淠河是淮河中游南岸的较大支流，是六安市境内最大的内河，也是皖西人民的母亲河，一直承载着江淮分水岭易旱地区农田灌溉、防洪排涝和城乡居民饮用水的重担。淠河曾是一条生态河，但 20 世纪 80～90 年代，受流域内急速推进的城镇化、工业化的影响，淠河河道堵塞，水质污染，防洪灌溉供水功能几近丧失，洪涝灾害和河水污染严重制约了六安市城市社会经济发展，并严重威胁到流域内 50 多万亩农田灌溉与粮食安全、上千万人口的饮水安全。

2008 年 7 月，六安市启动淠河综合治理工程，主要包括水利工程、污水治理工程和防汛道路工程。工程总投资 25.7 亿元，其中除项目资本金7.7 亿元由六安市财政局拨付外，尚有资金缺口 18 亿元。2009 年春，正当六安市政府四处寻觅如何启动融资引擎时，安徽省农发行由行领导带队与六安市政府主动对接，省、市两级银行成立专项服务小组，开辟办贷绿色通道，从立项、可研、环评、洪评编制，到项目评估、报批材料收集、资金支付，提供全流程、全方位的有力支持，从立项到 18 亿元贷款批复用了不到3 个月时间。淠河综合治理工程涉及项目多，投资数额大，施工期限长，为了让信贷资金及时供应、合规支付，农发行安徽分行的金融服务小组严格落实项目资金使用管理协议和资金报账制规定，对关联的重点项目、重要节点逐笔核对，做到资金围绕项目转、支付跟着进度走，保障了项目的顺利推进。有效维护被拆迁群众的合法权益是保障工程顺利进展的另一个难题。农发行安徽分行在请示总行后对资金支付进行了据实调整。工程建设以来，沿河两岸拆迁房屋面积约 85 万平方米，总户数达 9700 户，共支付征地拆迁安置费用 5.85 亿元。如此大规模的拆迁没有发生一起上访事件，更没有出现一个"钉子户"。最后主体工程仅用了短短的一年半时间就竣工了，创造了"六安速度"，也开创了安徽农发行银政合作、独立审贷信贷的管理新模式。

淠河综合治理工程综合考虑了环境保护、民生改善、饮水安全、水利设施、防洪需要、市政建设、景观改造和旅游开发等因素，并融入了皖西文化元素。通过项目建设，实现了粮食增产、农民增收，实现蓄水量 7100 万立方米，灌溉农田 6000 平方公里，增加农田灌溉面积近 190 万亩，有效增加粮食供给近 3 亿斤，每年可为淠河流域下游无公害优质粮油产业及其他农业产业增加收益 3.5 亿元以上，使灌溉区农民人均纯收入年净增 800 元；实现防洪能力大幅提高，淠河两岸的防洪标准由不足 10 年一遇提高到 50 年一遇；水质得到极大改善，淠河全流域 85% 的污染源得到有效根治，淠河饮用、灌溉水质达到 II 类标准，泄洪、纳污水质达到 III 类标准，保证了下游合肥市，六安市金安、裕安两区和霍邱、寿县两县沿淠、沿淮千万人口的供水；生态环境更加宜居，使六安市城市水面增加了一个半杭州西湖的水面，两岸湿度提高了 10% ~ 20%，夏季最高气温下降了 2℃ ~ 3℃，并使项目附近 50 平方公里范围内的地区成为六安市人居环境最佳地区，呈现出"青水绕绿城，参差十万家"的美景。

案例 2：农发行创新模式支持芜湖大浦试验区建设

2006 年 4 月，在中央一号文件的推动下，安徽省委、省政府选择 1000 个村和 100 个镇开展新农村试点示范建设，南陵县大浦试验区是安徽省唯一一家以企业的形式实施的新农村示范区，规划面积为 16 平方公里，包括浦西湖、池湖两大湖泊，水域总面积约 2.7 平方公里；涉及池湖、龙潭、黄塘 3 个行政村 33 个村民小组 1810 户，总人口 6900 余人。

规划范围内的农村原貌与新农村建设发展目标有较大差距。一是 70% 以上的劳动力外出务工，农业生产仍沿袭传统的生产模式，农民就业和经济发展缺乏合理的组织和引导，集体经济发展相对薄弱。二是人口居住分散，户均宅基地有 1 ~ 2 亩，占地较多，土地没有得到合理有效利用。三是交通等基础设施严重滞后，农民的生活环境较差。

试验区整体规划在 2007 年 1 月份通过芜湖市规划委员会评审后，同年 3 月由国家级农业产业化重点龙头企业——芜湖东源新农村开发股份有限公司启动建设，预计总投资 10 亿元，共分为土地流转、居民点安置、基础设施建设、高科技农业项目、观光农业等方面，以求通过节约集约用地、提升农业的科技含量、发展循环经济，改善农民的生产生活条件、优化农村生态环境。

农发行安徽分行认为大浦试验区是新农村建设的一种有益探索，通过多次深入调查和分析论证，对贷款各要素进行逐项分析和设计，最终确定将新农村社区和服务中心建设、特色农业产业园、农户拆迁和土地复垦三大项目组合打包，以创新模式申报农业综合开发贷款，引入了芜湖市建设投资有限公司作为债项的连带责任担保，审批 3 亿元 10 年期贷款予以支持，并吸引社会工商资本 1 亿多元参与其中，截至目前试验区共投入资金 5 亿多元。

大浦新农村试验区建设采取"政府引导、企业运作、村企共建、政策创新、产业推动"的模式，有力推动了当地农业和农村的发展。

芜湖大浦试验区的成功经验包括以下几个方面。

（一）以土地流转为切入点，实现农村土地资源集约经营

试验区立足于盘活城乡资源：通过土地转包，将农户承包的土地经营权转出，实现土地规模经营；通过土地置换，对试验区 646.75 亩集体建设用地进行异地置换，统一规划建设新型农民安置小区和配套设施；通过土地征收，将节约出的 500 亩土地依法实行土地征收，政府按市场规律进行商业评估拍卖。同时，试验区还积极引入资金，对滩涂、断路、废渠等常年闲置荒废土地进行综合开发。在资源整合前，试验区原有农用地 20038 亩，建设用地 2690 亩，试验区建成后，总建设用地控制在 1860 亩以内，农用地总面积增加到 22128 亩，新增耕地 2090 亩。通过对农业设施、居民点的综合规划建设，不仅改善了农业生产条件，而且增加了耕地面积，促进了土地资源的可持续利用。

（二）以高新科技为核心，推进农村产业升级

大浦试验区以现代农业为核心，建立了食用菌、优质水稻、特种果蔬三

大主导产业，目前已完成 200 亩特色果蔬园种植、300 亩避雨葡萄种植、150 亩有机果品种植、420 亩苗木示范园建设工作；完成了 280 座钢架大棚内的特色瓜果栽培工作；完成了 24 座食用菌周年化生产厂房建设并投入了生产；完成了 82 座砖木结构蘑菇大棚的建设并投入生产；建成了年产 5000吨的生物肥料厂，并已将其投入生产。

试验区以高新科技为引领，不断加大对现代农业设施、研发机构和组培中心的投入力度，与上海同济大学、安徽师范大学、安徽农业大学、中国农科院郑州果树研究所、河南科技学院等高校院所签订协议开展产学研结合项目，开发具有较强市场竞争力的优质果蔬品种，以科技拉动农业增长。试验区积极引入生物工程、设施栽培、节水灌溉、集约生产、智能管理、信息网络等先进农业生产技术，并通过示范、展示、参观、学习等方法，促进了现代农业科技向周边农户的推广和应用。同时，试验区 10000 平方米生态餐厅、5000 平方米温室室内园艺、北岛生态农业度假村等陆续完工，国家级生态旅游度假休闲基地的雏形基本形成。

（三）以城乡统筹发展为目标，提高农民生活质量

一是建设新型农村社区。试验区以宅基地等集体建设用地置换为契机，按照农村生活习惯，统一规划失地农民的安置小区和配套设施。试验区安置小区总规划面积达 32 万平方米，共计 2200 户，房型分排屋和多层两种供农户选择，统一建设通信、供水、供电、供气和垃圾处理设置，同时周边学校、医院、农贸市场、社区服务配套齐全。目前核心区 150 户排屋已于 2009 年年底完工并交付，使试验区建设向新型农村建设迈出了标志性的一步。

二是建立社会保障体系。区内农民享受双重保障：农民手中的土地虽已流转置换，但国家给农民享受的种粮补贴等各种惠农政策，还是按照原先各户耕地承包面积让农民享受；同时区内农民还享受到城镇居民的教育、医疗、养老等政策待遇，根据安置户的意愿，安置户可逐步转为城镇户口，按规定享受城镇低保。现试验区已为 864 名达到年龄标准（男 55 周岁、女 50 周岁）的失地农民每月发放 220 元的保障金，同时为 96 名农民办理了参保登记手续。区内农民能享受城镇居民在教育、医疗、养老等方面的政策待遇。

三是促进农民就业转型。试验区正逐步形成"研发—试种—规模化经

营—精加工—市场"的产业链,涉及多个行业。试验区通过对当地农民进行普及现代农业科技的培训,并与现代高科技农业的生产实践相结合,实现了传统农民向产业工人的转变;同时随着服务业的兴起,这还将会直接或间接地解决试验区内外一大批农民的就业。到目前为止,试验区已经提供固定岗位 150 个,工人的月平均工资在 1000 元以上。

大浦新农村试验区实现了农民增收、农业增效、农村发展的目标,并为工业反哺农业进行了有益的探索。据预测,大浦项目建成后,可实现年利润 9000 多万元,创税收 3500 万元,同时解决了区内千余农民的就业问题,经济、社会效益显著,为安徽省新农村建设树立了典型。时任全国人大常委会委员长的吴邦国同志在视察项目后对其给予了充分的肯定和高度的评价。

第四节 江苏无锡

在新农村建设中,无锡市狠抓重点工作,科学制定现代农村规划,农村面貌发生了巨大变化。2013 年,无锡市农民人均纯收入达 20450 元,增幅连续四年超过城镇居民;全年粮食总产量为 79.64 万吨,比 2012 年下降 2.5%;油料总产量 1.84 万吨;茶叶总产量 6049 吨;水果总产量 17.01 万吨,比 2012 年增长 9.6%。2013 年无锡全市农民人均现金收入达到 14200 元,同比增长 10.7%;农民人均财产性收入五年来更是翻了一番多,规模以上农业龙头企业销售收入增长幅度居全省第三位,农民人均现金收入居全省第二位。

一 无锡新农村建设的主要特点

无锡新农村建设呈现出三个亮点:工业拉动、企业带动、生态富民。

(一) 用工业化理念建设农业产业化集群

在无锡,工业反哺农业的内涵主要有三个方面:公共财政向农村倾斜的"以工促农"、城市向农民敞开大门的"以城带乡"、构建平等和谐城乡关系的"城乡互动"。要真正做到工业反哺农业,首要条件就是工业发达。无锡市农村利用市里的扶持资金,进一步加快农业产业化步伐,首先解决农业"经济发展"和农民"生活富裕"的问题。通过资金倾斜、政策激励、科学发展,无锡市现已形成南部丘陵山区高效茶果产业集群、锡东澄东经济林木产业集群、三沿（沿江、沿湖、沿河）特种水产产业集群、近郊精细蔬菜产业集群、环湖名优果品产业集群和环太湖休闲观光产业示范带等"五群一带"，也涌现出果蔬特色镇、奶牛之乡、苗木特色镇、水蜜桃之乡等特色农业镇 38 个，特色种养基地 121 个，培育出"太湖明珠大米""阳山水蜜桃""太湖翠竹茶叶"等一批省、市名牌农产品。

（二）企业带动农民生活富裕

例如，无锡日香桂绿地工程有限公司，不仅销售盆景和苗木，还与江南大学食品学院合作，提取桂花浸膏、桂花香精，开发桂花系列食品，带动了周边三个村的农民致富。2013 年，无锡市 50 家国家级、省级和市级农业龙头企业，共完成销售收入 352 亿元，带动 100 多万农民增收，农民人均年纯收入达到 8896 元。

又如江苏阳光集团 2002 年来在无锡市投资 3 亿元开发农林产业，2013 阳光集团春辉生态农林有限公司实现销售收入 6.4 亿元，成为全国最大的由工业企业投资的苗木、花卉、种苗生产基地。公司采取"公司＋农户"的模式，将松散的农民经营按照产业化方式聚合在一起，使农民在企业中就业，平均每人每年增加收入 8000 元。除此之外，农民将土地租给阳光集团，每亩每年还有 900 多元的固定租金。这样，企业不仅可解决农民的就业，还可以把农民的土地以股份制形式集中起来，形成规模种植，提高产值，减少农业风险，从而达到农民增收的目的。

（三）发展生态农业，增加农民收入

无锡市工业发达，但没有以牺牲环境作为代价。阳山的景象只是无锡生态农业的一个镜头。如今的无锡市，城在绿地间、村在林中建。近三年，全市以各类果品经济林为主体的农业生态园林达到 30.7 万亩，超过前 30 年造林面积的总和，接待海内外游客超过 100 万人次，实现产值 8000 万元。

二 建设模式

（一）江阴市华西村模式：坚持走集体化道路的典型

被誉为"天下第一村"的华西村是始终走集体道路的社会主义新农村建设的一面旗帜。改革开放以来，华西村走出了一条在坚持社会主义公有制的基础上，以工业化致富农民、以城镇化发展农村、以产业化提升农业的华西特色发展之路。

华西村从创办社队企业开始就始终将发展生产、繁荣经济作为强村之本。多年来，华西村不断完善和提升"三化三园"（美化、绿化、净化，远看是林园、近看是公园、细看是农民生活的幸福乐园）。现在，华西村不仅提前达到国家提出的"2020年节能减排"目标，而且还对企业分别创造出"原料运输零费用""废物吃干用尽""废水梯级利用""废气制成增值产品"等20多种循环经济模式，一年节能降耗、增收节支效益超过5亿元。

华西村在发展经济、致富百姓的同时，坚持"富口袋"和"富脑袋"两手齐抓。在华西的众多公司中，有一个公司堪称全国首创，就是1989年成立的"华西村精神文明开发公司"。

当然，制度和体制保障必不可少。华西村的党员干部始终坚持争当发展致富的带头人、文明乡风的倡导者、困难群众的帮扶员，十分重视研究和把握新形势下农村基层组织建设的特点和规律，善于运用严格规范的制度、民主管理的办法和吸纳民意的方式解决矛盾。

（二）北塘区陈巷模式：股份经济合作社的典型

2002年12月5日，无锡市北塘区黄巷镇陈巷股份经济合作社成立，将集体资产分配到每个村民，全村人人手握股权证书，陈巷村成为无锡"股改第一村"。这是继安徽凤阳首创农村家庭联产承包责任制、无锡创办乡镇企业之后中国农村的又一项重大改革。

经过几年的运作，北塘区的股份经济合作社的数量由2003年成立之初的22家合并为18家，到2010年全区股份经济合作社完成总收入22175.77万元。合作社股东收入也有了提高，由2004年合作社股东人均分红289.23元至2010年人均分红594.07元。截至2010年年底，陈巷股份经济合作社净资产达4280万元，增值1460万元。陈巷村的合作社运行良好，其经验值得总结和推广。

（三）锡山区黄土塘模式：从薄弱村快速跃为明星村的典型

2001年无锡市锡山区东港镇新黄土塘村由原黄土塘村、张巷村、西联村和坝里桥村合并而成，新村总人口有6000多人，各项经济指标的绝对值和相对值在全区村级中都处于下游，一些指标甚至垫底。经过多年奋斗，黄土塘村已经成为名副其实的乡村都市，成为无锡市的明星村，创造了村级发展中的一个奇迹。

首先，村级经济不到10年翻数番。2001年合并时，黄土塘村工业销售额不足5000万元，村里只有20多个作坊式小企业，村级可支配收入为60万元，负债7000多万元。到2010年黄土塘村完成产值10亿元，实现村级可支配收入1000万元，村集体经济股份合作社分配个人股红利93万元，每亩平均效益达到8000元，年人均纯收入达到16500元。

其次，新村建设超常发展。2008年以来，黄土塘村通过捐资、融资等多种途径，启动了新农村社区规划及黄土塘古村保护规划项目，加大了对历史文化资源的保护和挖掘力度，着力提升村级发展品位和内在质量。村里以黄土塘老街为主轴，明清建筑群、姚桐斌故居、抗战纪念碑已经得到很好的修缮和保护，吴进士府第正在加快修复。

最后，保障福利多项领先。黄土塘村十分注重提高群众福利和保障水平，为本村职工缴纳"三金"，农民参保巩固率达100%，村青商会捐助150万元用于残疾康复、特殊困难群体扶助、基础教育。同时，黄土塘村还设立了一批居民娱乐活动场所，村民的生活质量得到了极大的提高。

无锡市的新农村建设如今呈现出工业拉动、企业带动、生态富民三大亮点，自然不是短时间内形成的，而是多年发展工业的积淀。无锡发展工业并没有以牺牲环境为代价；虽然农业产值比重仅占GDP总量的1.8%，但是，当地不仅没有放弃农业，相反，却把农业做成了"精品"；该市无论在发展工业还是在新农村建设中，始终把生态富民放在首位。这些方式方法虽然不能完全效仿，但理念和思路具有相当的借鉴价值。因此，欠发达地区在解读无锡市新农村建设的经验时，完全可以跳出"经验"谈经验，汲取该市的先进理念和思路，因地制宜选择好适合实际的新农村建设之路。

三 农发行支持无锡水利建设基本情况

无锡地处长江三角洲地区，北依长江、南濒太湖，全市总面积为4627平方公里，其中江河湖荡面积占比近30%，全市共有大小河道3100多条，总长2480公里。作为全国水利现代化建设的示范城市，无锡在"十一五"期间，加高加固圩堤558公里，新增喷灌、滴灌面积7650亩，对75座蓄水库塘进行了除险整治，农村水环境综合整治共疏浚土方9560多万立方米，累计打捞太湖蓝藻213.7万吨，完成蠡湖、贡湖等48平方公里、1328万立方米的生态清淤任务，抽引长江水 30 亿立方米补入太湖。近两年无锡农村水利建设更是呈现出快速发展的新趋势，随着仙蠡桥等 8 大水利枢纽投入运行，无锡已在全国率先建成了城市防洪排涝体系，全面构建出"水安全、水环境、水资源、水文化"四位一体的城乡水利一体化建设新格局。

水利基础设施建设项目多、工期长、资金需求量大，据不完全统计，无锡市在"十一五"期间共完成水利投资 48.53 亿元，比"十五"期间的投资增加了三分之一。随着"十二五"期间无锡水利建设步伐的加快，预计今后无锡市水利投入将逐年增加。庞大的资金需求仅靠财政安排是远远不够的，无锡市农发行在坚持贷款合规、风险可控的前提下，在支持当地水利建设方面进行了积极的探索。

自 2007 年农发行开办农村基础设施建设贷款业务以来，无锡市农发行抓住机遇，加大了对政府主导、社会关注、具有显著民生效应的水利建设项目的支持力度，近年来先后支持了宜兴市东部污水处理系统工程、惠山区新农村生活污水管网建设、锡山污水管网工程、锡山九里河综合整治工程、锡山荡口水环境整治工程、锡东新城水环境综合整治工程、宜兴油车水库工程、宜兴供水工程、太湖流域 - 贡湖湾水系治理工程、锡山双泾河防洪工程、江阴老夏港河河道治理工程 11 个项目，截至 2013 年年末，已投放 48.95 亿元贷款，较好地发挥了农业政策性银行的信贷支农作用。太湖流域 - 贡湖湾水系治理项目是其中较有代表性的一个。

太湖流域 - 贡湖湾水系治理项目是江苏省重点项目，被国务院和水利部纳入太湖流域治理规划，总投资 39 亿元。该项目对科学治理太湖、构建生态无锡具有十分重要的意义。2010 年 11 月，无锡市政府印发了《无锡市太湖流域 - 贡湖湾水系治理三年行动计划（2011～2013 年）》，之后无锡市农发行积极与政府有关部门接触探索政策性金融支持方式。2011 年 6 月，这个贷款 25 亿元的水利项目通过农发行总行评估；8 月获得审批；11 月，江苏省农发行与无锡市政府共同举办了项目启动签约仪式；12 月，农发行投放首笔 6 亿元贷款。截至 2013 年 8 月末，农发行已投放贷款 24 亿元。目前工程已新建太湖大堤约 3.5 公里，改建加固大堤约 7 公里，改造环太湖口门 4 座，新建防洪排涝闸站 11 个，河道整治清淤 142.16 万平方米，土方开挖 714.21 万立方米，新建生态护岸 160.33 公里，河道两侧绿化面积 160 万平方米，水质净化与保持 81.43 公里，生态修复 81.4 公里，铺设截污管道 98.54 公里，铺设检查井 2097 座。随着项目工程建设的不断深入推进，太湖新城区域河道的调蓄能力、汛期河道的泄洪能力、区域内的防洪能力都将得到大幅提升，而沿河临水生态护岸、绿化及景观带的建设，将使贡湖湾成为具有独特文化景观的活力地带，全面提升居民的生活品质和城市的品位。

第五节　山东

作为经济发达的农业大省，山东省新农村建设模式对其他地区具有较强的借鉴作用。山东各地在新农村建设中，因地制宜，发挥优势，突出特色，探索了多元化的建设模式，总结其经验，对进一步深化全国各地新农村建设将大有裨益。

一　建设模式

（一）寿光模式

寿光模式是以蔬菜种植为突破口，以高科技为手段，以冬暖式蔬菜大棚为依托，在全市范围内推广并进行规模化蔬菜种植，进而实施产业化经营的一种模式。

寿光的蔬菜产品类型多、质量优、产业规模大、科技含量高、市场需求大、蔬菜产品龙头企业多、市场流通体系畅通。寿光市在对种植蔬菜的土地进行统一规划和集中建设的基础上，多次大胆探索大棚建设和蔬菜种植的新技术，目前已经使用第五代冬暖式大棚，蔬菜的类型和品种也一应俱全。为在激烈的市场竞争环境中提高自身的竞争力，寿光市还尝试进行农业产业化经营，成立了专门的公司进行蔬菜加工和营销，形成了"公司连基地、基地带农户"的发展模式。寿光市成了名副其实的蔬菜之乡，拥有了江北最大的蔬菜批发市场，每年举办国内规模最大的蔬菜专业盛会——中国（寿光）国际蔬菜科技博览会。

寿光富裕以后，就把文明村镇建设作为建设新农村的总抓手，改革户籍制度，取消农村户口，使人口流动更加自由，从制度政策上打破城乡、身份壁垒，让农民在身份认同上有了平等感。

（二）诸城模式

诸城模式是结合乡镇区划调整和机构改革，按照"地域相近、规模适度、便于服务及中心村具有发展潜力"的原则，把地域相邻的几个村庄规划为一个社区，乡镇政府在社区设立公共服务机构，建立为农民提供公共服务的体制和机制，以推进城乡公共服务一体化进程。

本着"政府主导、科学定位、贴近基层、服务农民"的宗旨，诸城市在全市范围内建成了 208 个社区。每个社区一般包括 5～6 个村，在其中选择一个交通便利、发展潜力大的村庄作为中心村，作为社区服务中心所在地，其他几个村一般在中心村的 2 公里半径范围内，一个社区共有 1000～2000 家农户。社区服务中心一般设置办事服务厅、卫生服务站、警务室、超市、计生服务站、纠纷调解站、文化活动中心等服务机构。在资金保障方面，建立了以市、镇财政投入为主体、以部门和单位帮扶为辅助、以社会捐助为补充的多元化投入机制。

为配合"强化中心村、弱化边远村"的社区建设政策，诸城市采取了一系列鼓励性措施，吸引更多距离较远的村民主动集中到中心村居住，如对购买中心村新建住宅楼的村民，在实行成本销售价的基础上，社区还提供适当的经济补贴。对因集中闲置不用的原有住宅用地实行统一规划，用于招商引资或上新项目。诸城中心村模式既有利于改变单一、分散的土地经营方式，扩大土地经营规模，提高农民组织化程度，又有利于发挥中心村镇的城市化功能，完善城镇的基础设施，提高村民的生活质量。

（三）希森模式

希森模式是一种典型的村企合作制模式，即以项目为纽带，企业与村民通过各种形式的合作，如合同制、合作制和股份合作制等，使村民为企业提供要素供给，企业为农村挖掘发展潜力，从而形成互惠共赢的村企关系。

希森模式是村企合作的成功案例，曾经引起全国的关注，成为新农村建设的典范。梁希森原是德州乐陵梁锥村的农民，因其公司在城市做房地产生意而致富。为改善村民的生活，他通过公司先后与梁锥村和许家村合作，开创了新农村建设的成功范例。他先是将梁锥村附近废弃的土地进行整合，在 130 亩废弃地上建起了带有花园、池塘的欧式联排别墅，以此来吸引村民入住，并由此置换出 480 亩宅基地，用于建造养牛场、饲料厂和屠宰基地。许家村的改造也基本按照同样的思路，不同之处是将腾出的宅基地变成了土豆原种培育基地，进行土豆产业化经营。村民以土地入股的方式参与新成立企业的经营中，并可以进入企业从事生产。这样，村民在获取土地入股收益的同时,又能到企业上班,获取劳动收入,获得双重收益。

实际上,希森模式是在"让利于村民,让村民得实惠"基础上的一种长期互惠式合作机制。其中,村民身份发生了两大转变:一是入股成为合作制企业的股东,二是进厂上班,而不再是单一从事农田耕种的农民。企业也突破了单一的工业化和收益最大化的视角,建造种植基地和加工制造基地,围绕农业开发相关产业化项目,有效地稳定了企业与村民的合作关系,既实现了村民富裕、村容整洁和村民自治,也充分利用了农村分散闲置的土地和劳动力资源,真正实现了村企共建、和谐发展的良好格局。

(四) 城阳模式

城阳模式又称"新城市主义"模式,一般适用近郊农村的城市化改造。这种模式强调合理利用土地、公共轨道交通优先、鼓励步行、协调邻里关系以及在社区内部提供就业等新的规划理念,主要包含两方面含义:一面通过旧城改造,改善城区的居住环境,提倡回归城市;另一方面则是对城市边缘进行重构,实现近郊农村城市化。

城阳区坚持群众利益至上,按照"三个基础稳固、六个清楚到位"的要求,积极稳妥地推进旧村改造,对各个环节进行统一要求、严格把关,力求把每座安置楼都建成精品,切实做到改出一片新社区、一片新环境、一片新产业。目前,全区已实施了 55 个社区的旧村改造,其中 22 个社区的2.87 万户村民已入住新居。城乡一体化的发展不仅让农民生活环境大为改善,更在加快旧村改造过程中推动了农村集体经济的发展壮大。通过组团式开发,城阳区已腾出土地 3.8 万亩,全部用于第二、第三产业发展,既改善了农民的居住条件和环境,又促进了农村集体经济的持续发展,确保了村民长期收益,而且荣获了中国人居环境范例奖,获得国家生态示范区、全国绿化先进区等称号,城市化水平达到 57%。

城阳新市镇建设,可以在很大程度上重构农村城市化功能,不仅能够使周边的农村人口享受高质量的城市生活,而且能够将原先分散的农村集镇汇集起来,节约居住空间资源,实现聚集化小城镇建设,更能进一步扩大农村人口就业机会,减轻城市就业压力,实现农村共同富裕。

二　山东支持新农村建设的经验

山东各地社会主义新农村建设能够紧密结合各自的区域优势,突出特色、大胆创新，探索出了比较成功的模式。这些模式虽各具特色，也有不同的适应性，但它们共同的经验和规律为全国其他省份提供了有益的借鉴。

第一，使村民获得持续增收的手段或途径。"便农"、"惠农"和"富农"是新农村建设的出发点和指导原则，也是其目标所在。新农村建设是一项长期工程，其主体应该是农民。在现今阶段，发挥政府的主导作用，动员社会力量的参与是非常重要的，也是必需的。但是，这并不意味着改善村民的住房或居住环境，一次性赞助或短期内高投资就足够了，更为关键或根本性的解决措施是提供农民发挥主体作用的条件和机制。村民持续增收应该是目前最有效，也最具有长远意义的解决途径。以上几种模式，要么先寻求村民致富的手段或途径，如寿光模式，要么在改善生活环境和条件的基础上，为村民提供致富的手段，如希森模式、城阳模式和诸城模式。当然，方式可以多样化，如高科技种植、农业产业化、机械化耕种和招商引资等，以为新农村建设提供不竭源泉和动力。

第二，立足实际，充分利用优势、资源和机会。各地甚至各个村庄的实际发展状况是不一样的，如何走出自己的新农村建设之路需要因地制宜，既不能被动地"等、靠、要"，又不能简单套用或模仿。"希森模式"诞生于发家致富后不忘乡亲的梁希森和他的公司，这种模式快捷又直接，而且大大减轻了村民的负担，但毕竟这样的场景和机遇不多见，大多数的农村仍需借鉴当地的资源或优势。例如，诸城利用自身的经济实力和众多企业强有力的发展后劲进行社区规划和建设；寿光借鉴种菜的历史和经验，创新种植技术，大力发展蔬菜种植、加工产业；城阳利用城乡接合部的区位优势，与城市优势互补、资源共享带动新农村建设发展。

第三，综合开发，全面建设，先后有序。"生产发展、生活宽裕、乡风文明、村容整洁、管理民主"的建设内容涵盖物质文明、政治文明和精神文明三个层次，包括经济、政治和生态等方面的可持续发展，或者说是各要素有机结合、综合协调的发展。以牺牲生态环境或可持续性发展为代价换来的经济效益，或只为村民修建现代化住房的做法是片面的。"新农村"建设不应齐头并进，而是有轻重缓急、先后之分。以上模式均做到了在建设过程中内容全面地综合规划和统筹兼顾，主次分明、先后有序。寿光和诸城模式是在经济先行的前提下，改善居民的生活条件和环境，引导村民逐渐改善生活习惯，培养村民的集体观念和文明意识；希森模式和城阳模式则是在改善村民基础生活设施和生活环境的基础上，一方面提高村民的经营意识，锻炼和培养他们的经营能力；另一方面通过教育和培训等提高村民乃至下一代人的素质。这些内容要素之间是互相联系的，其中经济和物质要素是基础，决定和影响着人们的行为和精神文明。

第四，坚持从实际出发，规划先行，分类指导。山东新农村建设的多元化模式不是靠自然形成的，而是山东省委、省政府科学指导的结果。新农村建设是一个长期过程，有完整的内涵、系统的目标，但具体到一个时段、一个地方，应充分考虑农民的实际需求和承受能力，讲条件、讲重点，不能同时什么村子、什么事情都抓，追求普遍开花。当前尤为重要的是从当地实际出发，做好符合当地生产力水平的规划，明确总体思路和工作目标、工作重点，进行分类指导。山东在新农村建设总体规划中，针对全省农村发展的不平衡性，以行政村为单位，将全省农村进行分类，以便各级政府制定更有针对性的政策，实行分类扶持和引导，做到培优做强一类村，加快转化二类村，重点扶持三类村。

从村庄发展模式归类看，城市郊区的村镇建设可借鉴城阳模式走农村工业化、城市化之路；经济发达地区可学习诸城模式，加强公共服务城乡一体化建设；具备集体经济发展条件或有外部资金流入时，可借鉴希森模式，走"以工带农、以企带农"的发展之路；一般农业地区可借鉴寿光模式，走"公司加农户"的农业产业化之路。

三　农发行支持山东新农村建设情况

近年来，农发行山东分行根据省委、省政府的战略部署，紧紧围绕改善农民生活居住环境、提高农业综合生产能力、提升现代农业发展水平，大力支持农村城镇化和城乡一体化发展，实现了财政资金与信贷资金的紧密结合，取得了明显成效。截至 2013 年年末，农发行山东分行累计批复农业农村基础设施建设贷款 1054 亿元，累计投放贷款 901 亿元，贷款余额达 695 亿元；累计支持农业农村基础设施建设项目 388 个，与 239 个政府投融资客户建立了信贷关系，覆盖了全省 17 个地市的 117 个县市区。

（1）支持农村新型社区建设，改善农民生活居住环境。农村新型社区建设是统筹城乡发展、推进城镇化进程的重要内容。2010 年以来，农发行山东分行累计投放农民集中住房建设贷款 309.8 亿元，建设农村新型社区 132 个，新增农民住房面积 1973 万平方米，改善了 17.2 万户农民的生活居住条件。尤其是山东省充分利用城乡建设用地增减挂钩政策，将边远农村的村民集中到乡镇周边居住，使农民享受到城镇居民的医疗、教育、文化以及社会保障，有效推动了农民"市民化"。例如，农发行山东分行投放贷款30亿元支持的济宁高新区黄屯新农村安居工程项目，可建成农民住房106万平方米，并配套建设文教、卫生、休闲娱乐、便民服务等公共设施，将济宁高新区32个自然村的村民全部集中到社区居住，有效改善了农民的生活条件，促进了城乡一体化发展。为了给农民营造优美的生活环境和提高生活质量，农发行山东分行累计发放农业生态环境贷款22.1亿元，用于支持农村生态环境改造和保护、污水处理、垃圾处理等，新建或改建供排水设施291个，建成污水处理厂、垃圾处理厂等7座；累计发放农村水网贷款13.8亿元，解决了750万户农民的饮水安全问题。又如，农发行山东分行向安丘市联村集中供水工程投放贷款9000万元，使该市范围内8.8万户贫水区、污染水区、高氟水区和苦咸水区农民吃上了安全可靠的自来水。

（2）支持农村水土综合整治，提高农业综合生产能力。加强农村土地集约利用、完善农田水利设施，是提高农业综合生产能力、实现土地规模化经营的重要保障，也是缓解城镇化、工业化过程中建设用地紧缺问题的有效措施。2010年以来，农发行山东分行累计投放农村土地整治贷款156.1亿元，新增有效耕地面积5万亩，整理收储盐田、荒滩等10余万亩。例如，农发行山东分行投放贷款30亿元支持青岛胶州湾跃进河流域土地整理一期项目，整理盐田、鱼塘、浅海滩涂等近3万亩，可形成商住、工业用地1.5万亩，拓展了土地利用空间，减少了城镇化发展对耕地的占用。农发行山东分行累计投放水利设施建设贷款256.2亿元，支持河道沟渠疏浚1114公里，改善水面污染面积5343平方公里，修建水库301座，增加蓄水能力3.8亿立方米，增加有效灌溉面积136万亩，增强了抗御自然灾害的能力，显著降低了洪涝灾害对周围区域的威胁与影响。又如，农发行山东分行投放贷款20亿元支持的潍坊市白浪河流域综合治理项目，新增土地灌溉面积21.8万亩，实现白浪河下游两岸井灌补源25万亩，向潍坊市区年均供水1.2亿立方米，全面改善了白浪河流域的水资源贫乏、耕地碱化的现象，提高了农业综合生产能力，是一项"利在当代、功在千秋"的工程。

（3）支持现代农业加速发展，促进农村剩余劳动力转移。产业支撑是城镇化建设的内生动力，是带动农民增收致富的必要途径。近年来，农发行山东分行重点支持采取"公司＋基地＋农户"模式的产业化龙头企业做大做强，有效促进了农业的规模化、集约化、科技化运营，实现了产业增值、农民增收和就业转化，较好地推动了现代农业发展。目前，农发行山东分行累计支持产业化龙头企业 450 余家，贷款余额达 153 亿元。例如，农发行山东分行投放 2.5 亿元产业化龙头企业贷款支持的庆云中澳控股集团有限公司，通过近 8 年的发展，企业资产及年销售收入由支持之初的 6 亿元、5.5 亿元，增加到目前的 42 亿元、38 亿元，并发展成为国家级产业化龙头企业、中国肉类食品行业 50 强企业，在自身经营规模扩大的同时，对周边农户增收的带动能力也进一步得到提高，目前与周边农户签订了商品鸭养殖合同，涉及养殖大棚约 7000 座，年可出栏量 7000 万只，可带动农民增收 1.75 亿元。另外，为保证农产品运输通畅和农民出行方便，农发行山东分行还投放农村路网建设贷款 83.1 亿元，新建或改扩建农村公路 6410 公里，有力地改善了农村的交通运输条件和投资环境，加快了农村的信息传播和对外交流，延伸了农村经济发展的链条，促进了农村城镇化进程。例如，农发行山东分行向邹城市农村道路建设工程项目投放贷款 8000 万元，为 12 个乡镇改造农村公路 462 公里，使 150 多个自然村、10 万多农户直接受益。

典型案例：新泰市西张庄镇、翟镇土地综合整治项目

新泰市位于鲁中腹地，总面积有 1946 平方公里，人口有 139.2 万，辖 20 个乡镇（办事处）、917 个行政村，是全国 60 个重点产煤县之一，2012 年 GDP 达到 751.5 亿元，实现地方财政总收入 90.2 亿元，一般预算收入 38.4 亿元，经济实力较强，在第十届全国县域经济基本竞争力百强县排名中列第 23 位。新泰市境内有新汶矿业集团及市属四大矿业集团（17 处煤矿），全市共涉及压煤村庄 118 个，受采煤影响，项目区内一些民房斑裂倒塌、地面沉陷、耕地灌溉困难、道路坑洼不平，给村民生产生活带来了极大的不便，群众要求搬迁的愿望十分强烈。同时，随着经济的不断发展，新泰市城镇化、工业化"缺地"矛盾突出，对新增建设用地的需求日趋加大。

作为山东省政府审批的城乡建设用地增减挂钩试点项目，新泰市西张庄镇、翟镇土地综合整治项目内容包括四个部分：农用地整治工程、居住区建设、农村建设用地整治工程及挂钩出让土地的整理，涉及西张庄镇和翟镇 2 个镇，搬迁村庄 30 个。该项目总投资 39.75 亿元，其中政府投入项目资本金 11.75 亿元，占比 29.56%；农发行山东分行审批贷款 28 亿元，占比 70.44%，贷款采取土地使用权抵押、采矿权抵押和土地出让收入返还质押组合担保方式，还款来源为项目整理收储形成的可出让土地出让收入返还以

及公建项目政府回购收入。新泰市统筹城乡发展有限公司接受政府委托和授权，作为本项目的借款主体和建设主体。

该项目总体实现了资金、土地的双平衡，从而在确保农用地数量和质量不降低、充分保障农民利益的前提下，实现项目区域内的城乡统筹和新农村建设，对当地新农村建设起到了明显的示范带动作用。

一是保护项目区农民生命和财产安全，释放压煤区资源效益。项目涉及压煤村19个，压煤村、塌陷区农民生产、生活条件极差，严重危害生命和财产安全。通过整体搬迁，该项目为50099户、14万农民的生活提供了安全保障，社区配套建设了卫生院、学校、商业服务设施等，使农民享受到了城镇化发展的成果。同时，压煤区地下已探明煤炭储量2000多万吨，可采煤炭1500多万吨，压煤区村庄的搬迁可有效释放煤炭资源，带来可观的经济效益。

二是增加耕地面积，提高土地利用效率。项目实施后可腾空挂钩土地6106亩，并新增耕地3553亩，这些耕地全部达到"旱能浇、涝能排、田成方、路成行"的水平，该项目提高了耕地质量，为农业规模化、标准化种养殖提供了有利条件。

三是增加农民就业机会，提高收入水平。为确保村民"上楼"的同时"不失地、不失业、不减收"，新泰市政府拟在西张庄、翟镇项目区及周边推行土地流转，实现土地的规模集约经营，建设现代农业园区。建新区引进配套设施建设和农工贸企业，为农民提供了更多的就业机会，使农民向产业化工人转变，提高了劳动效率和农民收入水平。

四是缓解城镇建设缺地瓶颈，推动城乡统筹发展。项目通过实施增减挂钩，可获得6106亩城镇建设用地，有力地推动了当地新区的建设，实现了耕地保护、村庄改造与新型农村社区建设的同步推进，促进了城乡统筹发展。

第六节　黑龙江

在黑龙江省，新农村建设日益深入人心，农村经济发展速度与质量同步提高，农村基础建设与各项事业协调发展，农村社会和谐稳定。

一　建设模式

黑龙江省多年来在新农村建设方面进行了许多有益的探讨。

第一，坚持城乡统筹，实施分类推进。按照城乡经济社会一体化发展方向，区别对待，分类推进"近郊城市化、远郊城镇化、中心村社区化"。

第二，坚持农村特色，强化城市功能。结合农村实际和农民意愿，民居建设实现楼房别墅、砖瓦平房、农家院多元化发展，社区建设突出农家生态特点和民俗风情，健全完善具有城市功能、品位的设施和服务。

第三，坚持多元投入，发挥市场机制。在政府投入、农民出工、社会捐助、金融支持的基础上，强化资源置换和村企共建等市场化投入机制，拓宽投资渠道，加大投入力度。

第四，坚持先建后评，实行以奖代投。深入开展新农村建设星级评定、以奖代投活动，达到条件的给予资金奖励，调动基层建设的主动性和积极性。

在上述原则的指导下，黑龙江省正在实施以下几种建设模式。

（一）产业带动模式

由"主导产业＋农场＋农村"组成，利用当地资源和技术，从发展特色产业入手，发展"一乡一业""一村一品"，逐步扩大经营规模，提高产品档次，形成区域性主导产业和优势产品。

例如，牡丹江市东安区兴隆镇大湾村，有黑龙江省大湾集团、互感器厂、木制品加工厂、乳品厂等一批村办工业企业。产业带动该村新建机械化操作自动喷灌、自动卷帘的节能温室138栋，标准化大棚862栋，建设了2500平方米的联动育秧大棚和3000平方米的蔬菜交易批发市场。全村年产无公害蔬菜1万余吨，对俄出口6000余吨，种地户年均收入3万元以上。

（二）城镇辐射模式

位于城乡接合部、开发区周边的村庄，通过城市功能的扩张和延伸，扩大城镇服务和产业配套空间，增加农民致富途径，带动农村经济发展。

例如，哈尔滨市道里区太平镇，利用城镇辐射作用，确定了"南湖北江一条线、三村五屯一个园"的新农村建设规划，提出建设以畜牧业和乡村旅游业为主的产业格局，并辅以特色种植、畜牧养殖、农副产品深加工等功能小区，重点加强空港园区、招商引资、协税融税工作，以土地置换、林权转让、资源发包等形式筹集资金，广修通乡通村公路。各村因地制宜，加快奶牛、蛋鸡、蔬菜、棚室、早玉米、食用菌等基地建设，加大农家乐旅游观光开发力度，开拓了太平湖和小山子沿江观光长廊，实现年均产值 3.4 亿元。

（三）整体搬迁、集中建设模式

黑龙江省对那些地理上分散，人口少，地理环境不佳，基础设施建设费用高，易造成人、财、物和土地资源浪费的村庄进行集中规划，土地集中整合，整村搬迁，形成了居民相对集中、基础设施相对完备的新村。

例如，在大兴安岭地区，新农村建设以来共完成 6 个村庄、2 个林场的撤并工作。村庄撤并使偏僻的小村、分散的自然村庄向中心村集聚，偏远林场向中心城镇聚集，方便了新村农民（职工）就医、子女就学，促进了农村第三产业的发展。

（四）村企共建模式

黑龙江省以农业产业化经营为载体，开展企业与试点村的全方位结对共建，实现了互利互惠、合作共赢。

例如，七台河市桃山区万宝河镇红岩村，先后与兴盛化工、森帝酒具等 6 家企业建立共建对子，吸引企业投资 360 万元参与该村的通村公路、村容整治、文化推广、农业生产等各个方面。试点村为企业解决了征地、用工、子女入学、生活保障等问题，营造了良好的发展环境。企业参与新农村建设，有效地提高了村级组织民主管理的水平，实现了"管理民主"。

（五）帮建模式

新农村建设试点启动以来，黑龙江省共确定 205 个省直单位，一对一帮建新农村，由此发展成独具特色的帮建模式。例如，省技术监督局帮建的克山县双河乡群心村，帮建工程开展以后，通乡通村公路全部实现了硬化，村民饮用上了自来水，新建了 11.5 公里村内道路和 5500 平方米的村级综合服务场所，农机合作社也粗具规模。通过帮建，群心村基础建设已全面完成，社会事业逐步发展，农民增收渠道拓宽。

（六）场（矿、油）县共建模式

农垦、煤矿、油田等单位与地方在基础建设、农业生产和社会事业等方面进行合作，实现优势互补、共同发展。

例如，在省农垦总局九三分局与嫩江县的合作共建中，农场扩大农机跨区作业范围，使该县大豆平均每亩降低耕作成本 6.7 元，县域村庄节本增效累计超亿元。九三油脂集团、丰缘麦业集团和九三亚麻等龙头企业，带动地方发展种植基地总面积 404.6 万亩。九三肉牛、肉羊畜产品加工企业，带动地方建立养殖专业村和规模养殖小区。各农场围绕县糖业集团种植高糖甜菜 8 万亩，围绕嫩江兴邦药业集团种植中草药 3 万亩。局、县双方互为龙头与基地，以市场办法进行利益连接，促进县域年增收 2 亿元。该模式实现了基础设施资源共享，加快了区域城镇化进程；实现了公共资源共享，推动了社会事业共同进步；实现了管理资源共享，促进了区域管理水平提高。

（七）城中村改造模式

为了提高城区人口、住宅、商服等方面的承载能力，使有限的土地资源得到有效整合和利用，拓展城区的发展空间，构建生活区和生产区分离的农村发展新格局，政府进行统一规划，将城中村进行改造，实现了农民向市民的转型。

例如，宾县宾西经济开发区城中的西川村有 9 个自然屯坐落于开发区中心区域内，形成了区中有村、企业围屯的现象。宾县县委、县政府对开发区腹地的村屯进行了改造，按照城镇社区管理模式，组织开展了新村社区管理组织组建、居民户籍变更、劳动力培训、居民社会保障等工作，确保新村群众拥有固定的经济收入和稳定的生活保障。

二　主要成就

（一）农村经济和农民收入持续快速增长

大灾之年粮食生产夺取大丰收。黑龙江省各地深入推进结构调整，全面强化标准化生产，在 2012 年战胜了历史上罕见的特大夏伏连旱，全省粮食总产量达到 793.1 亿斤，是历史上第二个高产年。畜牧业呈现全面复苏态势。全省肉、蛋、奶产量比 2011 年分别增长了 5.7%、5.9% 和 7.6%。绿色食品产业发展势头强劲。2012 年，黑龙江省的绿色食品种植面积发展到 4680 万亩，比 2011 年增长了 12.8%；生产总量达到 2120 万吨，同比增长 15.5%。农产品加工业快速发展。2012 年，黑龙江省规模以上龙头企业发展到 1600 户，全省农产品加工业销售收入达到 1300 亿元，分别比 2011 年增长了 6.7% 和 13%。外向型经济持续发展。2012 年，黑龙江省农业引进利用外资总额比上年增长了 12.9%，农产品出口贸易突破 11 亿美元，创历史新高，对俄农产品出口基地建设实现了三年翻番目标。农村劳动力转移步伐加快。2012 年，黑龙江省转移农村劳动力 480 万人，实现劳务收入 210 亿元，分别比 2011 年增长了 6.4% 和 22.8%。农民收入增幅较大。2012 年，黑龙江省农民人均纯收入突破 4000 元，比 2011 年增长了 10%。

（二）农村基础建设实现重大突破

农村公路建设突飞猛进。2012 年，黑龙江省农村公路完成建设里程达 20800 公里（其中水泥路 18000 公里、砂石路 2800 公里），比 2011 年增长 47%，全省通乡通村公路硬化率分别达到 82% 和 43%。农村饮水安全工程建设迈上新台阶。2012 年，黑龙江省建设农村饮水安全工程 1800 处，解决了 2170 个村、115 万农村人口的饮水安全问题；全省农村自来水入户率达到 45%，比 2011 年提高了 5 个百分点。新型清洁能源建设取得新进展。2012 年，黑龙江省新建户用沼气池 7.1 万个，完成沼气工程 50 处、秸秆气化集中供气工程 2 处，推广太阳房 104 万平方米、户用秸秆汽化炉 810 个、省柴节煤炕连灶 12 万个、燃池 4 万个。农村住宅建设步伐加快。2012 年，黑龙江省新建农村住宅 890 万平方米，住宅砖瓦化率提高到 66.6%。新建和改造新型节能保温住宅 2.5 万户。一些农民新建住宅进行了供暖、室内厕所和洗浴等配套设施建设，人居条件大为改善。农村商服网点大幅增加。2012 年，黑龙江省新建、改建标准农家店 5600 家，比 2011 年增长 10%。乡村环境整治成效显著。2012 年，黑龙江省镇村内新硬化主街和巷路 2150 公里，新建硬质排水边沟 2163 公里，新建地下排水设施 127 公里；改厕 1.9 万个，设垃圾箱 8796 个，清运垃圾 1347 万吨；植树 1268 万株，新增绿地 437 万平方米。

（三）农村社会事业取得重大进步

农村教育事业发展步伐加快。2012 年，黑龙江省全面落实"两免一补"政策，上学难问题得到缓解；下派 2500 名城市教师支援农村教育；通过开展农村职业教育培训农村劳动力 111.8 万人次；推进农村中小学现代远程教育，使 65% 的学生受益。农村卫生事业稳步发展。2012 年，黑龙江省新型农村合作医疗在所有的市（区、县）全面开展，参合率达 92.1%；完成 30 所乡镇卫生院的改造；组织城市医疗机构与 21 个贫困县的 84 所乡镇卫生院建立长期对口支援关系；培训医护人员 3 万多人。农村文化事业日趋繁荣。2012 年，黑龙江省新建 68 个乡镇综合文化站、60 个文化信息资源共享工程农村基层服务点和 100 个农民书屋，"文化、图书、电影"下乡活动日渐活跃；全省有线电视入户率达到 40%。农村社会保障体系不断完善。2012 年，黑龙江省发放农村低保资金 3.4 亿元，87 万名贫困群众享受到农村低保待遇，比 2011 年增加 13 万人；改建、扩建农村敬老院 29 所；五保户分散供养标准比 2011 年提高了 33%，集中供养标准提高了 47%；全省农民大病得到救治14 万人次；开展了"个人缴费、财政补贴"新型农村养老保险模式试点。

（四）农村民主政治建设不断加强

深入开展"三级联创"活动，2012 年，黑龙江省各地评选命名"五个好"建设农村先进党组织 3343 个；举办 21 期培训班，对 3110 名乡村党组织书记进行了培训；建设村级组织"六位一体"活动场所 2022 个；全面开展文明村镇创建和"十星级文明户"创评活动，全省 3300 个村达到县级以上文明村标准，"十星级文明户"占创评面的 10%；80% 的村达到平安乡村建设标准。农村基层党风廉政建设不断加强，不正之风得到遏制，农民权益得到保护。

参考文献

[1] 黄连贵：《后金融危机时代农业产业化的路怎样走》，《农民日报》2010 年 5 月 11 日。
[2] 张国超：《新农村建设要关注生态环境安全》，《三农中国》2008 年第 8 期。
[3] 国家计委宏观经济研究院课题组：《粮食生产与农民收入关系的回顾与分析》，《经济研究参考》2003 年第 3 期。
[4] 柯炳生：《建设新农村与发展现代农业》，《理论视野》2007 年第 7 期。
[5] 黄华绮、王克修：《积极推进城镇化进程》，《红旗文稿》2005 年第 24 期。

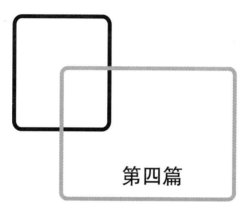

第四篇

展望篇

第十一章
政策建议

第一节 深化新农村建设中金融服务发展的几个出发点

一 正视农村地区资金外流，"引进来"和"防流失"并举

由于我国产业发展结构和长期的"农业支持工业"等原因，我国农村地区本已匮乏的金融资源，仍在不断流失。我国农村地区的金融体制改革伴随国家整体宏观金融体系的变革而动，在探索中不断得到完善，但仍存在许多有争议的问题。例如，对新农村建设的重要金融服务提供者——农村信用合作社，有人批评认为其在实践中扮演了将农村资金调入城市的"抽水机"角色；也有人对农村商业银行和村镇银行将资金调配到城市提出质疑。不论何种探讨，都体现出我国农村地区金融资源存在向城市地区转移的实际情况，这种情况的存在和加剧，进一步造成了提升农村地区金融服务水平的困难，并使种种努力效果大打折扣。虽然资金的流动是出于其赢利本质，无法被人为阻挡，但这种流失在主要依靠政策性金融带动发展的农村地区金融服务提升进程中，应得到足够的重视。这种流失也为从根本上提升农村地区金融服务指明了方向，即抛开成本等制约农村地区金融服务发展的因素，从根本上提高农村地区经济发展水平，提高工业化、城镇化程度，才能最大限度地留住农村金融资源，并进一步吸引更多的外部金融资源"流入"。而大力提高经济发展水平，提升工业化、城镇化及农业现代化水平，正是新农村建设的核心要义。从这个角度来看，目前的新农村发展方向值得肯定，本报告中分析的"三化"模式正是适应这一潮流的积极探索。

二　坚持农村金融机构改革，注重政策引导与步骤进程

以银监会为代表的监管层大力推进中小农村金融机构改革发展，尤其是着力推动对新型农村金融机构的改革。改革是必要的，其初衷在于多层面、全面提升农村地区金融服务水平。应坚持和深入推进金融体制改革，为农村地区金融服务水平的提高做出更大贡献。但在推进改革的进程中，要十分注重政策的引导作用，防止出现政策"过激"、"过急"甚至"跑偏"的现象。对金融机构的发展，要视具体情况和经济基础酌情设定，谨慎推进，"一刀切"式的数量型管理方式的指导意义不大。另外，对各种拟发展组建的金融机构形式，要充分论证其发展具备的基础、各方参与意愿、实际效果、管理难度和社会影响，全面考虑、审慎推出，免得在频繁推出各种形式的机构改革目标后，却因实践效果不佳，而不了了之或草草收场。新型农村金融机构发展"三年规划"目标未如期实现，以及贷款公司、农村合作银行、农村资金互助社等在实践中遇到的种种问题，暴露出在政策引导与机构转型设计方面的不足。

三　审慎发展合作互助金融，保护农户参与金融服务的热情

如上文所分析，身背"农村""互助"等标志性字眼、被寄予厚望的农村资金互助社发展至今，不仅远未达到设定的发展目标，而且在新农村建设的金融服务实践中被逐渐"边缘化"和"山寨化"，部分由农民自发筹建的资金互助社走向流动性陷阱，出现资金困难而暂停贷款，如曾名噪一时的全国首家乡镇级农村资金互助社——兴乐农村资金互助社，在仅仅开业100天后即因现金存量不足而暂停贷款。很多资金互助社则由于监管缺位等原因，经营性质逐渐改变，资金外流现象严重，自身"去农化"倾向不断强化，贷款演变为"高利贷"。这些问题折射出农村金融改革与提升的复杂性和难度，也体现出农户互助金融模式发展的缺陷。发展互助金融的本意和出发点是为了以最小的成本满足农户的金融需求，但在实践中则由于监管缺失、股东目标不同等原因而偏离了"方向"，损害了农户参与金融服务的热情和积极性。农村互助金融模式的发展壮大，需要更多政策层面的设计和扶持，因此要从最大限度保护农户参与金融服务的热情出发，审慎发展合作互助金融，充分论证发展的必要性、可行性及其管理模式、推进步骤。

四 发挥政策性金融引导作用，合理制定外部扶持措施

最大限度地满足新农村建设中的金融需求，探索金融服务资源进入新农村建设领域的有效方式，离不开政策性金融的"带头示范"和"引导"作用。从当前我国新农村建设实践来看，以中国农业发展银行为核心、吸引商业性金融参与新农村建设的模式在部分试点地区取得了初步成效，但整体来看，这一模式尚未形成广泛的推动力，也尚未产生农发行"带头"投入资金后，商业性金融的"倍数"配比投入效应。实践中，农发行的政策性资金投入和国家开发银行（以下简称国开行）带有"政策性色彩"的资金投入，仍是新农村建设投入的主体，商业性金融仍多在"试探"和小额跟进。切实提高新农村建设金融服务水平，需要最大化发挥政策性金融的引导作用，通过合理有效地扶持政策和方式，激发商业性金融的积极性。在外部扶持政策制定方面，要充分考虑市场化原则和激励方式的可持续性，避免行政性干预和短期、临时以及无持续后劲的扶持措施。例如，过度依靠财政补贴方式"刺激"金融机构发放"三农"类贷款，不仅会造成政府层面的财政压力，而且极易引发金融机构短期行为，不仅无法实现对新农村建设的持续金融支持，而且会造成多方面的不良后果。

第二节 金融支持、结构优化和新农村建设的实证研究

2006 年，中共中央一号文件以新农村建设为主题掀开了中国农村、农业、农民问题系统化解决的历史序幕。几年来，新农村建设在各地进展不一，模式也多种多样。

中国近百年来有梁漱溟、晏阳初、董时进等仁人志士以一己之力或大声疾呼或进行长期区域试验或勾勒中国新农村理想图景，事实上，在一个以地主和资本家为统治基础的政治背景下，他们的新农村建设目标注定无法实现，其书生意气、空想主义也限制了他们的眼界，帮助农民建设新农村的目标只能由共产党人来完成。

经过三十多年的改革发展，中国已成为世界第二大经济体，中国共产党作为有近 8000 万党员的世界第一大政党，在党政共管体制下，手中握有足够的可支配资源，中华精英绝大多数聚集在中共党内，也为智慧集中、政策出台提供了精神保障。城市反哺农村，工业反哺农业，城乡统筹，三化同步

等一系列指导方针为新农村建设铺平了现实发展道路。

三十多年波澜壮阔的中国农村改革中，究竟哪些因素发挥了作用？金融等虚拟经济因素作用的程度如何？下面我们通过计量实证模型探寻问题的本源，期望找到中国成功跨越"中等收入陷阱"、全面进入小康社会之路。

一　研究变量的选择与数据说明

作者根据理论分析，并且在数据可得前提下选取了一系列指标对结构优化和新农村建设进行计量。

1. 新农村建设指标（A）

新农村建设的本质仍然是着眼于提高农村经济发展水平，因此可选择名义第一产业总产值（包括农林牧渔业）作为新农村建设指标。为了消除人口因素的影响，采取全国乡村就业人员从事第一产业的人数作为除数，即

$$A = \frac{第一产业总产值}{全国乡村就业人员从事第一产业的人数}$$

2. 结构指标

目前，许多学者从结构的视角研究经济增长，归纳起来主要是就业结构、产业结构、需求结构和经济增长的互动关系。但一个最大的问题是这些研究都是将以上变量独立与经济增长进行比较分析，没有从供给和需求整体的角度来考虑问题。因此本研究试图在供求框架体系内对农村经济增长进行实证研究。基于此，本研究提出三个结构指标，分别是：农村就业结构（X）、农村产业结构（Y）、农村消费结构（Z）。

$$X = \frac{全国乡村就业人员从事第一产业的人数}{全国乡村就业人员数}$$

$$Y = \frac{农业总产值}{第一产业总产值}$$

$$Z(农村居民家庭恩格尔系数) = \frac{农村居民的食品支出}{农村消费的总支出}$$

3. 金融指标

这里的金融事实上是大金融概念，既包含新农村建设的银行信贷资金，也包括了国家财政（包括中央和地方）资金。一般来说，银行信贷资金可以占到新农村建设资金的40%左右，这里我们用农业贷款指标（L）表示银行对农村经济的信贷资金支持，这也和第一产业总产值代表农村经济增长相

对应。除信贷力量外，国家财政资金（G）在新农村建设中也发挥着不可或缺的作用。

本项研究样本数据（1978～2012年）来源于历年《中国统计年鉴》、《中国农村统计年鉴》和《中国金融年鉴》等数据库，由作者进行整理与计算得出。为了消除异方差的影响，对 A、L、Z 取自然对数。1989年全国乡村就业人数无法查证，采取移动平均法得出；1978年和2012年的农业贷款数据缺失，根据这两年的年末贷款余额数1890亿元和479196亿元，分别乘以0.06计算得到。因篇幅限制，略去初步处理数据。

二　结构优化和新农村建设的实证分析

（一）单位根检验

从数据上看，经济活动的时间序列数据往往表现为一致性的上升或下降，即它们主要是非平稳时间序列，此时即使它们之间没有任何经济关系，在进行回归时也将表现出较高的拟合程度。在这种情况下，如果使用通常的分析方法——假设经济数据和产生这些数据的随机过程是稳定随机过程，并进行分析，其结果就失去了意义。因此，我们首先利用迪克（Dickey）和福勒（Fuller）于1981年提出的考虑残差项序列相关的 ADF 单位根检验方法，对数据进行平稳性检验。使用 Eviews 6.0 检验的结果见表 11-1。

表 11-1　各变量 ADF 单位根检验结果

变　量	ADF 检验值	检验类型 (c, t, p)	临界值			结　论
			1%	5%	10%	
A	-2.172	$(c, t, 2)$	-4.441	-3.633	-3.255	非平稳
$D(A)$	-2.8***	$(c, t, 0)$	-3.753	-2.998	-2.639	平　稳
X	-2.2	$(c, 0, 0)$	-3.738	-2.992	-2.636	非平稳
DX	-7.488*	$(c, t, 0)$	-4.416	-3.622	-3.248	平　稳
Y	-4	$(c, 0, 0)$	-3.738	-2.992	-2.636	非平稳
DY	-4.03**	$(c, 0, 1)$	-4.441	-3.633	-3.255	平　稳
Z	-3.59	$(c, t, 5)$	-4.532	-3.674	-3.277	非平稳
DZ	-4.513*	$(c, t, 0)$	-4.416	-3.622	-3.248	平　稳

注：①检验类型 (c, t, p)，c 为常数项，t 为趋势项，p 为滞后期；②滞后期 p 的选择标准以 AIC 和 SC 值最小为准则；③D 为变量系列的一阶差分；④*，**，*** 表示在1%，5%，10%的显著水平上拒绝有单位根的原假设。

由表 11 – 1 可知：各变量 X、Y、Z 和 A 的 ADF 值在显著性水平为 10% 时都不显著，证明这些系列都存在单位根；但所有这些变量的一阶差分系列的 ADF 值都在 10% 的显著性水平下拒绝了原假设，因此以上分析得出的各变量都是一阶单整 I（1）系列。这就意味着不论是就业、产出和消费结构，还是农业产出都是非平稳的，但它们各自经过一阶差分后都变成了平稳系列，这说明它们之间在长期中可能存在稳定关系。为了确定是否存在这种长期稳定关系，下面我们进入协整检验。

（二）协整检验

按检验的对象可将协整检验分为两种，一种是基于回归系数的协整检验，如 Johansen 协整检验；另一种是基于回归残差的协整检验，主要应用于单方程变量检验，本书采用此法进行多变量单方程检验。设置 A 为被解释变量，而 X、Y 和 Z 为解释变量，进行 OLS 估计并检验残差系列是否平稳，显然在 1% 的显著性水平下协整的 ADF 检验临界值为 – 2.665，其检验值为 – 4.042，因此拒绝存在单位根的假设，说明残差项是稳定的，可以认为这些变量间存在（1，1）阶协整，说明变量 A、X、Y 和 Z 之间存在长期稳定的均衡关系（见表 11 – 2）。

表 11 – 2　协整方程回归结果

变　　量	回归系数	标准差	T 检验值	概率值
X	– 6.14	0.84	– 7.30	0.0000
Y	– 4.20	1.16	– 3.61	0.0016
Z	– 4.67	1.06	– 4.41	0.0002
C	8.92	0.41	21.70	0.0000
调整的可决系数	0.97	F 检验值	254.97	

残差的单位根检验

变量	AEG 检验值	检验类型 (c, t, p)	临界值	结论
残差的原系列	– 4.042	(0, 0, 0)	– 2.665（1%）	平稳

（三）格兰杰因果关系分析

以上协整关系只能说明农村经济增长与就业结构、产业结构和消费结构之间存在显著的相关关系，但不能表明它们一定具有确切的经济含义，是否构成因果关系还需进一步验证。对 VAR（1）模型我们用比较常见的格兰杰（Granger）因果检验方法检验各变量之间的因果关系［滞后阶数由 VAR 模型的最佳滞后阶数确定（见表 11－3）］。从表 11－4 中的情况看：

1. 农村产业结构和消费结构是农村经济增长的格兰杰原因，而农村就业结构不是农村经济增长的格兰杰原因

以上结论有力地回答了结构变化和经济增长之间的因果关系问题，即不论是从供给角度还是从需求角度来考虑，结构变化都将促进经济增长。其中的缘由不难理解，当劳动力从农业部门转向林牧渔业部门时，就会提高整个第一产业的社会平均劳动生产率；农村居民从日常的柴米油盐转向消费冰箱、彩电等日常耐用消费品，将显著带动国内需求；国内经济的改善引致农村劳动力离开农业，连同农业现代机械的采用将有力提高农业生产效率；与此同时，第一产业为工业提供重要原料的作用能有效发挥出来，其农产品价值得到充分体现，这也会有力地拉动第一产业快速增长。

2. 农村产业结构和农村经济增长是消费结构改善的格兰杰原因，而消费结构不是引致农村产业结构变化的格兰杰原因

这进一步对传统的观点提出质疑，即消费结构通过产业结构促进经济增长。农村消费结构和农村经济增长的互动因果关系为我们启动农村消费市场、扩大内需打开了广阔的思路。朱绍格、王元凯（2009）证实 2004 年新的中央"一号文件"支农惠农政策实施后，农户消费能力水平大幅提升，农户边际消费水平 MPC 由 1994～2003 年样本数据的 0.288 提高到了 2004～2006 年样本数据的 0.342。这也证实了文启湘、冉净斐（2005）提出的消费结构和产业结构要保持协调的观点。

表 11－3　格兰杰因果检验滞后阶数的确定

Lag	LogL	LR	FPE	AIC	SC	HQ
0	71.95603	NA	$2.03e^{-07}$	－6.895603	－6.746244	－6.866447
1	141.5837	111.4043	$4.81e^{-10}$	－12.95837	－12.36093	－12.84174
2	150.5625	11.67240	$5.20e^{-10}$	－12.95625	－11.91073	－12.75215
3	160.3151	9.752653	$5.91e^{-10}$	－13.03151	－11.53791	－12.73995
4	168.2498	5.554245	$1.04e^{-09}$	－12.92498	－10.98330	－12.54594
5	222.4267	21.67077*	$3.20e^{-11*}$	－17.44267*	－15.05291*	－16.97616*

注：VAR 模型的滞后阶数可以根据 LogL、LR、FPE、AIC、SC 和 HQ 等标准进行确定，由表可知 VAR 的滞后阶数应为 5 阶。

表 11 −4　农村经济增长与农村产业结构、农村消费结构的格兰杰因果关系（样本数为21）

原假设	F 统计量	相伴概率
X 与 A 无关	0.67259	0.6235
A 与 X 无关	0.47374	0.7544
Y 与 A 无关	3.07120	0.0587
A 与 Y 无关	0.94602	0.4709
Z 与 A 无关	2.39812	0.1080
A 与 Z 无关	5.07960	0.0125
Y 与 X 无关	1.51020	0.2606
X 与 Y 无关	1.73443	0.2070
Z 与 X 无关	1.37445	0.3002
X 与 Z 无关	4.03297	0.0268
Z 与 Y 无关	1.84374	0.1854
Y 与 Z 无关	2.62247	0.0877

　　我们已经分析出农村经济增长和农村产业结构、农村消费结构之间存在长期均衡关系，而且农村产业结构、农村消费结构都对农村经济增长有显著的因果影响。下面通过构造 VAR 模型，找到脉冲响应函数，进而对农村产业结构、农村消费结构影响农村经济增长的动态过程和特征进行详细刻画。

　　在以上单位根检验中，我们知道第一产业总产值、农村产业结构与农村消费结构三个变量的一阶差分是平稳的，因此可以建立这三个变量的 VAR（5）模型，于是有如下向量矩阵：

$$
\begin{bmatrix} A_t \\ Y_t \\ Z_t \end{bmatrix} = \begin{bmatrix} 3.99 \\ -0.14 \\ 0.7 \end{bmatrix} + \begin{bmatrix} 1.03 & -2.19 & -7.12 \\ 0 & -0.07 & -0.16 \\ 0.06 & -0.61 & -0.83 \end{bmatrix} \begin{bmatrix} A_{t-1} \\ Y_{t-1} \\ Z_{t-1} \end{bmatrix} + \begin{bmatrix} -0.22 & 2.25 & 3.23 \\ 0.08 & 0.13 & 0.71 \\ -0.12 & -0.13 & 0.71 \end{bmatrix} \begin{bmatrix} A_{t-2} \\ Y_{t-2} \\ Z_{t-2} \end{bmatrix}
$$

$$
+ \begin{bmatrix} -0.13 & -0.76 & 2.34 \\ -0.01 & 0.56 & 0.22 \\ 0 & 0.20 & 0.36 \end{bmatrix} \begin{bmatrix} A_{t-3} \\ Y_{t-3} \\ Z_{t-3} \end{bmatrix} + \begin{bmatrix} -0.49 & 1.7 & 3.28 \\ 0 & 0.35 & 0.39 \\ 0.01 & 0.29 & 0.07 \end{bmatrix} \begin{bmatrix} A_{t-4} \\ Y_{t-4} \\ Z_{t-4} \end{bmatrix}
$$

$$
+ \begin{bmatrix} 0.03 & -5.65 & 1.55 \\ -0.02 & 0.14 & -0.26 \\ -0.09 & -0.93 & 0.38 \end{bmatrix} \begin{bmatrix} A_{t-5} \\ Y_{t-5} \\ Z_{t-5} \end{bmatrix}
$$

在 VAR 模型的右侧没有内生变量，因此该模型并未明确变量之间的当期相关关系，实际上这些当期相关关系隐藏在随机扰动项 μ_t 中。下面我们根据上述 VAR（5）对模型进行脉冲响应函数和预测方差分解分析。

（四）脉冲响应函数分析

脉冲响应函数分析（IRF）方法考察随机扰动项的一单位标准差冲击或变化对内生变量当期值和未来值的影响，并且由脉冲响应函数分析跟踪这种冲击在将来若干时期里产生的影响，从而揭示任意一个内生变量的随机扰动如何通过系统影响所有其他内生变量，最终又反馈到自身的动态过程。本文采用 Cholesky 方法进行脉冲响应试验。

图 11-1 与图 11-2 是基于模型的一单位标准差冲击所模拟的脉冲响应函数曲线，横轴表示时间，纵轴表示第一产业总产值所受到的影响程度，即冲击的力度。虚线表示脉冲响应函数值加减两倍标准差的置信带。

图 11-1 显示，单位新息（Innovation）的农村产业结构冲击开始逐渐增加，在第 3 期作用达到最大，以后这种影响开始逐渐减弱，到第 8 期基本消失；从图 11-2 可以看到第一产业总产值对农村消费结构的单位新息冲击一开始出现负效应，并且从第 1 期到第 10 期在正负之间不断摆动。

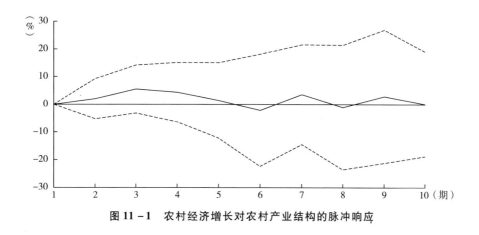

图 11-1　农村经济增长对农村产业结构的脉冲响应

（五）预测方差分解分析

以上脉冲响应函数定性地说明了随着时间的延续各变量对于冲击的

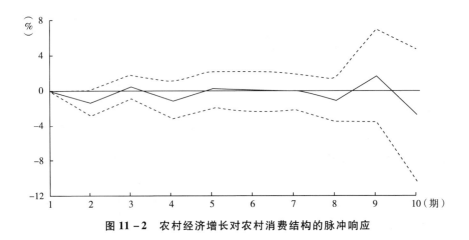

图 11 - 2　农村经济增长对农村消费结构的脉冲响应

反应情况。下面借助西姆斯（Sims）于 1980 年提出的方差分解法（Variance Decomposition）来定量分析每一随机扰动项的冲击对内生变量变化的贡献率，从而了解不同随机扰动项的冲击对模型内生变量的相对重要性。

表 11 - 5 是第一产业总产值的方差分解结果。其排列顺序为第一产业总产值、农村产业结构与农村消费结构。在第一期时，第一产业总产值水平全部是外生的，反映农村产业结构与农村消费结构对于城镇化水平的提高存在时间差。随着时间的推移，第一产业总产值水平的外生性逐渐减弱，被其他一些变量所解释。

表 11 - 5　第一产业总产值方差分解结果

时 期	标准差	A（%）	Y（%）	Z（%）
1	0.075108	100.00000	0.00000	0.000000
2	0.093792	93.37255	4.40990	2.217547
3	0.121174	75.40498	23.14162	1.453396
4	0.138493	70.68972	27.41696	1.893321
5	0.139198	69.98093	28.12503	1.894044
6	0.142027	68.85548	29.31503	1.829499
7	0.147898	65.60154	32.70342	1.695044
8	0.165818	71.71465	26.45064	1.834713
9	0.173795	70.52280	26.71247	2.764738
10	0.176303	68.59760	25.95873	5.443676

Cholesky 顺序：A、Y、Z

从表 11 - 5 可以看出，在第 4 期时，第一产业总产值被自己解释的部分已经下降到 70.69%，而农村产业结构与农村消费结构对其波动的贡献率之和约为 30%，其中农村产业结构贡献占主导地位，达到了 27.42%。随着时间的延续，消费结构冲击的贡献率逐渐上升，但是与产业结构相比，仍占较小比例；而第一产业自身冲击引起变化的贡献率基本在 70% 左右（见图 11 - 3）。

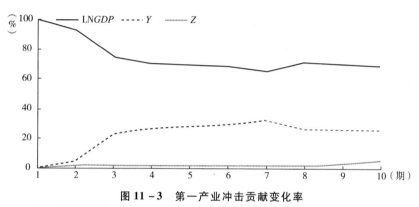

图 11 - 3　第一产业冲击贡献变化率

注：LNGDP 代表 A。

三　金融对供求结构的调节作用

（一）变量平稳性检验

在此，我们仍然利用 ADF 单位根检验方法，检验变量的平稳性。使用 Eviews 6.0 检验的结果见表 11 - 6，由表 11 - 6 可知：G 变量以 99% 的概率保证是 $I(1)$ 过程，而农业贷款是以 95% 的概率保证平稳是 $I(0)$ 过程，即不含有单位根。

表 11 - 6　各变量 ADF 单位根检验结果

变　量	ADF 检验值	检验类型 (c, t, p)	临界值	结　论
L	-4.311	$(c, t, 0)$	-3.658（5%）	平稳
G	-2.282	$(c, t, 0)$	-3.243（10%）	非平稳
$D(G)$	-5.879	$(c, t, 0)$	-4.416（1%）	平稳

注：①检验类型 (c, t, p) c 为常数项，t 为趋势项，p 为滞后期；②滞后期 p 的选择标准以 AIC 和 SC 值最小为准则；③D 为变量系列的一阶差分。

(二) 协整检验和协整方程分析

G是平稳变量，而L和Y、Z都是一阶单整系列，这说明Y、L和G三者之间可能存在协整，同理Z、L和G三者之间也可能存在协整。参照前文我们依旧使用基于回归残差的协整检验，主要应用于单方程变量检验，本书采用此法进行多变量单方程检验。设置Y、Z分别为被解释变量，而L、G为解释变量，进行普通最小二乘估计并检验残差系列是否平稳（见表11-7、表11-8）。首先对于Y、L和G而言，显然1%的显著性水平下协整的ADF检验临界值为-2.669，其检验值为-3.27，因此拒绝存在单位根的假设，说明残差项是稳定的，可以认为这些变量间存在协整，说明变量Y、L和G之间存在长期稳定的均衡关系。其次对于Z、L和G来说，其检验值-2.243小于5%的显著性水平的临界值-1.956，因此可以认为这三者之间长期来看也存在稳定关系。我们同时得到的回归方程就是协整方程。

$$Y = -0.081 \times L + 0.0379 \times G + 0.978 \qquad (11-1)$$
$$Z = -0.033 \times L - 0.018 \times G + 0.912 \qquad (11-2)$$

分析回归结果（见表11-7、表11-8），发现调整后的拟和优度超过90%，这说明模型总体拟和程度较高。首先从式（11-1）可发现农村产业结构优化和政府财政资金表现出负相关关系，而和信贷资金呈现出正相关关系，这充分说明信贷资金在调整产业结构中的作用远大于财政资金，其实财政资金在农村民生改善等非经济领域具有积极作用，而信贷资金在市场竞争领域具有明显提高生产率的效果。其次从式（11-2）中得到信贷资金、财政资金的支持对农村消费结构调整具有正面积极作用，并且信贷资金的作用力度也大于财政资金。这一结论与前文格兰杰因果分析结论启示我们，金融等虚拟经济因素通过产业结构和农村消费结构等中介管道对农村经济增长等实体因素发挥积极作用。

表11-7　农业贷款、国家财政支农资金和农村产业结构的协整方程回归结果

变　　量	回归系数	标准差	T检验值	概率值
L	-0.081	0.012	-6.319	0.0000
G	0.0379	0.016	2.42	0.0242
截距项	0.978	0.027	35.66	0.0000
调整的可决系数	0.921	F检验值	128.3	

残差的单位根检验			
变量	AEG 检验值	检验类型 (c, t, p)	临界值	结论
残差的原系列	-3.27	(0, 0, 1)	-2.669 (1%)	平稳

表 11-8　农业贷款、国家财政支农资金和农村消费结构协整方程回归结果

变　量	回归系数	标准差	T 检验值	概率值
L	-0.032934	0.012764	-2.580300	0.0171
G	-0.018315	0.015499	-1.181653	0.2500
截距项	0.911899	0.027175	33.55652	0.0000
调整的可决系数	0.91	F 检验值	110.63	

残差的单位根检验			
变量	AEG 检验值	检验类型 (c, t, p)	临界值	结论
残差的原系列	-2.243	(0, 0, 0)	-1.956 (5%)	平稳

（三）误差修正模型（ECM）

尽管我们已经证实农村产业结构和信贷资金、财政资金之间存在长期稳定关系，然而这种关系是在短期动态过程的不断调整下得以维持的，即现实中的变量之间是短期非均衡的。根据 Engle 和 Granger 1987 年提出的 Granger 定理，我们可对经济增长和金融中介变量建立自回归分步回归模型（ADL 模型），误差修正方程为：

$$D(Y) = -0.05 \times D(L) - 0.0006 \times D(G) - 0.6043 \times RESID(-1)$$

在上述的误差修正方程中，差分项反映了短期波动的影响，这种短期经济波动分为短期金融的影响和偏离长期经济均衡的影响。当下一年短期波动偏离长期均衡时，本年非均衡误差将以 -0.6043 的调整力度将经济增长从非均衡状态拉回到均衡增长状态。

四　结论

本节运用中国 1978 年到 2012 年的年度数据，重点研究了金融支持、结构优化与新农村建设的关系，通过计量模型的动态分析，可以得到如下结论。

（1）新农村建设水平提升与农村产业结构优化、农村消费结构改善密切相关。通过单位根、协整检验后发现，它们之间存在着长期的均衡关系，而且格兰杰因果检验证实农村产业结构和消费结构对农村经济增长有显著作用，同时农村产业结构和农村经济增长是消费结构改善的格兰杰原因。

（2）从动态角度分析，脉冲响应试验证实农村经济增长对来自农村产业结构的随机扰动具有很大的正效应，而农村消费结构随着时间的延续，对经济增长的效应不断增强；进一步通过方差分解结果可以看出，农村产业结构对农村经济增长将起到越来越重要的作用。

（3）信贷资金和财政资金通过农村产业结构和消费结构作用于农村经济增长。与国家财政资金相比，银行信贷资金对农村产业结构优化升级和农村消费结构改善的作用更显著。

第三节　农地、农屋与山林确权

我国作为农业大国，农村土地问题关系社会和谐稳定和国家长治久安。农村集体土地所有权和承包权确权工作从 2008 年开始启动，但进展缓慢，在基层遇到了不小的阻力。由于近几年城市近郊土地升值，一些村庄在确权之前已经将土地卖掉，剩余土地涉及村民利益分配，很难进行确权，目前土地确权工作基本处于停滞状态。基层政府构成了土地确权的另一阻力来源，因为确权一方面影响政府征地的收益；另一方面确权需要耗费大量的人力、财力和物力，政府没有动力去做这项工作。另外农村集体土地所有权大部分只确权登记到行政村农民集体一级，没有确认到具有所有权的农民集体，这一现状与中央的要求和农村经济社会发展的现实需求不相适应，亟待扭转。为此，2010 年《中共中央国务院关于加大统筹城乡发展力度进一步夯实农业农村发展基础的若干意见》提出，"加快农村集体土地所有权、宅基地使用权、集体建设用地使用权等确权登记颁证工作，工作经费纳入财政预算。力争用 3 年时间把农村集体土地所有权证确认到每个具有所有权的农民集体经济组织"。为加快部署工作，国土资源部联合财政部、农业部下发《关于加快推进农村集体土地确权登记发证工作的通知》，集中解决推进农村集体土地确权登记发证工作急需的有关政策和技术措施等方面的问题。土地确权作为新一轮土地改革的起点，以流转来放活，最终实现土地市场化交易，这显示了中央政府对农地、农屋与山林确权工作高度重视。下面我们先从确权的功能谈起，然后围绕确权工作展开详细论述，最后提出相关建议和改进措施。

　　农村土地包括农业用地（简称"农地"）和非农用地（如农民的宅基地）。农业用地指农业生产经营活动所占用的土地，农业包括种植业、畜牧业、林业和渔业，土地是它们的基本生产资料。科斯在《联邦通讯委员会》一文中，明确提出"市场交易的基础在于产权的划分"。尽管科斯最早提出了产权的概念，但是并未明确对其解释。后来德姆塞茨进行了详细定义："产权是一种社会工具，其重要性就在于事实上它们能帮助一个人形成他与其他人进行交易的合理预期。这些预期通过社会的法律、习惯和道德得到表达。"

一　农地确权

　　土地制度的基本功能首先是减少风险和降低交易成本，农地产权不清直接导致农村经济运行中的外部性扩大，农村经济运行成本过高；其次是通过对农地产权的界定，明确土地的所有权、占有权、使用权、收益权和处置权等土地各项权利的界限，使得农村经济秩序稳定。康芒斯认为交易的表象是物品之间的交换，本质是人与人之间对权利的转让与获得。对于土地市场而言，买卖双方交换土地的背后是不同的利益主体交换土地权利以及未来获得的预期收益，也就是变更权利后的利润最大化。就我国经济发展所处阶段和环境而言，实施确权制度具有如下作用。

（一）地权稳定有利于增强农民投资土地的积极性

　　第二轮土地承包以来，由于人口的变化和村干部对土地调整拥有较大决定权，已有近一半的村庄做过土地调整，并且有 36.9% 的受访人预期今后还会有土地调整；29.8% 的受访人对严格禁止土地调整持否定的态度（杨学成等，2008）。如何解决国家的政策法律和农村的实践出现的背离？土地确权制度实施是改变这种趋势的不二法门。白斯理提出地权的稳定将带来三个方面收益：稳定地权有利于中长期投资；有利于提高土地出租收益增加制度收益；产权清晰的土地可以作为抵押品向银行申请贷款，投资增加导致农业产出扩大，但是这种地权稳定担保收益与一国的信贷市场发达程度有密切关系。费达发现在非洲由于信贷市场非常落后，功能欠缺导致这种担保收益无法获得；而其对中国的研究及姚洋等学者从实证角度的研究都表明随着金融市场体系的逐渐完善，土地投资及其产出和地权稳定及自由权的扩大呈现显著的正相关关系。加大农业生产投资，扩大农业生产规模，同时有可能使土地成为抵押品，向银行申请贷款，强化农业产出；反过来，土地经营的回报增加了农民的还款能力，进一步刺激了银行的信贷，农民的信贷可得性就步入了良性循环轨道。

（二）地权清晰界定有助于社会稳定

根据美国学者 Thomas Buoye 对乾隆时期（1736~1795 年）的研究，农地产权界定和人命案发生率有较强的相关关系。乾隆年间发生的人命案从初期的 450 起到 1775 年 1600 起的顶峰，背后一个很重要的推手就是地权属性不清。随着粮食需求不断增加，粮食价格不断上涨，土地价值凸显。从对土地无所谓到有所谓，土地纠纷骤增。将广东省和四川省作为比较对象深入分析，乾隆时期从两湖地区移民到四川的人数持续增加，移民对土地的地底权和地面权的优先秩序认识不清，土地确权发生混乱，因此引发的人命案激增，乾隆期间因地权纠纷引发的人命案占土地和债务人命案总数的 77.6%。相比之下，乾隆早期的广东总督说服朝廷对当地的低质量土地和荒地开采免予征税，同时做好这些开垦土地确权工作，使得乾隆时期的广东人命案仅为全国平均水平的 32%。通过以上分析我们可以看出社会和谐与否的基础之一是土地产权是否明晰。目前我国农村土地是农民集体所有，但其占有、使用、收益、处分的权利长期得不到保障。在我国城镇化、工业化和农业现代化快速推进的过程中，政府通过强征、非法占有等手段侵犯农民土地权益的事情时有发生，引起的群体事件影响了社会的和谐稳定。其主要原因是农村土地产权不明确、权能没保障、利益不平衡。要保护农民权益，首先要明晰农民的土地产权。这是维护农民权益、促进农村社会和谐稳定的需要。

对于确权制度下一步发展和改进措施提出如下建议。

1. 明确统一"城乡土地"产权属性

当前，世界各国普遍根据用途管制协调农业用地和城市建设用地的关系，而我国却对土地实行用途管制和城乡土地管制双重管理模式，这也是双轨制经济发展模式在我国土地市场上的一个映射。城市建设用地和农村建设用地都是服务于非农业生产，但是被人为地强加了产权属性的樊篱，贴上了城乡不同身份的标牌。城市土地可以在公开的土地市场上按照市场定价原则进行公开透明的交易，但是农村建设用地却被严格限制在土地市场大门之外，其转让或者是在农村建设用地这个小范围流转，或者是国家以极低的价格将其收购，再在土地市场高价挂牌出售，其结果是利用垄断权力谋取巨大差价。这一方面在农民和国家之间造成了较大隐患，社会冲突频繁爆发；另一方面社会资源配置出现了巨大扭曲。因此首先应从法律和政策角度来去除城乡土地管制模式，还农村建设用地之真正价值，还权于（农）民，还源于（农）民。目前学者对此问题有两种主张，即农村集体土地国有化和土地私有化。其实在中国经济快速发展的趋势下，这两种方案的共同点是集体土地所有权应当从历史舞台退出；使农民从依附集体组织的身份关系解脱出来，农民与国家直接形成土地权利和义务关系。《农村合作社法》已经为集体土地所有权的退出提供了法律依据，目标是使带有特定历史时期色彩的政治组织——集体经济组织，转变成具有合作性质的农民自愿性的较为松散的利益结合体，将分散的农民个体重新组织起来，并在此基础之上加快农村土地确权工作，弱化城乡土地差别——这是土地改革的第一步，也是关键一步。

2. 修改《农村土地承包法》和《物权法》等上位法中有关农村土地承包经营权的内容

土地承包经营权是我国经济体制从计划经济向市场经济过渡的一个必然产物。作为一项过渡性权利注定了它将扮演多重角色：债权、物权、身份权和行政管理权。从《民法通则》到《物权法》的变迁过程，充分说明了土地承包经营权的物权特征在逐渐明朗化，下一步就是将土地承包经营权设计成全面的物权，确立私有的、绝对的商品土地使用权。这种土地使用权最大的特点是改变了原来的集体土地所有权控制的他物权特征，而具有自物权性质，这使农业经营者对土地具有排他性支配权。土地承包经营权包括承包权和经营权两个不同的权利内容。承包权是具有物权性质的权利，而经营权具有保障性。我国立法将两个矛盾的权利设计成一体，也是特定时期无奈的选择。一方面，与城市居民良好健全的社会保障体系相比，农村社保刚刚开始，且保障面和水平远远无法满足农民的需求。在这种情况下，农民只好用土地作为后盾，因此我国《农村土地承包法》和《物权法》都明确限制了农民处置土地的权利，降低了用益物权的效力，减少了权利人获得利益的机会。事实上，在以土地用途管制为目标的公共利益限制之外，国家应该取消对土地的其他限制，使农民自主支配和使用自己的保障性土地权利。基于此分析，目前可以考虑放松农村土地承包经营权流转限制。在承包期结束后，农民不再享有承包权，其生存保障由相关社会保障制度解决。同时用传统的私权理念制定权利规则，以促进权利自由流转，目的是将农村土地承包经营权转变为真正私权意义上的土地使用权。

二 农屋确权

农屋确权对于农民而言，就是可以拿到房屋所有权证和集体土地使用证，这是对农民财产的法律保护，同时意味着农民手中多年的"死资产"将可以变成"活资本"，因为他们可以到银行以此申请抵押获得银行资金支持。农民创业的必要条件是什么？就是必须有资金，没有钱是不能干事的。例如，养殖业，养鸡要建鸡舍，养鸭要建鸭舍，标准化设施建设需要大笔资金投入，没有很好的资金支持无法进行下去。现在虽然已经出台了许多贷款的优惠政策，但是没有抵押品，仅凭信用，银行是不会放款给农民的。

（一）农屋确权和农房抵押贷款发展

农村集体所有制明确了农民对宅基地只具有使用权和农房的所有权。在宅基地和农房不可分割又没有确权的情况下，出于农村社会稳定和规避风险的需要，《物权法》和《担保法》都不允许宅基地用作抵押，而2008年7月1日实施的《房屋登记办法》也规定了房屋管理部门不能受理农房抵押登记。在经济发展的初级阶段，农房的价值尚未体现，农房的确权和抵押并未成为农民关心的焦点，农民仅仅通过对土地进行简单管理即可获得一定收益。但是随着经济发展进入中等收入阶段，农房的价值在逐渐提高，并且成为农民的重要财产之一，如何能够像城市居民那样将住房通过银行抵押获得农业生产发展或经商办企所需的资金成为亟待解决的事情。始于1987年的温州农房抵押贷款经过了25年的风雨历练，取得了令人瞩目的成果，这离不开"两证"的支持。因为在农村集体土地上的农房和城市的房屋从形式看都具有了相同的模样，这就为抵押和转让打下了坚实的基础，使金融风险得到了一定程度的控制。而目前各试点地区发放的房产证是基于集体所有制下的个人财产，虽然可供抵押、继承，但还不能进行真正意义上的自由流通，自然买卖的市场价值无法体现，这也限制了农房抵押贷款市场的进一步发展。虽说有了《物权法》，但是计划经济遗留下来的计划管理方式，包括《土地管理法》，阻碍了整个农村市场的发展，主要表现为土地市场"同地不同权、同证不同权"。例如，在集体土地上建设的房屋，即所谓小产权房。小产权房跟国家征地的土地建设物之间是一种什么样的关系，农民的权益能不能受到对等地对待是未来改革需要解决的重要问题。2012 年年底实现的农村集体土地确权全覆盖为这种改革提供了更充实的基础条件。需要注意的是，这种改革必须遵循"集中与分散相结合，不搞一刀切"的原则，充分尊重农民自身的意愿。

（二）农屋确权和农村宅基地使用权流转

在城乡统筹发展时期，农民生存依赖的手段开始从土地转向务工等多种手段，农房和农村宅基地的财产功能开始显现，为此，加强农房和宅基地的登记确权势在必行。目前，我国已经开始借鉴国外普遍采取的等级制物权基本原则，《物权法》第九条指出："不动产物权的设立、变更、转让和消灭，经依法登记发生效力，未经登记，不发生效力，但法律另有规定的除外。"农房经登记后，农民对住房拥有所用权，从法律法规的角度讲，自由转让限制减少，可以自由买卖和出租。但是为什么即使在农屋确权后，农村住房流转市场仍无法健康运转？问题出在农村宅基地使用权的不可流转上。宅基地法律上具备的用益物权实际上是一种对人权而不具备对事权特征。宅基地的流转受到了严格限制，其转让需要由集体做出决策，且只能转让给国家，以满足国家公共利益的需要。城市居民不能购买宅基地建房，国土部对此类建房也不予颁发产权证。显然，真正赋予农民对宅基地的自由处置权，才能符合"房地一体、地随房走"原则，农村住房市场才能正常运转，农房和宅基地的财产权在市场资源配置中才能体现其应用价值，并不断实现增值，农民的生存发展权也将得到切切实实的物质基础保障。通过以上讨论，我们迫切呼吁农村宅基地流转法律制度进行重大改革，将农村宅基地抵押权和买卖权归还给农民。

三　山林确权

从新中国成立初期的土地改革到改革开放之初的家庭联产承包责任制，再到涉及亿万农民切身利益、被称为"第三次土改"的集体林权制度改革，我国的土地改革已经进入深水区。山区占中国国土面积的 69%，是中国的资源宝库和大江大河的源头。全国 90% 的林地、84% 的森林蓄积量、77% 的草场、76% 的湖泊、98% 的水能都集中在山区。2008 年 3 月，中共中央党校的调研报告显示：我国林业中，属于山区农民集体所有的森林面积，占全国森林面积的 37%，林业总产值将近占全国林业总产值的一半。可以想象在如此重要的资源宝库和地理环境中，任何改革举措都是在艰难破冰。这次集体林权制度改革于 2002 年最先从福建开始。而 2004～2008 年的江西林权改革，分山到户比较彻底，在全国影响很大。全国的集体林权制度改革是 2008 年才启动的。集体林权制度改革的中心是"明晰产权、分山到户、放权让利、规范流转"。产权明确，农民才可放心经营，否则没人敢投入。例如，早在 20 世纪 80 年代初期，在农村土地承包的带动之下，我国南方一些省份就对部分林地进行了承包改革。出于"政策像月亮，初一、十五不一样"的担心，包产到户林地出现了乱砍滥伐的情况。分山到户不是目的，进行规模化经营才能真正提高林业的生产效率。通过让利，将一些不合理收费项目取消，降低林业生产成本和林业进入门槛，才可以吸引社会各种资金进入。通过规范流转，老百姓自愿流转土地，纠纷大量减少，进入的产业资本也才敢加大投入和放开经营，促进林农的就业和林业的跨越式发展。林权制度改革的基础工作之一就是山林确权问题，目前应做好如下工作。

（一）加强山林权证管理工作

多年来，山林私下交易、分割和继承等因素使得林权证名不副实的问题较为严重。为此要严格遵照权证发放和档案管理的各项规章制度，确保"一户一证，证地相符"。要进一步落实山林的所有权和经营使用权，形成"山有其主、主有其权、权有其责、责有其利"的良好局面，实现真正的"山定界、林定权、人定心"的"三定"格局。山林勘界测量要改变以往"左至边沟右至岭"的情况，将高科技引进来，避免以后因权界不清产生矛盾。例如，山东等地聘请专门的测绘公司对林地进行实地测量，使用高精度 GPS，计量单位精确到 0.1 米。

（二）搞活山林市场

山林作为一个重要的自然资源，同时也是一个重要的生产要素。如果没有市场，仅仅将它确权到户，就根本摆脱不了小生产状态。山林不同于耕地，其对资金和投资规模需求巨大，单靠一家一户的使用和管理，收益较低。因此在确权的基础上，需要建立山林交易市场，让山林价值在流通中不断得到增长。

（三） 完善山林资源资产评估体系和创新贷款模式

林权证是农民拥有山林的财产证明，农民用它获得致富的启动资金，何乐而不为？但实际上，依靠林权证贷款仅仅是一厢情愿的事，做起来并不容易。因为高风险的农村贷款就已经让银行顾虑重重，对于这种新型农村金融产品银行自然不敢尝试。如何将林权证的潜在财产价值发挥出来？可以考虑建立配置合理、适应森林资源流转和抵押贷款需要的山林资源资产评估体系，并加快建立山林资源资产保险业务，减少银行对此类贷款的担忧。当然，无须对所有的山林资源资产评估请专业评估机构。对面积较小的流转山林，在尊重群众意愿的基础上，按照"公开、公正、公平"的程序，村组干部群众就有能力判断山林的实际价值，不必聘请专业评估机构对其进行评估，这样可以降低交易成本。至于进行较大面积和金额的林地流转时，因为可以将评估费摊薄，由承包者承担，所以鼓励聘请专业评估机构进行评估，以便科学准确地估计山林价值。目前相关评估机构的山林评估业务种类较少，公司不多，这需要政府通过设置培训基金对评估公司和林业人员进行免费培训，鼓励他们探索和制定具有本地特色的评价标准体系。鼓励农发行、国有商业银行和股份制银行积极参与林权制度改革，主动介入林业基础设施建设、林业综合开发等项目，探索林权抵押担保贷款和"信用＋林权抵押"的林权小额循环贷款模式。

（四） 建立以市场为主、行政为辅的林权制度改革机制

山林生产周期较长，投资大，风险高，并且生产经营方式和产品处置权受到法律法规较多限制，所以模仿农村家庭承包耕地的经营模式必将带来很大问题，不能将市场竞争作为实现山林效益价值最大化的唯一原则。山林确权后，山林的产权明确属于个人（国有林场除外），个人在林业的发展中容易过分追求利润最大化，而忽视环境资源的公共利益，这对于生态环境的改善和提高是不利的。因此林业发展路径要依赖市场和政府的双重作用，政府主要借助水源涵养林补贴、生态林补贴、育林基金和更改资金（简称"林业两金"）等，承担生态环境保护责任和资源的社会公平责任。

总之，农村土地确权是社会稳定的基础，农村集体土地确权登记发证工作将依法确认农民土地权利，有效解决农村集体土地权属纠纷，在城镇化、

工业化和农业现代化进程中切实维护农民权益，进一步激发农民保护耕地、节约集约用地的积极性，让农民吃上"定心丸"。

第四节　国土资源部"占补平衡政策"：实践中的问题和对策

我国目前仍处于经济高速增长阶段，生产建设活动不可避免地要占用大量耕地，经济增长与耕地保护之间的矛盾依然突出。我国耕地资源基本特征主要表现为：数量少、质量差、空间配置失衡。耕地数量少不仅表现在耕地绝对数量上（从耕地面积占国土总面积的比重来看，美国是我国的2倍，印度是我国的5倍），更体现在人均数量上（在全世界各国人均耕地占有量排名中，我国排在120名之后）。耕地质量差，一方面是旱地面积占比大，约占3/4，而其中中低产田又约占2/3；另一方面耕地的土壤肥力低，且受自然灾害影响严重。我国90%的耕地集中在东南部雨水多的地区，华北、东北及长江中下游三大平原的耕地约占全国耕地的60%。面对人多地少、土地资源分布不均匀的现实情况，为了实现土地和经济的可持续发展，我国实行了耕地"占补平衡政策"，主要内容是将建设用地对耕地的占用与补充有效结合起来，实现耕地总量和质量上的平衡。耕地占补平衡，事关政府耕地保护责任目标的实现和18亿亩耕地红线的坚守，是严格耕地保护必须长期坚持的一项基本制度。所谓耕地占补平衡，是指非农业建设经批准占用耕地的，按照"占多少，垦多少"的原则，由占用耕地的单位负责开垦与所占用耕地的数量和质量相当的耕地；没有条件开垦或者开垦的耕地不符合要求的，应当按照省、自治区、直辖市的规定缴纳耕地开垦费，并将该专款用于开垦新耕地。耕地占补平衡是占用耕地单位和个人的法定义务。

一　"占补平衡政策"发展的历史脉络

以国务院分别于1986年3月下发的7号文件《关于加强土地管理、制止乱占耕地的通知》和1997年4月发布的11号文件《关于进一步加强土地管理，切实保护耕地的通知》为起点，我国正式提出了耕地保护思想，并将其体现在1999年1月1日实施的新修订的《土地管理法》中。在同年2月4日，国土资源部在《关于切实做好耕地占补平衡工作的通知》中，首次提出了"耕地占补平衡"的概念，要求建设用地要做到占一补一；2000年4月又发布了《关于加大补充耕地工作力度实现耕地占补平衡的通知》，进一步强调了补充耕地的必要性。2008 年，经济增长过热凸显，建设用地需求持续膨胀，为了遏制建设用地占用耕地的数量，国土资源部于 7 月和 9 月分别发布了《严格耕地占补平衡通知》和《关于进一步加强土地整理复垦开发工作通知》，并在 10 月中共中央发布的《中共中央关于农村改革发展若干重大问题的决定》中明确提出耕地先补后占的原则和禁止跨省进行占补平衡。针对一些地方仍然存在补充耕地不实、占补平衡不到位、监管薄弱等不容忽视的问题，为完善制度，强化监管，切实做好耕地占补平衡工作，国土资源部于 2009 年公布了《关于全面实行耕地先补后占有关问题的通知》。为进一步贯彻落实占用耕地补偿制度，针对一些地方对补充耕地质量缺乏有效管理，以及普遍存在的对耕地重用轻养、补充耕地过程中重工程建设轻地力培肥等问题，2009 年 12 月国土资源部和农业部联合下发《关于加强占补平衡补充耕地质量建设与管理的通知》，就加大占补平衡补充耕地质量建设和管理力度，提出进一步强化措施。2011 年 3 月出台的《土地复垦条例》加强了土地复垦工作，促进了毁损土地的恢复利用，可以缓解经济增长与耕地保护之间的矛盾，为保障经济高速增长和 18 亿亩耕地红线做出了重要贡献。

二 "占补平衡政策" 在实施中存在的主要问题

(一) 耕地补充路径亟待创新

目前，补充被占耕地有三种路径：土地开发、土地复垦、土地整理。

土地开发是指对有一定规模且未被利用的大片土地，如沼泽地、荒草地、滩涂等进行开垦和利用。新中国成立以来，已经对东北和华南等地易开发的高质量的土地进行了大规模开发，如今剩下的耕地资源因其开发成本高或出于生态价值而不宜开发。根据调查，我国目前 5 亿亩的宜农荒地中，天然草场约占 2 亿亩，林地约占 1 亿亩，可用作开垦的农田仅有 1.5 亿亩左右（冯海发，2006）。在耕地后备资源日益枯竭、生产建设活动不断扩展的背景下，土地开发作为补充耕地的主要途径难以为继。而我国仍然有一半省（自治区、直辖市）利用土地开发来补充耕地，其比重达到 50%。

土地复垦是指对工矿企业在发展中破坏的土地或因自然灾害而废弃的土地采取一定的措施，使其达到可用状态。长期以来，在我国工业化、城镇化进程中，土地、矿产资源支持了各项生产建设，但也损毁了大量土地。由于重视程度不够、复垦费用不落实、管理不到位等因素，生产建设中损毁的土地得不到及时的复垦利用。据估计我国现有废弃工矿厂区及其他待开垦的土地约有 6000 万亩，如果其中 50% 的土地可以复垦为耕地，则我国可以增加耕地约 3000 万亩。2011 年 3 月出台的《土地复垦条例》中提及对于历史遗留损毁土地，县级以上人民政府应当投入资金进行复垦，或者按照"谁投资、谁受益"的原则，吸引社会投资进行复垦。对于社会投资的，受益的方式除了可以确定由投资单位长期从事农业生产外，其他相应的扶持、优惠政策并未明确。目前土地复垦仅占耕地补充的 10%，其配角作用与巨大潜力存在很大差距。

土地整理则是通过对田间地头、取土坑、废沟塘的未利用的零碎土地进行开发整理来增加耕地面积。根据相关资料，我国耕地田块平均面积为 1.3 亩，户均 6.1 个地块，田块破碎程度远高于发达国家。一般来说，通过对形态破碎、凌乱的农用地的整理，可以增加 40% 的耕地。此外，我国农村居民点用地分散无序、布局混乱。村镇土地改造是指针对农村中的"空心村"现象，对农村居民的旧宅和旧屋进行合理规划和改造。国土资源部就城乡建设用地增减挂钩（指城镇建设用地增加与农村建设用地减少相挂钩，从以宅基地为主的村庄占地中腾出土地复垦，减少的用地面积用于城镇建设）试点，目的是节省农村土地，缓解城镇建设用地尖锐的供需矛盾。但在试点过程中，许多地方不尊重农民的主体地位，不履行农村重大事项议事制度，不依法听证、公示，出现了强拆强建，征收宅基地，强迫农民住高楼，以"节约"土地用于城市建设的现象。

根据以上分析，目前耕地补充过度依赖土地开发，而土地整理和土地复垦处于次要地位，重视增量规模扩张，轻视存量深度挖掘，尤其是对于东部较发达地区，在可开发后备土地资源几近枯竭的情况下，占补平衡遇到极大的挑战。

（二）"先补后占"存在较大隐患

国土资源部在《关于进一步加强土地整理复垦开发工作的通知》（国土资发〔2008〕176 号）中明确规定："从 2009 年起，除国家重大工程可以暂缓外，非农建设占用耕地全面实行'先补后占'。"既要保障国民经济发展所需的建设用地，又要确保耕地红线，一个主要出路就是补充耕地。2008 年，全国建设用地占用耕地 287.4 万亩，同期土地整理复垦开发补充耕地

344.4 万亩，实现占补有余。国土资源部 2009 年公布的《关于全面实行耕地先补后占有关问题的通知》提出，要通过"以补定占"，形成耕地占补平衡倒逼机制。要根据各地补充耕地落实情况，确定各地下一年度新增建设用地占用耕地计划指标。所有依法报国务院或省级人民政府审批的各类建设用地，报批前必须先行完成补充耕地，做到先补后占。对于当前拉动内需急需上马的项目，可以实行耕地"边占边补"，但必须按时完成占补平衡任务。可是，很多国家重大工程和促内需保增长项目以发展经济和所谓建设国家重点工程为名，大量占用耕地。2010 年，土地卫片执法检查涉及新增建设用地 22.19 万宗，其中，违法用地有 6.35 万宗，违法用地面积有 138.38 万亩，违法用地面积中的耕地面积有 44.38 万亩。违法用地宗数、面积、耕地面积占新增建设用地总宗数、总面积、耕地总面积的比例分别为 28.62%、17.43%、11.29%。国家和省级重点工程建设项目，特别是铁路、公路建设项目违法用地仍然较为突出。2009 年全国公路、铁路违法用地有 2608 宗，其中，两路违法用地涉及的耕地超过了全国违法用地涉及的耕地面积的一半，达到 56.94%。从违法占用的耕地数量上看，公路与铁路无疑成了全国的重灾区，这些违法用地项目中大部分是省级以上重点工程。国土资源部通报显示，2009 年，全国公路建设项目违法用地有 2048 宗共计 25.47 万亩，其中耕地有 13.22 万亩；铁路建设项目违法用地有 560 宗共计 6.2 万亩，其中耕地有 2.41 万亩。两方面加在一起占全国违法用地宗数的 7.62%、总面积的 43.17% 和耕地面积的 56.94%。

（三）"占补平衡"政策导向和考核机制不足

《土地管理法实施条例》规定土地整理新耕面积的 60% 可以作为建设用地的补偿指标，并且该指标可以有偿转让。相比之下，划入基本农田保护区的中低产田整理以提高土地质量为目标，数量上难以大幅增加，并且该地多为农民的责任田，产权较为困难，整理较为复杂，使得以中低产田为重点的项目难以立项。因此，地方政府更愿意申报开发类型的土地整理项目。另外根据《土地管理法》，对于开垦的耕地质量不能达到要求或者不具备开垦条件的，应当缴纳耕地开垦费。这就给建设用地的使用方造成一种错觉，认为只要缴纳耕地开垦费，就可随意使用耕地。而与耕地占补挂钩的土地整理项目在地方政府管理不到位的情况下，就可能流于形式，无人问津。

（四）"占优补劣"加速耕地质量下滑

国土资源部有关调查数据显示：1997～2002 年我国补充耕地大于建设占用耕地数量，基本上实现了数量占补平衡。但是建设占用的耕地基本集中在优质耕地资源地区，如长江中下游平原、东北平原、黄河沿岸和四川盆地等，而补充耕地则来源于耕地质量较差的矿区土地、滩涂围垦地和荒草地等，在"一对一"的交换中，农作物产出量降低了。根据 2008 年中国人民大学耕地占补平衡考核机制建设课题组在福建省的调研报告，按照等级折算系数，福建省占优补劣的比例是 1：2.29，而占劣补好的比例是 1：1。对于"八山一水一分田"的福建省而言，其耕地后备资源严重匮乏，优质土地资源的流失所带来的价值损失巨大。因此保护耕地质量水平是耕地占补平衡工作中要着重考虑的问题。

（五）占补平衡对生态环境形成了威胁

为了实现耕地的数量平衡，一些地区通过侵占河田、围湖造田、毁林造田等方式增加耕地数量。据查，黄河中下游耕地后备资源欠缺的平原县，为了完成耕地占补平衡目标，已经将村内林地列入耕地复垦计划。而其他一些地区政府甚至将生态保护区和生态环境脆弱区用地开垦为耕地，这一方面牺牲了当地生态环境，导致严重的生态效益损失；另一方面新增耕地本身受到未来自然灾害严重威胁的概率也大大增加，并且在若干年后这些耕地本身又将面临退耕窘境，造成投资的巨大浪费，与通过占补平衡实现耕地可持续发展的初衷背道而驰。

三　完善"占补平衡政策"的建议

通过分析"占补平衡政策"在我国耕地占补平衡工作中暴露出的各种问题，现提出以下几点建议来建立耕地占补平衡长效机制，促进我国耕地最大程度的有效使用。

（一）耕地补充途径以整理和复垦为主

耕地补充不是简单的加减法，扩大新开发土地以抵补建设用地需求可以解决一时之需，但从长远来看，这种垦荒式耕地补充途径受其边界约束，无法持续下去，而依托科学技术的内涵式耕地补充手段将会大显身手。中低产田借助科学技术手段提高单位产量、提高附加值成为高标准产田是一条集约化农业发展之路。李相一（2003）研究表明将现有占耕地面积60%的中低产田的单位产出量提高30%，就相当于增加了现有耕地产出总量的18%（或理解为相当于增加现有耕地面积的18%），这一项就可满足我国20年的建设用地占用耕地量；并且改造中低产田所投入的成本仅仅是垦荒造田的1/3。在耕地后备资源匮乏和生态环境脆弱的地区，占补平衡途径应该以整理复垦为主。

（二）国家或地方重点工程占补平衡要统筹考虑

2009年，国家为了应对次贷危机所带来的外需减缓问题，实施了4万亿元的投资刺激计划，先后上马了一批"铁工基"项目。这一方面刺激了内需，有效防止了经济硬着陆；另一方面这些工程项目占用耕地较多，给地方政府带来较大的耕地补充负担。由于工程受益的主体是国家，而耕地补充负担落在地方政府身上，所以这产生了利益协调问题。应对之策就是建立重点工程耕地储备制度，完善对地方政府的补偿办法。同时要优化重点工程占用耕地方案，加强对重点工程耕地占补平衡的考核。

（三）政策导向要以保护耕地为基本目标

在制定开垦标准时，在考虑耕地补充数量的同时，更要为提高耕地质量提供足额的资金保障。可以将《土地管理法实施条例》规定的土地整理新耕面积作为建设用地的补偿指标，从60%减少为30%，同时以改造中低产田作为建设用地的补偿指标，毫无疑问，这必将掀起科技兴农的高潮，提高农业生产效率和农业整体竞争力。

（四）试点省际异地占补平衡

虽然我国允许省内的耕地异地占补工作，但是2008年中央在考虑我国的国情后，明确禁止开展省际异地占补工作。根据当前各省耕地占补平衡实际情况，发达地区的耕地后备资源严重不足，建设用地被迫占用优质耕地的趋势越来越明显，而西部欠发达地区苦于无钱整理中低产田，投入不足，产出效率低下。在这种情况下，可以考虑通过将西部土地开发整理后动态平衡结余的新增耕地用于抵消发达地区无法补偿所占耕地的数量，这可以实现全国的耕地动态平衡保护机制。这既有利于后备资源丰富地区利用东部资金盘活耕地存量资源，加强农业基础设施建设，又可支持发达地区的经济建设，充分发挥比较优势。

随着我国城镇化和工业化的快速推进，各类非农建设用地的刚性需求大，仍需占用大量耕地，耕地保护的压力很大。要切实落实耕地占补平衡制度，必须从认识、制度、技术等多方面入手，建立耕地占补平衡的长效机制。然而耕地占补平衡仅仅是一种补救措施，要想真正解决耕地保护问题，需要严格控制占用耕地。因此，应该尽量遏制城市的外延扩张型发展，利用耕地开垦费和争取国家投资，积极开展土地整理、复垦工作，挖掘现有建设用地的潜力，集约节约用地，实现土地资源利用效率的全面提高，从而从根本上扭转耕地锐减的趋势。这既可为保障 18 亿亩耕地红线做出重要贡献，又可为我国经济社会高速发展提供用地空间。

第五节　中央政府和地方政府如何加大对农村投入

2011 年中央财政用于"三农"的支出首次超过 1 万亿元，加上地方各级财政投入，财政用于"三农"的总投入达到 2.5 万亿元；全国水利建设投资达 3452 亿元，其中中央水利投资 1141 亿元，首次突破千亿元大关；地方水利投资规模达到 2311 亿元，创历史新高。2011 年全国农机总动力达到 9.7 亿千瓦，同比增长 4.5%；农机化技术推广面积持续扩大，水稻机插秧总面积跃上 1 亿亩的新台阶。2012 年中央一号文件再次强调加大农业投入和补贴力度，持续加大财政用于"三农"的支出，持续加大国家固定资产投资对农业农村的投入。

我国各级政府的投入是解决"三农"问题的有力保障，是新农村建设的助推剂，对农业发展、农民收入消费水平的提升起着关键作用。彭定赟等（2011）依据内生经济增长理论和对 1994～2008 年我国农业支出对经济增长的作用进行了实证研究，发现短期内农业支出每增加 1%，经济就增长 0.157%，并且长期的经济影响将更大。

一　政府对农村投入不足的现实

（一）政府资金投入总量小

近年来，各地大多数村庄的新农村建设投入比过去都有大幅度增长，但与对改善民生的强烈需求相比较，资金投入仍然不足。据中国社会科学院发布的《农村绿皮书：中国农村经济形势分析与预测（2013～2014）》的数据显示，截至 2013 年年末，非农户农林牧渔业固定资产投资占全社会固定资产投资的比重仍然很低，仅有 2.6%，农户固定资产投资在全社会固定资产投资中所占比重更低，仅为 2.4%，比 2012 年降低了 0.2 个百分点。总体上看，非农户农林牧渔业固定资产投资保持高速增长，但是基数小，投资规模不大，农户缺乏固定资产投资能力和积极性，农村固定资产投资明显不足，这势必会影响农村长远发展，从而导致城乡差距进一步扩大。农村固定资产投资额占全社会固定资产投资总额比重从未达到 20%，而且税费改革以来，政府财政的农业支出比例一直较低。

（二）地方政府资金配套压力大

近年来，国家支农项目越来越多，但许多支农项目明确规定地方政府要给予相应配套资金投入，从而增加了地方财政支出的压力。实际运行中配套资金都较难兑现，影响了支农项目的效率。

（三）支农项目建设协调难，资金整合难

现行的支农项目投入分别涉及农业、发改委、财政、扶贫办、教育、水利、林业、卫生、民政、交通、国土资源等多个部门，部门之间沟通交流不畅，导致出现了"多龙治水"的局面。财政支农资金除由各级财政部门拨付外，地方各级农、林、水等主管部门也是层层下拨，形成资金来源渠道多、投入分散的状况。项目资金到位难、整合难，直接影响了财政资金的投资效益。另外，财政预算资金、信贷资金、各种其他社会支农资金整合面临很大问题，尤其是近年来，国家支农投资渠道较多，因未能形成整体合力，结果是支农资金在一定程度上缺乏稳定性和持续性。

（四）农村信贷门槛高

随着传统农业向现代农业的转型升级，农村信贷资金需求层次越来越多，总量越来越大，但目前一些涉农金融机构对农业贷款设置的门槛较高，如可抵押的财产少，部分联保农户有畏惧风险的心理，导致农户难以贷到款；对农户的贷款限制条件较多；目前农村信用合作社对农户短期贷款的年利率高达 12%。

（五）集体投入难担重任

绝大多数的村集体经济收入较低，村级集体债台高筑现象具有普遍性，村级债务居高不下、难以化解，这不仅制约了农村基层组织的正常运转，而且也制约了农村集体经济对新农村建设的持续投入，成为当前新农村建设中十分突出的问题。

二　如何加大对农村投入

在我国农村大部分地区，农村基础设施建设虽然有了较大改善，但是历史欠账较多，农田水利设施老化严重，功能逐渐丧失，而更新速度相对而言较为缓慢；电、路、气、网等生产和生活必要的基本公共产品的工具严重不足；体育娱乐等文化设施普遍缺乏。现代经济学理论已经充分证明了教育和科技在一国经济增长中所处的核心地位。而一国的农村教育以及农业科技推广和应用显然是决定该国经济能否突破的一个关键切入点。

（一）明确农村基本公共供给服务主体

放弃传统的"农民主导"的农村基本公共服务供给模式，确立"政府主导"的新模式是关键。新中国成立后我国农村公共服务供给一直是由农民自筹资金或通过"集体劳动"来满足的。从五个发展阶段可以详细论述。一是人民公社时期，农民在人民公社的统一布置下投入劳动力，而人民公社以计分的方式计算农民报酬。农民为集体提供公共产品建设付出的人力资本，以增加工分总量、降低工分值的方法加以摊薄，工分成为当时农村生产中"取之不尽、用之不竭"的资源（雷原，1999）。二是从人民公社制度的废除到十一届三中全会召开。这期间随着公社制度的废除，理性的农民选择"搭便车"从公共产品中获得收益，集体经济组织和国家对农村投入大为减少。三是从1978年改革开放到1994年分税制改革。家庭联产承包责任制实行后，农民收入水平显著提高，但是农民的公共服务供给主体地位并未减弱，其负担由劳动力供给形态转变为货币化支出。四是农村税费改革时期。随着税费改革的开展，农民承担的各种隐性税收增加了。据统计，我国农民2005年所缴纳的流转税为3182亿元，1998年为1876亿元，超过了当年减免的农业税总额。五是后农业税时期。2005年全面取消了农业税和农业特产税，同时对原来实行的"三提五统"和各种集资摊派进行了清理，乡村两级财政愈发捉襟见肘，投入不足。虽然开始实施"一事一议"，但是"事难议""议难决""决难行"和资金小、标准低对该制度构成了阻碍。因此有必要将农村各类公益事业发展和公共基础设施建设纳入财政支出框架内，明确各级政府的主体职责，同时取消对农民的各种歧视性和制度性政策，给予农民和市民同等身份待遇。

（二）合理划分中央政府和地方政府的职责

在我国1994年实行分税制财政体制改革和1998年实行农村税费改革试点后，地方政府的直接收入（不包括中央转移支付部分）大大减少，但其承担的农村基本公共服务职责并未减轻，地方政府出现了明显的财权和事权不相匹配的窘境。据资料统计，1978～2013年，地方财政农业投入占国家财政农业投入的比重超过80%，在"财权上收，事权下放"的体制下，各乡镇财权向县市级政府集中，县市级财权向各省级政府集中，各省级财权向中央集中，地方政府被迫成为农业财政资金的绝对主力，尤其是乡镇财政的形势岌岌可危。尽管中央的转移支付比例加大，弥补了地方政府的收入减少部分，但是财政转移支付出现的各种变形还是加剧了农村基本公共服务不足的矛盾。解决之道在于按照受益范围和事权性质，合理界定中央政府和地方政府在农村基本公共服务中的责任，按比例负担基本公共服务的投入比例。对于江河治理、生态环境保护、重大农业科技开发和推广等事关全国的项目，主要由中央财政予以保障；对于受益范围局限于本地方的公共服务建设，如地方农村道路建设、地方农田水利建设等，主要由本地政府负责；而教育、医疗和社会保障等具有外部性或者关系农民生存生活等民生的基本服务应由中央和地方政府合理分担比例。例如，中央政府负责农村公共卫生、基本养老保险社会统筹部分，省市县级政府负责基本医疗服务成本、医疗和失业等社会保障部分；鉴于西部地方政府财力紧张的现实，中央政府应加大对西部地区的农村医疗保障扶持力度。

（三）完善政府间转移支付制度

在"以工补农、以城补乡"的反哺政策下，在以纵向转移支付为主的前提下，可以试点中央财政直接负责老少边穷的农村地区投入，探索发达地区支援欠发达地区农村的可行性方案。尤其是中西部地区的许多省份农业人口和农业产值占比依然较大，农业基础设施供给依然滞后，当地政府财政资金投入对降低农业再生产投入成本的作用有限，可以考虑加强探索纵横结合的转移支付制度，统一支付标准，用"因素法"代替"基数法"，提高一般性支付的比重。完善一般性转移支付和专项转移支付相结合的转移支付体系。逐步降低"税收返还"补助形式，逐步取消专项拨款配套资金制度。要保证县乡政权的正常运转就必须对我国目前的政府间转移支付体系进行结构性改革。首先是加大对县乡政府的一般性转移支付力度，保证其在省以下财力分配中的比例，同时转移支付的传输链条应予以缩短，取消乡、市级的农村财政划拨权，总结省直管县和县直管村的经验和教训，加快其向全国推广的步伐，有效抑制官员寻租和管理机构臃肿的现象。首先是省级财政对资金核算尽量直接核算到县，减少中级财务管理环节，提高资金使用效率；其次是规范专项转移支付，纠正专项补助政策导向不明确、管理混乱及审查不严的问题，保证专款专用，提高专项资金的使用效率。大力加强省级政府的转移支付制度建设，逐渐减少省内地区间因为财力不同导致的农村基本公共服务的不公平。

（四）加大农村投入的强度和效率

《农业法》要求县级以上政府每年对农业总投入的增长幅度不得低于本级财政经常性财政收入的增长幅度。尽管各级政府农业投入总额逐步增加，但是农业投资周期长、收益缓慢的特征使得地方政府在追求政绩和短期财税收入时缺乏扩大农业投入的动机，事实上《农业法》规定的比例在多数年份并未达到。虽然各种因素导致农村财政投入数量在没有显著增加成为既定事实，但农村投入和农村建设不可停滞不前。正如马斯格雷夫（Musgrave，1997）所说，公共支出的有效性才是问题的关键。罗蒙·洛佩兹（Ramon Lopez，2004）进一步指出农业部门的重心在于花钱的效率而不是多少。尤其是政府对农村的投入路径是自上而下的，农民受限于知识水平、缺乏相应的民主参与意识及监督制度设计不足，使投入的资源产生的效率低下。2008年7月4日，审计署发布了《54个县农村义务教育经费保障及使用管理情况审计调查结果》，报告显示了一些县对农村教育经费截留隐瞒的严重问题。因此要强化国家审计署和各级审计机关对财政涉农资金的审计力度，提高涉农资金的优化配置和使用效率。为了保证政府农村投入的稳定增长机制，提高支农资金的配置效率，应尽快出台《农村投入法》，明确各级政府对农村投入的责任，将政府的政绩考核体系与对农村的投入联系起来，建立一票否决的硬性约束机制。

（五）农村投入的手段

1. 资金手段

各级政府财政投入是新农村建设资金投入的主渠道，发挥着明显的导向作用。在各项投入中，政府财政投入总量最大，比重最高。一般来说，在新农村基础设施和公共服务设施建设中，国家、省、市三级财政投入占总投入的近80％。政府投入是保障，带动作用比较明显。财政资金投入都较好地发挥了"四两拨千斤"的带动作用。例如，通村公路、血防改厕、沼气池、电改、文化建设、甲级卫生室、村级组织办公场所建设等国家实施以奖代补、民办公助的建设项目，财政资金的作用非常明显。

要将财政预算内支农资金蛋糕做大。农村投入不仅要增加总量、提高增速，而且要强调"三农"支出在整个中央财政支出中的比重。尽管这几年中央财政对农村投入很多，增长速度也很快，但是与农村人口规模相比，中央财政用于"三农"的支出还远远不够，根据宽口径计算，三农投入约占整个财政支出的10％。另外要充分利用财政预算外资金手段。发改委负责中央预算内基本建设投资的资金量约为5000亿元，其中用在农业和农村的建设投资约为2000亿元。2013年的土地出让金收入为41250亿元，较2012年增长了44.6％，对于这个巨大的土地收益增量，可以尝试将其用于支持农业和农村的发展。

2. 吸引民间资本参与设立金融机构

金融机构服务"三农"工作首先得有"庙"，也就是在农村铺设营业网点。通过这些年的改革，农村信用合作社的主力军地位不断巩固，连同后来在信用社基础上改制的农村合作银行、农村商业银行，可统一归类为农村合作金融机构。现期我国农村80％的农户贷款是由这类机构提供的。但是在我国广大的农村地区，特别是中西部地区，金融服务供给不足，竞争不充分，金融机构的数量远远不能满足需求。应调整准入政策，放宽准入条件，引导社会各类资本参与设立村镇银行、贷款公司、农村资金合作社这三类新型农村金融机构，并致力于把这类机构打造成服务社区、服务县域、服务"三农"的金融机构。

3. 充分发挥农业保险规避风险的机制

农业保险一方面使得农民抗灾减灾的能力得到提高，稳定农业生产；另一方面，农业保险和农业信贷相结合，能改善农村信用环境，激活农村金融服务链条，缓解农村贷款难的问题，其资金杠杆的放大效应在农业发展中尤为突出。数据显示，从 2007 年到 2013 年，农业保险年均增速达到 86%，户均赔款达到 600 元，占农村人均年收入的 10% 左右。目前农民对农业保险提出了更高要求，表现为产品要多、理赔要快、比例要高、政策要严。在这些要求下，政府要切实提高服务水平和能力，使农业保险成为惠农富农的重要金融工具。

（六）提高政策的实际执行力度

中央财政支农资金无论在量上还是在方向上都应该没有问题，但如何保证各级政府把资金全部投向农业和农村是个大问题。原因很简单，在目前政绩考核制度没有大的改变的情况下，财政资金经常会被优先投到那些能够带来更大的 GDP 增长的项目上。而农业、农村投入由于见效慢，往往不会被优先选择为投资重点。虽然中央一号文件要求各级财政对农业的投入增长幅度高于财政经常性收入的增长幅度，但在地级、县级政府中，实际执行的效果会打折扣。目前有专项检查制度来监督各地是否执行了一号文件，并对各地土地收入用于农业、农村的各项资金征收和使用情况进行专项检查，如果专项检查结果能够对社会公开，让社会参与监督，效果会更好一些。

第六节　农村金融供给中的监管政策调整

一　农村金融供给困境

当前，农村金融供给不足是制约我国"三农"发展和消除城乡"二元结构"的重要因素。就其原因而言，既有总量问题，又有结构问题，还有供给质量方面的问题。

从总量上看，首先，农村地区金融资源总量不足，需求缺口不断扩大。从总体上看，目前传统金融机构配置在农村地区的信贷资源仍相对有限，尽管其在农村地区发放贷款的数额逐年增长，但在总额中的比重依然处于较低水平。其次，抽血效应明显。通过向人民银行提交准备金、资金拆借和汇划等形式，每年都有大量农村储蓄资金流出农村地区，这进一步削弱了农村金融的供给能力，而财政向农村地区的倾斜幅度远不能弥补资金外流的缺口。

从结构上看,首先,对弱势群体特别是对微型企业和农户的金融供给不足,"嫌贫爱富"的情况明显;其次,金融资源的分布存在显著的地域不平衡现象;最后,金融服务供给存在显著不平衡,农村地区的金融服务重资金归集、轻资金发放的特征较为显著,提供存款汇兑的金融服务较多,而提供信贷等资金供给的金融服务匮乏。

从供给质量上看,农村金融服务方式简单粗放,难以适应"三农"的发展。由于机构缩减、竞争不充分,农村金融服务功能不断弱化,农民难以得到优质的金融服务。一是服务功能配置落后。由于金融机构被大量撤并,大部分网点集中到县市区域,在地域广阔的农村集镇,网点分布很少,基本没有竞争,导致服务主动性和创新能力不强,服务整体水平低下。二是服务方式和手段落后。由于对农村金融业务的思维定式和农村业务市场的特殊性,一些银行缺乏服务创新的动力。三是管理权限上收,授权、授信难。商业银行过于追求"机构扁平化、管理垂直化、经营集约化",导致基层商业银行信贷权限缺失,农村市场符合授权、授信的承贷对象稀缺,也使农村产业化发展和中小企业项目缺少资金支持,流动资金短缺。

二 以监管政策调整与化解供给难题

针对我国农村金融供给中存在的上述困境,应通过监管政策的调整来加以解决,主要有以下五点。

第一,改变行业割裂的政策导向,以综合金融理念增加农村金融供给。在我国,相关政策存在较为显著的行业割裂倾向,缺乏对增加农村金融服务供给的统筹考虑。例如,保监会主要从保险保障角度,提出鼓励"三农"保险发展的政策,却不涉及农村资本供给;银监会主要从信贷角度,拟订新型农村金融机构的监管规则,对于保险在改善农村金融环境和提供信贷保障方面的作用缺乏系统考虑。政策导向的割裂不利于农村金融可持续发展能力的增强。实际上,农村金融供给是一个有机统一体,应设立超部委的农村金融改革协调机构,改变行业割裂的政策倾向。有关增加农村金融供给改革的政策在出台前应进行充分沟通,改变当前信贷资金供给与风险保障服务各自为政的政策导向,统筹农村地区保险业务与银行业务的发展。

第二,推进农村正规金融机构改革。要根据农村金融的需求特征,对现有的正规农村金融机构进行改革和重组,整合现有农村金融机构的功能,培育多元化的农村金融主体和多层次的金融市场。首先,加快推进农村信用合作社产权制度改革，完善法人治理结构。农信社可以以多种组织形式存在：一是在经济发达的农村地区建立农村商业银行；二是在经济较发达和次发达地区建立合作银行；三是在经济欠发达地区大力发展真正的合作金融。其次，强化农业发展银行的政策性职能，进一步增加支农专项贷款，拓宽支农再贷款发放范围。一是要明确农发行支持"三农"的定位，延伸其经营业务链，通过委托代理，利用农行、农信社、邮政储蓄银行、只贷不存的小额贷款公司，甚至农民资金互助组织等网点优势，在国家的政策性银行与农民之间架起一座桥梁。二是国家应建立政策性金融的财政补偿机制，农发行应逐步减少对中央银行的依赖，拓宽融资渠道。三是农发行信贷支持重点应从流通领域向生产领域转移，扩大农业生产环节方面的贷款；依照农业经济结构调整导向，制定实施差别性的农户贷款供应量、利率和贷款条件以及担保等一揽子信贷扶持政策，以有效诱导农业内生的投融资需求。在服务"三农"的政策补偿及配套机制建设方面，国家应从财税政策及资金支持上给予适当风险补偿，运用市场机制引导农业银行为"三农"服务。实行财政专项补贴，建立对农业信贷投入的补偿机制，在银行商业化与地方经济发展政策间谋求平衡。健全农业信贷风险保障机制，引导农村保险与农业信贷相结合，建立联系机制，共同解决经营风险和农民投保的承受力问题。

第三，积极发展农村非正规金融。农村民间金融是正规金融的必要补充。改革开放以来，我国农村的民间金融行为一直受到打击和排挤。但在中国农村正规金融制度安排难以满足农村金融需求的情况下，非正规金融组织对扩大农村生产经营资金、活跃农村金融市场、提高金融效率等方面起了不可缺少的积极作用。因此，对于在农村市场经济中自发产生的民间金融，政府应该给予一定的承认、鼓励、支持和引导。首先，要从制度上为非正规金融发展提供保障，确立其在当前新农村建设中的合法地位。中国现在各个地方的农村，已经开始机构创新，比如只贷不存机构的试点、社区货币基金、资金互助安排等。这些民间非正规金融组织对于中国农村经济发展具有非常重要的意义，必须承认它们的合法地位，从法律规范、银行监督、管理登记、风险控制制度等方面对非正规金融的合法地位进行制度上的保障。其次，以合会为突破口，大力发展农村非正规金融，带动农村金融的健康发展。农村金融市场存在着信息不对称、缺乏可抵押物、特质性成本和非生产性借贷四大问题，农村正规金融无法克服这四大基本问题，而农村非正规金融很好地解决了这几个问题，所以当前农村金融制度改革必须以非正规金融制度改革为重中之重。但是事实证明，如果金融监管还未能按照市场经济的规则进行，如果政府还可以对民间金融机构指手画脚，民间金融的合法化就是民间金融的灾难。所以我们必须发展真正来自民间、民营的农村金融，那么合会就是一个最合适的选择。合会是基于血缘、人缘、地缘关系的自发性群众融资组织，一般由三五个人组成，相互约定每隔一段时间开会一次，每次聚集一定的资金，轮流交给会员中的一人使用，基本上不以营利为目的。合会很好地解决了逆向选择和道德风险问题，也不需要抵押物品，它是农村金融制度改革的突破口所在。从中长期来看，可以考虑促进农村正规金融和非正规金融的融合。在农村的金融领域，正规部门具有充足的资金，具有规模经济带来的成本优势，可以服务于大中型农村企业；非正规金融具有信息优势，可以有效地为中小企业和农户服务。农村非正规金融应该和农村正规金融有效地结合起来，互相补充，更好地服务整个农村，以利于三农问题的解决和新农村的建设。

第四，逐步放宽利率约束。农村利率市场化是指政府放松和取消对利率的直接管制，由农村资金供求双方自主确定利率的数量结构、期限结构和风险结构，以达到资金优化配置的目的。在农村逐步推行利率市场化，会使正规金融机构的利率水平上升、解除信贷管制，激励正规金融机构增加资金供给；同时也有利于降低非正规金融机构的利率水平，解决正规金融机构信贷管制造成的部分非正规金融机构利率虚高问题，促使农村利率趋向统一，使农村市场的实际利率真实反映农村资金的稀缺程度和供求状况。因此，要进一步放开农村正规金融机构的利率管制，资金供求双方以法定利率为基准，实行风险和交易费用加成定价方法，充分发挥利率的资金配置作用。放松农村金融市场利率管制，实现利率在宏观调控下的市场化，是培育农村金融竞争性市场、重构农村金融体系的重要过程，也是农村金融深化的基本思路之一。

第五，实施差别化扶持和监管政策。具体有以下三层含义。首先，按照不同区域的经济发展水平，采取不同的金融供给政策。经济欠发达地区的金融需求主要表现为消费性生活需求，以应对大项支出和临时性支出；经济中等发达地区农业生产性金融需求已经从传统农业生产性资金需求向综合性资金需求方面发展；经济发达地区的金融需求主要表现为满足农村城市化和工业化的需要，包括对农村基础设施建设和工商业发展等方面的资金需求。基于不同地区农村金融服务需求的不同层次，农村金融供给应在不同区域有不同的针对性和侧重点。在经济欠发达、特别贫困的农村，金融供给或支持应以政府财政补贴为主，引导多种资本按照商业可持续原则进行扶贫开发；在经济中等发达和经济发达的农村，金融需求更多的是与农业生产、农产品加工流通以及农村工商业发展等相关。因此，金融供给的增加应当在防范道德风险的基础上，更多地采用市场化机制，鼓励多种资本进入，以市场化定价方式提供服务。其次，按照不同的经营主体，采取不同的金融供给政策。个体农户与具有一定规模的经济实体二者具有不同的农村金融服务需求。具体来说，个体农户可以分为传统小规模农户、实现一定规模的专业化经营的农户以及从事农产品流通等的个体工商户；而经济实体也存在中小企业、农业产业化龙头企业、乡镇工商企业等不同类型。不同主体对金融服务的需求在资金规模、资金价格以及金融服务品种等方面存在差异。根据不同主体对金融服务需求的不同特点，在增加农村金融供给时，应创新不同类型的金融组织，合理安排不同类型的金融服务、不同规模和价格的信贷支持之间的比例和结构。

第七节　工业化、城镇化及经济市场化背景下农业现代化问题

一　"三化"的互动关系

工业化、城镇化和农业现代化之间存在着密切的联系，三者之间相互影响、相互作用。

一方面，工业化和城镇化的发展对农业现代化具有巨大的推动作用。首先，工业化和城镇化发展可以有效地转移农村剩余劳动力。农村剩余劳动力转移在促进农村经济发展的同时，也为农业现代化水平的提升创造了客观条件。其次，工业化和城镇化发展带来的科技进步有助于推动农业科技创新和产业结构升级，为农业现代化水平提升提供技术支撑。再次，工业化和城镇化发展及其对乡镇企业发展的带动为实现农业现代化提供了必要的资金积累，进而为农业现代化发展提供了资金与物质支持。最后，工业化和城镇化发展还促进了农业专业化分工，优化了农业结构，从而推动了农业现代化水平的提升。

另一方面，农业现代化对工业化和城镇化也具有一定的促进作用。从农业现代化对工业化的促进作用来看，首先，伴随着农业产业结构的调整和农

业现代化水平的提升，农村剩余劳动力不断从农业部门向非农业部门转移，为工业化发展提供了充足的劳动力资源。其次，农业现代化发展为工业化发展提供了基本的、多样化的原材料。最后，农业现代化加速了工业化的发展。随着农业现代化的不断发展，其对工业化的要求也越来越高，没有农业的现代化，就不可能有整个国民经济的现代化。对城镇化而言，农业现代化也会起到一定的促进作用。一是农业的发展是城镇化发展的基础条件和制约因素。农业生产在向现代化发展的过程中，农业劳动生产率的提高，产生了大量的农业剩余产品，农业剩余产品的出现带动了其他社会分工的发展，促进非农产业从农业中独立出来，带动了工业化进程的发展，随着工业化进程的发展，城镇化发展也受到工业化发展的推动。二是农业现代化进程为城镇化发展创造了市场条件。农业现代化中，农业生产率不断提高，农业人口收入也不断提高，收入的增加刺激着市场消费，从而为城镇中相关产业的发展创造了机会。另外，农业现代化也会促使城镇产业结构调整，促进城镇基础设施建设，使城镇发展规模不断扩大，城镇化水平也将不断得到提升。同时，农业现代化的发展过程本身也需要大量农业机械、化肥等工业产品的投入，这也直接刺激了城镇化的发展。三是农业现代化发展为城镇化发展提供了要素条件。城镇化过程本质上是要素在地理上的集中，而城镇化进程的启动要求从农业中集中劳动力、资本和土地等要素。农业现代化发展会产生大量的农村剩余劳动力，大量农村剩余劳动力在城镇中集聚，促进了城镇交通、住房、水电等基础设施的建设和完善，从而满足了城镇经济发展对劳动力的需求。

总之，工业化、城镇化与农业现代化在客观上存在一种相互联动的发展关系，我国工业化、城镇化进程在加快发展的同时，也必将为我国农业开辟广阔的发展空间。

从我国工业化、城镇化和农业现代化的发展历程来看，自新中国成立以来，我们在一穷二白的基础上，在工业化、城镇化、农业现代化方面积极探索，走出了一条中国特色社会主义发展道路。改革开放以来，我国工业化进程全面加速，实现了由工业化初期向工业化中期的历史性跨越。2010年，中国的制造业产出占到了全世界的19.8%，成为全球第一制造大国。工业化水平的提升无疑是推动中国经济发展的关键性力量。在城镇化方面，新中国成立初期我国的城镇化率仅为10.6%，2013年我国的城镇化率已达53.7%，以差不多每年1个百分点的速度递增，城镇化已经成为我国居民生产生活条件改善的主要途径。在农业现代化方面，改革开放以后，我国开始实行家庭联产承包责任制，乡镇企业异军突起，国家也开始注重"三农"问题的系统解决，开展新农村建设、取消农业税、加大涉农补贴力度等，使中国的农业现代化进程步入正轨。2013年，中国农业机械化保持了整体推进、快速发展的良好态势，耕种收综合机械化水平超过59%，同比提高2个百分点，这为粮食"十连增"和农业综合生产能力建设提供了有力的支撑。

尽管如此，随着市场经济体系的建立和完善，农业的发展再次遇到瓶颈，而工业部门的比较优势更加显现，大量的农业劳动力和农村生产要素开始进入工业领域、进入城市。在市场机制的作用下，工业部门、城市部门从农村大量"抽血"，农业的弱势地位进一步暴露，城乡差距不断拉大，"三农"问题也一度到了非常严重的境地。特别是在国际金融危机的冲击下，我国城镇化滞后、农业现代化基础薄弱的弊端充分显现。内需之所以迟迟无法大规模启动，很大程度上就在于没有充足的城镇购买力作为支撑，没有有效的农村消费力作为后援。也就是说，"三化"不协调、不同步的问题已经成为制约我国经济平稳较快可持续发展的突出矛盾，成为亟待解决的重要历史性命题。

二 实现"三化"的手段

实现工业化、城镇化和农业现代化"三化"协调发展是一项涉及面非常广的系统性工程，既要加强改革创新的"顶层设计"，建立合理有效的体制机制，又要在一些地方和领域率先实现局部性的突破。

第一，加强农村基础设施建设。经济的发展必须有良好的外部条件。改革开放以来，我国的基础设施大多集中在城市及城市辐射的周边范围，而广大农村的基础设施状况并不理想，这是造成区域城乡差距的重要原因。因此，"三化"同步推进的必要条件之一就是打造城乡一体的基础设施体系，这就要求政府加大投入，同时完善建设与维护机制。农村的基础设施建设应以水利为重点，扩大田地灌溉面积，完善农村微小型水利设施，并做好抗旱水源工程建设，同时应注重农村道路、饮水安全、沼气工程建设，并积极推动农村电网建设。

第二，完善农业生产利益补偿机制。近年来全球粮食安全问题愈加突出，我国也一直处在粮食紧平衡状态。保障粮食安全是农业现代化的首要目标。当前我国工业化、城镇化正处于加速推进阶段，与其他行业相比，农业比较效益低下的问题更加凸显。所以，一方面，要在财力许可的范围内，健全"三农"投入稳定增长机制，不断增加农业补贴和涉农投入，鼓励有条件的地方对农业进行额外补贴，同时考虑选择以单位土地或单位农产品产量为补贴对象，将现有补贴有效整合、简化程序，并实行动态调整。积极探索财政与金融相结合的投入机制，通过财政资金的杠杆作用，引导更多的社会资金投向农业农村。另一方面，要加大对农业主产区的支持力度，从公平发展的角度来讲，沿海发达地区占用了大量的耕地，被迫由粮食主产区来承担更多的耕地保护和粮食生产职责，那么就理应进行相应的利益补偿，要进一步提高对粮食主产区的转移支付水平和加大农业基础设施投入力度，可以探索研究在适当的时机，以适当的形式开征粮食消费税或设立耕地保护基金，提高农业主产区的发展能力和公共服务水平。

第三，加大对农村劳动力转移的支持服务力度。工业化的推进和提升，需要大量高素质的产业工人；城镇化的推进和深入，需要大量农村居民的全方位融入；农业现代化的推进和实现，需要大幅度减少农民。劳动力转移是"三化"同步推进的关键结点，必须通过各种政策措施，加快农村人口向非农产业和城镇转移。首先要加强农村劳动力技能培训，增强培训的针对性和实效性，提升农村劳动力在城市的生存发展能力。要特别着眼于"新生代农民工"的特点和诉求，大力发展高水平的职业教育，使其能够与现代产业部门更好地对接。其次要努力增加非农就业机会，以产业的转移来替代农民工的远距离迁徙，促进农民就地就近转移就业，扶持农民以创业带动就业，让其有条件、有可能被迅速纳入城镇化进程中。最后要因地制宜，根据城镇的承载能力，放宽落户限制，将稳定就业的农民工及其家属逐步转为城镇居民，同时要积极为农民工提供服务，保障农民工群体能够共享城市文明。此外，要充分尊重农民意愿，让其自主选择进城或留乡，在转移落户的过程中，要切实保护好农民承包地、宅基地等合法权益，让农民真正成为工业化、城镇化进程的受益者。

第四，努力提高农业的产业化、组织化程度。近年来我国农业产业化程度、组织化程度有了大幅度提高，但与发达国家相比，与社会化大生产的要求相比，依然有着相当大的差距。近期反复出现的菜贱伤农、果贱伤农现象，再次证明在充分竞争的大市场面前，分散的农民农户处于相当不利的地位，信息有限，基本不具备议价定价能力，抵御自然风险和市场风险的能力较弱，而且农产品安全也无法得到有效保障。所以必须努力提高农业经营的组织化程度，发展多种形式的适度规模经营，通过利益的纽带，将农户与农户、农户与龙头企业、农户与市场有机联系起来，通过大力发展订单农业、开展农业保险等配套措施，降低生产成本，规避市场风险，提高农产品的品质，增加农民收益。当前还要特别注重农产品流通体系的建设，搭建农产品物流信息平台，减少流通层级，完善流通网络，畅通产销渠道，保障粮食和农副产品的有效供给。

第五，建立健全城乡发展一体化制度。"三化"同步推进就必须逐步打破城乡二元分割的现状，加快消除制约城乡协调发展的体制性障碍，增强农民在农村农业发展中的话语权，形成城乡间要素资源的平等交换关系。一方面，要统筹城乡基础设施建设和公共服务，改变社会公共资源过度向大中城市集聚的趋向，加大农村公益事业投入，促进城乡义务教育、学前教育的均衡发展，增强农村基层的基本医疗卫生服务能力，逐步建立覆盖城乡、普惠均等的一体化社会保障体系。另一方面，要以推进新型农村社区建设为突破口，加速城乡一体化发展。在科学规划的前提下，在具备产业支撑的基础上，根据群众的意愿，可以将一些城市建成区内的城中村、城市近郊区以及将中心城镇周边区域率先转变为城市社区，同步推进社会组织形态转变，使农民真正转化为市民。

第六，积极引进企业式农村合作组织。在传统的农业结构中，作为主体的农民力量分散，无法形成组织结构，在市场中处于弱势地位，这样的发展必将导致农业贫困的积累。故"三化"拥有对等的主体，是其同步推进的必要条件。而市场经济的特性是客观存在的事实，如果要实现这种"三化"之间的主体对等，政府必须采取以下措施。首先，国家、农民集体与农民个人在土地中各自的权利划分必须以法律的方式进行明确，保障作为土地权利主体之一的农民个体的合法地位，从源头上保证农民的利益；其次，政府需要通过股份制或其他形式，将单个的农民个体组合成以企业形式组织的农业合作社，使农民以合作社为单位进入市场，以保证农民具有足够的强势地位参与市场的平等博弈。

第七，加快农业科技进步和创新。发展现代农业、实现"三化"同步推进，最根本的还是要靠科技。要在日益严峻的资源约束条件下，实现农业的持续稳定增长，关键在于加快农业科技进步和创新，加大科技成果的推广力度。在加大保护资源环境力度的基础上，走依靠农业科技进步，不断提高耕地产出率、资源利用率和劳动生产率的可持续发展的农业现代化道路。建立以国家为主体，由企业、农民和社会共同参与的农业科技创新体系，确保在农业科研和推广方面的经费投入以及科技成果的及时推广应用。国家应采取有力的政策措施，免费为农村培养科技人才，提高现有人员的待遇，调动他们的积极性。在发展农业科技过程中，推进农业生产专业化和商品化，实现农业生产地区专业化、部门专业化、作业专业化。

第八节　将增进农民福祉作为新农村建设的根本出发点

一　农民福祉是新农村建设中的关键问题

农民问题是新农村建设中的关键问题之一。那么，农民权利问题的实质是什么？许多人认为是收入问题。然而我们看到，困扰农民的不仅仅是收入低，更根本的是相对城市居民而言其在教育、医疗卫生、社会保障等方面所能享受的公共产品不足乃至严重匮乏，在就业和社会生活的诸多方面遭受歧视、排斥，等等。城乡之间的差距也不仅表现在收入和财产差距上，而且表现在就学、就医和就业的机会不同，以及政府公共财政支出的差异方面。因此，农民权利问题不能简单地归结为收入问题，而是以收入、就业、教育、健康为核心内容的综合性问题，实质是农民在温饱问题基本解决之后，如何获得进一步发展的问题。诺贝尔经济学奖获得者阿玛蒂亚·森认为，追求发展的目标应该是能力而不是收入的提高。虽然能力和收入会随着个人年龄、性别、社会角色和社会环境的不同而形成较大的差异，但能力的丧失就意味着失去获取收入的可能性，进而失去将收入转换为发展的可能性。

党的十六届五中全会在《中共中央关于制定国民经济和社会发展第十一个五年规划的建议》明确指出，建设社会主义新农村是我国现代化进程中的重大历史任务，要按照"生产发展、生活宽裕、乡风文明、村容整洁、管理民主"的目标要求，有计划、有步骤、有重点地稳步推进社会主义新农村建设。新农村建设是推动农民现代化的长远战略，旨在改善亿万农民生存和发展状况，使其共享现代化发展成果。发展农业生产、进行村庄建设是新农村建设的内容，但如果农民得不到发展，即使修了路、建了房，新农村迟早还会变为旧农村；即使脱了贫，农民还会返贫。近现代长达百年的乡村建设经验与教训说明，如果没有对农民发展权利的尊重和发展能力的培养，仅靠直接的物质投入，并不能使贫穷消亡、落后根除，难以使农民走上自信、自立和自我组织的发展道路。只有农民自身发展了，他们才会有信心去适应工业化、城市化、市场化乃至全球化的发展环境，新农村建设才有可持续性的基础。因此，各级政府在新农村建设中应该目中有人、心中有人、以人为本，一切工作都应该以促进农民的福祉为出发点和归宿点，以提高农民发展能力、创造农民发展条件、完善农民发展保障为中心。农民的各种权利是否得到尊重，是新农村建设得失成败的最终衡量标准。

二　如何体现农民的最终福祉

第一，积极稳妥地推进户籍制度改革。城乡分离制度的核心是户籍制度。以1958颁布的《中华人民共和国户口登记条例》为标志，中国采取了严格控制农村人口向城市迁移的政策，由此形成了刚性的城乡分割的二元体制。长期以来，我国的户籍管理制度既不利于农民的自由迁徙、进城务工和流动就业，又是利益分配不均等、农民得不到社会普遍尊重的主要诱因之一。近年来，户籍制度受到越来越多的诟病。改革户籍制度中的不合理因素，让最重要的生产要素——人力资本——充分流动起来是关系农民福祉的一个关键性改革。结合目前我国实际，我国的户籍制度改革应该从以下几个方面入手：地（市）级以下中小城市和小城镇，可考虑全面推进户籍管理制度的改革，适当放宽农民工落户条件，凡有合法固定住所、稳定职业或稳定收入的农民工，均可办理落户手续，并在教育、就业、医疗、社会保障等方面与当地城镇居民享有同等权利；省会城市、副省级城市、直辖市等大城市，可考虑积极稳妥地解决符合条件的农民工的户籍制度。当然，具体的准入条件，各城市可以根据具体情况，灵活制定。

第二，进一步做好农民的教育培训工作。人力资本专家西奥多·舒尔茨曾指出："土地并不是使人贫穷的主要因素，而人的能力和素质却是决定贫富的关键"，既无技术又无知识的农民才是"完全无依无靠的人"。可见，教育不仅对减少个人贫困、提高个人的能力不可替代，而且对于提高国民的素质、增强国家的综合国力也具有重要意义。在新农村建设过程中，首先，要加强对农民本身的职业技能培训，增强其就业能力。目前，农村劳动力受过高中以上教育的比重还相当低。而且，在实现转移就业的劳动力中，大部分素质较高的农民选择在地级市或省会城市等地方就业。县域经济发展面临着高素质劳动力流失严重，外来人才吸引难的尴尬困境。不论是推进现代农业建设，还是发展工业，都需要高素质劳动力的有力支撑。因此，必须把加强农村劳动力的培训工作作为发展县域经济的基础工程来抓。要积极发展农村职业教育，在巩固提高农村九年义务教育的基础上，充分利用县级职教中心和城市各类职业技术学校，开展农村新增劳动力的职业技能培训。要积极开展农民科技培训，农民科技培训必须注重实效，少讲理论，多做现场演示和操作，做给农民看，带着农民干。重点培训具有一定文化水平和农业生产技术的骨干农户，创新工作方法，实现科技人员直接到户、良种良法直接到田、技术要领直接到人，切实提高科技示范户的学习接受能力、自我发展能力和辐射带动能力。要引导农民树立现代观念，强化农民的市场、就业、合作意识，利用信息引导生产，使农民根据发展需要和岗位需求学习专业技能，摒弃小生产意识，树立分工合作的大生产观念。通过学习、培训，让农民了解农村经济发展的新理论、新知识。通过示范引路，榜样带动，开阔眼界，增长见识，使感性认识和理性认识统一起来。其次，要对农民子女受教育的权利给予更多的优先考虑。在农村，对于一些农民而言，送孩子读书是"不上学等着穷，上了学立刻穷"，处于两难的境地。严峻的现实使我们必须对农民子女受教育权的现状有一个清醒的认识并给予更多的关注。要充分认识当前农民子女教育的现状，建立农村义务教育稳定投入机制，加大中央政府和省级政府对义务教育的投入，让每一个农村儿童都享有这一基本的受教育权，切实为中华民族的伟大复兴提供源源不断的高素质建设后备军。

第三，切实保障农民的土地权益。农民最大的问题是土地问题。随着《农村土地承包法》的颁布和实施，农民的土地承包权益得到了法律的有力保护。但是，由于诸方面的原因，长期以来农民的土地承包权益屡遭侵犯，其间这类问题虽得到了有关方面的重视和纠正，但尚未得到彻底解决，突出表现在以下三个方面：首先来自政府部门征地范围的不断扩大和征地审批的随意性，政府对农村土地想征占就征占，想占多少就占多少；其次来自集体经济组织以种种借口或名义随意收回或强制收回承包地，造成了一大批失地农民；最后，在征用农民土地的过程中，补偿标准偏低，补偿机制不健全，农民失地后未能纳入社会保障体系，缺乏相对稳定的就业岗位，不少失地农民变成种地无地、就业无岗、经商无本、务工无厂、上告无门、低保无份、生活无收入的悲惨的"七无"农民。怎样让这些农民失地不失利、生活可持续是摆在我们面前的一个现实的严峻话题。如何保障农民的土地权益？我们认为，要利用市场经济的手段。首先，颁布法律保护农民的产权。通过法律的强制作用，规范我国的土地管理和保障农民的土地产权，保护集体和农户权利，实现更合理的产权界定。这样就可以使土地更好地在不同产权主体之间进行交易，实现土地资源的优化配置。其次，从立法上严格界定"公共利益"的范围，限制征地的扩大化。针对在征地方面"公共利益"界定模糊的状况，应进一步明确国家征地权力的行使在于为"公共利益"服务。参照世界多数国家的做法和我国实际，公共交通、公共教育、公共卫生、公共安全、社会保障、社会秩序、共同发展等应纳入"公共利益"范畴。健全征地政策，减少政策本身的漏洞，严格控制自由裁量权的使用，从立法入手完善征地制度。加强政府决策机制的自身建设，建立健全配套设施。要建立和完善征地的合法性审查机制，要从法律上完善公告制度，建立征地价格以及补偿标准的听证制度、征地争议司法仲裁制度等。最后，适时、适当调整征地补偿标准。遵循市场原则，制定合理的补偿标准。征地补偿的一个重要目的是保障被征地农民的生活水平不降低，即保障农民失地后所得到的保障不低于拥有土地时的利益。应借鉴大多数国家和地区的做法，提高征地补偿标准，以市场价格为基础，综合确定土地补偿标准。按法定程序征地，保障农民的切身利益。当农民的土地受到不合理的征用时，可以通过司法救济程序保障其财产权利。

第四，建立城乡统一的社会保障制度。我国农村社会保障制度的研究和建设相对滞后，农民养老、医疗的权利无法得到有效保障。完善农村社会保障制度，加强农村的社会保障立法既是农村经济和社会发展的客观需要，又是广大农民群众的迫切要求。要建立和完善农村养老保障制度，使农民老有所养。要建立农村基本医疗保障制度，建立集资补助式合作医疗保障制度，给农民提供优惠的就医和医疗保健服务。要建立农村居民最低生活保障制度，使农民享有最低生活保障。

第五，允许农民有维护自己权利和利益的组织。我国存在多种社会阶层，每个阶层有着不同的利益要求。根据我国宪法公民有结社自由，我国工人有了工会，商人有了工商联（商会），学生有了学联，妇女有了妇联，青年有了青联，代表不同利益集团的人士有民主党派，还有各种工业产业协会和个体劳动者协会，来代表各自阶层的利益，表达各自阶层的声音，来与政府及其他社会经济组织进行沟通、谈判。但迄今为止，我国人口最庞大的农民却没有代表自己利益的群众组织——农民协会，在政权机关中没有自己的代言人。由于缺乏自己的维权组织，我国农民的参与渠道分散，各自分散承包经营的农民难以抗衡现代政治国家中不法权力和强势利益集团的侵害，以致各种坑农、伤农、卡农的事件不断发生，农民的权利不断受到伤害。如果中国农民能够依法建立健全农民自己的维权组织，就可以依靠组织的力量，在相当大的程度上抵制对农民权利的各种侵害和剥夺，保护自己的权利，包括政治权利、经济权利、社会权利和文化权利。在我国发展社会主义市场经济条件下，建立农民自己的组织有其独特的功能和作用，是其他组织无法替代的。对农民而言，它是保护自己权益的重要组织，农民权益保护可以获得组织上的保证；对于农业而言，它可以统领和整合各类专业经济合作组织，从而提高农业的组织化程度和农业产业化经营水平；对于农村而言，它是农村社会中的非政府组织，它与农村的政府组织、合作经济组织共同组成一个较完整的农村社会体系。这样，有了话语权的农民，才会真正成为新农村建设的"局内人"，而不是"局外人"，才有了保证他们建设美好家园的知情权、决策权、参与权、管理权和监督权，而不至于集体"失语"。

参考文献

［1］ 白文周、吴义周：《中国特色农业现代化道路的内涵及实现途径》，《经济问题探索》2008 年第 2 期。

［2］ 蔡武：《非农就业城镇化与城乡居民收入不均等》，《产经评论》2012 年第 2 期。

［3］ 陈锡文、韩俊、赵阳：《中国农村公共财政制度》，中国发展出版社，2005。

［4］ 崔建、冯智强：《农业企业化：我国农业现代化的主要途径》，《经济问题探索》2007 年第 2 期。

［5］ 邓汉慧、邓璇：《发达国家农业现代化经验对我国农业发展的启示》，《农业经济问题》2007 年第 9 期。

［6］ 方杰：《城乡和谐发展与农村公共产品供给问题探讨》，《软科学》2007 年第 5 期。

［7］ 韩长赋：《加快推进农业现代化，努力实现"三化"同步发展》，《农业经济问题》2011 年第 11 期。

［8］ 蒋大全：《农民：社会主义新农村建设的主人》，《农村经济》2006 年第 9 期。

［9］ 蒋南平、李博：《中国农业现代化的一个途径：基于人–地关系的现代小农经济模式》，《经济理论与经济管理》2012 年第 3 期。

［10］ 雷晓明、陈宁化：《论新农村建设中农民的主体地位》，《农村经济》2009 年第 4 期。

[11] 李棉管：《发展型社会政策与新农村建设的新思路》，《浙江社会科学》2011 年第 4 期。

[12] 李燕凌、曾福生：《农村公共产品供给农民满意度及其影响因素分析》，《数量经济技术研究》2008 年第 8 期。

[13] 林江、李普亮：《地方财政农业投入与农村居民消费增长》，《地方财政研究》2012 年第 11 期。

[14] 马晓河、蓝海涛、黄汉权：《工业反哺农业的国际经验及我国的政策调整思路》，《管理世界》2005 年第 7 期。

[15] 彭定赟、高萍、罗元：《农村公共产品投入对经济增长的效应分析》，《华中农业大学学报》（社会科学版）2011 年第 1 期。

[16] 王修华、邱兆祥：《农村金融排斥：现实困境与破解对策》，《中央财经大学学报》2010 年第 11 期。

[17] 吴婷：《论农村公共产品的多元供给主体——基于多中心治理理论》，《广西财经学院学报》2011 年第 2 期。

[18] 张益丰、张少军：《中国农村公共产品供给架构建设——基于发展视角的分析》，《经济学家》2009 年第 2 期。

[19] 赵阳：《共有与私有——中国农地产权制度的经济学分析》，生活·读书·新知三联书店，2007。

第十二章
进一步思考

第一节　农业现代化背景下的新农村

农业是社会发展的基础。巩固农业的基础地位，繁荣农村经济，是我国始终坚持的指导思想和方针。特别是党的十六大以来，党中央和国务院提出了一系列有关"三农"问题的新思想、新要求和新举措。2005年，党的十六届五中全会指出："建设社会主义新农村是我国现代化进程中的重大历史任务"，并从"积极推进城乡统筹发展，推进现代农业建设，全面深化农村改革，大力发展农村公共事业，千方百计增加农民收入"五个方面，论述了"三农"工作战略思路。十六届五中全会首次明确提出建设社会主义新农村的战略构想，并且提出要把建设现代农业放在推进社会主义新农村建设的首位，为我国农村今后的发展指明了方向。

一　农业现代化的内涵及发展现状

（一）农业现代化特征

1. 现代农业以现代科技为支撑

西方发达国家农业和科技有机融合的经验为我国农业现代化发展提供了借鉴和参考。这些国家的科研院所和农场密切联系，为农业发展提供基因技术、生物技术等高新技术，使农作物产出成倍增加；节水灌溉设施和高科技装备技术得到广泛应用，使现代农业具备资本和技术密集型产业的特征。在美国和以色列等一些国家，现代农业明显表现出高度工业化特征，农业生产仿照工业生产方式进行生产和管理。尤其是近年来的遥感遥测技术、精准农业技术、电子计算机技术以及激光技术等最新科学技术方法在农业生产过程中的广泛应用，使农业生产和经营的科学化、机械化、电气化程度空前提高。农业发展的基本趋势体现在流通领域，就是对农产品进行规范化运作，通过提供标准化的商品信息和产品质量，使得农产品质量信息可以追本溯源，有利于企业开展属地质量管理、标准化生产，创建产品品牌。

2. 绿色、低碳、可持续发展农业

欧盟已经将以往追求的农业产量转向追求农产品质量的提高，发展循环农业和生态可持续发展的农业，提高资源重复使用效率，着力构建农业生产要素递减化、农业生产清洁化和农业废弃物利用化的综合农业生产体系，形成种植业、养殖业互相耦合的循环农业经济系统，实现由传统线性经济模式向循环经济模式的转变。

世界各国在发展现代农业中普遍要求降低碳排放，更加注重生态环境的维护，实施经济、生态和社会效益三位一体的农业可持续发展战略；重视土地、肥料、水资源、农药和动力等生产资源投入的节约和利用，减少土壤贫瘠、生态恶化；在应用农业科技最新成果的基础之上，追求有机农业、绿色农业和生态农业的发展模式，保护自然资源和生态环境，实现经济与自然环境的和谐发展。

3. 现代农业是专业化高度集中、产业链条不断延伸的一体化经营的农业

农业生产中的社会分工日益深化，农业生产链条不断延伸，将农业生产过程的产前、产中、产后各环节联结为一个完整的生产体系，形成联系密切的经济利益共同体，并且在此基础上形成一个比较完整的农业社会化服务体系。

4. 现代农业对农业劳动者——农民提出了更高要求

如上所述，农业现代化要求以科学技术为基础，而农业劳动者作为科学技术的载体，必须拥有大量的知识和技能，有较高的现代科技文化素养，掌握先进的经营管理知识。在大机器生产的基础上劳动生产率得到了很大提高，许多农业劳动者转移到工业以及涉农工业部门，农业人口和农业劳动力在总人口和总劳动力中所占比重一般都在 10% ~ 15%。

（二）我国现代化农业发展现状

新农村建设必须坚持走有中国特色的农业现代化道路。现代农业的发展

过程实际上就是改造传统农业、转变农业增长方式、不断提高农村生产力的过程。与发达国家和市场需求相比，我国农业自主创新能力不强，农业科技进步相对缓慢，生产方式落后，农业技术推广体系建设滞后，比较效益低下，导致农业综合生产能力不高。

1. 农业综合生产能力增速放缓

近年来国家通过坚持最严格的耕地保护制度稳定发展粮食生产、提高农业科技创新和转化能力，使农业综合生产能力较以往有了显著提高。但数据显示这种能力在"十一五"期间并不稳定，农业生产总值占国内生产总值的比重连年下降，反映出我国农业综合生产基础薄弱，是制约经济增长的一块短板。

2. 农村生产条件还需进一步改善

近几年，我国政府为改革传统耕作方式、提高农业生产效率，推行农业标准化作业方式，不断加大投入改善农业生产条件，农业生产主要条件得到了一定程度的改善，表现最为明显的是农用机械的使用有效地推动了现代农业的发展；乡村办水电站装机容量自 2007 以来大幅增加，在水资源得到充分利用的同时，有效弥补了农业生产用电的缺口。但也要看到，水利基础设施的薄弱使有效灌溉面积停滞不前。

3. 农业科技支撑体系亟待加强

目前我国已建立多元化的农技推广与服务体系。全国农技推广服务中心负责全面指导，农业科研教育机构负责农技研究和农技人员培养，县级农技推广中心和乡（镇）级农技推广站负责组织实施。农业科技进步贡献率由"十五"末的 48% 左右提高到"十一五"的 52%，2013 年我国农业科技进步贡献率达 55.2%，主要农作物良种覆盖率达 96%，这些都得益于科技进步。但是需要注意的是我国的循环农业和绿色农业尚处于发展阶段，但消费者已经表现出对无公害、绿色、有机食品的需求，严格控制化肥农药使用成为农产品进入消费者视线的必要条件之一，我国农业未来发展的方向就是从常规农业向循环生态农业转变。

二 正确理解新农村建设

党中央在《国民经济和社会发展第十一个五年规划纲要》中将新农村建设的要求概括成 5 句话 20 个字，即"生产发展、生活富裕、乡风文明、村容整洁、管理民主"，这 20 个字涵盖了新农村的本质含义。社会主义下的新农村以社会全面发展为标志，以增加农民收入、农村社会经济快速发展为基础。建设社会主义新农村不是改造农村的一场运动，也不是追求快速致富的短期化行为，而是事关农村未来长期可持续发展的一项重大战略选择。新农村建设是有关农村经济、政治、文化的全面建设。它不仅要发展农村生产力，而且要调整目前僵化的农村生产关系；不仅强调农村经济增长，而且要加快农村各项社会事业发展；不仅强调物质文明建设，而且要注重精神文明建设。

三　农业现代化和新农村建设的关系

作为由传统农业演进和发展而成的一种新的产业形态——现代农业，侧重于农业产业经济的增长，需要不断提高自然再生产与经济再生产的能力；而新农村是对现有乡村进行建设使之成为新型聚居地的农村社区，新农村建设不仅要重视生产建设，而且还要强调农村社区人文生态的发展，二者关系是发展上的相互促进和资源配置上的优势互补。正如卢良恕（2006）所言：发展现代农业是推进社会主义新农村建设的重要组成部分，要通过发展现代农业，为社会主义新农村建设提供更加扎实的产业经济基础、更加充裕的物质条件；要通过建设社会主义新农村为现代农业的健康发展创造更加有利的社会发展条件、更加适宜人类居住的人居环境。

现代农业是新农村建设的基础，见图 12 - 1。

图 12 - 1　现代农业是新农村建设的基础

1. 科技化是新农村建设的推动力

充分发挥科技在农业产业发展中的催化作用，利用世界先进农业设备、农业高新技术以及管理技术来提高土地产出率、劳动生产率和农产品商品率，促进农业转型，推动新农村的发展。

2. 产业化是新农村建设的原动力

产业化是现代农业的首要特点，它要求我们摈弃小农意识，冲破传统农业制度的束缚，以现代工业的理念发展农业，走产业化、规模化、专业化之路，提高农民收益。农民只有生活富足，才会有更多的精力和财力来进行新农村建设。

3. 园区化是新农村建设的保障力

在工业化、城市化的大背景下，土地等资源对我国农业发展的制约将越来越突出。在集约、节约利用土地原则的指导下，我们积极探索以园区化发展现代农业的方式，使农业园区、农业基地成为农业发展的重要载体和物质基础。

4. 高素质农民是新农村建设的主体

劳动者是生产力构成中最具有活力的因素，其素质高低决定了现代农业的发展成效。培育新型农民，提升农业劳动力素质，可以为农业现代化建设提供人力资源保障。

四　加快农业现代化、促进新农村建设的有关措施

（一）以科技引领农业现代化进程，推进新农村建设

加速农业科学技术进步是发展现代农业的根本途径。西方农业发达国家的实践表明，农业国际化竞争的本质是农业科技的竞争。由于我国耕地和水资源对农业形成了刚性制约，因此从长期看，未来我们必须走依靠科技进步，提高劳动生产率和资源利用率的道路。我国目前的农业科技自主创新能力较弱，科学技术对农业的贡献率不到50%，和发达国家相比差距较大。一方面我们要积极消化和吸收国外的先进生产技术；另一方面要形成以政府为主导，吸收社会力量参与的科研体系。充分利用科研院所、大专院校的研究资源优势，加强与农业企业的横向联系，加快农业科技进步，用先进科学技术武装提高农业综合生产能力。其中农业技术研究的重点是解决制约农业生产发展的重大问题，如新品种选育、种子种苗优化、种植和养殖、病虫害防治、贮运保鲜、精深加工、农业自然资源利用、生态环境建设等相关领域的技术。

推广农业技术是加速科技进步的重中之重。目前我国农业科技成果转化率仅为发达国家的一半。主要原因是政府投入不足，推广理念和管理体制陈

旧，基层推广队伍流动频繁等。进一步发展现代农业，应借鉴国外的发展经验，建立起以国家农技推广为主，以农村专业经济组织为基础，以县乡农技推广机构为主体的、公益性的农业科技推广体系，坚持走多元化、市场化、社会化发展之路。

上海市一直重视农业科技引领农业现代化建设，这些年通过大力推进科技兴农，取得了一批重大成果和积累了宝贵经验。目前科技要素对农业发展的贡献率已经超过 60%，居全国领先地位，具体措施包括：以"四大工程"（即种子工程、绿色工程、生物技术工程和菜篮子工程）为主体，围绕高效生态农业推广集约化农业生产技术，加强农产品质量安全标准体系建设，推广标准化生产技术，培养和壮大绿色食品、有机食品产业。科技支农的模式主要有以下几种：高校主动参与新农村建设、非农企业介入农业科技服务、龙头企业带领、地方政府主导、地方政府和科研机构合作等。不必强制使用某一单一模式，这有助于发挥市场的选择和淘汰机制。

（二）加强农民教育培训，培养高素质的新型农民

培养有文化、懂技术的新型农民，是发展现代农业、推进新农村建设的内在动力。2012 年年末，我国农业在国民经济中的比重约为 10%，中国乡村人口约为 6.42 亿，乡村劳动力有 4 亿人，农业劳动力占总劳动力人数的比重是美国的 25 倍，日本的 5 倍多，荷兰的 12 倍多，并且农村剩余劳动力有 1.5 亿，每年新增剩余农村劳动力 600 多万，这些农业劳动者以老、弱、残、妇为主体。受国际、国内宏观经济因素影响，农村剩余劳动力的吸收困难重重。但现代农业产业链的纵向延伸和扩大，可以稳定吸收大量的农村剩余劳动力，并将其转变为农村产业工人。我国农民受教育程度普遍较低，据 2001 年统计，农民平均受教育年限不足 7 年，农民中学以下文化程度及半文盲的比例为 40.31%，初中占 48.07%，高中以上仅占 11.6%；而同期日本农民中有 75% 受过高中教育，受过大学教育的占 7% 左右。现代农业需要高素质的农民。因此要坚持"农民是建设新农村的主体"的指导思想，政府要加大对农村教育的投入，扩大科技培训和职业教育规模，提高农民的科技文化素质和劳动能力，充分发挥农民的创造力，为现代农业建设提供智力支持和人才保障，加快将受教育程度较低的传统农民改造为符合新农村建设需要的高素质新型农民。

（三）大力发展龙头企业，促进农业规模化经营

龙头企业一方面与市场紧密联系，另一方面与农户保持联系，是以农户为单位的农业生产组织者。作为农业产业化的载体，龙头企业依靠现代农业发展壮大，反过来农业现代化的实现也需要龙头企业的推动。政府应对其进行政策支持，鼓励其做大做强，扩大产品交易规模，带动农民收入增加，使农民不离土、不离乡也能富裕。同时在坚持家庭联产承包责任制和农民自愿的前提条件下，考虑土地集中和流转，推进包括土地在内的生产要素向农业大户或核心机制农户集中，建立一定数量规模较大的农场，也可在不改变家庭土地占用规模的基础上，通过产前、产中和产后的横向联合，实现规模化经营和集约化经营，提高农业现代化的生产效益。

第二节　农村资源、农业要素整合涉及的深层次问题

加快农村资源改革和农业要素整合的现实意义何在？农村资源和农村要素整合问题是推进新农村建设的重大课题，对增加资本投入发展现代化农业、优化资源配置、增加农民收入、构建城乡一体化经济发展模式具有很强的现实意义。

一　农村资源改革和农业要素整合的现实意义

现代化农业的发展建立在资本投入基础之上。当前农村的发展已经从温饱型向小康型过渡，依靠第一次改革那种刺激农民积极性的方式来完成过渡显然是无法实现的，此时金融资本的作用呼之欲出。但当前农村的金融资本无法担当这个重要角色，究其原因主要有内部资本活力不够，外部资金不愿进入等。具体来说包括以下几点。第一，农村建设用地在被迫变为国有建设用地的过程中价值得到了数倍增长，但收益却被国家拿走而主要用于城市建设。在土地资源变为资本的游戏中，政府和开发商拿走了大部分资金，这使得农村发展所需的资本严重短缺，最明显的例子是这几年北京、上海、广州等大城市的政府土地收入年均在 1000 亿元左右，而全国的土地出让收入在万亿元左右。第二，商业性银行鉴于农村的贷款风险高、收益低等特点，减少或降低贷款数量或贷款比重，有些地方甚至将农村变成抽水机，将从农村吸收的资金用于城市发展，拉大了城乡二元差距。第三，依靠政策性银行解

决农村投入不足的问题似乎是画饼充饥，其自身信贷规模的有限性决定了其对农村的投入仅仅是杯水车薪。与金融资金相比较，财政资金用在农业产业的比重较大，而用在农村建设的较少。问渠那得清如许？为有源头活水来。向农村资源要资本投入，向农村资产要投入是突破农业发展资金瓶颈的策略。

舒尔茨定义农业社会为"完全以农民世代使用的各种生产要素为基础的农业"，这里的生产要素是指土地、资本和劳动力。在传统的农业社会里，"土地是财富之父"，土地对传统农业生产具有重要的意义，同时对劳动和资本有很强的替代意义，表现为地主可以在缺乏劳动力和资本的情况下，出租土地获得收益。在传统农业社会中，劳动力质量的作用并不突出，受教育程度较高的农民与目不识丁的农民在农业生产效率上并无显著区分。而资本是指除土地之外的生产资料。以上三种要素中，土地最为重要。但这种传统的靠生产要素数量投入的农业增长方式其实是一种有限度的增长，到一定阶段农业经济增长便会停滞不前。为什么？原因在于土地和劳动力资源都是有限的，随着我国城市化和工业化的强力推进，农业比较利益劣势明显，大量农村劳动力人口向城市和非农产业转移，农村劳动力减少已是不争的事实；土地资源在城市化进程中受到侵蚀，同时滥用大量化肥等化学用品加剧了土地质量的下降。在新的形势和背景下，传统农业发展模式要向现代农业模式转变的关键是资源整合和生产要素合理开发和使用。

收入问题是农民问题的核心，也是整个新农村建设的重要问题。在金融危机阴霾不散之时，促消费扩内需显而易见成为经济持续增长的动力源。但在七亿农民的收入无法得到根本性提高的情况下，在城乡差距逐年拉大的现实下，目标的实现只能停留在口号上。那么如何提高农民的收入？从来源来看，农民收入主要由四部分组成。一是家庭经营性收入，在土地资源有限的情况下，唯有提高农民创业能力，才能大幅度提高收入，但受教育程度较低和资金短缺又成为其收入增长的绊脚石；二是工资性收入，这实际是将农村剩余劳动力转移到城市中，但我国严格的户籍政策使得农民成为在农村和城市之间飞翔的候鸟，遇到类似美国次贷危机和欧债危机的危机时，农民就会面临失业风险，因此收入不稳定；三是转移性收入，这需要国家加大对农村的投入力度和强度；四是财产性收入，这需要将农村资源商品化、资产化和资本化，当然这一切离不开完善的农村产权交易市场。财产性收入越高的地区，这些地区的市场化程度就越高，农村的资源和农民的财产就越能得到较好的开发和利用，反过来市场化又促进了农村资源和农村资产的保值增值，加速了新农村建设。

农村资源资本化有利于城乡经济一体化协调发展。为什么城乡差别巨大，二元经济结构特征迟迟得不到根本改变？其中一个主要原因就是土地资源——农村最宝贵的资源无法转换为资本，"死土地"转化为"活资本"可以建立与社会资本对接的平台，实现农村与城市市场的无缝对接，实现城乡统筹。

二　农业生产要素优化与合理配置途径

目前农业生产要素的特征表现为资本投入不足、土地零碎化、劳动力兼业化。对农业生产要素进行优化和合理配置，可以从以下几个方面入手。

第一是将巨大的沉睡的农村资源转变成实实在在的农村内部资本，这可以大大缓解新农村建设中的资本供需矛盾。当前农村资源固化现象严重，农村的土地资源、房产资源、企业资源和货币资源的商品化和市场化程度较低，资源流动严重不足，资源价值也未真正体现出来。农村资源改革的策略是加快进行商品化、市场化和资本化改革进程。商品的一个本质特性是具有可交易性，这就决定了商品化是市场经济的前提条件，农村商品化程度高低直接决定了农村市场化和资本化的成熟程度。如何加快农村资源和农民资本的商品化进程？首先要明确任何有价值的物品只要进入交易过程（包括所有权或所有权中的某一部分，如使用权）就都具有商品属性。从这个角度出发，农村的土地、农民的宅基地和农屋、农民的劳动力和发明创造等物质或非物质的物品都是商品。其次是不能对商品的流动施加任何人为干预，同时商品的交易要遵循公开透明和等价交换原则。政府在农民承包经营权流转和农民商品交易中不能强买强卖，政府应退出市场定价环节，而由买卖双方来定夺价格。最后是加快农村资源的商品化和资本化立法进程。虽然改革三十多年来，我国对很多法律法规进行了修改，但促进农村商品经济快速发展的法律却严重滞后，尤其是在《土地管理法》和其他与农村资产相关的法律中，仍然将农村土地作为一种资源束缚起来，农民的农屋和宅基地等资产受制于严格的转让条件，其商品属性也已名存实亡。资源的商品化、生产要素的商品化、资产的商品化是商品经济发展的前提条件，而成熟的商品经济又为市场经济铺平了前进的道路。

成都市温江区在新农村建设中采取"兴三优二、一三联动"的产业发展战略，逐步推进农村资源资本化改革，在农业现代化过程中取得了丰硕成果，同时也积累了宝贵经验。其农村资源资本化在现代资本市场理念引导下，成功地将农村资源变为农村资本，其主要方式先后经历了以下三个阶段。首先是在家庭联产承包责任制下包产到户，使农民拥有了土地经营权和种植自由权，农村资源变为农村资产。此阶段农民对土地短期投资积极性较高，但中长期投资（如农田水利等基础设施建设）投资金额较大，单靠家庭单位根本无力支撑。这样土地的收益在达到一定程度时，将遇到增长瓶颈，无法持续增长。其次在政府引导、专业合作社支持下，农村资产逐渐变为农村资本。温江农民自行组织的专业合作社模式多种多样，有"公司＋农户""大户带小户""经纪人走村串户"等，专业合作社发展规模越来越大，据保守估计目前已有上百家合作类经济组织。最后是政府主导、社会资本参与的资本化改革向纵深发展。在前两个阶段的发展中，农村资源产权不清问题始终没有解决，温江区在土地制度不动摇的前提下，大胆探索，摸索出"两股一改"的新方式，即集体资产股份化、集体土地股权化和改造集体经济组织，按照股份合作制原则，集体经济组织成员持有资产股和土地股，享有明确的集体资产、集体土地按股分配的权利。

第二是培育新型农民和提高农村劳动力福利水平。生产要素数量的有限性决定了农业生产的投入必须依靠质量的提升。在新型化肥、无毒害农药、良种培育、卫星定位、现代化的农业机械等生产技术手段的应用等实体要素上，技术起到了决定性作用；信息等非实体要素也有助于提高农业生产效率。所有技术的载体都离不开生产力的主体——农民，所以改造传统农业的出发点是培养 2006 年中央一号文件所说的"有知识、懂技术、会经营"的新型农民。根据人力资本理论，通过提高农业生产者的素质来改造传统农业的主要方式是教育、培训等。一般来说，政府考虑到农业在整个国民经济中的地位和影响，会千方百计增加农业生产要素供给。按照供需理论，农民对生产要素需求较小的话，供给太多也无济于事。而在新型农民出现后，问题将得以解决。有知识的农民对高质量生产要素的需求和使用将对要素供给者产生一个正反馈，引导供给增加，最终形成供求良性互动，促进现代农业持续增长。提高农民劳动者素质的途径之一是政府必须增加教育经费的支出，尤其是要发展职业教育和做好农民工的培训工作。提高农村劳动力福利水平可以从增加非农收入途径和通过政府提高公共供给水平来实现。当前我国劳动力供给相对劳动力需求呈现严重供过于求的状态，这直接导致农民的收入水平长期在低位徘徊。20 世纪 80 年代第一代农民工去深圳等沿海地区打工时月薪几百元，三十年后其子女——第二代农民工，在父辈曾经工作的城市工作时，收入也就在一千元左右。农民收入增长缓慢带来的直接后果是国内需求严重不足，国内产能过剩，经济增长遇到瓶颈，同时农民因缺少收入抵抗各种风险的能力大大降低，这时需要政府提供公共产品和服务，如医疗、养老、教育等，满足农民的基本需求。

第三是打破劳动力兼业化模式。无论是资本投入不足还是土地利用效率不高，都离不开我国有特色的户籍制度。城市户口和农村户口使城乡界限泾渭分明。尽管现在农村剩余劳动力可以自由到城市工作，但身份的藩篱仍然禁锢了其活力，也正因如此他们有一个独特的身份——农民工。他们平时在城市工作，农忙时节回乡务农，双肩挑的重任使其付出巨大体力和精神支出，却得不到社会保障，仍然依靠一亩薄田来保障晚年生活。这就导致农地流转有政策、有制度，但却没有效果。显然要想改变"只开花，不结果"的现实，唯有允许劳动力自由迁徙，并给予落户权，使其享有城市居民同等身份，享有养老、医疗、就业保障，同时使其孩子入托、上学不受歧视，这也从另一方面为农村土地自由流转及农房、宅基地自由买卖奠定了基础。零散的土地在经过自由流转后，经过整合和集中，耕种效率将大大提高，耕种的机械化程度将提高，耕种的科技含量将提高，农业的抗风险能力将显著增加，农业生产效率的提高会不断释放剩余劳动力，为城市化的拓展铺平道路，使土地的节约空间增大、城市集聚效应凸显；同时工业化进程得到了劳动力有力支援之后，工业提速，工业和城市的服务业处于良性互动的局面中。历史和现实告诉我们，政府应在农业生产要素均衡配置的创造中发挥必要的作用。政府运用行政手段强制农民"上楼"、移民、土地集中耕种的后果是农民流离失所、城市贫民窟大量出现、政府投资效率低下。

农地产权不清也是造成农业生产要素配置失衡的一个主要原因。当前的农地承包权抵押制度限制了农地要素流动，其中主要原因是农地产权的残缺提高了农地流转的交易成本。因此，农地无法向生产效率较高的生产组织或个人流转，而仅仅是静态地保持现行的"均田"模式，当非农收益远远大于农业收益时，农村的劳动力不足问题就会凸显出来，随之而来的就是耕地撂荒，直接产生了农地数量缺少和耕地荒废的怪现象。这也直接造成农村剩余劳动力相对不足：一些农户外出打工，土地闲置；一些农户愿意耕种，但手中农地数量不足。因此，要使农业要素合理利用，就必须先解决农地承包权不完整的问题。从理论上讲，农村集体土地包括两个层次：一是土地所有权流转（土地征用）；二是土地使用权流转，其含义是具有承包经营权的农户保留承包权，而转让使用权。当前农地流转的主要制度障碍是城乡有别的社会保障制度、户籍制度和不健全的农地流转市场体系。

第三节　中国村庄的发展层次

我国村庄建设普遍存在如下问题。一是村庄的基础设施和公共服务设施比较薄弱。村内道路等级较低，村庄供水设施不足，缺乏排水设施，图书馆等文化娱乐场所供需矛盾突出。二是新村和旧村反差大。老中心村农房密集，环境"脏乱差"问题严重，存在垃圾乱倒、电线乱拉、人畜乱排等现象。而村庄的外围由新农房组成，尽管农房较新，但是农房之间间距过大，布局松散，排列也缺乏合理规划，致使土地浪费现象严重，同时村民之间的联系更为松散。农村问题是困扰中国经济发展的一个根本问题，从村庄层面来考察，其作为生产单位、行政单位和社区单位还有很多现实不足，因此需要加强村庄治理，完善村庄规划，积极引导和支持农民发展各类专业合作经济组织，以实现生产发展、生活富裕和充分民主的新农村建设目标。

中国村庄发展主要涉及村庄生产化、社区化和民主化三个方面内容，根本问题是村级经济发展问题。

一　村庄发展的主体是农民

发挥农民的积极性和主动性是村庄跨越式发展的关键。村庄的选举制度是农民当家做主、缩小农村收入分配差距、实现新农村建设的主要途径和制度保障。这一方面可从村庄所处的外部环境进行分析；另一方面要从村庄内部发展过程来论述。

首先，从外部环境来说，随着经济发展，基层农村政府正在逐渐从农业生产中退出，这主要是农村土地承包经营权的长期化、法制化使农民已经拥有生产的主导权，政府无权干涉农民的生产经营，同时 2005 年农业税的废除使农民进一步摆脱了政府对其生产活动的干涉。可耕作土地的减少、农业机械化程度的提高使得农村剩余劳动力开始大量出现，并从农村大量流向城市，在我国户籍制度未有明显变革之前，农民工注定要成为城市和农村之间的候鸟。在这种形式下，乡镇等农村基层政府与村干部之间的关系已经由原来的任命与被任命（乡镇政府任命村支部书记）的关系转变为合作关系（因为村主任是由村民民主选举出来的，乡镇政府无权任免），此时乡镇政府已经由选举过程中的主导者和积极参与者转变为保障村庄选举过程公平和公正的监督者。尤其在"稳定压倒一切"的目标下，在"一票否决"制度下，基层政府官员为了多出政绩、仕途顺利，保持职业生涯的正常发展，常常将其注意力放在与村委会班子密切合作、减少社会对抗事件的发生和辖内村民外出上访上。该趋势为干部轮换政策所强化。一般来说，乡镇主要领导在位时间一般为三年到五年，且不得连任两期，因此短期政绩是其在任时所考虑的主要问题，正如一位乡镇领导所说的，"如果村民选出一头猪也无所谓"。

其次，从村庄内部发展过程来看，村庄领导层经历了从自上而下的任命到自下而上的民主选举的变化。我国自1986年开始试行村庄选举，并于1998年正式颁布了《村民委员会组织法》，进一步规范了选举过程。自此，几乎所有的村庄都进行过至少一次选举。目前，"党领导下的村民自治"模式已经让位于村庄的村民选举制度，村党支部也逐渐让位于村委会，村庄治理结构愈发完善。每一个村民在新的治理模式下，都有权利直接参与，直接表达自己对村庄建设的建议和意见。这一制度是建立在西方发达国家民主实践基础之上，采取一人一票方式，赋予每一位成年村民（无论是在家乡工作还是在外工作）投票权，显著区别于集体化时期的国家治理方式，也不同于更早的宗族邻里基础之上的士绅治理方式。但也要看到，村庄选举可能使得地方精英和家族势力更容易控制当地政治（贺雪峰、仝志辉，2002）。虽然经过国家政权和基督教会两种力量的冲击，西方的宗族不复存在，但中国的宗族组织却完整延续下来，而且还得到强化。韦伯观察到宗族组织是中国乡土社会中最重要的"法人行动者"，它不仅开办学校，建立祠堂，拥有土地，而且还经营手工业，为其成员提供贷款，维持社会公正。在当前的村庄民主选举中，由于宗族的作用，实际的选举制度模式经常会使得大族的成员胜出。尽管在一些地区，宗族头人不直接进入村庄正式权力机构，但他们通过向村级组织安插自己的代理人进行幕后操纵。家族组织的存在经常会导致村内的公共决策有利于大家族的利益，而门户小的村民就有可能受到利益上的损害（唐晓腾，2001；张正河，2004）。此外，随着市场开放向乡村延伸，村庄内的利益分配变得多样化，使集体行动变得非常困难（唐晓腾，2002）。沈艳、姚洋使用1986～2002年国内8个省48个村庄的数据来研究基层选举和收入分配的关系，分别设计了一个静态和一个动态模型，发现长期来看，选举的引进会使村庄基尼系数降低8%；他们也研究了选举的时间效应，发现选举的效果在首届选举后的第3年到第6年最显著。这些结论首次证实了基层民主在缩小收入差距方面的作用，对中国进一步推进村庄选举具有较强的政策含义。

从村庄民主的实践方式来看，最主要的是村干部选举和村务公开，两者的实质分别是"权"和"钱"，完整表达了村民对于村庄社区内政治利益和经济利益的诉求。村干部选举的要求，则表达了村民对于自己有权当家做主处理社区公共事务的政治利益诉求；而村务公开能满足村民对于原先由村干部所把持的集体财产提出使用与管理的经济利益诉求。

二　村庄的发展趋势是社区化

村庄的社区化包括村庄的改造、空心村的治理、村庄的风貌建设。

目前，我国社会经济结构的变化在村庄空间结构上的一个直接反映就是大量空心村的出现。空心化实际是经济、社会、人口等各方面因素交织下的村庄内部空间重构的一种表征。出现空心化村庄的主要原因是村庄中心的居住人口向村庄外或周边移动，这类似于城市化进程中的郊区化，具体表现在以下三个方面。一是农民建房能力提高。农民收入主要由农业收入和非农业收入构成。一方面三十多年的家庭联产承包责任制的广泛实行大幅度提高了农民收入，同时国家各项惠农、支农政策（包括粮食最低收购价格支持政策、直接补贴政策、农业税全面取消等）进一步推进了农业生产发展，带动了农民收入增加。另一方面城市用工的藩篱基本取消，农村剩余劳动力可以在城市中畅行无阻，尽管还存在户籍限制，但农民工在城市工作已经成为现实，城市工作的收入成为农民非农收入的另一个主要来源，并且是农民实现小康生活的主要途径。二是农民建房愿望增加。随着农民收入的增加，农民改善居住条件的意愿也在增强。旧屋的设计和规划水平较低，房屋存在安全隐患，公共设施不足，居住密度过大，人居环境不理想。另外农村经济结构向非农化方向发展，人们对大家庭依赖程度降低，核心家庭取代联合家庭，农村家庭规模逐渐向小型化方向发展，这引发了住房刚性需求。三是农民建房行为不合理。无序建房、低效利用，呈现出村庄中心宅基地闲置、村庄外围农房用地激增的二元异构格局。其中主要原因是宅基地管理和耕地保护体系不健全，基层组织监管能力薄弱和激励动力不足，降低了宅基地管控体系的执行效率。

总体来说，空心村的形成先后经历初期、中期和晚期三个阶段。处于不同时期的空心村，村庄整体特征也不同。根据薛力等学者对村庄空心化阶段的划分，当新建农房比例在30%以下时处于初期；新建农房比例在30%～70%时，处于中期；当新建农房比例超过70%时就处于晚期。自党的十一届三中全会以来，农民生产积极性大幅提高，农民收入快速增长，与此相对应的是农民掀起了一股建房的热潮；公元2000年以后尽管村民建房速度有所降低，但新房建设表现出从村庄中心向交通干道和平整耕地扩展的特点（薛力，2001）。

空心村的整治一方面是物质更新过程，另一方面是社会关系网络的重造过程。

村庄整治建设不可能千篇一律，一定要建立在对每一个村庄所处的地理区域、自然资源水平、文化特色具体的分析及其所处的区域的经济发展水平、区域各项政策的把握上。因为村庄发展的动力因村庄自身发展、区域重大政策而存在显著差异，了解和利用这些规律，因地制宜、分门别类地推进新村庄建设，才能顺利完成村庄改造的任务。通过新村新建、迁建、滚动整治改造来加快小城镇、中心村建设，加大社会公共服务覆盖面，改善农村基础设施，减小城乡差距。空心村整治必须上升到农村的可持续发展的战略高度上，尤其是强调要从促进城乡要素有序流动和农村地域空间优化重构的角度入手。

村庄整治建设的几种模式可分述如下。

（一）城镇扩展模式

该模式主要适合城市边缘地区或靠近中心镇的村庄。由于这些地区紧邻城镇等繁荣地区，基础设施较好。农民的收入主要来源于非农产业，因此村庄整治要达到改变城乡二元经济结构、实现城乡一体化的目标，就必须以农村土地作为突破口，推进各种生产要素在城乡之间合理流动。尤其是要充分利用城镇建设用地增加和农村建设用地减少相挂钩的政策。城乡接合部是空心村最有可能发生的区域，其整治要点是将村庄纳入城镇扩展区来统一规划，通过对农村宅基地、打谷场地和空闲土地的综合整治，实现土地价值的增值和农民居住环境的改善。具体措施可以考虑大力发展农村服务业，形成农工贸一体化的产业链条；采取土地入股、联合开发整理的股份制模式；规划建设农业产品加工业园区，实现产业集中。

（二）中心村集聚模式

对于远离城区、土地闲置面积较大、基础设施条件较差、农民就业主要以农业为主的村庄，可以以农民居住集中化、土地利用集约化作为整治要点，对现有村庄格局进行革新，组建中心村。中心村的选择以交通便利等条件为原则，住房设计要充分考虑从事农业生产的农民需求。土地整理的重点是集中建设优质连片的标准化农田和发展现代农业。王宇锋（2010）证实村庄规模和村庄收入的关系是倒 U 形曲线，总体上最优规模是 6500 人左右，过大的村庄规模不利于社会资本的形成，会使村庄从"熟人社会"变成"陌生人社会"，同时规模过大的村庄也面临管理成本过高的问题。从公共品提供的角度说，村庄规模小会使个体难以承担公共成本，过大会带来严重的集体行动问题。

（三）移民拆建模式

这种模式主要适用于偏远山区等非平原地区或者水源涵养区、生态敏感区等需要拆建和迁移的村庄。除保留个别村庄外，其他村庄可以并到中心村。由于村庄整治建设所需资金巨大，因此需要政府建立生态补助基金给予重点扶持。

三　村庄发展的基本动力是经济增长

村庄发展需要密切关注农村产业发展和农民收入水平。因此一方面需要加强农业生产，尤其是注重努力挖掘农村特色资源，改造传统产业，培育特色农业，提高农业生产效率和农业总产出水平；另一方面要注重非农业生产，大力提高村办集体经济的水平和规模。村庄集体工业化是发展的一个方向。中国农村地区的经济发展初期走的是以乡镇企业为标志的集体工业化道路。在此过程中，由于村庄社区成员权的存在，村庄在早期工业化过程中迅速地实现了土地、资本和劳动力的集中，完成了村庄的原始积累，并为扩大再生产打下了坚实的基础。一般来说，农民的再就业由改造传统农业、农民自主创业、政府帮助再就业和企业吸纳再就业四部分构成。对于失地农民而言，用地企业或征地政府有义务和责任帮助农民实现向非农身份的转变。农村产业化实现的一个重要途径是农民自主创业、农业生产方式现代化、农民分工专业化，以增加农民收入。陈玉福等人对山东省禹城市 48 个典型村庄的农户问卷调查表明，农民家庭收入中来自非农就业收入的占 53%，主要从事农业的农村劳动力占总劳动力的 57.3%，半工半农占 17.2%，外出打工占 16.7%。而在农村年轻劳动力中，纯务农者占 25.8%，半工半农、外出打工和其他就业者占 74.2%。

四　在发展不平衡中推进新农村建设

改革开放以来，中国社会发展可以说日新月异，无论是城市还是农村，无论是经济发展还是精神建设、民主政治，都较以往取得了巨大进步。但是城市和农村发展速度不均衡，强工业和弱农业的发展格局引发了对中国可持续发展的担忧。这些担忧主要集中在发展的协调性和连续性上，就如同天空中飞翔的飞机，两个机翼的平衡协调保证了飞行的平稳，而一旦有一个机翼出现了问题，经济高速增长势头必将停止。这一点中共中央早已有认识并在 1982 年至 1986 年连续五年发布以农业、农村和农民为主题的中央一号文件，对农业进一步发展做出部署。但是在将近 20 年的时间里，由于突出强调工业在经济快速发展中的地位和城市作为工业载体在劳动力、资本等要素积累中发挥的关键作用，三农（农业、农村、农民）问题一度门庭冷落，无人问津。但是 2004~2012 年，中央又连续九年发布以"三农"为主题的中央一号文件，强调了"三农"问题在全面建设小康社会过程中"重中之重"的地位。自从十六届五中全会提出新农村建设以来，我国在"十一五"规划和"十二五"规划中明确提出新农村建设既是一项重要任务，又是经济社会发展的重要战略。当前在推进新农村建设过程中存在以下亟须调整的不协调问题。

第一，重工轻农。强调工业发展是由中国特定的历史阶段所决定的。新中国成立后，工业基础非常薄弱，单纯依靠工业自身的积累来发展工业，所需时间太长。如何在较短时间内恢复工业体系并促使其更快发展？以农补工就成为工业快速发展的不二法门。具体措施就是通过工农产品价格剪刀差来获取农业部门收入。在 20 世纪 80 年代的工业化发展过程中，又出现了新的工业组织形式——乡镇企业，农民用家庭积累和集体积累来支援工业发展，同时农村剩余劳动力开始向其转移，这种以要素形式支援工业发展的方式是以农补工的新形式。当然以农补工既促进了工业发展，又提高了农业自身的生产效率。因为工业是经济发展的引擎，可以充分消化和吸收过剩的农产品，同时吸引刘易斯理论中的过剩劳动力，减少阻碍农业技术进步的因素，进一步为农业现代化提供工业产品保障。用刘易斯的"转折点"理论分析，我国工业发展已经进入扶持农业的时期，但是由于工农产品价格的比较收益显著，农产品价格仍然低于其价值，实际剪刀差仍然存在；另外要素收益存在比较差异，同一种要素在农业中的收益小于非农产业，于是要素就从农业中流出。新农村建设为何将农业现代化放在首要地位？因为粮食安全是国家根本问题，我们的农产品供给存在较大隐患。尽管这些年我国粮食连年丰收，粮价稳定，但是我国粮食缺口依然巨大，我们仍需进口大量粮食、大豆和棉花。鉴于农产品供给缺口的实际问题，一些农民开始片面强调农产品数量生产，而将农产品质量置于脑后，为了满足城市居民对粮食高品质的要求，在农业生产中过多使用农药和化肥，而基层政府为了农民利益和自身政绩，充耳不闻，甚至变相鼓励扶持。农业和工业协调发展要依靠生产要素投入，可以依靠工业资金反哺农业这种"体外积累"模式，但最根本的还是农业自身积累和国家的转移支付，在农业内部形成改造和提升传统产业的"造血"机制。

第二，城乡居民收入差距明显扩大。我国1990年城乡收入比为1.66：1，2005年达到2.3：1，2013年则扩大到3.03：1。以湖北、四川、云南三省为例，三省城镇化居民可支配收入分别是农民纯收入的29倍、31倍和43倍，从绝对收入来看，差距非常大，已经突破万元大关。它山之石，可以攻玉，下面重点介绍日本和韩国的经验。1961年朴正熙政府通过政变上台，韩国的"一五计划"和"二五计划"的经济发展计划顺利实施，促使韩国从战后的一片废墟中一跃进入亚洲"四小龙"序列中。在城市经济突飞猛进之时，农村发展不见起色，出身农村家庭的朴正熙总统，对农村有着强烈的感情，为了改变韩国农村落后的景象，他在1970年极力推动"新村运动"。当时韩国的农村极度落后，80%的村庄没有电，40%的村庄不通车，80%的农民住草房。到1979年朴正熙遇刺身亡时，九年的建设产生了很大成效，水稻单产水平增加了50%，农民收入水平增加了两倍。农民收入的增加缩小了农民与城市居民的差距，经济增长又步入和谐轨道中。这又为随后八年韩国跨越中等收入陷阱打下了坚实基础，实现了经济的二次腾飞。日本是如何实现城乡居民收入均等的？日本在"二战"结束后，经济在战争中遭到重创，经过20世纪50年代的经济恢复后，工业和居民收入水平有了显著提高，但是农村经济发展缓慢，农民收入水平远低于城市居民。于是在

20 世纪 60 年代初期借鉴德国和法国的经验制定了《农业基本法》，以期通过培养自利经营农户实现城乡居民收入均等。主要采取了三种措施来实现农民收入的赶超：一是补助金支农，也就是通常所说的财政支农；二是实行农户和农业协同组织；三是农户的兼营化。这些措施对日本在 60 年代的黄金十年飞速发展起到了关键作用，这期间农民的年均收入增长保持在 15% 以上，到 1972 年时农民收入还略微超过市民收入。最初日韩两国的农民收入和我国目前农民收入水平相类似，甚至不如我们，但是其采取的提高农民收入的措施确实有效，为其发展奠定了坚实的基础。我国要想跨越中等收入陷阱就必须以提高农民收入为着眼点，应大幅提高农民收入增长率，加快缩小和城市居民收入的差距，为经济腾飞打下基础。

第三，城乡其他差距拉大。城市和乡村的二元体制不仅直接导致上文所述的城乡居民收入差异巨大，而且拉大了城乡社会利益的差距。这种差异主要表现为以下三点。首先是城乡社会保障体系不一致。30 多年来我国经济增长速度保持了 8% 以上的水平，国家相应积累了大量财富，这为城市建立比较健全的社会保障体系奠定了充实的财富基础，表现在连年上调退休养老保险金、上调最低工资标准、医疗补助标准提高和范围加大上，"五险一金"体系大大减少了城市居民的后顾之忧。而在农村，尽管如今建立了养老补助和新农合医疗补助制度，但在保障的强度和深度上无法同城市居民相比，距离应保尽保还有很大的差距。其次是城乡教育发展差异。农村基础教育薄弱，如农村教师工资低并且存在拖欠工资的问题，导致一些优质教师流向城市学校；同时农村学校硬件远逊于城市学校，如中小学危房率较高，教学设备差。尽管这些年国家加大了对农村的教育投资力度，但是这些投资部分被基层政府挤占或挪用，效果大打折扣。最后是城乡生活环境差异。城市在经历了工业化快速发展阶段后，也遭受了工业化"三废"（废水、废气和废渣）的毒害。治理这些毒害的根本措施是运用现代科技手段减少排放，加强"三废"的管理。但是一些高污染企业却转移到农村或小城镇，致使农村山青水美的自然生态环境趋于恶化，而且农村环境已经由点污染向面污染和生活污染方向发展，农村水质量急剧下降、土壤退化严重。城市在经过治理后，污染大大减轻，空气质量提高，绿地和公园成为居民闲暇场所。城乡差距拉大将会出现什么后果？毫无疑问，巴西式贫民窟在我国一些城市出现，"拉美陷阱"也将在我国重现。巴西的农业非常发达，这来源于肥沃的土地和丰富的亚马孙河资源，但是 1000 多万的失地农民在基础设施很差的农村不可能找到非农岗位，因为没有哪个工厂会建在偏僻的交通设施差的地区，于是失地农民聚集在城市。巴西 2002 年人均 GDP 超过 3000 美元，达到了 82% 的畸形城市化率，虽然其达到了我们所认为的小康标准，但在 1.7 亿人口中还有将近 1/3 生活在国际公认的贫困标准线以下。问题是巴西奉行发展技术密集型和资本密集型产业的战略，城市就业机会很难落到这些移民身上，于是巴西社会经常处于动荡中。因此我国缩小城乡差距的首要前提是坚持农村土地承包经营制度，在农村保障体系没有完全建立起来之前，让农民拥有一块属于自己的土地是对农民最好的保障。当前的农业合作和土地兼并一定要适度和自愿，避免土地的过度集中。其次要对下乡工厂严格管理，对排放不达标、技术落后的产业或企业绝不手软。最后对农村投资管理体系进行改革，可以扩大省直管县、强县扩权的试点，减少中间环节，提高资金使用效率。

第四，农民非经济福利缺失。农民收入增加永远是经济理论研究的主题，但是与城市相比，农村市场化程度不高，在农民收入短期没有显著增加时，如何提高农民的生活质量和经济福利就是我们应该认真思索的问题。人类和动物的最大区别是社会性，在满足生理需求之后，被认可和自我实现是人们孜孜以求的目标。在经济发展过程中，农民的生存已不再成为问题，而读书、娱乐等精神层面的东西对于增加农民的幸福至关重要。在城乡二元结构长期不变的前提下，开展以文化建设为主题的新农村建设，对于丰富农民生活，增加其非经济福利，使得农民有体面和有尊严地生存至关重要。文化建设的立足点是乡村。每年市县级政府组织的下乡演出和图书下乡的面子工程、形象工程和政绩工程，充其量只是杯水车薪。大多数乡镇文化站设施相当落后，基本停留在"五个一"层面，即一块牌子、一间房子、一张桌子、一枚章子、一条汉子。只有建立在乡村基础之上的"政府搭台，农民唱戏"模式才可以长久扎根于农村土壤。政府要加大在乡村的图书室、剧院等文化设施的投资，帮助农民自导自演文化节目，形成良性互动。非经济福利还体现在村民对村庄的民主管理和自治上，其最终体现为农村社会资本的增加。社会资本是信任和合作行动的产物，它来源于社会关系网络。我国农村社会是典型的人情社会和关系网络社会，表现为宗族邻里基础上的关系网络和集体化时期的社员互助网络关系。目前这两种关系逐渐消失，农户也逐渐演变为原子化的个体，这对新农村建设极为不利。因此应该充分利用传统的乡土网络资源，鼓励村民对公共事务的参与，培养村民的公共意识和合作精神，尤其是要完善村民自治制度。

第五，城市需求饱和，农村需求不足。从凯恩斯主义视角来分析经济增长的问题，中国的内需不足是经济持续增长的绊脚石。非充分就业下的经济均衡的典型特征是供给大于需求，生产严重过剩。因此刺激包括内需和外需在内的总需求就成为政府的主要职责。从我国实际情况来看，在 20 世纪 90 年代亚洲金融危机期间，我国经济已经出现明显过剩。金融危机的发生使我国外需面临巨大压力，出口需求骤减，经济增长的一个引擎动力不足，转向内需就成为自然而然的事了。此时林毅夫等学者率先提出在中国开展一场"新村运动"，强调在政府主导下，在广阔的中国农村领域开启消费和投资大门，"我国政府应该动用财政力量，在全国范围内发起一场以建设农村自来水、电气化、道路网为核心的新农村运动，加快农村基础设施建设"（林毅夫，1999）。十年后美国的次贷危机席卷美国并且演变成国际金融危机。美欧等发达国家和地区经济增长停滞，外需减缓，中国以低端产业的出口拉动经济的计划无法实施，在城市房价重压之下，城市居民节衣缩食还房贷；而农村没有房价困扰，反而受惠于高房价，从房地产业蓬勃发展中分得一杯羹，因为房地产业对于人力资本需求不大，科技含量不大，这恰好为农村剩余劳动力提供了舞台。农民的非农收入较农业收入迅速增长，农民的"消费能力和愿望"不再是制约农村消费的主观条件。但如林毅夫所言的"消费限制"客观条件距离期望值还很遥远，农村基础设施不足，"家电下乡"等惠农政策也是雷声大雨点小。如何让"水中月、镜中花"的农村市场成为我国经济增长的强大引擎？根本措施仍是加大水路电器网投入，为农村消费市场启动铺平道路，刺激农村需求。

第六，农村交易成本高。农村基础设施薄弱是交易成本高的一个客观原因，但弱小的农民个体在和强大的垄断资本较量中处于下风才是问题的症结。根据信息不对称理论，有组织的实体拥有较多的信息资源。而农民个体因为搜寻信息的成本昂贵、无法摊薄，而处于信息劣势。尽管改革开放后农民拥有了自己的土地，但随着城市化和工业化快速发展以及农村人口绝对数量的增加，人均土地拥有量从全国来说不到 1.4 亩，单个农民在农业生产和农产品买卖中，无法对抗有组织的市场力量。正所谓十双筷子捆在一起不易折，而分开一双双则易折断。自然经济中的小农必须向市场经济中有组织的团体靠拢。建立温铁军式的"农业专业合作组织"是一个不错的选择，具体可以根据各地实际情况采取"规模经营、产业化和股份合作制"等形式。

但需要警惕的是，要防止新的集体经济形式走偏和跑偏，防止以合作社的名义收回土地，返回到20世纪50年代的"人多力量大、好办事"的低效率的集体生产形式。新的合作组织形式一定要以市场为主导，坚持农民自愿原则，坚持按照市场内在规律，以法律为依据，以降低成本提高效率为目标。只有这样才能将共担风险、共享收益、成本平摊的合作本质体现出来。

第四节　让金融支持成为新农村建设的关键力量

确立农村金融在我国新农村建设中的重要地位，是建设新农村和党中央运用科学发展观破解"三农"问题的新理念和新实践，同时也是增进农民福祉和惠及广大农民群众的民心工程。金融作为现代经济的核心，应该充分发挥"四两拨千斤"的作用，肩负起支持新农村建设与特色产业可持续发展的历史重任，通过创新金融产品、优化信贷结构来着力提升服务水平。

当前，农村金融产品和服务手段不断扩展、融资渠道不断拓宽、农村金融文化建设得到加强。但也存在着农村金融生态环境欠佳、金融支持乏力、担保机构缺位、农业保险缺失、信用环境不佳等问题。国家要加大力度扶植和支持农村金融发展，进一步规范民间金融行为，鼓励和吸引更多的金融机构进入农村金融市场，进一步完善农业保险体系和切实改善农村金融环境。根据我国所处的历史阶段和我国的特殊国情，我们提出如下对策和建议以使农村金融更好地支持新农村建设。

一　加快农村金融体系建设

美国的农业现代化离不开其完善的金融体系的支持。首先是扎根于农村的农村信用合作社（以下简称信用社），其资产约占全部农村金融资产的30%。美国法律规定信用社金融机构不用像商业银行那样要缴纳法定存款准备金。按照金融学原理，存款准备金的本质是国家变相征收的税收。该纳税义务的免除使信用社的竞争能力得到进一步增强，涉农贷款意愿和能力得到提高，加上对信用社的其他税负减免，信用社支持农业发展的能力显著增强。其次是资产占全部农村金融资产约40%的商业银行。为了防止商业银行将涉农资金挪至其他赢利能力更高的产业，美国农业信贷管理局依据联邦法律规定对一些商业银行的涉农贷款进行利率补贴；同时美国联邦储备体系对涉农贷款超过其全部贷款总额 25% 的商业银行实行税收减免等优惠措施。最后除充分发挥民间金融主体作用外，政府还成立了农民家计局、商业信贷公司、农村电气化管理局三个机构。根据 1916 年《联邦农业信贷法》成立的美国联邦土地银行，主要是为农村地区提供长期不动产抵押贷款，期限从 5 年到 40 年。1933 年根据《国家复原法案》建立的商品信贷公司，主要职能是提供农产品抵押借款，保持农产品供求平衡，稳定农产品价格和收益。农村电气化管理局主要业务是，对农村电业合作社和农场等借款人发放贷款，贷款期限长达 35 年，年利率极低，专门用于农村电气化改造和建设。这些政策性金融的目的就是为不能从商业银行以较低的利率获得贷款的农民提供农业生产贷款，鼓励他们在广大的农村创业。尽管贷款机构覆盖了整个农村，但是涉农贷款和其他产业贷款相比，风险高、利润低，为了降低风险，美国农业保险经过六十多年的发展形成了以商业保险为主，政府加以扶持的良性发展模式。商业保险公司根据农民需求，设计和提供了多达 100 余种农作物险种，而政府通过《农业法》等法律，对农民进行保费补贴，并对参加联邦农作物保险的农作物进行高额补偿，同时对未参加联邦农作物保险的农作物所遭受的自然灾害按照规定产量的 40% 予以赔偿。

十七届三中全会确定了我国建立现代农村金融制度的发展方向，即建立合作性金融、商业性金融和政策性金融三位一体的农村金融体系。从当前现实来看，作为整个农村经济的核心——农村合作金融发展缓慢。尽管农村资金互助社已经在我国农村地区落地，但是农民无法办好信用合作的陈旧观念在各级政府依然存在，致使以农民为主体的互助社迟迟无法生根、开花、结果。因此当务之急是破除旧观念，给予互助社免于缴纳法定存款准备金等各项政策支持，促使互助社健康发展。商业银行由于风险控制能力较弱，纷纷从农村地区撤离出来，或者发挥着抽水机的作用，将农村的储蓄吸收进来然后用于非农产业，毫无疑问这大大加速了农业的衰退。其实商业银行以利润最大化作为经营目标的措施无可厚非，问题出在农业作为准公共品的特性并未被政府认识到。因此应积极推进县域农村地区新设村镇银行等金融机构来完善农村金融组织体系，并督导各商业银行向农村金融竞争程度较低、业务覆盖不足的地区延伸，使金融服务网络更加完善。另外要充分发挥中国农业发展银行的政策性金融作用，制定税收减免等优惠政策，鼓励其在加强粮棉油贷款营销和管理的同时，创新信贷服务、改进经营方式、拓展新的业务，如将农村基础设施建设和农业产业化等纳入扶持范围以及支持对农业和农村开展中长期开发性贷款业务。

我国涉农保险的服务能力低、覆盖面较小、保障水平差等特点限制了我国农村保险作用的发挥。2012 年的中央一号文件指出要开展设置农业保费补贴试点，鼓励地方开展优势农产品生产保险。同时要健全农业再保险体系，逐步建立中央财政之下的农业风险转移分散机制。下一步要对农业保险发展的税费优惠、财政补贴、风险分散等相关制度加以改革，这也为商业银行二次下乡打下了坚实的基础。加快发展多层次的农业保险框架，鼓励开发适应农民需求的保护体系和保险品种，如优先发展和完善失地农民养老保险、新型农村合作医疗保险等；通过保险覆盖来降低自然灾害给农民带来的损失。构建农业政策性保险体系，化解农业贷款的风险，如各级政府可探索开展农业保险补贴方式和品种创新试点，将目前的政策性农业保险试点品种扩大到特色养殖等大宗涉农产品，并试点推行"小额贷款 + 小额保险"业务模式，进一步降低涉农贷款风险，充分发挥保险和信贷的联动作用。

总之，健全完善农村金融组织体系，有必要紧密结合当地实际，以农信社、农发行、农行为主体，以村镇银行、小额贷款公司、农村资金互助社、邮储银行等新型农村金融机构为必要补充，以商业保险和政策型保险为支撑，建立多层次的合理分工、功能互补、有序竞争的普惠制农村金融组织体系。

二　制定和完善各项金融政策

第一是中央银行要制定和完善涉农的货币政策。充分运用货币政策的三大法宝支持社会主义新农村建设。对信贷资金紧张的金融机构，央行要给予临时贷款支持；允许贫困地区的银行机构少缴或免缴存款准备金。在利率方面，对于贫困地区的贷款要实行差别管理，通过宏观调控引导资金流向农村。在降低金融机构涉农业务法定存款准备金的同时，增加涉农业务的再贷款和再贴现业务量。可以根据需要面向涉农业务发行专项农业票据以筹集银行支农资金。

第二是信贷政策向涉农业务倾斜。放宽涉农贷款业务的监管标准，采取有差别化的监管措施，如提高不良贷款率和对不良贷款的容忍度，降低贷款损失准备金的计提，并允许其在税前扣除等；充分发挥各金融机构服务

"三农"的积极性和创造性。为了切实提高金融支农的效率，金融机构要勇于将贷款审批权下放到县级基层金融机构，贷款额度调整、贷款期限也要与小农生产周期相吻合。建议政府增加政策性贴息贷款的品种和提高相应贷款额度；延长涉农贷款期限，积极发放用于农村特色产业开发和基础设施建设的中长期免息或贴息贷款。

第三是央行要进一步加强农村的金融基础设施建设。尤其是农村地区金融电子化水平低，现代化支付体系还是空中楼阁，这都严重制约了新农村建设的进行。因此加强结算体系建设，丰富结算品种，拓宽结算渠道，大力发展以银行承兑汇票为基础的票据业务、个人支票业务及通存通兑业务。

三　拓宽农村融资渠道

对农村提供多方位金融服务的前提是有丰富多彩的金融机构和金融产品。鉴于我国农村金融机构单一化倾向和金融产品种类少、创新不足的困境，下一步要从以下几个方面重点发展。一是允许县级金融机构开办个人或企业委托贷款业务。通过金融手段引导民间资本有序流动，制止民间不合法的借贷行为。农村金融制度供给的天生缺陷，使农村正规金融供给短缺，农村资金供求矛盾持续加剧，农民无奈之下转向民间金融。但是，民间借贷的高风险、高利率给农民带来了高成本、高负担。因此政府一方面要完善有关民间借贷法律法规和明确民间借贷政策，规范民间融资合法化经营；另一方面要降低金融准入门槛，对民间金融实行一定程度的松绑。从农村的实际和农民的需要出发，支持专门为新农村建设服务的农村金融资金公司规范化，引导民间互助会等互助性融资，使更多的民间资本合法有序地注入农村金融市场，为新农村建设提供各类金融服务；或者建立相应的中介机构，增加民间金融交易的正规性和安全性。二是大力推进商业性小额贷款公司发展，鼓励和培育农村小额信贷组织，大力发展非政府专业小额贷款机构，扩大在农村设立小额贷款公司的试点，让更多的社会资金投入支持社会主义新农村建设活动中。这样也有利于民间融资走向阳光化和合法化。三是鼓励股份制商业银行，尤其是经过改制、治理结构完善的城市商业银行服务本地农村和农业的发展。同时适度发展典当业，以此弥补县域金融资源和金融产品的不足。四是促使小额贷款公司更好地服务新农村建设。目前小额贷款公司只贷不存的尴尬现实严重制约了其进一步拓展业务空间。它们受到资本金的约束，以及筹资数量不能超过资本金40％的法律约束，其活动范围基本固化了。当前温州金融综合改革试点将其转化为村镇银行的方案，虽说为小额贷款公司开启了重生之门，但由一家股份制银行作为控股股东的致命性条款杜绝了这种转换的可能。因为没有一家小额信贷公司愿意将千辛万苦培育的公司拱手相让。五是邮政储蓄银行在积极办好储蓄定期存单小额质押贷款业务的同时要不失时机地开发信贷服务品种，努力为农村发展提供更多的金融构建服务。六是可以试点学习孟加拉国尤努斯创办小额信用贷款模式，积极开拓信贷品种，用信贷手段扶助农民扩大生产规模和消费范围，并支持弱势群体。

四 扩大金融机构投资范围和方式

第一要准确定位各金融机构支农功能。农信社应将信贷重点放在农民消费贷款、农户小额信用贷款、种养业小型户、小型农牧业企业等领域；农发行在满足粮油收购资金需求基础上，要将信贷重点放在水、电、路、田等基础设施建设上，除此之外要考虑农村循环经济、扶贫贴息贷款等政策性支农业务；农行应将信贷重点放在农业科技示范园区企业、种养大户及中小农牧业企业上；村镇银行、小额贷款公司和资金互助社等新型农村金融机构应将信贷重点放在农村个体工商户、小型企业及个人消费贷款等领域；其他股份制商业银行应以履行社会责任为出发点，适当增加支持新农村建设和特色产业发展的力度。第二要将资金更多地投向农业科技领域。根据2012年中央一号文件，农业建设的重点是以科技引领农业高产，向科技要产出和效益。随着我国城市化一年一个百分点的增长，城市化对土地提出了更大需求，同时人口控制压力倍增，十五亿人口规模指日可待，这对粮食需求构成了严峻挑战。面对重重压力，走专业化、机械化、信息化、组织化、科技化道路是未来提高农业效率的最佳途径。据相关资料统计，世界发达国家的农业科技成果转化率为65%～85%，而我国仅为30%～40%；世界发达国家的农业科技进步贡献率为60%～80%，而我国只有42%。因此我国要充分利用金融手段，加大对农业科技投资的力度，重点是对农业科技成果的应用和推广。例如，2002年中国种棉种业公司育成了一大批品种优、抗虫性强的棉花新品种，较常规推广品种产量高10%～20%，一些抗虫杂交棉新品种比常规品种增产50%以上，且能减少化学治虫成本60%～80%，累计增收54亿元。河南省通过实施粮食科技工程，启动了超级小麦、超高产玉米新品种推广工程，5年累计推广8000多万亩，共增产小麦38亿公斤，增加效益60

多亿元。第三是加强水利基础设施投资强度。我国人均占有水资源量为世界平均水平的1/4，居世界第88位，被列为世界13个贫水国之一，农业用水占全国总用水量的62%，水资源紧缺是我国粮食安全的瓶颈。宁夏、吉林、甘肃、山东等地采用以色列的滴灌技术，既能节约大量水资源又能确保农业可持续发展。针对我国外汇储备已经超过3万亿美元的现实，建议我国将外汇储备的一部分用于进口国外先进的滴灌技术设备以便大规模推广节水，减少对粮食进口的依赖。这要比将外汇储备购买美国国债效果更为明显。根据中国灌排中心主任李仰斌初步计算，如果每年农田水利投入保持在800亿～1000亿元，5～10年可改变"靠天吃饭"的状况。2011年5月中国农业银行与水利部签订了5000亿元扶持水利建设的战略合作协议，这为我国发展节水灌溉农业打下了坚实基础。第四是加快农村产权抵押融资制度改革，扩大贷款抵押品担保范围。对于农民手中最重要的三项农村产权，即土地承包经营权、集体建设用地使用权和农屋产权（简称"两权一房"），我国的《担保法》和《物权法》对其进行了抵押融资的限制。但是2002年颁布的《农村土地承包法》第四十九条规定："通过招标、拍卖、公开协商等方式承包农村土地，经依法登记取得土地承包经营权或者林权证等证书的，其土地承包经营权可以依法采取转让、出租、入股、抵押或者其他方式流转。"这为土地承包经营权的抵押提供了一定条件下的合法依据。为了更好地解放和发展农村生产力，2009年11月，成都市政府向各家金融机构颁布了《关于成都市农村产权抵押融资总体方案》《成都市农村土地承包经营权抵押融资管理办法（试行）》《成都市农村房屋抵押融资管理办法（试行）》《成都市集体建设用地使用权抵押融资管理办法（试行）》四个文件。文件的出台只是表明了农村产权抵押融资的可行性，由于产权价值难以确定，可行性离现实性尚有一定的差距。鉴于金融机构在发放农村产权抵押贷款时的谨慎和惜贷现象，成都市大胆采取了四项措施促使金融机构放下包袱，消除其对产权抵押风险的担忧，即2008年10月在全国率先成立农村产权交易所、建立农村产权价值评估制度、建立抵押融资风险担保体系、完善借贷主体的征信管理制度。在符合相关政策规定的前提下，为一些有偿还贷款能力的涉农企业推出仓单质押、动产质押和收购资金贷款等多种担保方式，同时，在林权抵押贷款试点的基础上适当探索农村集体建设用地、农民宅基地抵押等贷款业务，尽力满足农业产业化、特色农业、绿色农业、农民外出务工、农民工返乡创业等合理的信贷资金需求。

第五节 新农村建设中的内生因素与外部因素

我国新农村建设已经进行了六年，取得了显著成效，但是在工业化和城市化浪潮冲击下，又面临着许多新问题，这里既有农村建设过程中土地、劳动力、资本等内生因素的作用，又有外部的体制环境和政府的影响，需要我们认真思考和解决。

一 新农村建设的内生因素

（一）土地资源要素

早在 17 世纪末，英国经济学家配第就曾说过，劳动是财富之父，土地是财富之母。以后各国经济发展确如其言，土地是现代农业发展、新农村建设的重要资源之一。我国政府凭借其手中权力以低价方式征收农民土地并将其转为工业用地，在土地的征用过程中，农民所得到的土地增值收益微乎其微，而政府作为土地资源的垄断者，既是裁判员又是运动员，兼有土地的供应方和需求方双重角色，在土地的流转中获得了很大的差价。鉴于土地资源在城市化和工业化进程中逐渐流失，土地资源不足和农村内部高度紧张的人地关系，土地集约化经营和规模化经营是新农村建设的重要保障，可以促进农村内部生产要素的重组。

（二）农村剩余劳动力要素

我国通过严格的户籍管理制度来约束农村剩余劳动力的自由流动，采取各种方式降低劳动力的价格。近年来，我国沿海经济发达地区面临的一个突出问题就是民工荒。这是我国经济增长对劳动力需求的一种正常反应吗？这些地区企业支付劳动力的工资为每月 2000～3000 元，扣除吃住支出外，所剩无几，这还是在群租和非健康饮食的恶劣条件下达成的收支平衡。这其实反映了劳动力的工资水平已经处于边际收益为负的状态，而不是所谓的经济繁荣带来的劳动力供小于求的正常状态。在二元户籍制度下，农民在城市工作无法融入城市，于是农村土地就成为他们的基本生活保障，虽然城市的工资很低，但是购房支出基本没有，因此他们也接受了用一部分劳动力支援城市建设的无奈现实。如果在新农村建设过程中充分利用和接受农村的这部分劳动力资源，家庭就得以团圆，老人们能尽享天伦之乐；而农民将不会在城市独自打工，同时走南闯北的打工潮也会得到缓解，促进社会和谐稳定。这种思路对当前的许多劳动力输出地区有着非常大的现实意义。守着粮仓却断炊是很多县的真实写照，这就要求各地因地制宜，采取就地就业措施吸纳剩余劳动力，而以农业产业化和农村工业化为主的内生产业模式是主要途径。农业产业化就是以本村农业发展为依托，发展特色优势的农副业，同时建立起配套的物流和销售渠道，实现农工商一体化发展。农村工业化重点是发展乡村工业，将农村经济由农业占主导转变为以工业为主体，借此来带动本地农业发展和农民收入水平的提高。

（三）农村资金要素

资金缺乏是新农村建设的一个主要问题。首先农民在看不到新农村建设的收益时，将其农业收入和非农收入以银行储蓄的方式积累，而银行却将这部分储蓄中的很大部分用于城市化建设或工业化发展，这直接引发新农村建设资金的短缺；其次许多村庄集体经济积累不足，在缺乏固定收入来源的同时，背负着沉重的负债；最后国家税收增长较为迅速，但相比新农村建设对资金的需求，国家财政投入还无法提供充足的资金保障。在这种情况下，依靠农民，动员其资金就成为新农村建设的根本。

（四）农村人力资本

我国传统农业向现代农业转变的一个根本桥梁和纽带就是高素质的农村劳动力。舒尔茨在1960年的《人力资本投资》报告中明确指出，人力资本投资的贡献远大于物质资本投资的贡献。城乡教育资源在改革开放初期，差距不是很大。一方面自古以来我国家庭就十分重视教育，尤其是十年"文革"后，中国人更加坚定了支持孩子上学的信念；另一方面教育资源在城市和乡村都很稀缺，农村的孩子因为肯吃苦，所以学习刻苦，成绩较好，这从高考的录取可以看出，来自农村的生源占相当大的比例。进入21世纪，城市教育资源的积累已经远远超过农村，这是由于很多优秀教师选择在生活条件较好的城市工作。政府对农村的教育财政投入投资较城市要少，并且在转移支付过程中被各级政府以各种名义截留和转移到其他项目中，同时，城市用工市场向农民敞开了大门和教育成本的水涨船高，促使很多人选择弃学打工。从短期来看，这可以显著增加农民家庭收入，但是从长远来看，农村的发展离不开高素质的农民。许多学者研究指出发展中国家教育水平导致的工资差距远大于发达国家。在发达国家,大学毕业生的平均收入是小学毕业生的 2.4 倍,但在发展中国家该数字为 6.4 倍。因此当前要注重两点。首先是教育资源在城市和农村的合理配置。尽管达不到向农村地区优先配置优质资源,至少也要使农村宝贵的教育资源不能再被城市所抽走。在农村的教育资源也要防止向乡镇和县城集中。要保证农村义务教育能够保量保质地惠及每一名农村学龄儿童。其次要对农民加强职业技能培训从而提高人力资本。职业技能切忌走过场,应该紧紧围绕产业转型趋势,将培训内容和有机农业、农村工业化相结合,以此为产业转型储备技术人才。

(五) 农村科技薄弱

党的十七届三中全会通过了《中共中央关于推进农村改革发展若干重大问题的决定》,要求大力推进农业科技制度创新,不断促进农业技术集成化、劳动过程机械化、生产经营信息化。2012 年的一号文件着重强调了科技在农业生产中的关键性作用。目前,我国 18 亿亩耕地的红线受到城市化和工业化的严峻挑战,依靠增加耕种面积提高农作物产量的途径已经被堵死,提高科技在产出中的贡献度是农业发展中的一条重要道路。荷兰的科技种田经验具有典型性。荷兰人口有 1500 万,农业人口 50 万,人均耕地 0.9 亩左右,但它是世界第二大农产品出口国,其 2003 年农产品净出口比中国还要多。欧盟国家的小麦单产水平是我国的两倍左右。这是什么原因造成的?除了农业基础设施差异外,就是农业科技水平的贡献率不同。今天农民收入的提高不能再仅仅依靠制度的变革推动,农村改革 30 多年来的制度红利已经实现,要想进一步提高农民收入水平,政府的价格支持政策、农民种田的积极性等主观条件应让位于农业科技创新和农业基础设施建设等客观条件。与美国、欧盟等地区相比,我国农业科技投入不足是不争的事实。我国农业科研投入强度(农业研发支出占农业生产总值的比重)自 20 世纪 90 年代以来虽然缓慢增加,但是直到 2013 年,我国农业科技投入强度占农业生产总值的比重仅为 0.5%,远低于 1.5% 的世界平均水平。这直接导致自主创新能力不足,关键技术成果不明显,产前、产中、产后等技术体系不健全。另外农业技术推广体系、建设体系也远远落后。根据联合国粮农组织的研究,当研发强度不超过 1% 的时候,技术研发处于使用技术的阶段;研发的强度在 1%~2% 的时候,技术研发就处于技术改进的阶段;而在研发强度超过 2% 的时候，技术研发就处于技术创新的阶段。结合我国实际，我们建议，2015 年我国农业科技投入强度应提高到 1%，到 2020 年力争达到 2%。

二 新农村建设的外部因素

新农村建设面临的挑战和态势从外部因素来说主要有制度约束和政府投入不足两个方面。

（一）制度和政策

我国仍然存在新农村建设的一系列体制机制障碍。其中农村产权制度就是一个很重要的问题。农村的"三地"（耕地、林地和宅基地）产权不清，用益物权不明确，担保抵押机制不健全。农村产权和城市产权相比仍存在残缺，表现为不能进入统一市场流通，使其价值大打折扣。另外政府和开发商在农村征地过程中的利益侵占相当严重，这主要是监管不力和制度不完善造成的。首先，信息不对称使得资金的监督机制缺失，结果是土地补偿金被滥用和截留，涉农资金被侵蚀等；其次，民主化的监督机制还没有建立。资金利用监督、政府行为监督的缺失造成农民的权益得不到有效保护。农民工在城市就业遭受歧视和不公平对待时，也无相应法律制度予以保护。

政府应通过导向性制度安排，引导农村各种生产要素回流，并吸引市场上的其他要素参与新农村建设。为此，政府应出台相关政策用工业的理念推进农业产业化发展，改变小农经济的小而全模式，进行规模经营和专业化分工，将农业种植和养殖作为农业产业化的车间。在农村生产资料和基础设施确权基础上，建立城乡统一的产权交易市场，让农村产权在合法流通中得到价值体现。从法律路径上说，法律必须对行政权力有决定性的制约作用，既要约束行政权力的滥用和腐败，又要加大法律的惩罚力度，以起到杀鸡吓猴之功效。

（二）政府财政投入：社会保障和基础设施投入

新农村建设不仅需要生产要素，而且要注重改善农村环境，加强农村基础设施建设。地方政府应该成为发展农村的主体，尤其是县、乡两级政府应充分利用从非农企业集中的财政收入或者中央政府的支农资金，有计划、有重点地进行农村和生态环境建设，同时合理规划农业集聚区和村民居住区，进行公共设施建设。

总的来说，在内生资源不断受到外部力量侵蚀和挤压，得不到有效保护的前提下，作为外部因素的各级政府财政资金是加快新农村建设的主要支撑。农村建设严重依赖外部资源输入；农村内生资源和内生性力量培育相对滞后，同时大量宝贵的积累有限的内生资源在保护措施缺乏的情况下，被农村外部力量吸走了，这造成政府不断加大对农村的公共投入，而农村内部的各种生产要素又不断流失的矛盾。政府的"输血"机制充其量只能支持新农村建设的短期建设或者农村公共品的供给，农村自身的"造血"机制才是农村可持续发展的根本决定力量。

第六节　财税支持与货币金融支持

自新中国成立以来，我国财政资金投向农村基础设施的比例严重偏低。从 1952 年到 2013 年对工农业的基建投资比例约为 6：1，远远落后于发展中国家的平均水平 4：1。造成财政支农资金偏低的原因有以下几个方面。与工业相比，农业生产风险高，收益低，政府在决策时更倾向于将资金投向生产效率更高的非农生产领域，以便满足我国供给小于需求的现实。在工业化优先发展的赶超战略下，资金资源从农村源源不断地流向城市及工业产业，投资重点也从农业生产领域转移到非农生产领域。金融部门在全部商业化运作后，以利润最大化作为价值取向，其天然的资金逐利性，使资金投向效益较好、还款有保证的第二、第三产业。而由于农民的借贷资金量少、借贷主体分散性较强、每笔借贷交易成本高、还款风险高等因素，农村金融支农效率较低。同时农民的宅基地和农房不能抵押或者流动性低造成抵押价值低也限制了农民从金融机构贷款。

一　农村金融服务和财税支持现实情况

（一）农村金融服务现实情况

2008 年中国人民银行发布的《中国农村金融报告》指出，农村金融作为农村经济发展的核心地位不够突出，农村金融是我国整个金融体制最薄弱的环节。我国目前农村金融体系主要由农业银行、农村信用合作社和农发行构成三足鼎立的格局，其实这一体系存在着结构性和功能性两大缺陷。农业银行等商业银行机构在利润最大化的指引下，纷纷减少支农贷款，因为支农贷款数量少、相对分散，农业生产风险较工业风险高，与城市"黄金客户"相比，贷款成本明显增加，结果造成这些银行的县域网点"多存少贷""懒贷""恐贷"。据估计农业银行的涉农贷款仅占其全部贷款的30%。如果说商业银行等机构放弃农村这块"鸡肋"还有一定的道理，那么农村信用合作社"离乡离土"就显得离经叛道，因为其成立是依托"三农"，本质上就是为"三农"服务的金融机构。作为"农村金融的主力军"的农村信用合作社服务"三农"的功能欠缺，表现在以下几个方面：一是硬件落后，结售汇等电子化系统建设落后，导致其资金在途时间长、资金利用率低，客户纷纷选择在商业银行开立账户，农村资金外流突出；二是软件不济，鉴于农村工作的艰苦性和无竞争力的薪酬待遇，金融人才选择到城市，尤其是大城市工作，人员素质的参差不齐影响了其进一步发展；三是天然的逐利性迫使其将吸收的资金部分转移到非农领域。至于农发行服务新农村建设有心无力的表现已经在前文详细论述过。邮政储蓄的只存不贷和新型农村金融机构的设立更是加剧了农村资金的外逃。农村金融的空洞化使得农村发展急需的金融资源严重匮乏，农业的产业结构调整、农业技术的引进和开发、农村的基础设施建设无法开展，农村的经济发展陷入"贫困陷阱"，农业现代化发展梦想停留在想象中。

我国农业保险的规模小，数量少，购买力低，赔付率高，这和农户土地经营规模小有关，因为小规模农业经营决定了其单位保险成本的提高。结果是商业性保险公司不愿涉足农业保险，2006年，全国保费收入是1.72万亿元，而农业保险的保费收入仅为306.7亿元。因此我国农村保险市场发展相当落后，无法满足新农村建设的需求。

（二）财税支持的现实情况

基层政府公共财政体制存在的问题有哪些？陈文胜的调查显示农民对提高社会保障水平、加强教育有强烈的需求。例如，在"希望政府做什么"的调查中，希望政府能够让农民参加养老和医疗保险的占比为32.4%，希望农村孩子上得起大学的占到23.4%，希望政府加强基础设施建设、提供科技援助和市场信息的受访者占到34%。在对"新农村建设应从哪方面入手"的调查中，31.6%的农民认为"政府应加强对农村建设支持力度"，17.4%的农民认为"应加强对农业技术、科技文化等方面投入"，总体而言，50%的被调查者认为政府应加强农村公共服务的供给，如基础设施、交通、信息、规划和教育、医疗等。但是现实情况是，近年来随着国家惠农措施的实施，基层政府的财政收入能力逐渐降低，基层政府财政资金浪费现象严重，这些都加重了农村公共产品短缺程度（陈文胜，2010）。

财政支农存在的主要问题包括以下几个方面。首先，财政支农强度具有较大波动性，财政支农政策不稳定，不能为农村持续快速发展提供稳定的财力支撑。其次，与第二、第三产业相比，第一产业的固定资产投资明显偏低。以山西省为例，2013年该比例仅为3%左右；在财政支农资金中，用于大中型水利建设和林业建设的资金占比较大，而直接用于良种工程、重要农产品基地建设的资金较少，这虽然有助于农村生态环境和生产条件的改善，但也导致了农业生产、农民收入增长缓慢。再次，财政支农资金投资效率不高，财政支农重资金分配、轻资金管理。最后，重前期调研准备，轻事中控制、事后总结。

二 金融支持和财税支持的路径分析

（一）金融支持的具体思路

第一，完善农村金融法律体系建设和加大政策扶持力度。发达国家农业生产率的提高与其农村、农业支持政策的法律化是不可分割的，正因为有了这些法律，财政和金融政策的效用才体现出来，事半功倍。我国新农村建设必须在法制化、信用化的环境中推进。鉴于当前我国农村金融法律制度缺失的实际情况，有必要借鉴美日等发达国家和农业立法较为完善的孟加拉国等发展中国家的经验，制定我国的《农业信贷法》《社区再投资法》《农业金融保险法》。引导资金回流必须采取提高资金收益的办法。国际通行的做法是对金融机构的支农服务给予政策扶持，在货币政策上对涉农金融机构实行差别存款准备金率和优惠利率；在税收政策上采取涉农贷款减免等优惠政策；在财政政策上，对支农贷款进行贷款风险补偿或提供财政贴息，来降低实际贷款利息。

第二，政府要对商业金融机构进行合理干预。农村金融服务市场的失灵，需要政府这只"看得见的手"进行干预。政府为保障农村中广大经济主体享有平等的金融权利，必须建立起完整的普惠性的农村金融体系，以此惠及传统金融体系所忽视的农村贫困群体。具体措施是在银行性金融机构的评级考察指标体系中设置相应的指标，如为农村地区提供存贷款服务的数量和质量，新增存款投放新农村建设的比重等，这将有效约束农村资金的外流。

第三，农村企业信贷支持比农户信贷有更显著的作用。根据田霖（2011）的研究，考虑到系统中各要素互相影响、互相作用的复杂关系，银行供给大量农户的小额信贷仅仅暂时缓解了其资金困难，而农村企业长期依赖自有资金积累、银行贷款供给不足才是制约整个农村经济发展的主要因素。可采用"一村一品"方式，对重点农产品和特色农业进行扶持，如对河南中牟的大蒜基地和新郑的红枣基地的规模经营提供资金信贷支持。

第四，大力发展我国合作金融组织。考察德美法日的合作金融制度，可以看到德国的"金字塔单元制"、法国的"两截鞭"型民间和政府的结合制、美国的"上虚下实"型多元复合制和日本的协同组合制。虽然各国合作金融制度各有特点，但是万变不离其宗，即合作金融的基本经济特征和原则不变。我国在借鉴国外成功经验时要因地制宜，分类指导，严谨"一刀切"。一方面要改制现有的农村信用合作社，在经济欠发达地区，可以考虑将其办为真正的股份合作金融组织，在经济发达的地区，吸引各类商业银行入股进行收购或者合并。另一方面培育新型的农业合作组织。按照合作的原则，由当地农民发起、吸收当地的民间资金组建社区性质的信用合作组织。

第五，完善农村保险体系。可以考虑成立政策性保险农业保险公司，政府拿出一定比例的财政资金，对参加保险的农户进行保险补贴，以此提高农户参保的积极性和参保意识，这也会刺激商业保险公司开发适合农户的新品种，扩大其农村保险市场份额，同时降低农业风险，保障农户农业收益。

（二）财税支持的具体思路

首先要按照《农业法》的要求，保证财政支农支出的增幅高于财政经常性收入的增幅，保证财政支农支出预算增幅高于同期财政总支出的增幅。同时，要使耕地占用税新增收入大部分用于新农村建设，将国家的基础设施建设和社会事业发展的重点向农村转移。其次要发挥财政的引导作用。充分发挥财政四两拨千斤的作用，以贴息和补贴为手段，根据"政府推动，市场引导"原则，引导城市不同类型的资本参与新农村建设。最后要注意发达国家财政政策支农内容的变化。其补贴方式总趋势是减少对农产品的价格补贴，而增加对农民收入的直接补贴，增加对农业生态改善和农业生产要素的补贴。

（三）金融和财政部门要大力扶持农民发展土地合作社，促进土地流转到种粮大户手中，实现规模效益

我国长期实行家庭联产承包责任制，千家万户各自分散经营，随着2.3亿名青壮年农民大量进城务工，农田荒芜现象严重。河南省农村改革发展综合试验区信阳市光山县成立了江湾村土地信用合作社，首批就存地1600多亩，每亩每年能得存地收入500元，农业综合直补还属于农民，同时家里人要在合作社干活，还可获得劳务收入。目前，信阳市已创办土地信用合作社402家，流转耕地占耕地总面积的46%，并且通过整治，流转土地的耕种面积增加了10%~13%。因此财税部门应对农民办的土地信用合作社给予免缴一切税收的优惠，金融部门应采取重点扶持的优惠信贷政策，以促进土地信用合作社在我国农村广泛发展，使农业能实现规模经营。

金融和财政部门要大力扶持传统农业进行高科技改造，这是一个必然趋势。要使我国农业发展赶上美国，金融财政部门一定要把手中掌握的资金（"十一五"期间中央财政三农投入近3万亿元，平均每年6000亿元；2011年中央财政安排"三农"支出达9884.5亿元，比2010年增长15.2%；2010年年末金融机构涉农贷款余额为11.76亿元，当年新增2.63亿元）重点用于科技扶农的刀刃上，使其发挥最大的作用。财政部门要完善农业补贴制度，积极探索农村应用型技术的推广政策，对农户的耕地质量改善进行补贴，按照世贸组织的建议，用好"绿箱政策"。

参考文献

［1］包宗顺：《国外农业现代化借鉴研究》，《世界经济与政治论坛》2008年第5期。

［2］郭奇斌、王耀、高翠玲：《中国农业现代化资金来源多元化——市场主体、政府主导模型架构研究》，《生产力研究》2011年第11期。

［3］甘犁、徐立新、姚洋：《村庄治理、融资和消费保险：来自8省49村的经验证据》，《中国农村观察》2007年第2期。

［4］胡振虎：《中国最优财政支农支出研究》，《中南财经政法大学学报》2010年第3期。

［5］姜振水：《我国农业现代化发展路径与金融支撑》，《农村金融研究》2011年第1期。

［6］李宪宝、高强、单哲：《政府角色、反哺失灵与新农村建设》，《农业经济问题》2011 年第 9 期。

［7］卢良恕：《现代农业发展与社会主义新农村建设》，《福建论坛》2006 年第 6 期。

［8］马晓冬、李全林、沈一：《江苏省乡村聚落的形态分异及地域类型》，《地理学报》2012 年第 4 期。

［9］沈艳、姚洋：《村庄选举和收入分配——来自 8 省 48 村的证据》，《经济研究》2006 年第 4 期。

［10］王宇锋：《宗族结构、村庄规模与村民收入》，《南开经济研究》2010 年第 3 期。

［11］温铁军、王平、石嫣：《农村改革中的财产制度变迁——30 年 3 个村庄的案例介绍》，《中国农村经济》2008 年第 10 期。

［12］杨林、颜金林：《论我国金融支农机制的建设》《广州大学学报》（社会科学版）2010 年第 3 期。

［13］郑风田、阮荣平：《新一轮集体林权改革评价：林地分配平等性视角——基于福建调查的实证研究》，《经济理论与经济管理》2009 年第 10 期。

［14］周雪光、艾云：《多重逻辑下的制度变迁：一个分析框架》，《中国社会科学》2011 年第 53 期。

第十三章
由新农村到新型城镇化

第一节 新型城镇化：中国农村未来之路

我国农村的发展变迁波澜壮阔，是一部绝无仅有的伟大画卷。作为传统的农业大国，历史上，农业、农民和农村一直是我国经济、社会、文化发展的核心，探究我国农村的历史演变，乃是研究我国当前经济社会文化发展诸多问题，尤其是如何在未来十年全面建成小康社会的重要本源。

新中国成立后，我国农村发展进入了一个与之前完全不同的阶段，这种不同在于作为农村制度基石的土地所有制形式发生了彻底变化，而并非指生活状况或习俗方面的扭转。土地由私有转为国家所有，在农村地区则为集体所有，农民都是农村集体的一员。从此以后，我国开始进入农村建设和发展的社会主义探索时期，在摸索中前行，经历了跃进、曲折，但并没有脱离发展为民的本质。从 1949 年至 1952 年，全国绝大部分农村进行了土地改革，封建土地所有制转变为农民土地所有制，个体农民经济成为最主要的经济成分。在 1953～1957 年农业合作化时期农民加入合作社以后，土地等主要生产资料实行集体所有制；1958～1978 年，实行人民公社制。由于"左"的政策，农业生产关系和生产力都受到了破坏，农村经济停滞。农村从 1979 年开始进行经济体制改革，在土地集体所有的基础上，实行家庭承包经营。农村工业、商业、交通运输业都得了较快的发展，农村面貌产生了很大的变化，奠定了后来提出的"新农村建设"的基础。2006 年的中央一号文件提出了新农村建设，明确了新时期农村发展的方向。在经济发展具备一定积累的基础上，加速农村现代化进程，缩小城乡差距，提升农村物质与精神发展水平，扭转"以农补工"的局面，标志着我国农村发展进入了全新的历史阶段。2012 年，十八大报告中明确提出工业化、信息化、城镇化和农业现代化是全面建成小康社会的载体，从十七大报告中的"区域协调发展"到全面建成小康社会，我们不难看出城镇化在实现全面建设小康社会中的关键性地位。

一　1949～1957 年：新中国成立后农村土地第一次"分"和"合"

从 1949 年新中国成立到 1957 年第一个"五年计划"结束，是我国的经济恢复时期与社会主义经济制度建立时期。面对初期严峻的农村发展形势，国家从土地制度改革入手，进行了两次大的变革：一是 1949～1952 年，将封建土地所有制变为农民个体所有制，极大地解放了生产力；二是 1953～1957 年，进行第一次土地集体经营的探索，由农民个体所有制变为集体所有制，重点建立和推广人民公社。这一时期的农业合作化改造进程过急过猛，强调集中生产，忽视了农业生产和手工业生产的特点和家庭经营的重要作用，而且不允许农民经商，这就损害了农民的利益，挫伤了农民的生产积极性，这些都对农业经济发展产生了负面的影响。广大农村地区经历了第一次土地经营权的"分"和"合"。

二　1958～1978 年：人民公社阻碍农村生产力发展

随着 1957 年第一个五年计划的完成，虽然农村地区的合作化在执行中出现诸多问题，而且亦未达到计划的发展目标，但农业产值和农村地区的生产力仍然在波折发展中达到了一个新的高度。但在随后的 20 年，由于种种复杂的原因，"大跃进"运动对国内经济，尤其是农村地区生产力造成了极大的损害，农村生产一度倒退。这一时期，"人民公社"——这一当时领导层认为的农村发展的理想模式，造成了农业生产力的直接倒退。

1966 年以后，出于国家安全的战略考虑，国内发展战略从"解决'吃穿用'"转变为"三线建设"。在此期间，在国家基本建设投资中，重工业、国防工业、交通运输共投资 628 亿元，占 74%；农业 120 亿元，由原来的 20% 下降为 14%；轻工业 37.5 亿元，占 4.4%。原定的 4.5 亿亩稳产高产农田目标被留置到"四五"计划（1971～1975）考虑，这再一次凸显了农业在国家发展战略中的次要地位。实际上，改革开放以前，我国农村发展始终处于次要的地位。在农村被置于次要地位的情况下，1967～1977 年，我国农业总产值年均递增速度仅为 2%，在 1968 年、1972 年、1977 年农业生产还出现了负增长的情况。1968 年农业总产值比 1967 年减少 2.45%，粮食减产 4%；1972 年农业总产值比 1971 年减少 1%；1977 年农业总产值比 1976 年减少 0.4%。"大跃进"的盲目探索不仅损害了农村生产力，打击了农民积极性，而且不断强化了"以农补工"的导向，更进一步造成了城乡收入差距的扩大，成为时至今日仍难解决的问题。

三 1979～2005 年：改革中的农村——农村土地的第二次"分"

1978 年及之前的发展实践证明，农民集体生产模式不仅无法实现农业生产力的有效提高，而且会产生农村在农业生产、住房饮食和教育医疗等多方面的问题。1978 年，随着我国农村土地制度发展的第二次"分"，农民开始长期拥有土地经营权，这为农民架起了由"脱贫"到"致富"的关键桥梁，是我国农业真正走上高效发展之路和农村实现良性发展的转折。这一时期的探索和实践主要分为两个阶段：一是农村改革与市场化探索时期的农村发展（1979～1991），该时期的发展奠定了农业生产力发展的基础；二是全面向市场经济过渡时期的农村发展（1992～2005），该时期进一步将顺了市场经济条件下农村发展的相关问题，协调工农业发展关系，推动农业发展全面转型。

第一阶段的有益实践和探索主要包括以下几个方面。一是农村微观组织形式改革。1983 年 10 月 12 日，恢复乡人民政府体制，规定公社为集体经济组织。二是农产品流通体系改革。1985 年的中央一号文件《关于进一步活跃农村经济的十项政策》，规定以合同定购制度代替统购派购制度，意味着"以农补工"体制开始松动。三是乡镇企业异军突起。1985 年 5 月，国家科委提出和实施"星火计划"，推动乡镇企业的技术进步，随后乡镇企业步入发展的"黄金时期"。乡镇企业的发展为国家整体经济发展、税收增长、财政收入增加、农民收入提高和农村社会安定与精神文明建设都做出了不可忽视的重要贡献。

第二阶段的农村发展则是全面向市场经济过渡的时期。这一时期，农村社会矛盾有所凸显。从经济因素方面分析来看，原因在于：一是农业生产情况出现波动，而市场化改革因素又致使农民的收入增长缓慢；二是农民的负担逐年增加，除了农业税和"三提五统"外，农村基层组织还存在着乱收费的现象。为此，出现了要求增加农民收入、减轻农民负担及农村发展变革的要求。这种调整和变革以 2001 年 4 月国家决定在少数县（市）进行农村税费改革试点为标志，随后，该项改革在全国范围内推进。2005 年 12 月 29 日，农业税的取消被认为是现代社会与封建告别的历史分野，是我国现代化最为强劲的动力支点，从根本上启动了我国社会的公平发展之路。

以十一届三中全会为标志，中国的农村发展进入一个崭新的时期。家庭联产承包责任制赋予了农民多年来梦寐以求的土地使用权利，尽管土地所有权暂时还未能实现，但是十五年承包权不变，以及后来的土地使用权续延等措施还是给广大农民吃了一颗定心丸。在农村生产力得到极大解放的同时，中国农村迎来了黄金发展时期，一直持续到十六届五中全会。在农村大发展的同时，我们也要看到城市和工业的更快速的扩张是基于对"三农"剩余的提取。其实从新中国成立以来，中国长期奉行的是农村支援城市、农业支持工业的政策。农村的剩余劳动力在改革开放后，成为城市建设和工业发展取之不尽的廉价劳动生产要素，第一代和第二代农民工的前仆后继就是典型案例；农村的金融资源也被各种金融机构源源不断地抽干，无论是信用社还是商业银行都以较低的利率吸收资金，再用于城市和工业发展。通过比较分析，城乡差距呈显著扩大趋势，贫富分化较为明显，城乡良性互动关系始终未能确立。

四 2006~2011 年：社会主义新农村建设

2006 年的中央一号文件《中共中央国务院关于推进社会主义新农村建设的若干意见》，正式提出新时期我国农村发展的方向是"社会主义新农村"，并通过《中共中央关于制定国民经济和社会发展第十一个规划的建议》，提出要按照"生产发展、生活宽裕、乡风文明、村容整洁、管理民主"的要求，扎实推进社会主义新农村建设。如果说中国"贫困陷阱"的摆脱是建立在以农补工的基础之上的话，那么 21 世纪中国"中等收入陷阱"的跨越就需要实行"以工补农""城市反哺农村"的带有补课性的政策。从这个角度理解"新农村"的"新"，才能找到建设农村和经济跨越发展的动力源泉。因此十六届五中全会明确提出了"新农村"的 5 个方面内容，即新房舍、新设施、新环境、新农民、新风尚。这五者缺一不可，共同构成小康社会"新农村"的范畴，它们是弥补城乡鸿沟的具体内容和标准。社会主义"新农村"与建设和谐社会、小康社会息息相关。

此后，2007 年《关于积极发展现代农业扎实推进社会主义新农村建设的若干意见》、2008 年《关于切实加强农业基础设施建设的若干意见》、2009 年《关于促进农业稳定发展农民持续增收的若干意见》和 2010 年《关于加大统筹城乡发展力度进一步夯实农业农村发展基础的若干意见》等一系列纲领性文件颁布，涉及农村经济社会的各个方面，包括现代农业建设、农民收入、农村基础设施、农村社会事业、农村民主政治等农村经济社会生活的方方面面。经过 5 年的建设，农村的整个面貌焕然一新，取得了农村发展、农民安居、农业稳定增长的局面。

五　2012 年以后：中国农村踏上新征程——新型城镇化

（一）　新型城镇化的特点

新型城镇化要以服务在此居住和生活的人为中心，以产业吸引人才居住。新型城镇化和传统的城镇化有很大的不同，表现在六点上：一是效率更高；二是质量更高；三是资源更节约；四是生态更环保；五是规模更小；六是成本更低。这主要体现在经济发展的不同阶段。当中国处于工业早期和中期时，在工业的有力推动下，城镇的规模扩大和质量内涵得到了提升，人民的工作和生活得到了较大改善。而"全面建成小康社会"又在过去脱贫致富的基础上对城镇提出了更高要求。

（二）　新型城镇化的意义：破解中国二元经济结构

二元结构的概念和理论最初是由荷兰社会学家 J. 伯克于 1953 年在其专著《二元社会的经济学和经济政策》中提出的。他通过调查印度尼西亚的社会经济状况，发现传统的农业社会遍布于广大乡村，而殖民地下的城市已经进入了工业化的现代社会，从前的一元同质性经济社会结构裂变为二元异质结构。各国在经济发展过程中，都会经历从一元到二元的转变过程，随着经济的快速发展，资源稀缺引发的增长掣肘凸显，因此城市以其空间集聚、节省交易成本、提高生产效率和生活品质而成为替代农村的发展模式。在社会组织方式出现重大变革时，传统农业因其低效率和劳动力过剩必将被高效率的工业生产所取代，农民由"面朝黄土背朝天"转为工厂工人。工业化的生产方式促进了社会化的分工协作，促进了传统社会向现代社会的转变。通过机器大工业生产方式，农民转变为工人，现代工业社会逐步占据主导地位。现代工业部门在扩张的同时，也为传统农村农业的现代化改造提供了技术和设备上的保障，在现代化的生产组织方式和规模经济的双重作用下，传统低效率的农业生产部门迅速实现了现代化的改造和发展，减少了同现代工业部门的生产效率差距。通过工业部门和农业部门的良性互动，二元经济结构又将转为一元结构，只不过此时一元结构较先前的效率更高，社会文明程度也不可同日而语，这实际是螺旋式的社会发展轨迹。美国经济学家 H. 钱纳里通过对 101 个发达国家和发展中国家或地区的二元经济结构问题进行分析，提出经济结构转型是否顺利将决定经济发展程度，而经济结构华丽转型的成功标志是传统农业主导的经济结构转变为现代工业主导的经济结构。和发达国家相比，发展中国家的二元结构问题更突出，在资源转移和再配置过程中，不确定因素多，市场变化大，产业结构和经济结构的转变空间余地也更充分。

中国作为中等收入国家，处于经济发展的十字路口。根据经济增长多重均衡点理论，此时中国的经济处于一个不稳定均衡状态。一方面以往的经济增长模式在城乡对立凸显的现实下，难以为继，增长动力不足；另一方面解决好国内城乡二元经济结构矛盾，经济就可实现二次腾飞，进入新的均衡稳定状态。追本溯源，早在 1950 年，由于城市建设需要和苏联对中国的大规模设备投资，中国农村劳动力就开始大规模向城市转移，待"三通一平"等基础设施工作完成以后以及 1957 年中苏关系恶化后苏联撤资，更为重要的是农业劳动力的减少直接造成农业产出无法满足城市需求，这些因素的叠加，造成了城市的劳动力大规模向农村迁移。由此，基于农业剩余劳动力的农业剩余通过城乡剪刀差和国家计划调拨的方式进入城市，支撑国家工业化发展，二元结构得以形成。在中共十二大后，中共连续五年的一号文件开始对长期困扰经济增长的城乡二元结构尝试破冰之旅。"开通城乡，打破城乡二元结构"虽然已经成为共识，但时至今日，城乡对立更明显、更突出，这其中的主要原因是城市中既得利益集团为了保护自己的利益，千方百计阻挠城乡协调发展。最具代表性的就是农民工在不断为城市奉献和不断被榨取剩余价值后，又要像候鸟一样回到故土，除了一亩三分薄田外，无依无靠，没有城市功能先进的生活服务设施和完善的社会养老保障措施。只有解决了"三农"问题中的农民主体地位和农民利益问题，城乡二元结构困境才有可能破解。当然由于历史欠账较多，城市还暂时无法容纳大量新增人口，不过农村城镇化建设可以成为破解之道，这既可拉动国内投资需求（因为农村基础设施非常薄弱），又可实现农民离土不离乡的梦想。至于传统农业发展何去何从，美国经济学家 T. 舒尔茨认为应该走传统农业的现代化之路。其中最关键的是在农业生产中引入现代生产要素，表现为培养掌握现代农业知识的农民和实现农地的机械化生产。农民现代知识的掌握来自对农民的投资，这种人力资本投资成为农业经济增长的源泉。美国农业经济的现代化过程，主要还是通过政府对农村初等教育不断投入实现的，在美国南部农村，对初等教育投资增加 10%，农业产出增加就高达 30%。今天的美国，农民数量不到 2%，不但养活了 3 亿美国人，而且使美国成为世界最大的农产品出口国，这一切都来源于高科技。20% 的美国农民有大学学历，愚昧、落后已经不再是现代农民的特点，现代农民和城市居民的差别更多地表现在居住方式和从事的产业上，但共同点是都有知识和技能，对信息和科技具有一定程度的了解和掌握。反思中国的农业发展，最主要的问题还是土地流转复杂和艰巨使农地经营规模有限，限制了农民对学习农业科技知识的渴望，同时也限制了现代化的农业机械的普遍应用。

（三）新型城镇化要解决几个问题

1. 核心问题：农民和土地关系问题

土地资源要素的平等占有。家庭承包经营制的确立保证了农民拥有自己的土地，土地从高度集中到高度私有，农民的收入有了一定程度的提高，似乎土地问题得到了彻底解决，但这仅仅是万里长征的第一步，中国特色社会主义的烙印注定土地部分权利属于农民，国家依然掌控着土地这个最大的资源要素。国家的强大与农民的弱小不仅引发了各种利益纠纷，如农村土地经常以远低于市场价格的价格被政府收回，更为严重的是农业生产效率始终难以匹配工业生产效率，导致工农收入分配差距拉大，内需始终启而不动。城镇化不可避免地涉及土地征用问题，当前土地征用制度存在很多瑕疵，要完善包括土地调解机制、价格调解机制、资金筹措机制和税收调解机制在内的土地征用制度，允许农民以手中掌握的土地参与分享城镇化的利益。但是在土地制度改革中，要警惕农民因为缺乏资金和农机设备或者其他因素将手中的土地出售给大户后成为"失地农民"，在城镇中形成类似拉美等国家的"贫民窟"；同时也要防止在农民中产生类似新中国成立初期的土地集中化的误解，将进城务工农民的土地流转错误理解为家庭联产承包责任制的重大改变。

2. 城镇产业发展

工业化创造了供给，城镇化创造了需求。工业化和城镇化的良性互动是城镇化的重要保证。新型城镇化不能是缺乏产业载体的空中楼阁和"有城无市""有城无业""有镇无人"的"空城计"，更不能重蹈20年前东南沿海地区经济发展出现的先污染、后治理的老路。"既要金山银山，更要绿水青山"应该成为城镇产业发展的理念。因此按照雁行理论，中国广大中小城镇在承接发达国家或国内先进地区的产业转移时，要注重产业结构转型升级和节能环保。传统工业化和新型工业化对城镇的要求有很大的区别，低层次、低附加值的工业要向高层次、高附加值的现代工业转变。在产业变迁的过程中，衍生出许许多多新技术、新思想、新产品和新商业模式，创新将始终伴随着城镇化的发展。这里有必要强调一下城镇工业在吸纳劳动力方面的作用。在20世纪乡镇企业蓬勃发展之际，这些企业基本上都是劳动密集型的，既解决了剩余农村劳动力就业问题，又增加了农民收入，反过来，农民的储蓄增加又为乡镇工业持续发展提供了资金保障，同时这些工业也带动了周边小城镇的繁荣发展。这些宝贵经验在新型城镇化建设中值得借鉴。

3. 打造现代化农业和创新农业组织形式

作为农业现代化的重要引擎——城镇化将有效带动和引领农村劳动力转移、人口转移和产业升级，促进农业适度规模经营和农业专业化、标准化、规模化、集约化生产，而农业现代化是城镇化的重要基础。一般来说，农业产出效率和生产规模成反向关系，这意味着大农场的单位面积产量小于以家庭农场为代表的小农场。从这个角度讲，人均拥有成百上千亩土地的资本主义大农场不是中国农业的发展方向；而拥有几十亩地的家庭农场才是中国农业现代化的不二选择。反过来说，目前的人均土地不足两三亩的传统农业模式，由于科技含量不高、规模经济难以发挥作用等因素，难以提升产品质量、打造品牌、提升劳均产出以及为工业供给剩余劳动力，从而制约整体经济的增长。由于城镇化的一个直接结果是大量剩余劳动力进城，这要求粮食生产必须得到保障，这也是农业现代化的发展方向。家庭农场和大农场相比，存在明显不足：一是外部的环境、气候的变化对家庭农场的打击更大，其个体风险通常无法分散；二是贷款难和信息少限制其生产的扩大；三是生物技术和有机技术获取费用较高。对于这些问题，家庭农场可以通过制度创新加以规避，以便从"新型农业"中获益。例如，可以采取成立各种合作社的方式，降低交易成本，有效分散非系统性风险；通过纵向结合的订单农业使农民融入高价值产品的供应链中。

4. 注重小城镇发展和城镇化的质量提升

21世纪的前十多年，中国的城镇化发展速度惊人，城镇化率几乎以每年一个百分点的速度增加，截至2011年年末，城镇化率已达到51%，城镇人口首次超过农村人口，为6.9亿人，同时城市规模也在不断膨胀。但这也造成了中国城镇发展的新二元结构，表现在城镇化发展呈现哑铃形分布，即大者恒大，小者恒小。对于大城市而言，几十个大中型城市明确提出要超英赶美，建设成国际大都市，在建摩天大楼有300多座，还有500多座在规划中，城镇化的发展进入奢侈化阶段。与此形成鲜明对比的是居住在城镇中的居民，尤其是进城务工的农民只能过过眼福，无法享受城镇本应同步增加的教育、医疗、养老等各种社会公共福利。在城镇居住连续六个月就可成为统计意义上的城镇人口。以上海为例，目前城镇化率已接近90%，但是其中作为非上海户籍人员的1000万人，得到的城市公共福利大打折扣。根据经济学的边际报酬递减规律，当城镇规模达到一定程度时，随着城镇的扩大，其成本将会凸显，收益则会减少。三四线城市以及县域城镇，以北上广深为效仿对象，追求大马路、大路灯、大广场的城镇形象工程，但是由于人口不足，不能充分发挥出城镇集聚经济效应。简言之，新型城镇化不是城镇面积的扩大和人口数量的增加，需要剔除过去赋予其拉动经济增长的重任，改变传统增长导向型城镇化模式，而以民生改善为目的，关注城镇化中居民的生活质量改善，切实实现人居环境、就业方式和社会保障从"乡"到"城"的转变，让居民找到城市的归属感和幸福感。按照费孝通先生提出的"小城镇、大战略"，城镇化的发展战略要着重发展县城和县域中心镇，让农民在离土不离乡中提高收入、感受幸福。

5. 政府治国理念和职能转变

一方面，在不同的经济发展阶段需要不同的治国理念。20世纪70～80年代东亚威权主义带领本国或本地区创造了"东亚奇迹"，受到了包括中国在内的很多国家的瞩目。当然这种威权主义是一种以补充性社会政策作为修补的"精英治理模式"，以防止社会不平等对经济增长的干扰。诚然，在东亚追赶先进发达国家时，在一个善于学习、效率较高和强有力政府的领导下，朝着前方的明确目标发展，是可以成功跨越中等收入陷阱和追上发达国家的。但是当它们从追赶者变成领跑者时，政府已经看不清前方发展之路，无法领导企业前进，此时政府就需要退出主导者的身份，让更多的、更有竞争力的、充满创新激情的企业家施展才能。正如吴敬琏所言，中国不能再走新加坡式的威权主义道路。需要警惕的是我们也要防止拉美"民粹主义模式"产生的社会福利过度化带来的经济衰退。另一方面，在新型城镇化过程中，政府需将视线从经济增长转移到社会服务上。要回归市场竞争的本质，采取以市场主导代替政府主导的城镇化模式，合理界定政府和市场的边界。政府的作用是弥补市场的失灵和解决外部不经济的问题。如果按照目前城镇化率一年1个百分点的速度，未来十年我国城镇化率的提高也就意味着，至少一亿农村富余劳动力转移到城镇，因此要采取措施将这些劳动力变成城镇发展所需要的多层次人力资源。例如，加强进城农民的培训，提高他们的就业竞争能力；完善市场秩序，保证农民务工时的权益；建立完善的社会保障体系，解除其后顾之忧。从长远来看，当一国进入后工业化时期后，教育资源的平等化程度将决定其经济增长的持续程度，因此在土地资源均等化完成后，政府的最大职责是保证教育要素，尤其是中小学教育要素的合理均衡配置，给所有人提供公平的发展机会。

6. 效率和公平

取消农业税，挟顺了新时期农村发展脉络，宣告了"以农补工"时代的终结；"新农村建设"开启了"工业反哺农业"之门。工业和农业在新中国60多年的社会经济发展中，相互扶持，相互支援，体现了效率和公平的博弈。经济蛋糕在做大的同时需要公平的分割，而要想公平分享经济增长的蛋糕就需要以生产效率提升作为根本保证。过去的十年，中国以年均近10%的速率飞速发展，其中城镇化率就贡献了3个百分点。当前中国经济已经进入一个上中等收入阶段，未来十年人均GDP要从目前的5000美元跨越到10000美元，同时人均收入也要翻一番。能否成功跨越这个阶段，取决于以城镇化为路径变迁的结果。当更多的农民选择进城时，实际上意味着一个新的利益分配格局的开启。如果片面地从静态的角度来讲，似乎这是一场你多我少的总量不变的零和博弈，但是当我们将视线从时点拉长到时期，蛋糕的分配在蛋糕的做大中就会趋于合理，"滴漏效应"就是在告诉我们城镇化在推动经济增长和扩展的同时，使包括进城农民在内的各阶层受益。

总之，在1978年的小岗村拉开中国改革开放的序幕和2006年的中央一号文件以新农村建设为主题掀开了"三农"问题系统化解决的新篇章基础之上，十八大报告中提出的"新型城镇化"注定成为新中国成立以来农村发展的一个新里程碑，是中国未来十年全面建成小康社会宏伟目标的重要保证。

第二节　新型城镇化与路线图

一　引言

美国诺贝尔经济学奖获得者斯蒂格利茨曾经预言：未来世界经济的发展取决于美国的科学技术发展和中国的城镇化。新中国成立后，面对恶劣的国际环境和百废待兴的状况，国家采取了"工业先导、城市偏向"的发展战略和"挖乡补城、以农哺工"的资金积累模式。这一发展战略以追求经济快速增长为目标，将重点放在发展工业尤其是资金密集型的重工业和城市建设上。城市作为工业的载体，其地位也得到了强化。改革开放后，城市和乡村在得到制度解放和快速发展之际，各种偏向城市的改革措施使农村发展远远落后，造成城乡之间的严重对立，此时"工业反哺农业、城市反哺农村"被提上日程。但这种通过城市要素向乡村流动形成的"滴漏效应"由于时间过长，而终究无法产生实质性效果。2006年起开始的社会主义新农村建设通过将"三农"问题与中国经济的整体增长有机地结合，形成了良性互动和双赢的结果。新农村建设经过八年的发展，村庄旧貌换新颜，村民的收入和精神面貌也发生了很大变化，但是农地不能自由流转所导致的单户耕地面积有限，严格户籍制度对农村剩余劳动力要素合理配置的阻碍，都严重束缚了农民自由平等发展的空间和制约了中国依靠内需拉动经济增长的步伐。未来十年全面建成小康社会的道路在哪里呢？正如李克强总理在上任后的首次新闻发布会上所讲的，新型城镇化不仅可以刺激大量消费和投资需求，并创造更多就业机会，还能直接让农民致富。本节以研究新农村建设和新型城镇化之间的内在关系为出发点，分为以下几个部分：第二部分是农村发展和城镇化道路的理论探讨及其实践探索；第三部分是新农村建设视角下的新型城镇化；第四部分是新型城镇化的路线图；最后一部分对新型城镇化发展提出了建议和启示。

二　农村发展和城镇化道路的理论探讨及其实践探索

（一）农村向城市化演进过程中的各种理论总结

截至目前，国内外学者对农村和城市发展进行了大量的理论探讨和实证检验，得到了许多有价值的成果，归纳起来主要有城市优先论、乡村偏向论和小城镇优先论三种。

城市优先论。大城市优先发展论主要是基于增长极和规模经济效用。20世纪50年代刘易斯－拉尼斯－费景汉的二元经济结构理论对城市和工业在经济发展中的作用进行了总结；鉴于该理论完全忽视农业的作用，后来桥根森和托达罗等学者对农村和农业的作用进行了分析并予以认可，但城市的作用仍居于主导地位。关于中国城市化的发展问题，国内外学者对此进行了研究。著名城市经济学家弗农·亨德森指出："虽然一些城市在过去几年经历了大规模人口流入，中国总体仍是城市数量众多，人口规模不足。"中国学者王小鲁指出"中国目前面临的问题仍然是大城市不足，而不是过多。少数超大城市过于拥挤，恰恰说明其他适度规模的大城市数量不足。允许大城市较快发展，并不单纯意味着现有大城市的规模扩张，更主要的是需要形成新的大城市，即需要有一批具备条件的中小城市发展成为大城市"。辜胜阻、修春亮等人（2010）利用诺瑟姆曲线指出，需要通过大城市逆城市化的过程开展农村城镇化。何帆（2013）认为大城市与小城市相比机会更多，所以应该打破农民进入大城市的樊篱。

乡村偏向论。当拉美等地的国家在"城市优先论"指引下阔步前进之时，这些地区出现的城乡分割严重、城市掠夺农村、农村贫困加剧、城市贫民窟等问题引发了学者对城市优先发展战略的思考。施特尔和泰勒的"选择性空间封闭"发展理论提出"自下而上"的发展模式，即以农业为中心，发展劳动密集型和小规模产业。但是该理论仅仅以解决农村的温饱问题为重点，忽略了城市对乡村的辐射带动作用。

小城镇优先论。由于城市优先论和乡村偏向论各自对城市和乡村的绝对偏向，而忽略了二者均衡发展的重要性和可能性，朗迪勒里提出了一种折中理论——次级城市发展战略，认为发展中国家政府必须将财政资金分散投资到中小城镇建设中，在城市和乡村之间构建一个沟通顺畅、交易成本低的通道来加强城乡联系，特别是"农村和小城市间的联系，较小城市和较大城市间的联系"。这种观点与费孝通教授的观点异曲同工。费孝通早在1983年的《小城镇　大问题》一文中就指出，"小城镇问题，不是从天上掉下来的，也不是哪一个人想出来的，它是在客观实践的发展中提出来的"。三农问题专家陈锡文在2001年提出不加快城镇化的步伐，中国的经济就难以长期保持稳定的发展，而城镇化的一条重要途径就是发展小城镇。中国解决经济发展问题的突破口是选择大城市还是乡村呢？十多年的大城市发展没有解决城乡分割和对立问题。温铁军认为应抓住新农村建设的重大历史机遇，"率先在县市以下开通城乡，以优惠政策促进农村人口向包括城关镇在内的中心城镇集聚，以低成本的农村'城镇化'和自治性质的乡村治理结构来逐步缓解'三农问题'"。

（二）城镇化的实践探索

1. 发达国家城镇化发展的经验和教训

世界上第一个完成城镇化的国家——英国，在工业革命和运输革命的带领下，城镇化率从 1750 年的 25%，经过 100 年的发展于 1851 达到了 50%，并在第二次世界大战后开始"新镇建设"来解决农村落后问题，到 1970 年年末，先后建立了 33 座新镇，解决了 300 多万人的居住和 100 多万人的就业问题，20 世纪 70 年代后英国城镇的发展从大城市向中小城市迁移和扩散，直到今天城镇化率已经超过 90%。在其迅猛发展的背后，也留下了"圈地运动"和"先污染、后治理"的种种弊端。美国自 1860 年南北战争后，城镇化开始提速，1910 年为 41.6%，1950 年已经超过 50%。第二次世界大战后的城镇化大发展实际上是由中产阶级"逃离城市"促成的。面对大城市的环境污染和高企不下的房价，中产阶级的应对之策是从大城市向郊区转移，在 1956 年政府计划修建的 4.1 万英里州际高速公路和政府住宅政策对郊区的支持下，成功地完成了城镇化目标，2009 年年末美国城镇化率达到 82%，10 万人以下的小城镇占城市总数的 99% 以上。在成功的背后我们不可忽视中心城市的衰落和郊区土地的大量占用。面对高速城市化背景下出现的乡村人口稀少、乡村经济衰退现象，日本制定了很多大量法律促进农村发展。例如，先后四次制定了《国土综合开发法》加速推进城镇化进程，其特点是根据日本人多地少的矛盾，采取高度集约的方式，如为扶持山区农村及人口稀疏地区的经济发展，制定了《过疏地区活跃法特别措施法》《山区振兴法》等；为促进农村工商业的发展，制定了《向农村地区引入工业促进法》《关于促进地方中心小都市地区建设及产业业务设施重新布局的法律》等。从日本的经验来看，法制建设要先行规划，由于农村建设和城镇化发展都是在法律的框架内进行，所以稳定的制度保障了城镇化的有序进行。"从 20 世纪 70 年代开始的'村镇综合建设示范工程'以提升农村生活质量，缩小城乡差别为目标，具体包括缩小城乡生活环境设施建设的差距，建设具有地区特色的农村定居社会，地区居民利用并参与管理各种设施，建设自立又具有特色的区域，利用地区资源、挖掘农村潜力、提高生活舒适性五个建设阶段。"第二次世界大战后的韩国经济从废墟中迅速恢复，大量农村剩余劳动力从乡村迁移到城市，城乡之间的经济差别和生活方式差别拉大，造成农业衰微和农村凋敝，为了振兴农业，朴成熙政府开始了"新村运动"，以政府支持和农民自主为动力，改变了农村落后的经济和社会面貌，缩小了城乡差距。

2. 新中国成立以来城镇化的实践探索

从 1949 年到 2012 年，中国城镇化发展大体经历了三个阶段。第一阶段是 1949 年到 1977 年，在以工业拉动经济增长为中心思想的指导下，农业和城市的发展都受到了压制，目的是将极度稀缺的资源应用到工业生产中，使新中国从工业废墟中尽快恢复出来。因此工业化率的增长远大于城市化率。第二阶段是 1978 年到 2000 年。在改革开放初期，家庭联产承包责任制的实施产生了大量的农村剩余劳动力，同时有限的城市资源还无法接纳这些劳动力。在此背景下，1985 年和 1986 年的中央一号文件中允许农民进城务工经商，采取了发展乡镇企业和适当发展小城镇战略，提出"控制大城市规模、合理发展中等城市、积极发展小镇市"的城市化指导原则。结果是乡镇企业红红火火，小城镇遍地开花。从 1983 到 1986 年，乡镇企业年吸纳农村剩余劳动力 1300 万人，同时年均新设镇 1600 个左右。这一时期的城镇化是以农民的自发性建设为主导的，同时乡镇企业技术落后，污染严重，导致了乡镇企业在 20 世纪 90 年代的凋敝，同时小城镇基础设施建设由于缺乏国家的财政投资支持而陷入停滞状态。总体来说，城市化率和工业化率的发展出现了并行发展的良好态势，尤其是中小城市数量的迅速增加对农民剩余劳动力的吸纳起到了积极作用。1998 年，十五届三中全会进一步明确"小城镇，大战略"。第三阶段以 2001 年中央正式宣布"大中小城市和小城镇协调发展"的新政策为标志。《国民经济和社会发展第十一个五年规划纲要》提出了"坚持大中小城市和小城镇协调发展，提高城镇综合承载能力，按照循序渐进、节约土地、集约发展、合理布局的原则，积极稳妥地推进城镇化，逐步改变城乡二元结构"的城镇化健康发展的要求，党的十七大进一步提出"走中国特色城镇化道路，按照统筹城乡、布局合理、节约土地、功能完善、以大带小的原则，促进大中小城市和小城镇协调发展。以增强综合承载能力为重点，以特大城市为依托，形成辐射作用大的城市群，培育新的经济增长极"。进入 21 世纪，基于大城市的发展越来越离不开农民工的现实，国家对农民工进城采取了鼓励和扶持态度。这时期大城市的发展突飞猛进。然而，大城市超常规发展对农村剩余劳动力的吸纳能力是受到资源限制的，同时根据边际报酬递减规律，当城市的规模达到一定程度时，城市人口增加的效用将逐渐减小甚至出现负效应。同时城乡之间出现了角色对抗与利益冲突。总体来说，中国的城镇化发展道路主要是在大城市和小城镇之间不停地摇摆，从一个极端到另一个极端是主要特征。同时，城市与乡村要素体制分割严重，表现在质高价廉的劳动力、资金、资源从农村单向流动到城市，而城市的质次价高的工业产品流向农村上。因此脱离农村的城市发展"犹缘木而求鱼也"。

三 新农村建设视角下的新型城镇化

新农村建设的总体要求是"生产发展，生活宽裕，乡风文明，村容整洁，管理民主"。从该要求我们可以看出新农村建设的最终目的是达到与城市居民一致的生活水平和社会服务功能。但是历经八年的新农村建设，农业生产发展在精心育种、农业机械化程度提高以及化肥农药的短期刺激（农药化肥过量使用导致土壤酸化板结，土地未来产出下降）下，粮食产量虽然大幅增加，但已接近极限；农民收入在农业增长贡献率有限的情况下，依然依靠进城打工获取额外补贴，兼业化模式制约了农民生活质量的提升；生活较为富裕的农民依然因循守旧，一些陋习与现代文明格格不入；农民一生中积累的财富在建造"结婚房、争气房和攀比房"中逐渐耗尽，虽然村镇各家青砖绿瓦、二层小楼并排而立、农村村容焕然一新，但也浪费了大量土地，因为粗略一算每家每户房前屋后共计至少占到半亩地。农村基层民主建设水平也由于青壮年农民离家进城打工而无法得到提高，出现了农村集体土地流失而村民代表大会却无动于衷的情形。简言之，新农村建设下的农村发展仍旧面临农民市场化程度低和农民进入市场后的组织化程度不够的双重障碍。农民身处现代化大市场链条的末端，赚取有限的利润，农业现代化水平无法显著提高，这些直接导致广大农民温饱有余而小康不足。城镇作为连接城市和乡村的纽带，可以解决新农村建设中遇到的这些瓶颈问题，发挥不可替代的作用。

关于城镇化概念，目前已经基本达成一致，即农村人口和第二、第三产业不断向城镇集聚，农村的生活方式和民主管理向城市看齐。在十七大报告中，胡锦涛同志指出："走中国特色城镇化道路，按照统筹城乡、布局合理、节约土地、功能完善、以大带小的原则，促进大中小城市和小城镇协调发展。"而十八大提出的新型城镇化实际上是新农村建设战略向纵深方向发展的体现，也是对改革初期小城镇发展的继续和深化。明确农村人口的进城途径、实质和根本落脚点，即"就地进城"、"生活方式与思想进城"和产业升级、工厂转移。从这个意义上说，新农村建设实际是通过促进县域经济发展带动城镇化发展，是新型城镇化的基础和前提，新型城镇化是新农村建设的高级阶段，是城乡统筹发展的启动器。与之前的城市化相比，新型城镇化所表现出的由农业到工业、服务业的职业转换以及由农村到城镇的地域转换都有了新的内涵。首先，工业是基于城市的产业转移和农业的产业链价值增值，所以农民的非农身份转换不再是被迫的、临时的、低层次的。生产环境的改善、技术水平的改进和教育培训的完善都给他们提供了稳定就业的保障。其次，地域转换的特征是就近就业。在相同的收入水平下，没有人会选择远离家乡亲人外出打工。在异乡打工积累一定财富的情况下，回到家乡附近的城镇工作，保持家庭的和睦和团圆有利于激发农村居民的工作热情和学习动力，也有利于整个社会的和谐稳定。

新型城镇化不是空穴来风，它有经济理论支撑并经过前期的初步实践检验。发展中国家或地区摆脱贫困的根本措施在于将农村丰富的剩余劳动力转向工业部门。一个国家或地区在经济发展过程中存在低水平陷阱和中等收入陷阱。如何跳出这些陷阱，推动经济向更高阶段发展呢？根据动态经济学分析，在引入制度创新后经济增长将出现多个均衡点，政府在采取相应政策后将有助于推动经济体达到更高的均衡点。对于中国农村制度而言，在家庭联产承包责任制实施后，农民在拥有了自己的土地和自由耕种权利后，积极性大幅提高，农业生产效率得到提高，绝大多数农民摆脱了贫困陷阱并开始走上小康大道。但是既有的制度已经成为羁绊，需要一场制度变革，而新型城镇化就是农村制度创新的继续，通过制度的重新安排降低交易成本的同时能极大地提高农村的资源配置效率，这里包括农村土地确权和流转制度、农民户籍制度的改革。勒施指出城镇的存在必须拥有一定的产业集群和规模，它可以是农业主导型的城镇、工业型的城镇、第三产业主导型的城镇等。中国沿海地区和苏南地区的城镇化发展就是这种抽象理论的实践检验。这也就引发了我们对中国农村制度创新方向和力度的思考。当前中国农地使用权的流转始终是横亘在农村经济体制改革中的一个巨大障碍。市场经济最大的特征是市场在资源配置中发挥关键作用，土地无法流转，土地资源就无法得到最优化配置，土地规模经济效应、专业化效应和集约化效应也无法得到发挥。

新型城镇化和传统城镇化既有相同点又存在显著差别。二者的共同点是都基于减少农村剩余劳动人口和农业剩余产品，同时提高农业产品的价格。农村人口向城镇的转移使其由农产品的供给者转为农产品的需求者，农产品的价格自然上升，这也提高了留在农村的劳动力从事农业的积极性。同时城镇既是非农业以及行政管理的主要区域，又应当作为经济的增长极（这一点与弗里德曼和道格拉斯的乡村城市发展战略观点不同）。它们的差别表现在三方面。一是立足点不同。传统城镇化立足于城市，强调以城市发展为中心，充分发挥城市对农村的辐射带动作用，结果形成了城市和乡村发展的两极。正如社会学家孙立平所言，改革开放前政府主导的旧二元结构和改革开放后市场主导的新二元结构的双重叠加将加速整个中国社会的断裂。当然断裂是不可能的，正如在新农村建设中，政府加大了"反哺"力度，先后推出了"送家电下乡""送文化下乡"等举措以减小这种倾向。新型城镇化立足于城市和乡村的融合。当贫者愈贫、富者愈富的马太效应在城市和乡村演变中得到淋漓尽致的表现之际，集承接城市的集聚效应和乡村的扩散效应于一体的新型城镇化开始对逐渐恶化的城乡关系进行修补和融合。同时可以使"送城里人下乡"成为破解城乡二元分制的困局的法宝，一方面告老还乡者有意愿为家乡发展贡献余热，这是人性的本质所在；另一方面城市有钱族将农业视为未来朝阳产业，愿意投资开发，这也是人们逐利的天性所在。二是未来发展方向。由于传统城镇化以物为本，因此一些地方以"新农村建设"为名，让土地进城，大规模"拆房、建房、买房"，其未来发展方向不外乎城市的不断扩大和膨胀，而水电路气和各种资源对城市"摊大饼式"的发展构成了掣肘；新型城镇化以农村居民作为发展中心，强调了人的城镇化发展，让农民享受城市生活方式，兼有城市和乡村双重属性，新型城镇在田园风光的围绕下，具有和城市相同的居住、娱乐设施以及产业，"乡村复兴"成为可能，城乡生活条件差别也能消除。新型城镇作为城市之尾、乡村之首成为城乡互动的重要平台。三是原则不同。传统城镇化是以牺牲农民的巨大利益和农村的凋敝来换得大城市发展。新型城镇化以农民利益作为根本出发点，强调以人为本的新型城镇化，"一切为了人，为了一切的人，为了人的一切"，尊重农民的生存权和发展权，实现由农民到新型城镇居民的华丽转型，注重城乡居民同质化均衡发展，所以它可以实现高层次上的均衡发展，实现城乡一体化、人与自然和谐化，使贫富差距明显减小，传统与现代并行。这里最为重要的是政府不能采取强迫的方式将农民从土地迁移到规划的城镇上，必须尊重"农民自愿"的原则。

新型城镇化存在的最大制度障碍是农村赋权制度。家庭联产承包责任制度将农民从公有制束缚中解放出来，中国几千年的传统小农经济得到了恢复，农民在一定范围内有了一定的自由选择权。在 30 多年的改革进程中，这项制度得到了顶层认可和保证，但是与城市国有企业高歌猛进的产权制度改革相比，有虎头蛇尾之嫌。农村赋权制度始终处于模糊不清的状态。现代产权制度和契约制度的建立是引导新农村建设和新型城镇化的根本保证。这里尤为重要的是农地制度和户籍制度。其中农地制度的最终目的是解决土地的资源配置效率，土地产权结构不清、土地承包经营权无法流转影响土地资源的合理配置。根据农业部种植业司的调查，种粮大户和粮食生产合作社虽然成为粮食生产经营的骨干力量，但其面临的主要问题是流转土地不稳定，表现在土地流转期限短（例如，湖南60%以上种粮大户的土地流转期为 1～2 年）、土地流转费用上涨快（2009 年全国每亩土地流转费平均为 259 元，2012 年上涨到 455 元）、土地流转协议不规范导致的纠纷频发上。新中国成立后户籍制度经历了一系列的变革：新中国成立后到 1957 年，公民有自由迁徙的权利，城镇化也迎来了暂时的繁荣时期，城镇化率从 10.6% 上升到 15.4%。但是 1958 年开始的"大跃进"运动以重工业化为目标，同年正式颁布实施的《中华人民共和国户口登记条例》采取严格的户籍制度，首次明确将居民区分为"农业户口"和"非农业户口"两种户籍，对人口自由流动实行限制和政府管制，将农村人口长期禁锢在农村，再加上后来的"上山下乡"使城镇化率出现了减缓甚至是倒退。改革开放后，一系列措施推动了城镇的发展，1984 中央一号文件首次提出允许农民自带口粮进城。1992 年在大城市开始实行"蓝印户口"，并实行户口买卖等实践探索。2001 年将"蓝印户口"转变为居住证制度。2006 年以具有合法固定住所为落户条件，放宽了户口迁移的限制。2011 年国务院发布《关于积极稳妥推进户籍管理制度改革的通知》，小城镇的户籍政策全面放开。户籍制度的不断改革和放松加速了城镇化，到 2012 年我国的城镇化率达到 52.57%，已接近中等收入国家的平均水平，但若按户籍人口计算，该数字只有 35.29%。这里需要汲取2001～2004 年郑州进行的"最彻底户籍改革"的失败教训，不要认为简单地将"农村户口"转变为"城市户口"就已经完成城镇化，这里涉及教育、就业、城市建设等公共资源的准备以及财税体制等领域的配套改革。户籍制度严格限制了农村居民和城市居民自由迁徙的权利，尤其是农村剩余劳动力作为宝贵的劳动力资源无法自由流动。虽然在城市中的广大农民工群体已经成为事实，但他们付出了体力、财力的巨大成本，这使资源配置最优化成为空中楼阁，帕累托改进始终是在次优状态下进行的。

四　新型城镇化的路线图

城镇化体现了人口聚集、产业聚集和资源聚集。中国新型城镇化的方向在哪里呢？按照观念决定出路的原则，新型城镇化必须与"农村建设拆旧翻新"观念以及"西方工业照搬复制"模式划清界限，体现出中国"创造"的特色。

（一）　新型城镇化的主体是农民市民化

新农村建设并没有改变边打工边种田的农民兼业化模式，这造成农民在工农之间不停地奔波与角色转换。先后进城的一代和二代农民工吃了苦、流了汗、卖了力，始终无法改变农民身份，无法真正成为市民。2.7亿农民实现了从农民到工人的职业转换以及从农村到城镇的地域转移，但是农民的身份却未得到根本转变。农民新型城镇化的核心不仅是简单破除农民工进城的樊篱，而且要推动农民市民化，将公共服务更多惠及进城农民。当然留在农村的居民也可通过公共服务设施向农村延伸，通过就地城镇化来实现包括医疗、教育、住房、社保和就业等方面公共服务的均等化。反过来说，农民工的市民化若无法实现，就必将在城市内部形成二元分割，导致社会不稳定和社会权益诉求事件频发。当农村剩余劳动力向城镇迁移时，留在农村的农民可以租种更多土地，土地的连片耕种可以促进现代农业机械的大量使用以及不破坏土壤的有机肥料的使用，使科学种田和规模经济效应得以发挥，土地净产出会大幅提高，在农业生产发展的同时，农民收入也将水涨船高。梁漱溟在20世纪30年代就指出"土地使用不太经济的问题——此处指农场面积狭小零碎，分散错杂，既减少耕地面积，又妨碍耕作，不便灌溉，有阻农业进步，弊害甚大"。笔者在河南沁阳市王庄镇调研时亲身感受到这一深刻变化。当地农业龙头企业在以每亩地每年无偿付给农民1200斤小麦后，获得农地使用权，同时这些农民被招进企业工作，他们的每月收入有2000元左右。在这里农业企业生产原料的数量和品质得到保证；农业产业工人收入稳定，安居乐业。通过这种方式形成的城镇最大程度地节约了土地，包括田块合并、沟渠道路整理和宅基地腾出的复垦土地等在内，可以新增50%以上的耕种土地。

（二）新型城镇化的基础是主导产业

"逐水草丰美之地而居"是携家带口、进城务工的农民的目的。城镇作为连接城市和乡村的重要环节，既有城市经济特征，又有农村经济特色。使农村居民愿意留下来的基础是因地制宜、科学确定主导产业发展路径，因为经济增长的基础在于有竞争力的产业支撑和优化的产业结构。要避免过去乡镇企业主导下的污染型和科技含量不高的小城镇发展模式，可以考虑将城镇新区建设与产业园区建设有机结合起来，如大力发展现代农业园区，既促进农业、工业和服务业的融合发展，又可培育壮大农业龙头企业，推动农业品牌化、市场化发展。同时通过提高农业的生产装备水平，提高农业生产效率；通过拓展农产品加工链条，提高农产品附加值，以工业化促进农业现代化。另外要合理引导大城市的产业向新型城镇转移，充分利用后发优势培育出具有自身优势和特色的地方产业来完成产业吸收和转型升级，进而提升城市的吸引力和吸纳能力。比如说广东的南雄市通过承接珠三角地区产业转移，与科研院所以及国开行合作大力发展精细化工产业，实现了产业优化升级；福建的安溪县以打造茶产业为目标，全市115万人有80万人从事茶产业活动；山东的寿光市更是远近闻名的大棚菜生产基地，2012年农民人均纯收入约为12000元；河南栾川县着力培育旅游产业，33%的农村居民就地转移到旅游业，2011年旅游业收入达26亿元。

（三）新型城镇化的灵魂是城镇文化

在中国城镇化快速推进过程中，出现了大广场、宽路面、高楼层等"千城一面"的现象。城市中有产业无生活、有生活无品质，体现在历史和文化中的城市的性格逐渐缺失。城镇化不仅仅是社会经济建设，更是要重塑社会信任、共同伦理价值趋向，提高城市文明和精神价值。这里既要做好千年历史的文化传承工作和留住地方城镇文化特色，又要与时俱进，引进现代先进文化艺术，丰富本地居民精神文化生活。城镇文化是赋予聚集城镇的人们幸福生活的重要因素，是城镇化的主要推动力之一。因此各地方的城镇规划建设要注意保护本地的历史遗产、建筑设施和人文景观，在城镇发展中展现各自丰富多彩的文化多元性、差异性，同时合理运用市场手段唤起沉睡的地方文化资源。江苏省宜兴市的村镇改造实践以深挖文化底蕴为突破口，通过保留老街、老屋、老桥、老树、老井和历史故事等有形、无形的文化元素来充分展示村镇的人文魅力，切实地抓住了美丽村镇的灵魂。正如熊培云所言："没有树，土地会失去灵魂。在我眼里，晒场边上这棵高大挺拔的古树之于这个村庄的价值，无异于方尖碑之于协和广场，埃菲尔铁塔之于巴黎。"

（四）农民就地城镇化和向大城市迁移的两种路径比较

农民向大城市转移的成本包括私人成本和社会成本两个方面，其中私人成本包括物质成本和精神成本。私人物质成本主要是衣食住行中的成本，农民工穿衣较为简朴，大城市交通发达而且成本很低，只有大城市的租房和吃饭较为昂贵，所以食住两项成本构成了农民工的主要支出。考虑到在远离千里之外的城市打工，回家的交通成本和时间成本巨大，回家的频率减少导致农民工与家庭联系较弱，致使漂泊在外的农民工内心精神空虚。与离家千里的大城市相比，适宜就地就业的新型城镇给农村居民提供了属于自己的房子而使居住支出在总成本上大大减少，他们在收入相对大大增加的同时，可以加大文化方面的支出力度，增加教育和培训支出，提高生活品质。另外，家门口的就业方式既保证了家庭的团圆和维系了亲情，又保证了乡村的整体风貌和社会联系的传承，社会和谐的局面得以维持。而社会成本表现在农民工像候鸟般地来回迁移给整个社会带来的震动，每年的中国传统假日，各种交通工具都是满载而回，交通危险随时可能发生。农民工在城市的身份始终无法改变，无法产生对城市的归属感，对城市来说他们只是匆匆过客而已，结果是来自五湖四海的农民工和城市居民产生了巨大的隔阂，甚至这些农民工之间也仅仅停留在肤浅的交往上，这些都增加了社会成员之间的不信任感，同时农民工栖身在"贫民区"和游荡在城市社会中会造成社会不稳定。对于劳动力输出量大的地区而言，尽管其从自身的角度解决了本地区农民收入水平的问题，但是从社会和全局的视角来看，只是将自身的问题转移到其他地区了。当所有贫困落后地区都意识到往大城市输出劳动力，可以解决本地剩余劳动力和提高政绩时，因为大城市的容量有限，"千军万马过独木桥"的情景就在劳动力市场重现。

人类从原始到现代的演变过程，就是从分散的乡村到集中的城市的转变过程。城市为人类的交流和联系提供了空间，增加了交流的频率，人的社会性得到充分展示。需要明确的是人还具有自然属性的一面。当大城市给人们带来便利的社会服务时，以拥堵和污染为特征的城市病使人们产生对自然的怀念和向往，在现代通信技术飞速发展和网络无处不在的今天，以人口从城市向外迁移为特征的"逆城市化"运动开始显现，郊区化、分散化是发展的趋势。因此从工到农包括两种路径：农民就地城镇化和向大城市迁移。中国最早的就地城市化路径是始于20世纪80年代初期的乡镇企业，由于技术水平低、生产规模小、工厂布局散、基础设施差等，基于乡镇工业的城镇化注定无法承担农民进城的重任。21世纪以来基于工业园区的城镇化促使政府通过园区开发建设平台有效整合各类资源，提高专业化分工水平和各类企业间协作程度，发挥"1+1>2"的协整效应。浙江省余姚、义乌、东阳、慈溪四个产业聚集区形成的城镇就是最好的证明，它们延长农业产业链，提升农产品价值，尤其是注重定位在微笑曲线两端的农业附加值生产上。如何延长农业产业链呢？这涉及对现代农业生产要素的整合和重组，也离不开城镇化的支持。简而言之，新型城镇化最大的特点就是在城市和乡村之间架起一道桥梁，平衡二者的轻重，这一方面能解决农村人口不断涌向城市、城市无力承受和接纳的困境；另一方面农业衰退、农村萧条、农民困苦的"三农"问题也将迎刃而解。

（五）中国的小城镇升级转型

郡县治，天下安。围绕小城镇打造工业区，既有利于充分利用已有的各项基础设施（包括农村生产基础设施、农村社会基础设施和农村环境设施），又可以发挥工业集中发展带来的集聚效应。从20世纪80年代初乡镇经济的出现到90年代国家对"五小"的关闭宣布了乡镇经济转型的失败。自此以后，农村经济和城市经济的发展出现了恶性循环，表现为城市经济依靠国家对其巨大的财力和物力支持，快速成长，以北上广为代表的一线城市容量急剧膨胀，吞并了周围郊区的村镇。目前北京仅存两县，其余的都已改制为区；上海市18个区县中只剩下崇明县一个县；沿海城市和一些省会城市作为二线城市在打造区域中心的目标指引下，也以"摊大饼"的方式吞噬着周边的郊县。

小城镇的转型是新型城镇化的必然要求。解决城乡低层次均衡发展的关键不是限制大城市的发展，而是提升目前小城镇的规模和内涵。城镇必须成为农村改造传统农业进而实现繁荣的基地。将小城镇赋予更多的城市功能意味着要充分发挥城市的市场功能和服务功能以及信息功能，改变目前城市要素和资源向乡村辐射的弱效应。从规模经济的角度说，城镇若不能聚集足够的工厂、市场、客户和人口，基础设施投资就无法收回更谈不上收益。从浙江省苏南地区来看，乡镇企业实现了从分散城镇地区到工业园的聚集，农村剩余劳动力向城镇的聚集，服务业在城镇中的繁荣，基本农田的集中耕种。农民从农村到城镇表面上是空间上的转移，但是想真正长久居住在城镇需要就业和社会保障等方面的完善。当前小城镇存在的主要问题有两个。一是小城镇发展对农村升级贡献度较低。在小城镇的工业体系中，面向农业进行深加工和提升农业附加值的轻工业占比仅为30%左右，且比例仍在下降。而小城镇的开发区和工业园区的企业也多与农业不相关，只是招商引资、官员政绩的窗口。二是小城镇的辐射作用低，小城镇人口规模较小。截至2009年年末，我国共有建制镇19322个，其中建制镇建成区总人口为1.38亿人，从平均水平来看，每个建制镇人口不到8000人。相关经验显示，当小城镇人口达到一万人时才能显示出集聚和扩散效用，两万人则效用显著。从这个角度分析，大力扩大小城镇规模，才能对周围乡村发展发挥辐射和带动作用。

（六）资金来源渠道多样化

新农村建设的资金来源主要以政府财政资金为主，尤其是农发行针对新农村建设基础设施，专门成立了相关部门进行专项投资，目前累计贷款余额已近1万亿元，在以农村土地作为抵押、以相关权益作为质押物和地方政府担保的前提下，项目贷款风险得到了有效控制，有力地拉动了农村经济发展。但是受到央行每年的贷款规模控制，新农村建设贷款指标增长尚没有明显增长，造成农发行在新农村建设中"心有余而力不足"。在新型城镇化推进过程中，要注重发挥农发行以及国家财政资金在新农村基础设施投资时对市场资金产生的正向外部性，吸引地方城商行将商业贷款资金投向新型城镇化中的产业转型和升级。在调研中，哈尔滨银行甚至将新农村建设和城镇化贷款上升为战略高度，将小微贷款的模式和经验复制到"大三农"部门；同时通过政府财政资金的筑巢引凤作用，吸引民间资金参与城镇基础设施建设和工业项目建设，以减轻政府融资平台的资金紧张状况，化解政府债务风险。

五　建议和启示

常言说："无农不稳，无工不富，无商不活。"当新农村建设已经将农村的短板补齐时，如何协调农工商同步发展成为迫在眉睫的任务。新型城镇化作为它们的载体肩负承接产业升级、农民转移、农地集中的重任。因此在新型城镇化建设中要注意以下几点。

一是要把控好城镇化尺度和速度。既吸取日本和巴西"城市过度膨胀"的教训，又要防止出现美国的"过度郊区化"，注意保持大中小城市生态稳定，错落有致。在城镇化速度上要避免"运动战"和"大跃进"。农民"洗脚上楼"和集中居住一定要遵循农民自愿原则，"一口吃不成胖子"，要注意做好前期产业引进、移民安置、基础设施建设和公共服务等准备。警惕产业园区建设成为政府官员彰显政绩的舞台。在 GDP 考核下，短期内园区建设容易通过引入项目并让农民进工厂得到上级重视，但是由于不尊重市场配置资源规律，城镇长期发展中易出现缺乏产业载体的"空心城"和类似鄂尔多斯的"鬼城"。

二是注意特色鲜明、功能明确。"走了一村又一村，村村像城镇；跑了一镇又一镇，镇镇像农村"，要防止出现这种千篇一律的情形。可以借鉴美国的《新城市开发法》和"示范城市（镇）试验计划"，因地制宜，建成各式各样的城镇，如农业镇、工业镇、矿业镇、旅游镇等。

三是明晰政府和市场调控空间。曾几何时，市场机制主导的西方城镇化表现出对农民的剥夺和对工人的压榨，这方面的佐证是英国"羊吃人"的圈地运动和恩格斯在《英国工人阶级状况》中的描述。中国"以人为本"的城镇化就是要缩小城乡之间在公共福利方面的差距，共享改革成果，增进公平，这离不开政府这只"有形的手"在新型城镇化中的作用。新型城镇化意味着农村居民转为城镇居民，身份的转变不仅仅是一纸公文，它要求农民有实质性的改变，成为有知识、懂技术、讲文明的新型社会人。政府的首要任务就是加大人力资本投资。从农民职业发展的角度，加强非农职业技术的培训，从根本上提高他们进城的就业能力和收入水平，使他们有能力、有意愿留在城镇。从创业的角度讲，由于创业具有拉动和倍增效应，一个创业人员可以解决更多人员的就业，因此政府要重点加强对回乡创业的人员政策扶持和培训。从农民家庭的角度来讲，要加大养老、医疗以及基础教育等社会保障体系的建设，解除他们的后顾之忧。当然城镇的水煤电气路的社会基础设施建设为农民的生活便利和改善提供了重要保证，因此政府的顶层设计是必不可少的，但同时也要防止政府权力在城镇建设中的滥用，防止新的政府债务危机，这就需要考虑充分发挥市场"无形的手"的调控机制。

中国依靠外需拉动和工业投资扩大城市的模式已经日渐式微，从外需转向内需，从城市到城镇，从农村居民到城镇居民，从禁锢的零散土地到整齐划一的连片土地是采撷中国未来十年年均8%经济增长果实的根本途径。在新农村建设基础上的新型城镇化绝非一朝一夕之事，在能力和动力基础之上，要展示出"咬定青山不放松，任尔东西南北风"的定力。"莫让浮云遮望眼，风物长宜放眼量"。放眼未来，中国新农村建设和新型城镇化必将肩负起中华民族伟大复兴的重任。

第三节　中国传统城镇与新型城镇的比较分析：金融体系创新的视角

根据《国家新型城镇化规划（2014～2020年）》的数据，1978～2013年，中国城镇常住人口从1.7亿人增加到7.3亿人，城镇化率从17.9%提升到53.7%，年均提高1.02个百分点；城镇数量从193个增加到658个，建制镇数量从2173个增加到20113个，并且到2020年城镇化率要达到60%，这意味着今后城镇化率每年至少要提高1个百分点。而根据国研中心测算，每增加1个城镇居民需要投资9万元，若今后每年有1300万人进入城镇生活、就业，就需要1万亿元的投资进行基础设施建设、社会保障体系完善、现代工业和现代农业升级，但是2013年年末地方财政收入仅为68969亿元，依靠地方政府当期收入完成城镇化压力巨大，因此有必要研究城镇金融体系的创新机制。

一　新型城镇与传统城镇的比较

（一）城镇发展的产权制度经验

与螺旋式的经济发展一脉相承，城乡之间的巨大差异也在慢慢地缩小。正所谓"人往高处走，水往低处流"。一方面大量生产效率低下、生活水平不高的农村人口不断迁移到城镇；另一方面资金天然的逐利属性也促使其寻找收益更大的项目和产业。自新中国成立以来，城乡的剪刀差以及城镇对农村的资金虹吸效应导致农村的资源源源不断地进入城镇，这主要是因为在城镇产权制度清晰的界定下，资源成为交易的商品，价值得到数倍增长。资金的推波助澜扩大了城镇规模和提升了城镇居民生活品质，从而为吸纳农村剩余劳动力打下了坚实的基础。根据边际理论，当城镇边缘扩大到一定程度（或者说达到一定边界）时，城镇化的成本——基础设施建设成本（交通运输、供水供电）、社会保障成本（教育、医疗、养老、失业）——将递增，而单位投资资金的收益将递减，最终城镇在某一定规模下达到平衡。

　　总结中国改革开放初期城镇发展制度经验，其典型特征是先界定资源属性，譬如在土地国家所有的前提下，房屋所有权和土地使用权、交易权归个人拥有；固化于劳动者自身的劳动要素属于自由交易范畴；工厂、商店的所有权根据比例属于国家或个人或共同所有。这种清晰的产权属性不但为城镇中的各种交易活动奠定了基础，而且为城镇沉睡的资源转变为充满活力的资本提供了可靠保障。因此城镇制度的确立为城镇埋下了发展的种子。根据科斯定理，当产权明确时，交易成本就决定了各种要素和资源配置的最优化程度。实行计划经济体制的国家将所有市场交易内化，其结果是在消灭了市场的同时，产生了巨大的组织成本。30多年的改革开放给城镇发展提供了机遇，在产权制度建立过程中，市场在城镇中从无到有，从小到大，从单一到复杂，在付出一定的交易费用的同时，显著降低了城镇的管理和组织成本，中国城镇——尤其是特大城镇的繁荣发展就是最好的证明。

　　（二）"四位一体"的利益相关者分析

　　面对历史遗留问题，中国政府在改革过程中的智慧之举就是"新老划断"，换句话说，老人老办法，新人新办法。依此思路，无论是传统城镇还是新型城镇都要突破现有城镇发展过程中的僵化思维，重新审视城镇化中利益相关者之间的关系（见图13-1）。在城镇化形成过程中，我们可以将利益相关者简单地分为四种：城镇居民、企业、地方政府和中央政府，每一个主体都有自身的利益。城镇居民以生活舒适、满足自身效用最大化为目标；企业追求的是利润最大化；地方政府以城镇管理为目的；中央政府追求GDP。它们之间的经济关系表现为：一是居民提供劳动、资本和土地等要素给企业，并得到企业对所使用要素的回报；二是地方政府在获得居民和企业上缴的利税后，改进城镇基础设施和社会保障水平，吸引新的居民和企业进入，提升城镇发展内涵；三是中央政府通过转移支付，平衡各城镇发展差距，创造本国的比较优势。这四个主体既都存在自己的利益，也都在应对未来的不确定性以及存在着入不敷出和破产的可能。破产意味着市场淘汰和利益主体的最大损失。如果说居民、企业管理不善和竞争力下降导致破产还可被认为是市场竞争的正常反应，那么地方政府和中央政府的破产带来的冲击就是城镇和整个国家的萧条。如何使这"四位一体"进入良性循环的发展轨迹？发达国家城镇化发展过程的经验是明晰产权，为市场竞争打下制度基础。市场竞争离开不了居民之间的竞争、企业之间的竞争、地方政府之间的竞争。从城镇化的角度而言，地方政府的产权保护力度和地方政府之间的良性竞争是城镇发展的根本基础，这就要求地方政府以本地居民和企业为根本服务目标，将本地打造为吸引其他城镇居民、企业和外部资金的聚宝盆。

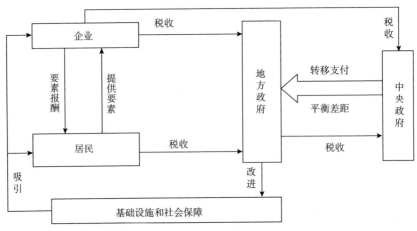

图 13 - 1　"四位一体"利益相关者的关系

与发达国家相比，中国地方政府城镇发展目标发生了异化，这表现为中国地方政府以升迁为目的和中央政府追求短期 GDP 的增长。中国实行的是中央领导下的省市县乡的逐层管理体制。中央政府为了获得长期执政的资本和声望，动员各种资源、利用各种政策和工具以实现短期 GDP 最大化的目标。这一点我们从每年政府工作报告提出的"保八"目标和 GDP 连年保持在 8% 的增长率上可以得到验证。我们知道各省份的主要领导人的任命主要采用的是异地为官原则。正是在"8%"和异地升迁的指挥棒引导下，各省份的领导人纷纷出台各种项目的经济刺激措施，力争在其任期内显示增长效果，进而得到提拔。这直接导致中国目前城镇化过程中的种种怪象。一是投资占 GDP 的比重高企不下。从 2003 年的 40% 到 2013 年的 49% ，尤其是政府主导下的投资更是较少考虑成本约束而直接做出决定，进而对民间投资产生严重的挤出效应和对消费产生替代效应。二是出口大幅增加。在人民币人为贬值的刺激下，各种资源向出口部门倾斜，直接导致净出口逐年扩大，外汇储备已经达到惊人的 3 万亿美元；本来应与城镇规模保持同比增长的消费却相形见绌，甚至出现了倒退。涸泽而渔、焚林而猎的短期激励效应虽然有益于官员提拔和异地任职，但是各地投资增长和出口"锦标赛"的结果将是投资边际报酬递减导致的经济增长的逐渐停滞。

归根结底，新型城镇化成功与否取决于城镇聚宝盆效应的大小。传统城镇化的这种效应来自中央对地方的优惠政策以及在此政策激励下各地纷纷"跑部钱进"的结果，同时地方上在严格的户籍制度约束下，利用廉价的劳动力和土地资源扩大城镇的边界，但这也造成了"马太效应"：城镇居民与农村居民的贫富差距被拉大，大小城镇之间也出现了严重的分化以及城镇内部的贫民窟。显然，新型城镇化需要以市场化的竞争手段从根本上改变这种发展模式，即创造市场竞争环境引导资源在城镇之间、城乡之间自由流动，平滑生产效率和熨平收入分配差距。

如何实现城镇的资源聚集、有序竞争呢？首先，中央政府应慎用宏观政策或战略制定的权力和手段，防止被地方政府俘获。相反，中央政府作为裁判更应该为城镇之间创造一种公平竞争的环境，例如，消除各种人员落户的樊篱，禁止各城镇为吸引资金、劳动力、企业和项目出台各种所谓的优惠政策，警惕城镇发展成为官员获取政治资本的工具。其次，城镇的规划和政策要保持一定的连续性和稳定性，将政策制定和执行人员个人发展与城镇的发展紧密联系起来。因为城镇的发展需要资源的聚集和配置、再聚集和再配置，所以城镇需要采取有效措施吸引包括资金和劳动力在内的外部资源和开发整理本地的土地资源，形成城镇发展的良性路径依赖机制：清晰的产权制度和发达的金融体系降低了各种不确定性、改善了信息不对称，为资源变成资本铺平了道路；资本在竞争中获得最大收益并得到增值，这为城镇基础设施的改善、风清气爽的生活环境、和谐安宁的社会环境提供了稳定的税收来源，真正体现取之于民、用之于民的民主财政思想。简单来说，城镇竞争的市场化思路为新型城镇化的发展打开了大门。

二　中国城镇化发展与金融体系的特征

在改革开放最初的几年中，为保障计划经济向市场经济有序转型，我国先后成立了工农中建四大专业银行来满足城镇企业和居民的融资需求，农村信用合作社更是发挥了为农户和乡镇企业服务的主力军作用。自1992年邓小平同志的南方谈话明确了市场经济主体地位后，外资和以银行为主的资金涌入城镇的园区建设。此时大中型城镇周边和城郊地区纷纷以开发区或新区名义被纳入城镇中，城镇的边界显著扩大，在城镇资金边际收益高于农村的情况下，银行和信用社等传统金融中介机构将资金从农村抽出，投资到城镇的建设中。但是城镇的快速发展对资金的需求远远超过了国有大型银行资金的供给，尤其以北上广等一线城镇之外的二、三线城镇最为典型。结果这些城镇中的具有集体合作性质的城镇信用合作社开始向城镇商业银行转型，但是这些银行最大的共同特征是股权国家所有，产生了严重的委托－代理问题，管理混乱，投融资效率低下，产生了很多不良资产。进入21世纪后的第一年，中国完成"入世"，外资银行的进入不仅提供了城镇建设的部分资金，而且通过示范效应促使国有银行主动改革。其关键点就是选择股份制改革。伴随着股权的多元化和职业经理人队伍建设，国有银行经营和竞争能力显著提高，投融资效率增加。国有银行经营利润的提高既减轻了历史包袱，又夯实了自身资本实力，也为城镇的繁荣和扩展提供了必要的资金量，并通过对投资项目进行遴选和甄别，降低了城镇发展的风险和信息不对称。

简单来看，传统城镇发展过程中的金融体系特征与潜在风险主要有以下几个方面。

（一）传统城镇中的金融体系实质由政府主导

城镇建设资金主要来源于政府财政和银行信贷资金，其中政府财政资金中土地出让收入做出了很大贡献，而银行在政府压力和政府信用的保证下，为回报周期长、建设资金需求量大的项目提供了贷款。政府主导还体现在对民营资本进入城镇建设设置行政壁垒，阻碍社会资本从城镇建设投资中获取稳定的收入。另外，在城镇建设过程中，形成了中央财政和其他资金涌向发达地区和大城镇的现象，这直接削弱了中小城镇的发展能力，造成强者更强、弱者更弱的两极分化效应。

（二）金融体系潜在风险不断积累

在国家事实上控制整个银行业的前提下，农村资金借助农村金融机构再通过金融体系转移到可以产生更高收益的城镇建设项目中；城镇的基础设施建设也得到了国家财政资金的显性支持或隐性担保；城镇的发展带动了土地价值的数倍增长，政府充分利用土地价格的上涨，以自身信用为保证，吸引了大量资金进入城镇。这种以财政为兜底的计划融资模式实际上也将全部风险内化于自身。一旦项目的资本预期回报难以为继，无法达到投资者的预期，资金断裂将不可避免，风险全部暴露，项目建设将如多米诺骨牌那样相继倒下。

三　金融体系"变"与"不变"的思考

金融体系的理论有传统理论和金融功能观两种。传统金融理论以金融机构为重点，强调现存的金融组织制度、金融活动主体要在既定的规则下运行。当银行、保险、证券公司适应技术快速变化时，制度的滞后会导致金融组织运行效率低下。针对这种情况，罗伯特·莫顿和兹维·博迪在金融功能比金融机构稳定和金融功能优于金融机构两个假设基础上提出了金融功能主义观点："一个国家或地区金融体系稳定性和效率性的根本标准包括：该体系是否可以创造出各种各样的金融产品、动员社会储蓄并有效配置的能力、提高资本的边际生产率、有效管理风险和增加社会福利。"同时，他们将金融系统基本功能定义为在不确定性的环境中处理时间和空间的资源配置，且金融可分为六种金融子功能：清算和结算、集聚和分配资源、在时间和空间中转移资源、风险管理、深入挖掘信息、解决激励不足问题。

传统城镇的融资体系包括财政拨款（含城镇基础设施配套费）、信贷以及近些年为最大程度吸收银行贷款而出现的地方政府融资平台。中央财政通过转移支付方式可以重点解决一些城镇的资金需求；其余大部分地方财政资金，尤其是欠发达地区的财政仍停留在"吃饭财政"阶段，因此城镇的建设需要通过市政公司来获取银行信贷资金的支持，但是作用有限。这些年"土地财政"（指土地出让收益占主要比例的地方政府性基金）及在此基础上衍生出来的地方政府融资平台为解决城镇对资金需求量大且期限长问题发挥了重要作用。张承惠（2013）指出："地方政府融资平台为城镇基础设施投资项目筹资而发行的'城投债'规模自2009年以来扩张迅速，2009年城投债发行257只，发行规模4085.3亿元，2012年发行1071只，发行规模达到12733.5亿元，是2011年的2.5倍。城投债发行主体多为城投公司，购买主体是银行业金融机构。2012年仅商业银行和信用社认购的企业债、短融和中票就占全部数量的55%以上。"但无论是将土地和房屋作为抵押品、担保品还是通过结构化融资或者银行、证券公司、信托公司发行所谓创新产品（如各种理财产品、资产托管计划、信托产品）等措施，其背后都是以银行为中介的间接金融体系作为支撑点。从银行资产负债表来看，企业、居民存款负债的短期化与表内信贷资产的长期化存在严重的期限错位，给银行带来了潜在的流动性风险。我们也看到许多银行为了规避监管、增加贷款规模和满足最低资本充足率要求，将信贷资金包装成非信贷资产或转出表外，这种换汤不换药的信贷行为非但未降低和转移风险，反而隐藏风险，加剧了未来风险爆发的概率。同时，信贷资金的供求也发生较大的变化，表现为资金的需求速度超过了供给速度，结果是利率呈上升趋势，在贷款利率已经放开管制的情况下，银行对贷款利率的上升幅度也在趋于扩大，尤其是中小微企业贷款普遍在基准利率基础上提高30%以上，基本上在8%～10%。如果这种利率继续上升，借款者的还款能力将可能下降，信用风险也将凸显，而一旦房地产市场上涨动力不足，上涨预期出现逆转，则抵押和担保品价值将不足以覆盖风险。中国经济增长前沿课题组（2011）的实证研究也表明："土地财政和公共支出扩张虽然对城市化有直接加速效应，改变了时间轴上的贴现路径，但如果超前的土地城市化不能带来城市'规模收益递增'效果，且政府财政收支结构和筹资方式不能转变，则城市的可持续发展就会面临挑战。"

根据金融功能主义观点，在新型城镇化的各种生产要素和权属关系有别于传统城镇的基础上，与新型城镇化相适应的新金融体系的经济功能也根本不同于传统的金融机构观，因此为了完成这些经济功能，需要设置能够很好行使这些功能的各种金融组织机构，这些金融机构在激烈的市场竞争中不断创新、不断淘汰、不断提升效率，最终新城镇中的新产权关系引导了金融机构的确立和运转，实现资金资源的优化配置，这是新型城镇化的金融体系逻辑基础。

通过上文的分析，土地、劳动、资本等生产要素的确权以及企业、居民和政府利益相关者的关系重新界定，要求新的金融体系满足新型城镇中的市场经济功能。这种新金融体系经济功能的实现不仅需要一系列金融机构的创新，而且需要能够促使价格发现、资源优化配置、风险分散、流动性提高的直接融资市场。从英国的运河和美国的铁路建设融资方式来看，债券和股票确实都发挥了重要作用。总体来说，新的金融体系主要体现在：新市场、新财政、新银行、新产品、新资本。具体来说，新市场要求开辟多元化融资渠

道，建立资本市场和信贷市场并重的融资场所，打通货币市场和资本市场的
通道，在遵守各项规定下可以容纳各种金融主体、金融产品和服务、各种资
本。新财政要求改变传统地方财政以地方政府一般预算收入、土地收入、地
方政府融资平台和城投债为主的收入结构，在营改增的压力下，新型城镇地
方政府长期税收来源需要以财产增值税（包括房屋、土地和其他资产的增
值税）和消费税为主。因此建立经济发达、和谐稳定、基础设施齐全、环
境宜人的城镇可以吸引各种人才资源的进入，促进房地产的增值，企业利润
和居民收入增加又构成了地方政府坚实的税收基础，同时赋予其债券融资的
主体资格。新银行要求允许降低地方中小金融机构进入的门槛，针对不同企
业类型、不同居民需求建立各种特色和专职金融服务机构，实现金融生态的
多样性。银行从存贷款的传统角色转型为为地方政府发行债券、为企业发行
重组和并购提供顾问服务、为企业和居民提供理财服务等。新产品要求放开
土地资本化的桎梏，探索城乡土地使用权和房屋所有权抵质押融资业务、供
应链融资业务、资产证券化、市政债券、基础设施产业投资基金、房地产信
托、股票发行、居民理财服务等新型金融服务需求。新资本意味着将地下金
融通过新产品实现阳光运作。在规范金融秩序的同时，充分利用庞大的社会
民间资本弥补新型城镇建设的不足，并在企业环保项目、风险较高的科技创
新项目上获取一定的投资价值（见图 13 - 2）。

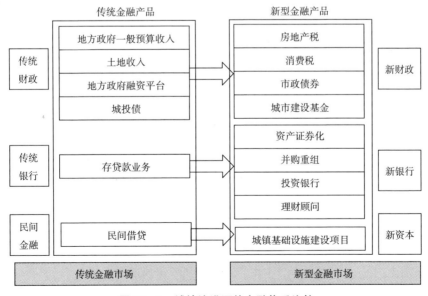

图 13 - 2　城镇演进下的金融体系比较

四 新型城镇化中的金融体系变革重点

下面我们从金融功能视角来分析新型城镇化的金融体系变革的突破点。因为新型城镇的产权属性有了根本改变,所以金融机构需要做出较大变动,来适应这种经济功能变化提出的要求,这主要包括金融制度的变革、融资体系的转型、资金市场化定价机制的确立、政府职能的厘清。

(一) 金融制度的发展方向:混合所有制和公共私营合作制

金融作为经济的核心,一直受到国家的严格管制,主要表现为进入和退出的高门槛。虽然包括四大国有商业银行在内的 17 家全国性商业银行相继完成了股份制改革并在境内外先后上市,成为社会公众银行,实现了股权的多元化。但是这种形式上的多元化最终难以改变国家作为银行大股东的实质。尽管在一些中小商业银行里,民营资本和社会资本拥有 50% 以上的绝对股份,但是银监会等国家行政机构对银行高管人员任职资格的确认和批复从事实上控制了各家银行,进而引导商业银行的经营方向与国家宏观调控的目标保持一致。这也是为什么自改革开放以来除了海南发展银行倒闭外,其他银行仍然在国家信用和财政资金支持下继续维持生存的原因。当国家信用无法承受透支重压的时候,所有银行坏账将如退潮般暴露隐藏的问题。其实这一切都是股权事实上的单一化和计划调控的威权化造成的。俄罗斯休克式的金融改革经验和中国的历史经验提示我们,中国的银行业股权改革仍然需要采取渐进式道路。借鉴党的十八届三中全会对垄断国企的改制思路,当前中国银行业的经营管理需要减少"政府之手"的干预,增加社会资本和民营资本的比重,增加资本在银行经营中的话语权,将市场主体的角色归还给银行。至于"国""民"两种资本的比例设置,可以以 50% 的绝对控股为界限,甚至在条件成熟时,以相对控股为标准。所有这一切股权改革的出发点是建立银行自主经营的激励机制,将风险和收益匹配,同时有效分散风险。鉴于"民营银行"在实际经营活动中可能出现的违规发放贷款、风险管理手段薄弱等各种情况,在目前信用体系尚未健全的阶段,其更多只是一种补充手段或改革探索的一种路径,而不应作为重点模式予以推广。要防止金融风险从单一的小微金融机构传染并放大到整个金融系统,同时避免从一个极端走向另一个极端,误导社会的逻辑判断和预期。

除了成立混合所有制的金融机构外,公共部门还可以和私人企业通过公共私营合作制（Public – Private Partnership，PPP）对公共基础设施进行融资、建设、运营，如采取 BOT（Building – Operation – Transfer，建设 – 经营 – 转让）、BOO（Building – Owning – Operation，建设 – 拥有 – 经营）、TOT（Transfer – Operation – Transfer，转让 – 经营 – 转让）、BTO（Building – Transfer – Operation，建设 – 转让 – 经营）等项目融资模式。这些政府资本与民间资本的合作方式，既解决了新城镇基础设施和公共设施建设对资金需求量大、期限长而政府有心无力的问题，又通过降低建设风险充分吸收民间资本参与城镇建设，进而增加资本收益途径。因此这些模式有利于政府公共部门和私人企业之间建立紧密的利益共同体，同时借助契约形式明确彼此的权利与义务。

（二）融资体系：金字塔形亦或倒金字塔形？

倒金字塔形的融资体系是指中央政府通过信贷政策和税收政策积聚资金，然后根据规划通过转移支付或隐性的信贷指令分配资金；与之相反，金字塔形的融资体系根据城镇自身融资需求，寻求市场的力量来动员储蓄、积累资金并以利率作为分配资金的指示器。1994 年分税制改革是中国金融体系变革的第一个分水岭。这之前，信用社贷款是乡镇企业和农户的主要资金来源，四大行承担了为城镇建设和工业项目投资的任务，在这种分工明确的金融体系下，地方经济得到了增长，税收收入也有了较大提高；但是中央政府的收入和支出却存在严重不匹配现象，入不敷出的资金窘境迫使中央政府上收税收权。这又直接导致地方政府财权和事权严重不对等。

面对此困境，在中央政府的默许下和以住房为代表的城镇化市场改革刺激下，地方政府开辟了土地出让金等非税收入来源渠道。正是在土地制度产权模糊的前提下，地方政府以低价收取农村建设用地然后通过并不符合《土地法》（该法规定除了公益用途外，禁止将农村集体土地变为城镇建设用地）的程序，将土地性质变为供经营使用的城镇建设用地。中央政府和地方政府的领导和被领导关系同时将地方政府的信用与中央政府的信用捆绑在一起，这促使政府控制下的银行资金争先恐后地投向城镇中的房地产项目，房地产价格越来越脱离企业和居民承受范围，其悬崖式的下降就为期不远了。同时这种典型的倒金字塔形金融体系也岌岌可危。考虑到目前宏观调控的方向和内涵已经不同于以往，市场调控的作用机制正在凸显，因此建立以地方金融体系为中心的金字塔形融资机制就迫在眉睫。这种金融体系的最大特征是让地方政府成为自负盈亏的实体，换句话说，地方政府自身通过金融市场来实现收支平衡，而不能在财政亏空时完全依赖中央政府。

顺着这个思路，我们可以发现地方金融市场的建设和健康运行是核心。根据金融功能观，各种金融机构是在满足金融功能的基础上产生出来，因此可以预见各种各样的金融组织机构和金融产品将如雨后春笋般冒出来。定位于生产、消费、工业、服务业等不同功能的各种新城镇，需要不同的金融机构予以支持。例如，通过修改《预算法》（在其第二十八条明确规定：除法律和国务院另有规定外，地方政府不得发行地方政府财政债券。但是 2011年中央财政开始试点为地方政府代发行债券，尝试解除地方政府通过正规渠道举债融资的障碍）允许地方政府可以根据城镇建设需求，发行市政债券来募集建设资金。成立类似美国"两房"住房金融机构，收购各商业银行发放的住房抵押贷款，通过重新打包分割进行证券化从而将风险充分分散。政策性银行应继续发挥政策优势：农业发展银行加大对城镇基础设施、公共服务的投资力度，国家开发银行在已成立住宅事业部的基础上，通过发行专项债券，引导社会资本参与城镇建设。国有大型商业银行充分利用大项目、大资金、建立投资组合分散风险的优势，积极参与基础设施建设和大企业项目建设。地方中小金融机构需要甄别自身比较优势，以中小微企业、社区、个人经营者为服务对象，通过建立持续密切的联系挖掘这些客户的软信息来获得贷款的风险溢价。当然，对于高科技、高附加值、环保的新型产业，可以利用直接融资市场，通过发行股票、债券、产业基金等方式鼓励创新和化解风险。正如周小川（2011）所言：城镇化的市场融资模式可以解决投入产出的期限错配以及引入社会资本分散风险。简单来说，当务之急是在地方层面建立起与地方政府相适应的多层次金融体系。由于中国存在省市县乡四级地方政府，在当前可以先从省级政府层面建立体系，总结经验后再向市级政府层面推进。

（三）以资金价格定价机制为重点

计划融资模式的一个突出特征是金融市场的单一性，即以银行为主的间接融资提供了有限的金融产品，这样就直接导致目前的"土地财政＋地方政府融资平台"融资模式。在产权明晰的新型城镇化中，政府、企业、居民都存在资源变成资本的收益需求、闲置资本保值增值的内在需求、资金收入和支出在时间和空间的平衡需求，因此就产生了包括银行、债券、股票、基金、信托等在内的多层次金融市场需求。资金如何在多层次的金融市场中流动呢？这不仅需要消除各个金融市场的人为壁垒和降低资金进出成本，更需要以利率和汇率为代表的资金价格的定价自由化。

目前以键盘和鼠标为特征的互联网金融创新模式正在给以砖头和柜台为特征的传统金融实体店带来巨大的冲击。与银行一年期定期存款约3%的收益率以及资金门槛5万元起收益率约为5%的理财产品相比，年化收益率高达6%并且无资金进入门槛并可随时支取的余额宝等理财产品自成立以来，引起了居民储蓄存款的大搬家。透过现象看本质，我们不难看出在新技术冲击下，银行免费或者低成本使用资金的时代将一去不复返，在利率市场化下息差空间将逐步减少，并向发达国家约1%的标准靠拢。可以预计中国的存款利率上限管制的解除就在不久的将来。与利率比较，汇率改革仍然处于严格管制状态，巨额贸易顺差、人民币升值的预期和人民币结售汇制度导致外汇储备超过了3万亿美元，而投放的基础货币虽然被央票对冲但仍然产生货币超发问题。根据三元悖论，货币政策、固定汇率制度和资本账户放开三者不能同时存在，在这种情况下中国以牺牲国内货币政策为代价保持了汇率稳定，根据弗里德曼的"通货膨胀充其量只是一种货币现象"的观点，中国实际上是以流动性泛滥带来的通货膨胀为代价，实现了出口的大量增加，进而解决了就业的终极目标。从现实结果来看，中央银行的"保持币值稳定，以此促进经济发展"目标变成了"保持充分就业，以此促进经济发展"。这种用货币政策保就业、保稳定的实践在外需疲软或成本更低的要素竞争下，将无法持续下去，到时候留下的将是高企不下的物价水平。

（四）政府在新金融体系中的角色

传统城镇的发展实际上一直是由政府规划、建设并为此建立了一套以银行为主的金融体系进行融资和投资，那么新型城镇化的发展方向还需要政府引导吗？显然在市场化占主导的新城镇发展中，市场会根据每个城镇自身的比较优势决定其发展方向。但这并不能否定政府的作用。从金融体系角度来看，主要包括三个方面。一是充分发挥货币政策的正向引导作用。例如，对于新城镇建设参与的金融机构扩大再贷款、再贴现额度，降低存款准备金率，强化政策性金融的作用，可以考虑对农业发展银行和国家开发银行给予专项资金支持。二是充分发挥财税政策对金融机构的引导扶持作用。例如，扩大贴息贷款和财政补贴范围，加大营业税和所得税减免力度，同时财政出资设立支持城镇化建设的专项风险补偿基金。三是修订相关法律制度，铺平金融产品创新的道路。例如，修改《担保法》《物权法》为农村土地、宅基地、林地以及企业的排污权等权利确权、抵质押、流转创造法律条件；修改《预算法》为市政债券发行以及地方资本市场建设提供保障，并"明确那些以公用事业为募集资金投向、以使用者付费收入为主要还款来源的城投债就是市政债券，并将收益债券的管理和偿债安排纳入地方政府债务和财政预算，统一管理。同时，可由全国人大授权试点地方政府的平台公司，以特定事权为目的发行市政债，事前明确与该项事权相匹配的专项收费权和财政资金等偿债来源，并设立特别账户实行封闭运行和管理"（中国金融40人论坛课题组）。总体来说，"政府搭台、市场唱戏"的原则明确了政府要以设计并完善相关制度，同时创造出公平的竞争环境作为新型城镇建设的首要职责。

总之，新型城镇的健康发展离不开多元可持续的资金供给机制，而这种机制既需要混合所有制和公共私营合作制大胆创新，又需要市场主导、政府引导、社会参与的融资模式的确立，更需要充分发挥利率自由化和汇率浮动制在金融市场资源配置中的关键作用。

参考文献

［1］周其仁：《改革的逻辑》，中信出版社，2013。

［2］Merton R.，Bodie Zvi："Design of Financial System：toward A Synthesis of Function and Structure"，*Journal of Investment Management* 3（1），2005.

［3］张承惠、朱鸿鸣：《关于防范城投债风险的若干建议》，国务院发展研究中心《择要》2013年第9号。

［4］中国经济增长前沿课题组：《城市化、财政扩张与经济增长》，《经济研究》2011年第11期。

［5］周小川：《城镇化及其融资问题》，载《比较》第55辑，中信出版社，2011。

［6］中国金融40人论坛课题组：《加快推进新型城镇化：对若干重大体制改革问题的认识与政策建议》，《中国社会科学》2013年第7期。

［7］蔡昉：《"工业反哺农业，城市支持农村"的经济学分析》，《中国农村经济》2006年第1期。

［8］弗农·亨德森：《中国城市化面临的政策问题与选择》，《比较》第31辑，中信出版社，2007。

［9］ 王小鲁：《中国城市化路径与城市规模的经济学分析》，《经济研究》2010 年第 10 期。

［10］ 费孝通：《志在富民》，上海人民出版社，2004。

［11］ 陈锡文：《发展小城镇是推进我国城镇化重要途径》，http：//www. people. com. cn/ GB/jingji/31/179/20010427/454054. html，2001 年 4 月 27 日。

［12］ 温铁军、温厉：《中国的"城镇化"与发展中国家城市化的教训》，《中国软科学》 2007 年第 7 期。

［13］ 陈晓华、马远军等：《城市化进程中乡村建设的国外经验与中国走向》，《经济问题探索》2005 年第 12 期。

［14］ 王松奇：《将新农村建设作为扩张内需的重要切入点》，《银行家》2012 年第 11 期。

［15］ 梁漱溟：《乡村建设理论》，上海人民出版社，2011。

［16］ 熊培云：《一个村庄里的中国》，新星出版社，2011。

后　记

中国早在八十多年前就出现了晏阳初、梁漱溟、董时进等先驱倡导的新农村建设运动。2006年，中共中央出台一号文件将新农村建设纳入党和国家重要议事日程表。从2006年到现在，主流媒体对新农村建设的宣传经历了一个由热到冷的过程，自2013年3月以来，城镇化特别是"新型城镇化"正成为中国最热门、最流行的政治经济用语。二元经济结构的中国迈入现代化的过程实质上就是全国范围的城镇化过程，这是毫无疑义的，那么，中央在2006年一号文件中提出的社会主义新农村建设同现今盛行的新型城镇化运动可否并行不悖呢？根据我们的调研，孤立地进行个别村庄村容整治的新农村建设在全国已不多见，也不容易成功，只有将新农村建设与农业要素重新进行配置，土地重新进行规划，人口进行归拢，产业链条延长与人口就业、城市扩容统筹考虑的新型城镇化才能更好地实现中央2006年一号文件中所确立的社会主义新农村建设目标。

与新型城镇化同步而行的社会主义新农村建设可以看作是一次自下而上的国土资源重新规划的过程，这个过程的着眼点是农业要素配置效率的增进、农村人口的城镇化转移和城乡居民社会福利的共同提高。由于地域广阔、国情复杂，中国的新型城镇化和新农村建设不应遵行少数固化的模式，而是要根据各地的资源禀赋情况，因地制宜，鼓励创新。如果说要探索规律的话，那一定是在资金支撑和金融支持方面以及在正确处理中央政府、地方政府、金融机构、民间资本之间的关系方面，以及在这些基本主体和其支撑要素的关系方面，我们才可能找到稳定发挥作用的规律。本课题就是试图在这些方面做一些初步尝试。

本课题从2006年9月开始立项，作为中国社会科学院的重大研究课题，原计划三年内完成。但在执行过程中我发现，三年时间远远不够，因此一再延期结题。而延期的原因就是想弄清国情，把新农村问题的来龙去脉、现状矛盾等尽可能搞得清楚些。现在中国的地方政府对新农村建设的热情已大多消退，全国的银行系统中只有中国农业发展银行还始终保留着新农村建设业务，且截至 2013 年年底该项业务贷款余额已逾万亿元。值得庆幸的是，我本科时的同学郑晖同志现任中国农业发展银行的行长，这为我们的课题调研带来了极大的方便，郑晖同志的支持和帮助是我们这个课题内容切近中国实际的关键保障，在此特向郑晖及中国农业发展银行的殷久勇、杜彦坤、杨百路、田永强等同志致以衷心谢意。

本书写作分工如下：

体系设计：王松奇

第一章：王松奇　郭江山

第二章：王松奇　徐虔

第三章：王松奇　郭江山　徐虔

第四章：王明昊

第五章：王松奇　徐虔

第六章：王松奇　徐虔

第七章：王松奇　黄鸿星

第八章：王震江　郭江山

第九章：王震江　郭江山

第十章：王震江　徐虔

第十一章：王松奇　郭江山　徐义国

第十二章：王松奇　郭江山　徐义国

第十三章：王松奇　郭江山　徐义国

在本课题调研阶段，我们除得到中国农业发展银行总行及河南分行的支持外，还得到哈尔滨银行总行及建三江支行、中国农业科学院农业研究与发展研究所的大力支持，在此谨致谢意。

中国经济现代化的过程有多久，新型城镇化及新农村建设的过程也会持续多久。我本人及我们课题组的成员今后还将长期关注该问题的实践及理论研究进展，将这一研究工作持续进行下去。

课题主持人　王松奇

2014 年 5 月 22 日

图书在版编目（CIP）数据

新农村建设中的金融支持/王松奇等著. —北京:社会科学
文献出版社,2014.12

（中国社会科学院文库·经济研究系列）

ISBN 978 - 7 - 5097 - 6464 - 0

Ⅰ.①新⋯　Ⅱ.①王⋯　Ⅲ.①农村金融 - 研究 - 中国
Ⅳ.①F832.35

中国版本图书馆 CIP 数据核字（2014）第 207414 号

中国社会科学院文库·经济研究系列

新农村建设中的金融支持

著　　者／王松奇 等

出 版 人／谢寿光
项目统筹／恽　薇
责任编辑／陈凤玲　于　飞

出　　版／社会科学文献出版社·经济与管理出版中心（010）59367226
　　　　　地址：北京市北三环中路甲 29 号院华龙大厦　邮编：100029
　　　　　网址：www. ssap. com. cn

发　　行／市场营销中心（010）59367081　59367090
　　　　　读者服务中心（010）59367028

印　　装／北京季蜂印刷有限公司

规　　格／开 本：787mm × 1092mm　1/16
　　　　　印 张：22　字 数：371 千字

版　　次／2014 年 12 月第 1 版　2014 年 12 月第 1 次印刷

书　　号／ISBN 978 - 7 - 5097 - 6464 - 0

定　　价／89.00 元